LA 8e HABITUDE

À mes collègues

Stephen R. Covey

LA 8e HABITUDE

Traduction de Claude Raimond

FIRST
Editions

Du même auteur, aux Éditions First :

Priorité aux priorités

L'Étoffe des leaders

Les 7 Habitudes des familles épanouies

Les 7 Habitudes en action

Les 7 Habitudes de ceux qui réalisent tout ce qu'ils entreprennent

Titre original : The 8th Habit : From Effectiveness to Greatness.

Publié en accord avec l'éditeur original : Free Press, une division de Simon & Schuster, New York.

ISBN 978-2-7540-0117-4

Dépôt légal : 1er trimestre 2006

Traduction : Claude Raimond
Production : Emmanuelle Clément
Mise en page : KN Conception
Imprimé en France

Éditions First
60, rue Mazarine
75006 Paris – France
e-mail : firstinfo@efirst.com
Site internet : www.editionsfirst.fr

Sommaire

Remerciements

L'UNE des grandes leçons apprises au cours de ma vie est que toute nouvelle contribution exige une préparation entièrement nouvelle. Chacun de mes grands projets d'écriture m'a rappelé l'importance de ce principe, qu'il est si facile d'oublier. J'ai commencé à travailler sur ce livre il y a cinq ans, pensant tirer parti de toute une vie dédiée à l'étude, à l'enseignement et au conseil dans le domaine du *leadership*, et croyant pouvoir boucler sa rédaction en quelques mois. Après plus d'un an de rédaction et d'enseignement du contenu de l'ouvrage, mon équipe et moi avions terminé un premier jet – ravis d'être parvenus au but. C'est alors que nous avons vécu ce qui arrive souvent aux randonneurs en montagne : nous n'étions pas au sommet, seulement en haut de la première montée. De ce poste d'observation, atteint après avoir durement conquis de nouvelles certitudes, nous pouvions apercevoir des éléments du paysage que nous n'avions jamais vus auparavant – seulement visibles du sommet de la colline. Nous reprîmes alors notre ascension, les regards tournés vers la « véritable » montagne.

Nous avons littéralement répété cette même expérience une douzaine de fois, chaque fois pensant que nous avions atteint le « faîte », chaque fois convaincus que le livre était « là » et chaque fois contraints d'admettre humblement que nous avions seulement atteint un autre niveau critique de compréhension, et qu'il y avait encore une montagne à escalader.

Les ascensions les plus grandes et les plus exemplaires de l'histoire ne sont pas tellement le résultat d'exploits individuels, elles illustrent surtout l'extraordinaire puissance d'une *équipe* unie, talentueuse, entraînée, dont les membres se dévouent les uns aux autres et à leur vision commune *jusqu'au bout*. La plupart des équipes qui ont entrepris l'ascension du mont Everest n'ont jamais atteint le sommet – seules l'ont réussie quelques-unes, très rares. Pour une raison ou une autre, la plupart des personnes et des équipes, poussées jusqu'à leurs limites par les conditions extrêmes, abandonnent en cours de route et décident ou sont forcées de rebrousser chemin. L'histoire des cinq ans d'ascension conduisant à l'achèvement de ce livre est de même nature. Sans la détermination, l'engagement indéfectible, la patience, les encouragements et les contributions synergétiques de l'équipe remarquable qui m'a aidé à réaliser ce projet, le livre n'aurait pas seulement pu devenir ce qu'il est, il n'aurait jamais vu le jour !

C'est donc avec une profonde gratitude que j'exprime mon appréciation de ce que doit ce livre :

– À littéralement des dizaines de milliers de personnes dans divers contextes du monde entier, suffisamment intéressées pour fournir un honnête *feedback* et pour partager sans se faire prier les questions pressantes qui leur tiennent à cœur, leurs peines et leurs espoirs, et qui m'ont ainsi placé sur une pente d'apprentissage en forme de véritable « chaîne de montagnes » impliquant une constante réinvention, mettant sans cesse à l'épreuve la patience de l'équipe, mais aussi nous apportant de précieuses révélations.

– À Boyd Craig pour son engagement et ses compétences extraordinaires consacrées avec passion pendant cinq ans à la correction de la structure et du texte du livre ; pour avoir géré dans toutes ses dimensions ce projet massif de livre préparé en équipe ; pour son *leadership* et son association synergétique avec notre éditeur, notre agent et les membres de notre société ; et par-dessus tout pour son sens du spirituel, son jugement, sa flexibilité, sa patience et son expertise quant au contenu du livre. Ma gratitude s'adresse aussi sans réserve à son épouse, Michelle Daines Craig, pour son esprit magnifiquement positif, son soutien sans faille et les sacrifices qui ont permis de tenir notre « marathon ».

– Aux membres de mon bureau et à l'équipe plus étendue de support du bureau – Patti Pallat, Julie Jud Gillman, Darla Salin, Julie McAllister, Nancy Aldridge, Kara Foster Holmes, Luci Ainsworth, Diane Thompson et Christie Brzezinski – pour leur dévouement et leur loyauté hors du commun, pour leur service d'une efficacité totale et leur professionnalisme inégalé.

– À mes associés dévoués chez FranklinCovey, notamment à Bob Whitman et à mon fils Sean pour leur révision intelligente et complète du manuscrit définitif, et leur *feedback* précieux et efficace.

– À Edward H. Powley pour sa participation déterminante à l'étude de la littérature sur le *leadership*, et à Richard Garcia et Mike Robins pour leur aide constante et soutenue en matière de recherche.

– À Tessa Meyer Santiago pour son assistance à la rédaction des premières ébauches du livre.

– À Sherrie Hall Everette pour les années de travail consacrées à la création et à la refonte des graphismes du livre.

– À Greg Link pour son génie visionnaire du marketing et son dévouement constant à notre mission.

– À mon fils Stephen pour m'avoir tant appris sur la confiance, à la fois par son exemple personnel et par une analyse en profondeur de ses fondements théoriques et pratiques.

– À la charmante Jan Miller, mon agent littéraire, et à sa partenaire Shannon Miser-Marven, pour des années de promotion et de support.

– À Bob Asahina, mon fidèle correcteur de longue date, pour m'avoir aidé à penser à sortir de ma propre tête et à toujours reprendre les choses au niveau où en est le lecteur.

– À nos précieux éditeurs de Simon & Schuster – notamment Carolyn Reidy, Martha Levin, Suzanne Donahue et Dominick Anfuso – pour avoir été présents tout au long du processus d'enfantement, y compris d'assez nombreux cas de « faux travail » sur le chemin du sommet.

– À ma tendre épouse, Sandra, à mes enfants et petits-enfants, lesquels, bien que ce projet de livre interminable leur paraisse inconcevable, ont choisi de sourire et de m'encourager au lieu de me tordre le cou. Aussi à mon grand-père bien-aimé Stephen L. Richards ; à mes nobles parents, Stephen G. et Louise Richards Covey ; et à mes chers frères et sœurs, Irene, Helen, Jean, Marilyn et John qui, depuis mon adolescence jusqu'à maintenant, ont eu une grande influence sur ce que je suis devenu.

– À Dieu notre Père à tous, pour son plan de bonheur destiné à *tous* Ses enfants.

Chapitre 1

La souffrance

Écoutez les voix :
« Je suis bloqué, dans un sillon. »
« Je n'ai pas de vie. Je suis à bout – épuisé. »
« Personne ne m'apprécie vraiment. Mon patron n'a aucune idée de ce dont je suis capable. »
« Je n'ai pas l'impression que quelqu'un ait besoin de moi – ni mes collègues de travail, ni mes enfants adolescents et adultes, ni mes voisins, ni les gens du lieu où j'habite, ni mon épouse – sauf pour payer les factures. »
« Je suis frustrée et découragée. »
« Je n'en fais jamais assez pour joindre les deux bouts. Je n'arrive jamais à prendre de l'avance. »
« Peut-être n'ai-je tout simplement pas ce qu'il faudrait. »
« Ma présence ne change rien. »
« Je me sens vide à l'intérieur. Ma vie manque de sens ; il manque quelque chose. »
« Je suis furieux. J'ai peur. Je ne peux pas me permettre de perdre mon emploi. »
« Je me sens seul. »
« Je suis complètement stressé ; tout est urgent. »
« Je suis micromanagé et je suffoque. »
« Je suis écœuré par la politique des couteaux dans le dos et le lèche-bottes. »
« Je m'ennuie – je fournis seulement mon temps. La plupart de mes satisfactions sont extérieures à mon travail. »
« Je me démène en vain pour atteindre les chiffres prescrits. La pression pour produire est incroyable. Je n'ai simplement ni le temps ni les ressources pour tout faire. »
« Avec un conjoint qui ne comprend pas et des gamins qui n'écoutent pas et n'obéissent pas, la maison ne vaut guère mieux que le travail. »
« Je ne peux pas changer les choses. »

TELLES SONT LES VOIX des gens au travail et à la maison – les voix de littéralement des millions de parents, de travailleurs, de prestataires de services, de managers, de professionnels et de responsables du monde entier qui se battent pour s'en sortir dans la nouvelle réalité. La souffrance est *personnelle*, et elle est profonde. Vous pouvez vous reconnaître vous-même dans nombre de ces déclarations. Comme l'a dit un jour Carl Rogers : « Ce qui est le plus personnel est aussi le plus général[1]. »

Bien sûr, certaines personnes *sont* engagées, contribuent, sont dynamisées par leur travail... mais elles sont bien trop peu nombreuses. Face à un nombreux public, je pose souvent la question : « Combien parmi vous s'accordent à reconnaître que la vaste majorité des personnes travaillant dans cette organisation possèdent bien plus de talents, d'intelligence, de capacités et de créativité que ce que requiert ou même ce que permet leur emploi actuel ? » L'immense majorité des participants lèvent la main, et cette réaction se produit avec des groupes du monde entier. À peu près la même proportion de gens se disent soumis à une pression intense en vue de produire plus pour moins. Pensez à cela. Les gens sont confrontés à une attente nouvelle et croissante de produire plus pour moins dans un monde terriblement complexe, et pourtant il ne leur est simplement pas permis d'utiliser une portion significative de leurs talents et de leur intelligence.

Rien n'illustre mieux et de façon plus manifeste cette douloureuse anomalie que l'incapacité des *organisations* à se *focaliser* sur leurs tâches de plus haute priorité et à les *exécuter*. En utilisant ce que nous appelons le xQ (quotient d'exécution)*, les auteurs de l'enquête Harris pour Harris Interactive, ont interrogé 23 000 résidents U.S. employés à plein temps dans des *industries clés*† et dans des domaines *fonctionnels clés*‡. Voici quelques-unes de leurs constatations les plus stupéfiantes :

- Seuls 37 % disent qu'ils ont une compréhension claire de ce que cherche à faire leur organisation, et de sa raison d'être.
- Seul 1 sur 5 est enthousiasmé par les objectifs de son équipe et de son organisation.
- Seul 1 employé sur 5 dit avoir une notion claire des liens entre ses tâches et les objectifs de son équipe et de son organisation.
- Seule la moitié est satisfaite du travail accompli à la fin de la semaine.

– Seuls 15 % pensent que leur organisation les met pleinement en mesure d'exécuter les tâches relatives aux objectifs clés.
– Seuls 15 % pensent travailler dans un environnement où règne un haut degré de confiance.
– Seuls 17 % pensent que leur organisation favorise une communication ouverte respectueuse des différentes opinions, productrice d'idées nouvelles et meilleures.
– Seuls 10 % pensent que leur organisation rend les gens responsables des résultats.
– Seuls 20 % ont pleinement confiance dans l'organisation pour laquelle ils travaillent.
– Seuls 13 % entretiennent des relations de coopération fructueuses et totalement confiantes avec d'autres groupes ou départements.

Si, par exemple, une équipe de football avait des scores identiques, seuls quatre des onze joueurs sur le terrain sauraient quel est leur objectif. Seuls deux sur les onze y attacheraient de l'importance. Seuls deux sur onze sauraient dans quelle position ils jouent et sauraient exactement ce qu'ils sont censés faire. Et tous les joueurs sauf deux seraient en quelque sorte en compétition contre leur propre équipe plutôt que contre l'équipe adverse.

Ces résultats sont édifiants. Ils correspondent aux propos que j'ai recueillis auprès de gens travaillant dans toutes sortes d'organisations du monde entier. En dépit des progrès technologiques, des produits nouveaux et du développement des marchés mondiaux, la plupart des gens ne sont pas épanouis dans les organisations pour lesquelles ils travaillent. Ils ne sont ni comblés ni enthousiastes. Ils sont frustrés. Ils ne voient pas bien où leur organisation veut aller ni quelles sont ses plus hautes priorités. Ils sont à la fois entravés et confus. Le pis est qu'ils ne pensent pas pouvoir y faire grand-chose. Pouvez-vous imaginer ce qu'il en coûte aux organisations et aux personnes qu'elles emploient de ne pouvoir mobiliser leur passion, leurs talents et leur intelligence ? Ce coût est bien plus élevé que la somme de tous les impôts, des intérêts et des frais de personnel !

POURQUOI UNE 8e HABITUDE ?

Le monde s'est profondément transformé depuis la publication en 1989 des *7 Habitudes de ceux qui réalisent tout ce qu'ils entrepren-*

nent. Les défis et la complexité auxquels nous sommes confrontés dans nos vies personnelles et nos relations, dans nos familles, dans nos vies professionnelles et dans nos organisations sont d'un autre ordre de grandeur. En fait, bien des gens considèrent l'année 1989 – où nous avons été témoins de la chute du mur de Berlin – comme le début de l'âge de l'information, la naissance d'une nouvelle réalité, un bouleversement complet – en vérité le début d'une ère nouvelle.

Nombreux sont ceux qui m'ont demandé si les 7 habitudes conservaient leur sens dans la nouvelle réalité d'aujourd'hui. Ma réponse est toujours la même : plus les changements sont importants et plus les défis sont ardus, *plus* elles prennent de sens. Voyez-vous, les 7 habitudes visent à vous rendre très efficace. Elles représentent un assemblage ordonné et *complet* de principes universels, *éternels*, applicables au caractère et à l'efficacité.

Être *efficace* en tant qu'individu et en tant qu'organisation n'est plus seulement une option dans le monde d'aujourd'hui – c'est le prix à payer pour accéder au terrain de jeu. Mais survivre, prospérer, innover, exceller et être un leader au sein de cette nouvelle réalité, tout cela exige de s'appuyer sur l'efficacité pour la transcender. L'ère nouvelle nous appelle à la *grandeur* – désormais indispensable. À la *complétude*, à l'*exécution passionnée* et à une *contribution significative*. Ces éléments se situent sur un plan différent ou dans une dimension différente. Ils sont différents par nature – de même que la *signification* diffère du succès par sa *nature*, non par son *degré*. Puiser aux niveaux les plus élevés du génie et de la motivation des humains – que nous pourrions appeler la *voix* – requiert un nouvel état d'esprit, un nouveau jeu de compétences, un nouvel outillage… une nouvelle habitude.

La 8e habitude, par suite, ne revient pas à ajouter une habitude supplémentaire aux 7 habitudes – une habitude qui aurait été oubliée pour une raison ou une autre. Elle consiste à reconnaître aux 7 habitudes une *troisième dimension* correspondant au défi central de l'âge de l'ouvrier du savoir. Cette 8e habitude vise à vous faire *trouver votre voix et à inspirer les autres à trouver la leur* (figure 1.1).

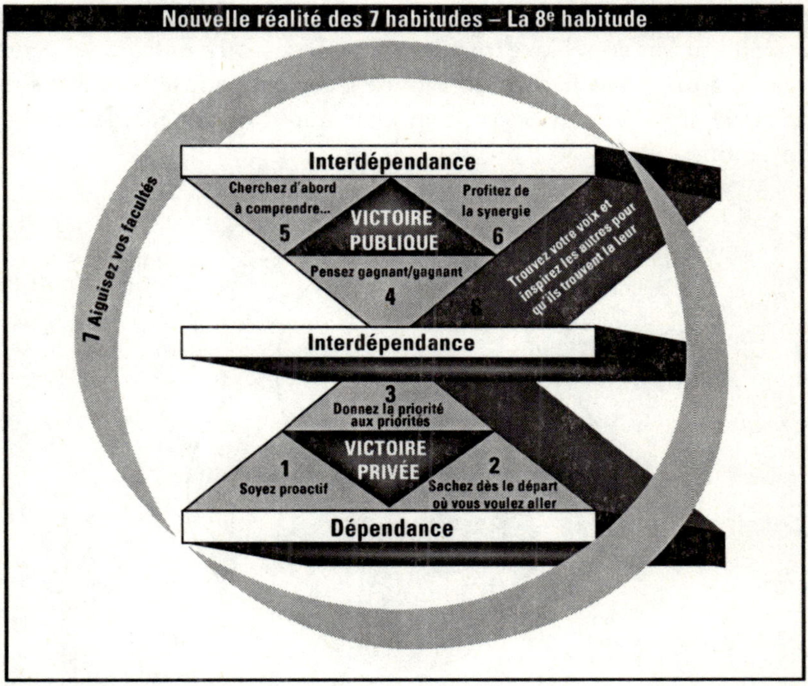

Figure 1.1

La 8e habitude représente le chemin d'accès aux aspects extrêmement prometteurs de la réalité d'aujourd'hui. Elle contraste de manière éclatante avec la souffrance et la frustration auxquelles j'ai fait allusion. C'est en fait une réalité hors du temps. C'est la voix de l'esprit humain – pleine d'espoir et d'intelligence, résiliente par nature, qui peut sans limites se mettre au service du bien commun. Cette voix est aussi celle des organisations qui connaîtront la survie, la prospérité, et qui influenceront profondément l'avenir du monde.

La voix est la *signification personnelle unique* – signification qui se révèle quand nous affrontons nos plus grands défis et qui nous met à leur hauteur.

Comme on peut le voir sur la figure 1.2, la voix se situe à l'intersection du *talent* (vos dons et vos forces naturels), de la *passion* (ce qui vous dynamise, vous enthousiasme, vous motive et vous inspire), de la *nécessité* (y compris ce dont le monde a suffisamment besoin pour vous payer) et de la *conscience* (cette petite voix intérieure, silencieuse, qui vous souffle ce qui est bien et qui vous pousse à le faire effectivement). Lorsque vous vous engagez dans un travail qui fait appel à votre talent et suscite votre passion – un travail lié à un grand besoin du monde que votre conscience vous dit de satisfaire –, là réside votre voix, ce qui vous appelle, le code de votre âme.

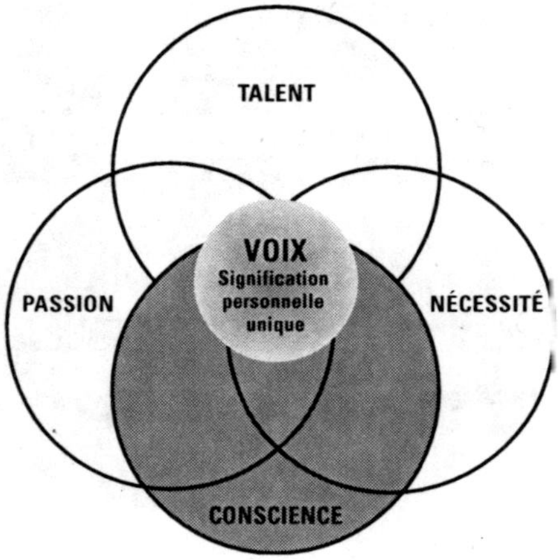

Figure 1.2

Il y a en chacun de nous un besoin inné, profond, presque inexprimable, de trouver notre voix dans la vie. L'explosion exponentielle, révolutionnaire, de l'Internet est l'une des plus puissantes manifestations modernes de cette vérité. L'Internet est peut-être le symbole parfait du nouveau monde, de l'économie de l'information et de l'ouvrier du savoir, et des changements spectaculaires qui se sont produits. Voici ce qu'en disent Locke, Levine, Searls et Weinberger dans leur ouvrage paru en 1999 :

> « Nous sommes tous en train de retrouver notre voix. D'apprendre à parler les uns aux autres.
>
> ... À l'intérieur, à l'extérieur, une conversation se déroule aujourd'hui qui n'avait pas lieu il y a cinq ans et que l'on n'a guère eu l'occasion d'observer depuis le début de la révolution industrielle.

Désormais, couvrant la planète via Internet et le *World Wide Web*, cette conversation est si ample, a tant de facettes multiples, qu'il est futile de tenter d'imaginer sur quoi elle porte. Elle porte sur un milliard d'années d'espoirs, de craintes et de rêves codés dans les doubles hélices enlacées, le retour sur le déjà vu collectif de nos espèces étranges et troublantes. Une chose ancienne, rappelant les origines, sacrée, une chose très très drôle, qui se déchaîne dans les tuyaux et les fils du XXIe siècle.

... Il y a des millions et des millions de fils dans cette conversation, mais au début et à la fin de chaque fil, il y a un être humain...

Ce désir ardent du Web traduit un besoin si irrésistible qu'on ne peut le comprendre que comme un élan spirituel. Un besoin qui nous montre qu'il manque quelque chose à notre vie. Ce qui manque est le son de la voix humaine. L'appel spirituel du Web est la promesse du retour de la voix[2]. »

Permettez-moi, plutôt que de continuer à décrire la *voix*, de l'illustrer par l'histoire véridique d'un homme. Lorsque j'ai rencontré Muhammad Yunus, fondateur de la banque Grameen – une organisation unique en son genre mise en place dans le seul but d'accorder des microcrédits aux plus pauvres des pauvres du Bangladesh –, je lui ai demandé quand et comment il avait eu cette vision. Il répondit qu'il n'avait pas eu de vision au début. Il avait simplement vu quelqu'un dans le besoin, essayé de le satisfaire, et la vision avait pris forme. La vision de Muhammad Yunus d'un monde sans pauvreté était née d'un événement dans les rues du Bangladesh. Alors que je l'interviewais pour un article sur le *leadership**, il me raconta son histoire :

« Tout a commencé il y a vingt-cinq ans. J'enseignais l'économie dans une université du Bangladesh. Le pays était en proie à la famine. J'en étais terriblement affecté. J'étais là, enseignant les élégantes théories de l'économie dans une salle de classe, avec tout l'enthousiasme d'un Philosophiae Doctor tout neuf obtenu aux États-Unis. Mais en sortant de la salle de classe, je voyais des squelettes autour de moi, des gens qui s'apprêtaient à mourir.

Je me rendais compte que tout ce que j'avais appris, tout ce que j'enseignais, n'étaient que des histoires factices, sans signification pour la vie des gens. J'ai alors cherché à découvrir comment les gens vivaient dans le village voisin du campus de l'université. Je voulais découvrir s'il y avait quelque chose que je puisse faire en tant qu'être humain pour retarder ou empêcher la mort, même d'une seule personne. J'abandonnais la vision d'ensemble qui fait tout voir d'en haut, depuis le ciel. J'adoptais la vision du ver de terre, tentant de trouver ce qui vient droit devant soi – de le renifler, le toucher, de voir s'il y a quelque chose à en faire.

Un incident particulier me fit prendre dans une nouvelle direction. Je rencontrai une femme en train de fabriquer des tabourets de bambou. Après une longue discussion, je m'aperçus qu'elle ne gagnait que deux cents U.S. chaque jour. Je ne pouvais croire que quelqu'un pût travailler si dur et faire d'aussi beaux tabourets de bambou pour un si minuscule profit. Elle m'expliqua que c'était parce qu'elle n'avait pas d'argent pour acheter le bambou des tabourets, qu'elle devait emprunter cet argent au commerçant – lequel imposait comme condition qu'elle ne vende ses produits qu'à lui, au prix qu'il décidait.

Et c'est ce qui expliquait les deux cents – elle était pratiquement condamnée à travailler pour ce commerçant. Et combien coûtait le bambou ? Elle dit : "Oh, environ vingt cents. Pour un très bon matériau, vingt-cinq cents." Je pensais : "Les gens souffrent pour vingt cents et il n'y a rien que je puisse y faire ?" Je me suis demandé si je devrais lui donner vingt cents, puis j'ai eu une meilleure idée – faire une liste de gens ayant des besoins d'argent du même ordre. J'ai pris avec moi l'un de mes étudiants et nous avons fait le tour du village pendant plusieurs jours, pour arriver à une liste de quarante-deux personnes dans une situation comparable. Après avoir additionné le montant total dont elles avaient besoin, j'ai eu le plus grand choc de ma vie : cela faisait en tout vingt-sept dollars ! J'avais honte de moi-même, honte d'appartenir à une société qui ne pouvait pas même fournir vingt-sept dollars à quarante-deux êtres humains travailleurs et talentueux.

Pour échapper à cette honte, je pris l'argent de ma poche et le donnai à mon étudiant en lui disant : "Tu prends cet argent et tu le donnes à ces quarante-deux personnes en leur disant que c'est un prêt, mais qu'elles peuvent me rembourser quand elles seront en mesure de le faire. D'ici là, elles peuvent vendre leurs produits partout où elles peuvent obtenir un bon prix."

Tout ce qu'il faut pour assurer le triomphe du mal, c'est que les hommes bons ne fassent rien[3].
EDMUND BURKE

Après avoir reçu l'argent, elles étaient très enthousiastes. À la vue de cet enthousiasme, je me dis : "Que puis-je faire maintenant ?" J'ai alors pensé à l'agence bancaire située sur le campus de l'université, et je suis allé voir son directeur pour lui suggérer de prêter de l'argent aux pauvres gens que j'avais rencontrés dans le village. Il tomba du ciel ! Il me répondit : "Vous êtes fou. C'est impossible. Comment pourrions-nous prêter de l'argent à des gens pauvres ? Ils ne sont pas solvables." J'ai tenté de plaider : "Faites au moins un essai, et voyez ce qui se passe – c'est seulement une petite somme d'argent." Sa réponse fut : "Non. Nos règles ne le permettent pas. Ils ne peuvent pas offrir de garantie, et cela ne vaut pas la peine de prêter un montant aussi faible." Il me suggéra alors de voir le haut responsable de la hiérarchie bancaire du Bangladesh.

J'ai suivi son conseil et suis allé voir les gens qui comptent dans le milieu bancaire. Tout le monde me dit la même chose. Finalement, après plusieurs jours de démarches, je m'offris moi-même comme caution. "Je cautionnerai le prêt, je signerai tout ce qu'ils me demanderont de signer, ils pourront me remettre l'argent, et je le donnerai à qui je veux."

C'est ainsi que les choses ont commencé. Ils m'ont averti à maintes reprises que les pauvres gens qui recevraient l'argent ne le rembourseraient jamais. Je dis : "Je prends le risque." Et la chose surprenante est qu'ils m'ont remboursé chaque penny. Plein d'enthousiasme, je suis allé chez le directeur d'agence pour lui dire : "Écoutez, ils remboursent, il n'y a pas de problème." Mais il répondit : "Oh non, ils vous mènent en bateau. Bientôt ils prendront davantage d'argent et ne le rendront jamais." Je leur ai donné alors plus d'argent, et ils me l'ont remboursé. Je le lui dis, mais sa réponse fut : "Eh bien, vous pouvez peut-être le faire dans un village, mais si vous le faites dans deux villages ça ne marchera pas." Je me suis empressé de le faire dans deux villages – et ça a marché.

Il en est résulté une sorte de bataille entre moi et le directeur d'agence et ses collègues à des postes plus importants. Ils répétaient qu'un plus grand nombre de villages montrerait peut-être qu'ils avaient raison. J'ai alors opéré dans cinq villages, ce qui montra simplement que tout le monde remboursait. Ils ne lâchaient pas prise. Ils disaient : "Dix villages. Cinquante villages. Cent villages." La chose devint alors une sorte de compétition entre eux et moi. J'obtenais des résultats qu'ils ne pouvaient contester parce que c'était leur argent que je distribuais, mais ils ne pouvaient l'accepter parce qu'ils avaient été formés à croire que les pauvres ne sont pas fiables. Heureusement, je n'avais pas été formé de cette façon, de sorte que je pouvais croire les choses que je voyais, telles qu'elles se révélaient à moi. Mais l'esprit des banquiers, leurs yeux, étaient aveuglés par ce qu'ils avaient appris.

J'eus finalement cette idée. Pourquoi est-ce que j'essaie de les convaincre ? Je suis totalement convaincu que des gens pauvres peuvent emprunter de l'argent et le rembourser. Pourquoi ne pas créer une banque séparée ? L'idée m'enthousiasmait. J'ai alors rédigé une proposition et suis allé voir le gouvernement pour obtenir l'autorisation de fonder une banque. Il me fallut deux ans pour convaincre le gouvernement.

Le 22 octobre 1983, nous sommes devenus une banque – une banque officielle, indépendante. Et quel enthousiasme que le nôtre, nous avions désormais notre propre banque, et nous pouvions nous étendre à notre guise ! Et nous avons pris de l'expansion. »

> *Quand vous êtes inspiré par un motif grandiose,*
> *un projet extraordinaire, toutes vos pensées se déchaînent.*
> *Votre esprit transcende ses limites, votre conscience*
> *s'étend dans toutes les directions, et vous évoluez dans*
> *un monde nouveau, grand et merveilleux.*
> LES YOGA SUTRAS DE PATANJALI

La banque Grameen opère désormais dans plus de 46 000 villages du Bangladesh, et compte 1 267 agences et plus de 12 000 employés. Elle a prêté plus de 4,5 milliards de dollars, souvent sous la forme de prêts de douze à quinze dollars, et la valeur moyenne de ses prêts est inférieure à deux cents dollars. Chaque année, elle prête environ un demi-milliard de dollars. Elle prête même à des mendiants pour les aider à abandonner la mendicité et à se mettre à vendre. Un prêt au logement est de trois cents dollars. Ce sont des sommes très petites pour ceux d'entre nous qui travaillent dans des entreprises.

Mais considérez l'effet au niveau individuel : le prêt de 500 millions de dollars affecte 3,7 millions de personnes, dont 96 % sont des femmes, et qui doivent décider qu'elles peuvent et qu'elles vont prendre des mesures pour changer leur vie et la vie de leur famille ; 3,7 millions de personnes doivent décider qu'elles sont capables d'opérer un changement ; 3,7 millions de personnes doivent surmonter une nuit d'insomnie pour se présenter en tremblant au bureau de Grameen le lendemain matin. Au cœur de ce mouvement d'émancipation se trouvent des femmes qui ont individuellement, mais souvent à plusieurs, décidé de compter désormais sur elles-mêmes, de devenir des entrepreneurs produisant des biens dans leur maison, leur voisinage ou leur jardin pour devenir économiquement viables et pour réussir. Elles ont *trouvé* leur voix.

Ayant étudié et interviewé quelques-uns des plus grands leaders du monde, j'ai constaté que leur sens de la vision et leur voix ont dans l'ensemble évolué lentement. Pour certains, la vision du possible peut avoir été une prise de conscience explosive. Mais en général, j'ai trouvé que la vision se forme quand les gens détectent un besoin humain et obéissent à leur conscience en essayant de satisfaire ce besoin. Et quand ils l'ont satisfait, ils en perçoivent un autre, le satisfont, et ainsi de suite. Peu à peu, ils commencent à généraliser cette perception du besoin et se mettent à penser à des moyens d'institutionnaliser leurs efforts pour qu'ils puissent se pérenniser.

Muhammad Yumus est l'exemple d'un homme qui a fait exactement cela – il a ressenti un *besoin* humain et réagi à sa *conscience* en appliquant son *talent* pour satisfaire ce besoin – d'abord personnellement, puis en développant la confiance et en cherchant des solutions créatives aux problèmes, et en définitive en institutionnalisant la capacité à satisfaire les besoins de la société au moyen d'une organisation. Il a trouvé sa voix en inspirant d'autres à trouver la leur. Le mouvement du microcrédit se répand désormais dans le monde entier.

> *Peu d'entre nous peuvent faire de grandes choses, mais nous pouvons tous faire de petites choses avec un grand amour.*
>
> MÈRE TERESA

LA SOUFFRANCE – LE PROBLÈME – LA SOLUTION

J'ai commencé par décrire la souffrance du personnel. Elle est ressentie par les gens à tous les niveaux de tous les types d'organisation. Elle est ressentie dans les familles, dans les lieux d'habitation et dans la société en général.

Le but de ce livre est de vous fournir une carte routière qui vous conduira de l'état de souffrance et de frustration à un état où vous compterez, où vous vous réaliserez, où vous signifierez quelque chose dans le paysage nouveau d'aujourd'hui – non seulement dans votre travail et votre organisation, mais aussi dans la totalité de votre vie. En bref, il vous conduira là où *vous trouverez votre voix*. Si vous le souhaitez, il vous amènera aussi à étendre considérablement votre influence quelle que soit votre position – en inspirant d'autres personnes qui vous sont chères, votre équipe et votre organisation, pour qu'elles trouvent leur voix et *décuplent* leur efficacité, leurs progrès et leur impact. Vous découvrirez que cette influence et le *leadership* procèdent d'un *choix*, non de la position ou du rang.

La meilleure et souvent la seule façon de s'affranchir de la souffrance et de parvenir à une *solution* durable est de comprendre d'abord le *problème* fondamental qui est à l'origine de la souffrance. En l'occurrence, une grande partie du problème réside dans un comportement qui découle d'un modèle ou d'une vision de la nature humaine profondément erronés – qui sapent la conscience de sa propre valeur, enfermant le talent et le potentiel dans une camisole de force.

La *solution* du problème est comme la plupart des avancées significatives de l'histoire des hommes – elle réside dans une *rupture* franche avec d'anciens modes de pensée. La promesse de ce livre est que, si vous êtes patient et si vous payez le prix consistant à comprendre le problème à sa racine et à prendre ensuite le cap consistant à vivre selon les principes éternels et universels incarnés dans la solution ébauchée par ce livre, alors votre influence croîtra régulièrement dans un rayon de plus en plus large ; vous trouverez votre voix et vous inspirerez votre équipe et votre organisation pour qu'elles trouvent leur propre voix dans un monde en proie à des changements spectaculaires.

Le chapitre 1 a brièvement évoqué la pénible réalité.

Le chapitre 2 identifie le problème de fond. La compréhension de ce problème fondamental éclairera d'une lumière éclatante les défis que nous rencontrons personnellement, dans nos familles et nos relations de travail, et dans les organisations où nous passons une grande partie de notre vie. Cela vous demandera un certain effort mental – l'affaire d'une douzaine de pages. Mais l'investissement consistant à plonger dans le côté *humain* de ce qui s'est produit dans les *organisations* au cours du siècle dernier vous servira de clé pour apprécier le reste du livre et commencera à vous donner la sagesse, les orientations et la force dont vous avez besoin pour être à la hauteur des défis et des opportunités rencontrés à titre *personnel* et dans vos *relations*.

Le chapitre 3 fournit une vue d'ensemble de la solution apportée par la 8ᵉ habitude, développée dans la suite du livre, et comporte une brève section sur la manière de tirer le plus grand parti possible du livre.

Chapitre 2

Le problème

Quand l'infrastructure bouge, tout résonne[1].

STAN DAVIS

Nous sommes les témoins de l'un des mouvements sismiques les plus importants de l'histoire des hommes. Peter Drucker, l'un des plus grands penseurs du management de notre époque, en parle de la manière suivante :

> « D'ici quelques centaines d'années, quand l'histoire de notre époque sera décrite dans une perspective à long terme, il est vraisemblable que l'événement le plus important retenu par les historiens ne sera pas la technologie, ni Internet, ni le commerce électronique. Ce sera un changement sans précédent de la condition humaine. Pour la première fois – littéralement – un nombre important et croissant de gens auront la possibilité de choisir. Pour la première fois, ils devront se gérer eux-mêmes.
>
> Et la société n'y est nullement préparée.[2] »

POUR PÉNÉTRER AU CŒUR du problème et vraiment comprendre ce qu'implique l'affirmation prophétique de Peter Drucker, il convient d'examiner d'abord le contexte historique – c'est-à-dire les cinq âges de la civilisation : en premier, l'âge de la chasse et de la cueillette ; puis l'âge de l'agriculture ; troisièmement, l'âge industriel ; quatrièmement, l'âge de l'information et de l'ouvrier du savoir ; et finalement, l'âge de la sagesse (figure 2.1).

Imaginez un instant que vous remontiez dans le temps et que vous vous nourrissiez par la chasse et la cueillette. Chaque jour vous partez avec un arc et une flèche ou des pierres et des bâtons pour rapporter de la nourriture à votre famille. C'est tout ce que vous avez jamais connu, vu et fait pour survivre. Imaginez maintenant que quelqu'un vienne vous voir et tente de vous persuader de devenir ce qu'il appelle un « cultivateur ». Imaginez ce que peut être votre réaction.

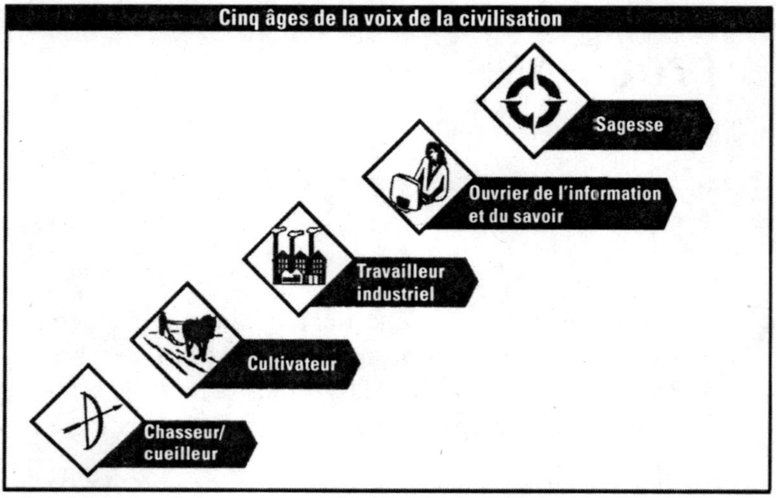

Figure 2.1

Vous le voyez partir et gratter la terre et jeter de petites graines dans le sol et vous ne voyez rien ; vous le voyez arroser le sol et enlever les herbes et vous ne voyez toujours rien. Mais finalement vous découvrez une grande récolte. Vous remarquez que sa production de cultivateur est cinquante fois supérieure à votre production de chasseur et cueilleur, bien que vous soyez considéré comme l'un des meilleurs. Que feriez-vous ? Vous vous diriez sans doute, « Même si je le voulais, je ne pourrais pas en faire autant. Je n'ai pas les aptitudes et je n'ai pas les outils. » Vous ne sauriez pas comment travailler de cette manière.

Vous vous apercevez alors que le cultivateur est si productif qu'il gagne assez d'argent pour envoyer ses enfants à l'école et leur donner de grandes possibilités. Vous survivez tout juste. Peu à peu, vous êtes attiré vers un processus d'apprentissage intense du métier de cultivateur. Vous élevez vos enfants et petits-enfants pour qu'ils deviennent des cultivateurs. C'est exactement ce qui s'est produit au début de notre histoire. Les chasseurs et cueilleurs ont vu leur nombre se réduire de 90 %, ils ont perdu leur travail.

Après maintes générations, nous arrivons à l'âge industriel. On construit des usines et on apprend la spécialisation, la délégation et la production à grande échelle. On découvre comment obtenir de hauts niveaux de productivité grâce à la mise en place de chaînes de montage. La productivité de l'âge industriel devient cinquante fois supérieure à celle d'une ferme familiale. Si maintenant vous étiez un fermier produisant cinquante fois plus que les chasseurs/cueilleurs et si tout d'un coup vous voyez une usine se mettre en place et commencer à produire cinquante fois plus que la ferme familiale, que diriez-vous ? Vous pourriez en être jaloux, et même vous sentir menacé. Mais que vous faudrait-il pour devenir un acteur de l'âge industriel ? Il vous faudrait un ensemble de talents et d'outils entièrement nouveaux. Mais plus encore, il vous faudrait un nouvel état d'esprit – une nouvelle façon de penser. Le fait est que l'usine de l'âge industriel produisait cinquante fois plus que la ferme familiale, et avec le temps, 90 % des agriculteurs ont disparu. Ceux qui ont survécu ont adopté le concept de l'âge industriel et ont créé la ferme industrielle. Aujourd'hui, seulement 3 % de la population des États-Unis sont des agriculteurs, qui produisent l'essentiel de la nourriture pour tout le pays et pour une grande partie du monde.

Croyez-vous que l'âge de l'information et de l'ouvrier du savoir dans lequel nous entrons va produire cinquante fois plus que l'âge industriel ? Pour ma part, je le crois. Nous commençons seulement à nous en rendre compte. Il le surpassera cinquante fois – pas deux fois, ni trois ou dix fois, mais cinquante. Nathan Myhrvold, ancien responsable en chef de la technologie chez Microsoft, a émis l'idée suivante : « Les meilleurs développeurs de logiciels sont plus productifs que les développeurs moyens, non 10 fois, 100 fois ou même 1 000 fois, mais 10 000 fois plus. »

Le travail du savoir de qualité est tellement précieux que la libération de son potentiel offre aux organisations une extraordinaire opportunité de création de valeur. S'il en est ainsi, pensez seulement à l'intérêt qu'il y a à libérer le potentiel de vos enfants. Le travail du savoir opère un effet de levier sur tous les autres investissements antérieurs d'une organisation ou d'une famille. En fait, les ouvriers du savoir sont le lien vers tous les autres investissements d'une organisation. Ils apportent la focalisation, la créativité, et la démultiplication des autres investissements pour atteindre d'autant mieux les objectifs de l'organisation.

Pensez-vous que l'âge de l'ouvrier du savoir finira par entraîner une réduction de 90 % du nombre du personnel de l'âge industriel ? Je le crois. Les tendances actuelles à la sous-traitance et au chômage ne sont que le sommet de l'iceberg. Ces tendances sont d'ailleurs devenues un sujet politique brûlant. Mais la réalité est qu'une grande partie de la réduction des emplois de l'âge industriel résulte moins de la politique gouvernementale et des accords de libre-échange que de l'évolution spectaculaire de notre économie vers l'âge de l'ouvrier du savoir. Pensez-vous que le personnel actuel craindra de devoir acquérir la nouvelle mentalité, les nouveaux talents et les nouveaux outils de ce nouvel âge ? Imaginez ce que cela demandera. Imaginez ce que cela exigera de *vous* – ce que vous devrez faire pour devenir un acteur dans cette ère nouvelle. Imaginez ce que devra faire votre organisation !

Peter Drucker compare ainsi l'âge industriel et ses travailleurs manuels avec l'âge de l'ouvrier du savoir qui prévaut aujourd'hui :

> La contribution la plus importante, et à vrai dire la seule contribution du management du XXe siècle a été la multiplication par cinquante de la productivité du TRAVAILLEUR MANUEL dans l'industrie.
>
> La contribution la plus importante que doit faire le management au XXIe siècle est d'accroître de manière semblable la productivité du TRAVAIL DU SAVOIR et de l'ouvrier du savoir.
>
> Les actifs les plus précieux d'une entreprise du XXe siècle étaient son *équipement de production*. L'actif le plus précieux d'une institution du XXIe siècle, qu'elle soit ou non une entreprise, sera ses *ouvriers du savoir* et leur *productivité*[3].

Le grand historien Arnold Toynbee disait qu'on pouvait à peu près résumer l'histoire de la société et de ses institutions en cinq mots : *Rien n'échoue comme le succès.* En d'autres termes, quand vous rencontrez un défi et quand votre réaction est à la hauteur du défi, on appelle cela un succès. Mais quand vous rencontrez un nouveau défi, la réaction ancienne, couronnée de succès, ne marche plus. C'est pourquoi on l'appelle un échec. Nous vivons à l'âge de l'ouvrier du savoir, mais nous faisons fonctionner nos organisations suivant le mode de pilotage de l'âge industriel, qui exclut absolument la libération du potentiel humain. La voix n'est essentiellement pas prise en compte. Cette constatation est stupéfiante. L'état d'esprit de l'âge industriel qui continue de dominer le lieu de travail d'aujourd'hui ne peut tout simplement pas marcher à l'âge de l'ouvrier du savoir et de la nouvelle économie. Et le fait est que les gens ont transposé chez eux ce même état d'esprit périmé. Très souvent, il domine la façon dont nous communiquons avec nos conjoints, et la façon dont nous essayons de manager, de motiver et de discipliner nos enfants.

L'ÉTAT D'ESPRIT « CHOSE » DE L'ÂGE INDUSTRIEL

Les principaux actifs de l'âge industriel et les principaux facteurs de la prospérité de l'âge industriel étaient les machines et le capital – *des choses*. Les personnes étaient nécessaires, mais remplaçables. Vous pouviez changer de travailleurs manuels sans grandes conséquences – l'offre excédait la demande. Vous trouviez d'autres individus aptes à se conformer à des procédures strictes. Les personnes étaient comme des choses – vous pouviez être efficace en les utilisant. Si tout ce que vous voulez est le corps d'une personne et si vous n'avez pas vraiment besoin de son mental, de son cœur et de son esprit (autant d'obstacles au bon déroulement des processus de l'âge des machines), vous réduisez alors une personne à l'état de chose.

Un grand nombre de nos pratiques modernes du management procèdent de l'âge industriel.

Il nous a donné la croyance que nous pouvons diriger et manager les personnes.

Il nous a donné notre vue de la comptabilité, qui fait des gens une dépense et des machines des actifs. En effet : les personnes figurent sur les comptes d'exploitation comme une dépense ; l'équipement figure sur le bilan en tant qu'investissement.

Il nous a donné notre philosophie de la motivation par la carotte et le bâton – cette technique bêtasse qui motive avec une carotte devant (récompense) et fait avancer avec un bâton par-derrière (crainte et punition).

Il nous a donné la budgétisation centralisée – dans laquelle les tendances passées sont extrapolées dans l'avenir, et qui forme des hiérarchies et des bureaucraties pour piloter « l'obtention des chiffres » –, un processus réactif obsolète qui engendre des cultures de « lèche-bottes », la réaction « dépensons-le pour ne pas le perdre l'an prochain » et chez les individus et les groupes, l'instinct de protection du postérieur.

Toutes ces pratiques et beaucoup, beaucoup d'autres, viennent de l'âge industriel – du travail avec des travailleurs manuels.

Le problème est que les managers continuent aujourd'hui d'appliquer le modèle de contrôle de l'âge industriel à des ouvriers du savoir. Faute de voir la valeur et le potentiel de leurs subordonnés et de comprendre la nature humaine dans sa totalité, un grand nombre de ceux qui sont en position d'autorité *gèrent les personnes comme s'il s'agissait de choses.* Ce manque de compréhension les empêche également de puiser dans les motivations, le talent et le génie des gens. Qu'arrive-t-il quand vous traitez aujourd'hui les gens comme des choses ? Ils sont insultés, aliénés, leur travail est dépersonnalisé, ce qui engendre la méfiance, les mouvements syndicaux litigieux. Qu'arrive-t-il quand vous traitez vos enfants adolescents comme des choses ? Ils se sentent de même insultés, aliénés, les précieuses relations familiales sont dépersonnalisées et vous provoquez la méfiance, la contestation et la rébellion.

LA SPIRALE DESCENDANTE DE LA CODÉPENDANCE

Qu'arrive-t-il quand vous managez des personnes comme des choses ? Elles cessent de croire que le *leadership* peut devenir un choix. La plupart des gens considèrent que le *leadership* est une position, et de ce fait ne se perçoivent pas eux-mêmes comme des leaders. Faire du *leadership* personnel (l'influence) un choix, c'est comme avoir la liberté de jouer du piano. C'est une liberté qui doit être gagnée – c'est la condition pour que le *leadership* puisse devenir un choix.

En attendant, les gens pensent que seules les personnes occupant des postes d'autorité doivent décider ce qu'il faut faire. Ils ont consenti, peut-être inconsciemment, à être dirigés comme des choses. Même s'ils perçoivent un besoin, ils ne prennent pas l'initiative d'agir. Ils attendent de s'entendre dire ce qui est à faire par la personne ayant le titre formel, et ils agissent alors selon ses directives. Par suite, ils critiquent le leader officiel si les choses se passent mal, et lui en attribuent le mérite quand elles se passent bien. Et ils sont alors remerciés pour leur « coopération et leur support ».

Cette réticence très répandue à prendre l'initiative, à agir indépendamment, rend encore plus impérative pour les leaders formels la nécessité de diriger ou de manager leurs subordonnés. Ils pensent qu'ils doivent le faire pour les inciter à agir. Et ce cycle s'amplifie jusqu'au stade de la codépendance. Le préjugé de chacune des parties renforce et finalement justifie le comportement de l'autre. Plus un manager exerce son contrôle, plus il suscite des comportements qui nécessitent un contrôle ou un management plus étroits. La culture de codépendance se développe et est finalement institutionnalisée jusqu'au stade où personne ne prend de responsabilités. À terme, les managers comme les managés confirment leurs rôles respectifs par un pacte inconscient. Ils se déresponsabilisent en se persuadant que les autres doivent d'abord changer pour que leur propre situation puisse s'améliorer. Le même cycle se manifeste dans les familles entre les parents et les enfants.

Cette conspiration silencieuse est partout. Peu de gens ont le courage de la reconnaître en eux-mêmes. Chaque fois qu'elle leur est suggérée, ils regardent instinctivement *en dehors* d'eux-mêmes. Quand j'évoque ce sujet devant un public important, je fais souvent une pause après environ deux heures pour poser la question, « Combien parmi vous aiment ce que je vous présente, mais ont l'impression que les gens qui en ont *réellement* besoin ne sont pas ici ? » Ils éclatent de rire le plus souvent, mais la plupart des mains se lèvent.

Peut-être pensez-vous aussi que les gens qui ont réellement besoin de ce livre ne le lisent pas. Cette pensée est révélatrice de la codépendance. Si vous examinez la question sous l'angle des défauts des autres, vous vous déresponsabilisez et vous autorisez leurs défauts à continuer d'évacuer de votre vie l'initiative, l'énergie et l'enthousiasme.

Même les meilleures organisations avec lesquelles j'ai travaillé au cours des quarante années passées connaissent d'innombrables problèmes. La souffrance liée à ces problèmes et aux défis qu'ils impliquent devient beaucoup plus aiguë du fait des changements qui se produisent dans le monde. Ces défis sont de trois natures : *organisationnels*, *relationnels* et *personnels*.

Au niveau *organisationnel*, une philosophie de management directif pilote la performance, les communications, les rémunérations et les primes, la formation, l'information, et est à la base d'autres systèmes cruciaux qui suppriment les talents et la voix. Cette philosophie de management directif a ses racines dans l'âge industriel et imprègne la mentalité de ceux qui ont une fonction d'autorité, dans toutes les activités et toutes les professions. C'est ce que j'appelle la *mentalité « chose » de l'âge industriel.*

Au niveau *relationnel*, la plupart des organisations sont envahies par la codépendance. Il y règne une absence fondamentale de confiance, et ceux qui s'y trouvent n'ont ni l'aptitude ni l'état d'esprit qui leur permettraient de surmonter les différences de point de vue de façon authentique, créative. Il est vrai que les systèmes mis en place dans les organisations et les pratiques de management directif contribuent largement à développer cette codépendance, mais le problème est aggravé par le fait que beaucoup de gens ont été élevés en étant comparés à d'autres à la maison, et en étant mis en concurrence avec d'autres à l'école, dans le sport et sur le lieu de travail. Ces influences déterminantes développent une mentalité de pénurie, de sorte que les gens ont beaucoup de mal à se réjouir sincèrement du succès d'autrui.

Au niveau *personnel*, on trouve à tous les niveaux de ces organisations des individus brillants, talentueux, créatifs, qui se sentent entravés, sous-estimés, et découragés. Ils sont frustrés et ne pensent pas avoir le pouvoir de changer la situation.

LA PUISSANCE D'UN PARADIGME

Selon l'auteur John Gardner : « La plupart des organisations malades ont développé un aveuglement fonctionnel à l'égard de leurs propres déficiences. Elles ne souffrent pas d'une incapacité à résoudre leurs problèmes, mais d'une incapacité à *voir* leurs problèmes. » Voici ce que disait Einstein : « Les problèmes significatifs auxquels nous sommes confrontés ne peuvent pas être résolus au même niveau de pensée que celui auquel nous étions quand nous les avons créés. »

Ces remarques soulignent l'une des choses les plus profondes que j'ai apprises dans ma vie : si vous voulez faire des améliorations et des changements incrémentaux, *mineurs*, travaillez sur les pratiques, les comportements et les attitudes. Mais si vous voulez faire des améliorations significatives, importantes, travaillez sur les paradigmes. Le mot *paradigme* vient du mot grec *paradeigma*, à l'origine un terme scientifique, mais on l'utilise aujourd'hui couramment pour désigner une perception, une hypothèse, une théorie, un cadre de référence ou la lunette à travers laquelle vous percevez le monde. C'est un peu comme une carte d'une région ou d'une ville. Si elle est inexacte, vous pourrez faire de grands efforts et raisonner de manière très positive pour trouver votre destination, vous continuerez néanmoins d'être perdu. Vos efforts et votre attitude sont en revanche déterminants si – et seulement si – la carte est exacte.

Par exemple, comment essayait-on de guérir les gens au Moyen Âge ? *La saignée*. Quel était le paradigme ? Ce qui est mauvais est dans le sang ; faisons-le sortir. Si maintenant vous ne mettiez pas en question ce paradigme, que feriez-vous ? Saigner encore plus. Le faire plus vite. En faisant moins souffrir. Vous appliquez à la pratique de la saignée l'approche TQM (Total Quality Management) ou même Six Sigma. Vous faites des contrôles statistiques de la qualité, des analyses de variance. Vous lancez des études stratégiques de faisabilité et vous modelez votre organisation autour de plans marketing brillants pour pouvoir dire dans votre publicité « Nous avons l'unité de saignée la meilleure du monde ! » Ou vous pourriez emmener vos gens en montagne et les faire tomber depuis des rochers dans les bras les uns des autres pour qu'ils retournent à l'unité de saignée de l'hôpital avec plus d'amour et de confiance. Ou vous pourriez faire s'asseoir ensemble dans un Jacuzzi les membres de votre unité de saignée pour qu'ils explorent leur psyché et communiquent ensemble de façon plus authentique. Vous pourriez même enseigner à vos patients la pensée positive, ainsi qu'à vos employés, de sorte que l'énergie positive soit optimisée pendant la saignée.

Pouvez-vous imaginer ce qui est arrivé quand la théorie des germes pathogènes a été découverte – quand le Hongrois Semmelweis et le Français Pasteur ont découvert que les germes étaient la cause principale de maladie ? On a compris tout de suite pourquoi les femmes voulaient être accouchées par des sages-femmes. Les sages-femmes étaient plus propres. Elles se lavaient. On a compris pourquoi sur les champs de bataille les hommes mouraient davantage par la gangrène que par les balles. La maladie se propageait à l'arrière par l'intermédiaire des germes. La théorie des germes pathogènes a ouvert des domaines d'étude entièrement nouveaux. Elle guide encore aujourd'hui les pratiques des centres de soins.

Telle est la puissance d'un paradigme exact. Il *explique*, puis il *guide*. Mais le problème est que les paradigmes, comme les traditions, ont la vie dure. Les paradigmes erronés se maintiennent pendant des siècles après la découverte d'un paradigme meilleur. Par exemple, bien que les livres d'histoire racontent que George Washington est mort d'une infection de la gorge, il est plus probablement mort de la saignée. L'infection de la gorge était le symptôme d'autre chose. Le paradigme étant que le mal était dans le sang, on lui a pris plusieurs pintes de sang dans une période de vingt-quatre heures. Vous et moi sommes avertis de ne pas donner plus d'une pinte de sang tous les deux mois si nous sommes bien portants.

Le nouvel âge de l'ouvrier du savoir est basé sur un nouveau paradigme, entièrement différent du paradigme "chose" de l'âge industriel. Appelons-le le paradigme de la personne entière.

LE PARADIGME DE LA PERSONNE ENTIÈRE

Au cœur du problème se trouve un motif général pour lequel tant de gens sont insatisfaits de leur travail et tant d'organisations peinent à tirer parti des talents, de l'ingéniosité et de la créativité de leurs membres, et ne parviennent ni à la grandeur ni à la pérennité. Cette situation est liée à un *paradigme incomplet de ce que nous sommes – notre vision fondamentale de la nature humaine*.

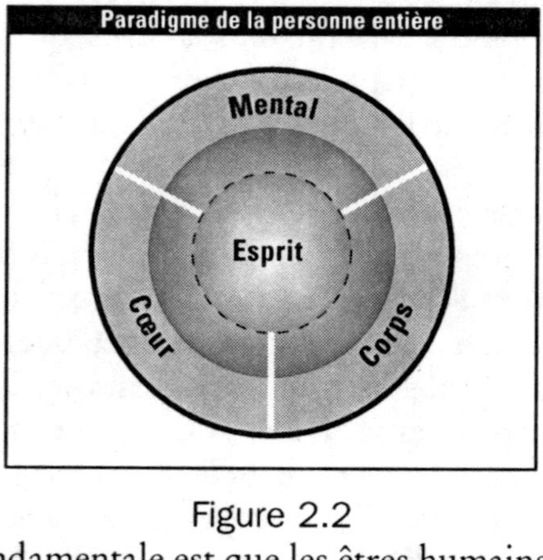

Figure 2.2

La réalité fondamentale est que les êtres humains ne sont pas des *choses* qu'il faut motiver et piloter ; ils sont à quatre dimensions – corps, mental, cœur et esprit (figure 2.2).

Si vous étudiez toutes les philosophies et toutes les religions, occidentales et orientales, depuis le début de l'histoire, vous y retrouvez les mêmes quatre dimensions : la dimension physique/économique, la dimension mentale, la dimension sociale/émotionnelle et la dimension spirituelle. Elles emploient souvent des mots différents, mais elles reflètent les mêmes quatre dimensions universelles de la vie. Elles représentent aussi *les quatre besoins et motivations de base de toutes les personnes*, illustrés par le film du premier chapitre : vivre (la survie), aimer (les relations), apprendre (croissance et développement) et laisser un héritage (sens et contribution) – voir figure 2.3.

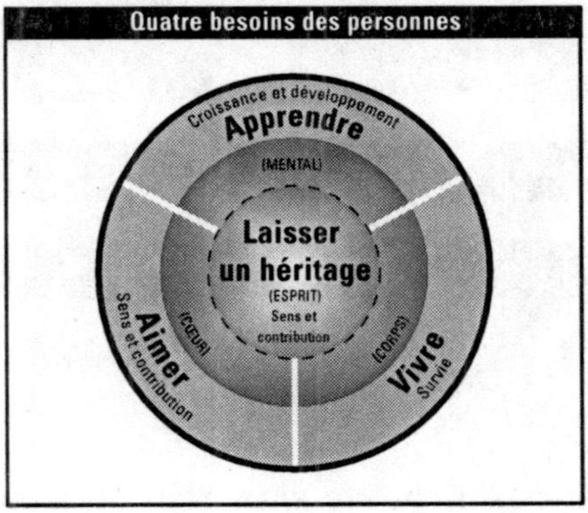

Figure 2.3

LES GENS ONT DES CHOIX

En quoi le paradigme du contrôle de la « chose » (la personne partielle), qui prévaut aujourd'hui sur le lieu de travail, empêche-t-il les managers et les organisations d'inciter leurs employés à fournir le meilleur d'eux-mêmes ? La réponse est simple. Les gens font des choix. Consciemment ou inconsciemment, ils décident quelle part d'eux-mêmes ils investissent dans leur travail, selon la manière dont ils sont traités et selon les opportunités qui leur sont données de mettre en œuvre les *quatre* parties de leur nature. Ces choix vont de la rébellion ou de la démission à l'exaltation créatrice.

Demandez-vous maintenant le choix que vous feriez parmi les six possibilités listées sur la figure 2.4 – rébellion ou démission, obéissance malveillante, respect des directives, coopération joyeuse, engagement de tout cœur ou exaltation créatrice – dans chacun des cinq scénarios suivants :

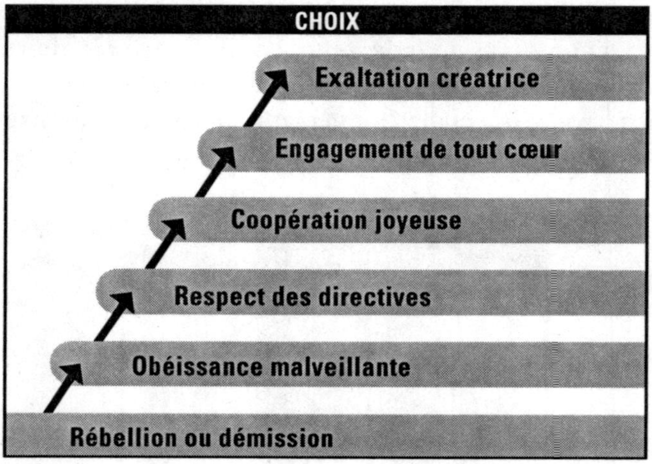

Figure 2.4

Dans le *premier* cas, on ne vous traite pas correctement. Par exemple, votre organisation est en proie aux jeux politiques, au népotisme ; le système de rémunération ne semble pas équitable ; ce que vous gagnez ne reflète pas l'ampleur de votre contribution. Quel serait votre choix ?

Dans le *deuxième* cas, votre rémunération vous paraît équitable, mais vous êtes traité sans égards. On ne vous respecte pas ; vous êtes traité de façon irrégulière, arbitraire, capricieuse, peut-être selon l'humeur de votre patron. Quel serait votre choix ?

Dans le *troisième* cas, supposons que vous êtes correctement payé et traité avec considération, mais quand on a besoin de votre opinion, on vous dit ce qu'elle doit être. Autrement dit, on attache de la valeur à votre corps et à votre cœur, mais non à votre mental. Quel serait votre choix ?

Dans le *quatrième* cas, supposons maintenant que vous êtes payé (corps) équitablement, traité aimablement (cœur), que l'on fait appel à votre créativité (mental), mais on vous demande de creuser un trou puis de le combler ou de remplir des rapports que personne ne lit ou n'utilise. En d'autres termes, le travail n'a pas de sens (esprit). Quel serait votre choix ?

Dans le *cinquième* cas, disons maintenant que vous êtes payé équitablement, traité aimablement, que votre travail a un sens et met en œuvre votre créativité, mais que l'organisation se permet de tricher, de mentir à ses clients et fournisseurs ainsi qu'à d'autres employés (esprit). Quel serait votre choix ?

Remarquez maintenant que nous avons mentionné chacun des quatre éléments du paradigme de la personne entière – corps, mental, cœur et finalement esprit (lequel comporte deux aspects, le sens du travail et les principes selon lesquels il est fait). Si l'on néglige l'un de ces quatre éléments de la nature humaine, la personne est alors traitée comme une chose, et que fait-on avec des choses ? On doit les contrôler, les gérer et utiliser la carotte et le bâton pour les motiver.

J'ai posé ces cinq questions dans le monde entier, dans différents contextes, et presque inévitablement, la réponse tombe dans l'une des trois catégories inférieures – les gens disent qu'ils se rebelleraient ou démissionneraient, qu'ils obéiraient avec malveillance (ils feraient ce qui est demandé, mais en espérant que cela ne marchera pas), et dans le meilleur des cas se contenteraient de respecter les directives. Mais à l'âge de l'ouvrier du savoir et de l'information, seule une personne respectée en tant que personne entière dans un travail entier – quelqu'un qui est *payé équitablement, traité aimablement, utilisé en faisant appel à sa créativité* et à qui l'on donne la possibilité de *servir des besoins humains de manière conforme à des principes* (voir figure 2.5) – fait l'un des trois choix supérieurs de coopération joyeuse, d'engagement de tout cœur ou d'exaltation créatrice (revoir la figure 2.4).

Figure 2.5

> *L'identité est la destinée*

Les problèmes essentiels du lieu de travail à notre époque et la solution essentielle à ces problèmes sont liés à notre paradigme de la nature humaine. Et nombre de problèmes rencontrés dans nos familles et d'autres communautés découlent de ce même paradigme. Le paradigme « chose » de l'âge industriel et toutes les pratiques qui en découlent sont l'équivalent moderne de la saignée. À partir du chapitre 6, vous trouverez une description complète de *quatre problèmes chroniques* des organisations causés par la négligence des quatre aspects de la nature humaine, et la solution faisant appel à *quatre rôles du leadership*. Auparavant, nous examinerons la réponse et la solution *individuelles* à la souffrance et aux problèmes que nous avons évoqués.

Chapitre 3

La solution

Il n'est rien d'aussi fort qu'une idée dont le temps est venu.
VICTOR HUGO

Henry David Thoreau écrivit : « Ils sont mille à s'attaquer aux branches du mal, pour un seul qui frappe à la racine[1]. » Ce livre vise à frapper à la racine d'importants problèmes auxquels nous sommes confrontés.

Nous avons commencé par la *souffrance* ; nous avons exploré le *problème* sous-jacent – un problème ayant des racines personnelles, dû à un paradigme et un ensemble de traditions profondément implantées sur le lieu de travail. Examinons maintenant le contexte possible de la *solution* et traçons-en les contours pour mieux la développer dans la suite du livre.

J'AI TRAVAILLÉ AVEC DES ORGANISATIONS du monde entier pendant plus de quarante ans, et j'ai médité les observations des grands esprits qui ont étudié les organisations. La plupart des grandes mutations culturelles – celles qui ont suscité la construction de grandes organisations durablement aptes à grandir, prospérer et contribuer au bien-être du monde – ont été amorcées par le choix d'*une seule* personne. Parfois cette personne était le leader officiel – le directeur général ou le président. Très souvent, elles ont débuté par les actions de quelqu'un d'autre – un professionnel, un responsable d'une ligne de produits, l'assistant de quelqu'un. Indépendamment de leur position, ces personnes se sont d'abord transformées *elles-mêmes* avant d'exercer leur influence sur leur entourage. Leur caractère, leur compétence, leur initiative et leur énergie positive – qui leur conféraient une autorité morale – ont inspiré et entraîné les autres. Dotées d'un sens aigu de leur identité, elles ont découvert leurs forces et leurs talents, et s'en sont servies pour satisfaire des besoins et produire des résultats. Elles se sont vu donner plus de responsabilités. Elles ont amplifié leurs responsabilités et de nouveau, produit des résultats. De plus en plus de gens les ont remarquées. Les hauts responsables ont voulu s'enquérir de leurs idées – comprendre comment elles pouvaient faire *aussi bien*. Elles ont ainsi attiré la culture ambiante vers leur vision et vers elles-mêmes.

Des personnes de cette trempe ne peuvent tout simplement pas succomber à toutes les forces négatives, démoralisantes, insultantes, de l'organisation. Leurs organisations ne valent pas mieux que la plupart des autres. Dans une certaine mesure, *toutes* sont d'ailleurs mal en point. Simplement, ces personnes se rendent compte qu'elles ne peuvent pas s'attendre à ce que leur patron ou leur organisation changent. Elles deviennent un îlot d'excellence dans un océan de médiocrité. Et leur exemple est contagieux.

D'où une telle personne tire-t-elle la force intérieure qui lui permet de nager à contre-courant et de résister aux provocations négatives de la culture ambiante, aux intérêts égoïstes, et de poursuivre sa vision avec une telle détermination ?

Elle prend conscience de sa véritable nature et de ses dons, et reçoit alors la vision des grandes choses qu'elle veut accomplir. Guidée par la sagesse, elle prend des initiatives tout en cultivant sa compréhension des besoins et des opportunités tout autour d'elle. Elle se tourne vers des besoins en phase avec ses propres talents et ses plus hautes aspirations, et les satisfait de telle manière que ses actions font une réelle différence. En bref, *elle trouve et utilise sa voix*. Elle sert et inspire les autres. Elle applique ces PRINCIPES qui gouvernent la croissance et la prospérité chez les êtres humains ET dans les organisations – des principes qui tirent le plus noble et le meilleur d'une « personne entière » – corps, mental, cœur et esprit. Elle choisit aussi d'influencer les autres et de les *inspirer pour qu'ils trouvent leur voix* selon ces mêmes principes.

Cette solution en deux parties – trouver votre voix et inspirer les autres pour qu'ils trouvent la leur – est une feuille de route permettant à quiconque, à N'IMPORTE QUEL niveau d'une organisation, de se réaliser pleinement, de maximiser son influence, de devenir un contributeur irremplaçable*, et d'inciter son équipe et son organisation à en faire autant. Le livre comporte de ce fait deux sections principales :

1. Trouvez votre voix.
2. Inspirer les autres pour qu'ils trouvent leur voix.

Voici une esquisse de chacune de ces deux sections :

TROUVER VOTRE VOIX

Deux chemins divergeaient dans un bois, et moi
J'ai pris le chemin le moins fréquenté,
Ce qui a fait toute la différence[2].
ROBERT FROST

La figure 3.1 oppose deux chemins de la vie radicalement différents, dont l'un est celui de la 8e habitude : trouvez votre voix et incitez les autres à trouver la leur. Ce diagramme à deux chemins réapparaît au début des chapitres suivants jusqu'au chapitre 14. *Chaque nouvelle version de ce diagramme met l'accent sur le thème du chapitre concerné.* Elle vous permettra de mieux voir où vous en êtes et où vous allez.

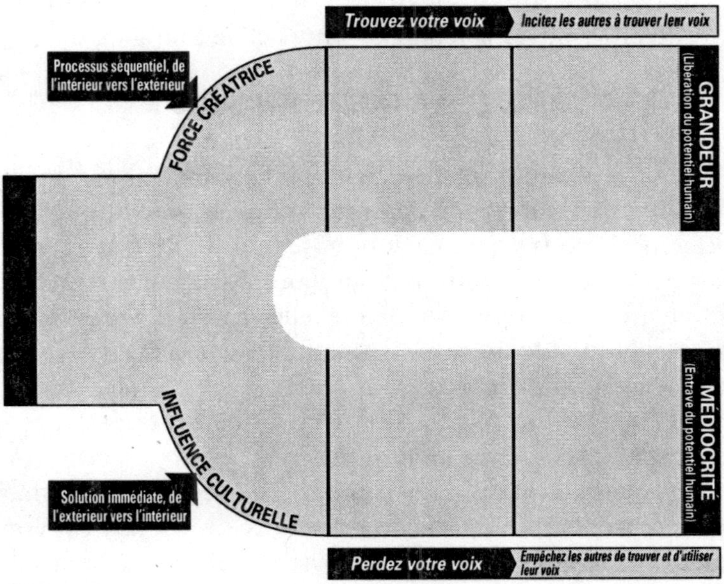

Figure 3.1

Toute personne *choisit* l'un des deux chemins dans sa vie – les vieux et les jeunes, les riches et les pauvres, les hommes et les femmes. L'un est le large chemin, très fréquenté, conduisant à la médiocrité, l'autre, le chemin conduisant à la grandeur et au sens. La gamme des possibilités au sein de chacun des deux itinéraires est aussi étendue que la diversité des dons et des personnalités de la famille humaine. Mais le contraste entre les deux destinations est comme le contraste entre le jour et la nuit.

Le chemin de la médiocrité entrave le potentiel humain. Le chemin de la grandeur libère et réalise le potentiel humain. Le chemin de la médiocrité est l'approche des solutions immédiates dans la vie, des raccourcis. Le chemin de la grandeur est un processus de croissance de l'intérieur vers l'extérieur. Les voyageurs qui empruntent le chemin inférieur de la médiocrité cèdent à *l'influence culturelle* dont les composantes sont l'ego, la facilité, la pénurie, la comparaison, la concurrence et l'habitude de se croire victime. Les voyageurs du chemin supérieur vers la grandeur s'élèvent au-dessus des influences culturelles négatives et *choisissent* de devenir la force créatrice de leur propre vie. Un mot résume le chemin vers la grandeur : voix. Ceux qui sont sur ce chemin trouvent leur voix et incitent les autres à trouver la leur. Les autres ne le font jamais.

L'ÂME ET LA QUÊTE DU SENS

Il y a en chacun de nous un désir profond de vivre une vie de grandeur et de contribution – de compter vraiment, de vraiment faire une différence. Nous pouvons douter de nous et de notre aptitude à y parvenir, mais je voudrais vous faire partager ma profonde conviction que *vous* pouvez vivre une telle vie. Vous avez ce potentiel en vous. Nous l'avons tous. Il est conféré dès la naissance à tout membre de la famille humaine.

J'ai un jour rendu visite à l'officier d'une base militaire, qui s'était engagé corps et âme dans le projet d'opérer un changement culturel majeur dans son organisation. Il avait servi pendant plus de trente ans, était colonel, et avait la possibilité de prendre sa retraite la même année. Il avait consacré des mois à l'enseignement et à l'entraînement de son organisation, et je lui ai demandé pourquoi il prévoyait de rester et de se consacrer à un projet de cette envergure – qui lui imposerait de nager à contre-courant et de combattre les forces d'inertie considérables de la tradition, de la léthargie, de l'indifférence et de la méfiance. Je lui dit même : « Vous pourriez vous relaxer. Vous auriez une bonne retraite. Des banquets seraient organisés en votre honneur. Les personnes qui vous sont chères et vos associés vous fêteraient. »

Il prit un air très sérieux, resta longtemps silencieux et se décida à me confier une expérience très personnelle, presque sacrée. Il dit que son père était décédé récemment. Sur son lit de mort, il appela sa femme et son fils (le colonel) pour leur dire au revoir. Il pouvait à peine parler. Sa femme pleurait pendant toute la visite ; le fils s'approcha tout près du père, qui lui chuchota à l'oreille : « Fils, ne fais pas ta vie comme j'ai fait la mienne. Je n'ai pas fait ce qu'il fallait pour toi ou pour ta mère et je n'ai jamais fait de différence. »

Ce furent les dernières paroles que le colonel entendit de son père, qui mourut peu après. Mais il les considérait comme le plus grand présent que son père lui avait jamais fait, et son plus précieux héritage. Il prit sur-le-champ la résolution de faire une différence – dans tous les aspects de sa vie.

Plus tard, le colonel me dit en privé qu'il *avait* prévu de prendre sa retraite et de se reposer. En fait, il avait espéré que son successeur ne réussirait pas aussi bien que lui et que tout le monde s'en apercevrait. Mais après l'émouvante révélation de son père, il avait décidé non seulement de devenir un catalyseur du changement en subordonnant son commandement à des principes de *leadership* durable, mais en outre de faire en sorte que son successeur réussisse *mieux* encore que lui. En s'efforçant d'institutionnaliser ces principes de *leadership* dans la culture du commandement, il augmenterait les chances de faire passer ses idées d'une génération à la suivante.

Il ajouta qu'avant le choc de la dernière rencontre avec son père, il avait choisi sciemment le chemin de la facilité, agissant comme gardien de la tradition du passé, et qu'il avait choisi une vie de médiocrité. Mais grâce à son père, il avait résolu, comme jamais auparavant, de vivre une vie de grandeur, une vie de réelle contribution, une vie de signification – une vie qui ferait vraiment une différence.

Tous autant que nous sommes pouvons décider de laisser derrière nous une vie de médiocrité ou une vie de grandeur – à la maison, au travail et dans notre entourage plus large. Quels que soient notre position et notre environnement, nous pouvons tous prendre une telle décision – que cette grandeur se manifeste par le choix de conserver un moral magnifique face à une maladie incurable, de faire une différence dans la vie d'un enfant en lui donnant le sens de sa valeur et de son potentiel, de devenir un catalyseur du changement dans une organisation ou d'être l'initiateur d'une grande cause dans la société. Nous avons tous le pouvoir de décider de vivre une *grande* vie, ou même plus simplement, de ne pas seulement vivre un bon jour mais un *grand* jour. Quel que soit le temps pendant lequel nous avons cheminé dans la médiocrité, nous pouvons toujours décider de changer de chemin. Toujours. Il n'est jamais trop tard. Nous pouvons trouver notre voix.

Une fois que vous avez fait le *choix* de suivre ce « chemin moins fréquenté », le moyen de trouver votre voix consiste à :

1. **Découvrir votre voix** en comprenant votre vraie nature – que j'appelle *les trois magnifiques cadeaux de la naissance* (chapitre 4) et en développant et utilisant avec intégrité l'intelligence attachée à chacun des quatre éléments de votre nature.
2. **Exprimer votre voix** en cultivant les plus hautes manifestations de ces intelligences multiples – *vision, discipline, passion et conscience* (chapitre 5).

INSPIREZ LES AUTRES POUR QU'ILS TROUVENT LEUR VOIX

Une fois que vous avez trouvé votre voix, le *choix* que vous pouvez faire pour étendre votre influence est le choix d'inspirer les autres pour qu'ils trouvent *leur* voix. Inspirer (du latin *inspirare*) veut dire insuffler la vie. En découvrant ou en imaginant la manière dont d'autres peuvent donner une voix à chacun des *quatre éléments de leur nature* – physique, mental, émotionnel/social et spirituel –, nous contribuons à libérer le génie, la créativité, le talent et la motivation sous-jacents. Au-delà d'un seuil critique, représenté par un nombre suffisant de personnes et d'équipes exprimant pleinement leur voix, une organisation peut atteindre un niveau supérieur de productivité, d'innovation et de *leadership* sur le marché et dans la société.

La seconde partie de *La 8e Habitude* commence au chapitre 6. Elle montre comment inspirer les autres pour qu'ils trouvent leur voix. La plus grande partie du travail du monde s'effectuant dans des organisations, elle décrit les principes dont l'application exerce une influence positive sur les membres de n'importe quelle organisation (entreprise, établissement d'enseignement, administration gouvernementale, défense, communauté, et même famille).

Maintes questions pratiques du genre « oui, mais » vous viendront sans doute à l'esprit. C'est pourquoi chacun des chapitres suivants comporte une brève section rassemblant des questions couramment posées et mes réponses. À la suite du dernier chapitre du livre, vous trouverez aussi une liste de questions et de réponses de nature plus générale.

TIREZ LE PLUS GRAND PROFIT DE CE LIVRE : APPRENEZ EN ENSEIGNANT ET EN AGISSANT

Si vous souhaitez tirer le plus grand profit de ce livre et entreprendre des changements et des progrès considérables dans votre vie et votre organisation, je vous soumets deux idées simples. Si vous les mettez en pratique, je vous garantis des résultats spectaculaires. La première est d'*enseigner* aux autres ce que vous apprenez ; la seconde est d'appliquer ce que vous apprenez – de le mettre en pratique !

Enseignez et partagez au fur et à mesure

Presque tout le monde reconnaît que *la meilleure façon d'apprendre est d'enseigner à quelqu'un d'autre*, et que ce que l'on apprend est assimilé lorsqu'on le vit.

Alors que j'enseignais à l'université, il y a quelques années, j'ai eu affaire à un professeur en visite, Dr Walter Gong, de San Jose en Californie. Il professait un cours d'un semestre sur le thème « Comment améliorer votre enseignement ». L'essence de son programme était ce grand principe : *La meilleure façon de faire apprendre quelque chose est de transformer ses élèves en professeurs.* En d'autres termes, vous apprenez le mieux en enseignant ce que vous voulez apprendre.

Je me mis immédiatement à appliquer ce principe à mon travail et chez moi. Au début de mon enseignement universitaire, mes classes n'avaient que quinze à trente étudiants environ. Après avoir commencé à appliquer le principe du Dr Gong, je constatai que je pouvais enseigner efficacement auprès d'un bien plus grand nombre d'étudiants ; en fait, certains de mes cours comptaient presque un millier d'étudiants, et cependant les performances et les notes des étudiants s'amélioraient. Pourquoi ? Quand vous enseignez, vous apprenez tout simplement mieux. Chaque étudiant devient un professeur, et chaque professeur un étudiant.

Il est admis couramment que le rapport entre le nombre d'étudiants par enseignant est crucial – moins d'étudiants permet un enseignement de meilleure qualité. Mais si vous faites de vos étudiants des professeurs, vous créez un effet de levier. Vous démultipliez votre enseignement.

En outre, quand vous partagez avec d'autres ce que vous apprenez ou quand vous le leur enseignez, vous vous engagez socialement à vivre ce que vous prêchez. Vous aurez tendance à vivre selon les préceptes présentés, à approfondir votre étude du sujet. Votre motivation et votre engagement grandiront, conférant une plus grande légitimité aux changements que vous prônez, et vous recruterez alors des adeptes. Partager ce que l'on apprend crée des liens avec les autres – tout particulièrement dans le cas des enfants. Demandez-leur régulièrement de vous enseigner ce qu'ils apprennent à l'école. Ma femme, Sandra, et moi avons constaté que ce procédé très simple rend superflue toute motivation extérieure. Ceux qui enseignent ce qu'ils apprennent sont de loin les meilleurs étudiants.

Intégrez dans votre vie ce que vous apprenez

Savoir et ne pas faire, c'est en réalité ne pas savoir. Apprendre et ne pas faire c'est ne pas apprendre. Autrement dit, comprendre une chose mais ne pas l'appliquer c'est en réalité ne pas la comprendre. C'est seulement en *faisant* et en *appliquant* que la connaissance et la compréhension sont internalisées. Par exemple, vous pourriez étudier le tennis en tant que sport en lisant des livres et en assistant à des conférences, mais tant que vous n'avez pas joué effectivement au tennis, vous ne connaîtrez pas réellement ce sport. Savoir et ne pas faire, c'est ne pas savoir.

> *La meilleure façon de se connaître soi-même n'est pas la contemplation, mais l'action. Efforce-toi de faire ton devoir et tu découvriras bientôt de quoi tu es fait.*
> JOHANN WOLFGANG VON GŒTHE

Vous pouvez utiliser au moins quatre approches pour appliquer ce que vous apprenez dans ce livre :

1. La première est simplement de lire le livre jusqu'au bout. Puis de décider de l'application que vous voulez en faire à votre vie et votre travail. C'est la manière dont la plupart des gens procèdent avec un livre. Elle correspond au désir de beaucoup d'entre nous d'absorber le flux des idées d'un livre avant de les mettre en œuvre.
2. La deuxième consiste à lire le livre entièrement, puis en se basant sur la compréhension de l'ensemble de son contenu, et porté par la motivation qu'il suscite, de le lire une seconde fois – cette fois avec l'intention de le mettre en application au fur et à mesure. Cette approche pourrait convenir à beaucoup de gens.
3. Une troisième approche – dont je pense qu'elle donne les meilleurs résultats – serait d'adopter *un programme de développement et d'amélioration personnels sur un an.* Consacrez un mois à chacun des douze chapitres restants. Commencez par lire le chapitre suivant et appliquez-le au cours du reste du mois. Vous constaterez que si vous vous efforcez d'appliquer effectivement ce que vous apprenez dans chaque chapitre pendant un mois, le contenu des chapitres suivants vous paraîtra de plus en plus lumineux.
4. La quatrième approche consiste à adapter la troisième approche à votre propre rythme. Certains lecteurs voudront aller plus vite ou moins vite qu'un chapitre par mois. Lisez et appliquez un nouveau chapitre chaque semaine, toutes les deux semaines, tous les deux mois ou selon tout intervalle de temps que vous voudrez. Vous conserverez les avantages de la troisième approche tout en l'adaptant à vos préférences et vos possibilités.

Pour vous aider à appliquer les principes de chaque chapitre du livre, quelle que soit votre approche, j'ai préparé un certain nombre d'idées d'applications et d'exercices. Allez simplement à www.The8thHabit.com/offers et ces exercices vous seront transmis sur demande par e-mail. J'ai également inclus sur les deux dernières pages du livre un tableau qui vous aidera à surmonter ce que l'on pourrait appeler « Le challenge de la 8e habitude ». Il implique d'accomplir à chaque chapitre un certain nombre d'actions :

1. Lire le chapitre.
2. Enseigner le chapitre à au moins deux personnes, des collègues de travail, des membres de votre famille, des amis, etc.
3. Faire un effort sincère, concerté, pour vivre les principes énoncés dans le chapitre, pendant un mois.
4. Rendre compte à une personne de confiance – un collègue, un membre de votre famille ou un ami, des résultats de vos efforts pour vivre les idées du chapitre, et ce que vous avez appris.

Après avoir rempli entièrement le tableau « Le challenge de la 8e habitude », vous pourrez certifier que vous l'avez fait à www.The8thHabit.com/challenge et vous recevrez un témoignage de votre réussite.

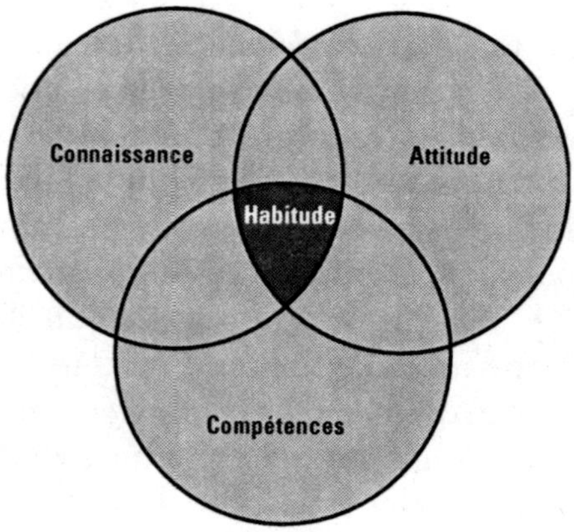

Figure 3.2

En abordant la 1re partie : *Trouvez votre voix*, méditez ces mots d'Abraham Lincoln : « Les dogmes du passé serein sont inadéquats pour le présent tumultueux. » Nous devons penser sur des bases neuves. Nous devons acquérir non seulement un nouvel état d'esprit, mais aussi un nouveau jeu d'aptitudes et un nouvel ensemble d'outils appropriés. L'entreprise est ardue, car elle nous force à quitter notre zone de confort. Mais une nouvelle réalité a surgi, une nouvelle économie, un nouveau challenge. Ce nouveau challenge – qui est non seulement de survivre, mais aussi de véritablement prospérer dans cette nouvelle réalité – exige une nouvelle réaction, une nouvelle habitude. Souvenez-vous que les habitudes sont à l'intersection de la connaissance, de l'attitude et des compétences. En développant ces trois dimensions de la 8e habitude, vous vous mettrez progressivement à la hauteur du nouveau challenge et de vos possibilités intrinsèques, qui sont illimitées.

Première partie

TROUVEZ VOTRE VOIX

Chapitre 4

Découvrez votre voix – ouvrez les présents offerts à votre naissance

Il y a tant de présents
Toujours enveloppés depuis ta naissance,
Tant de présents faits avec amour
Qui t'ont été envoyés par Dieu.
Il ne se lasse de répéter,
« Tout ce que j'ai est aussi à toi. »
Il y a tant de présents, mon ami,
Toujours enveloppés depuis ta naissance[1].

HAFIZ

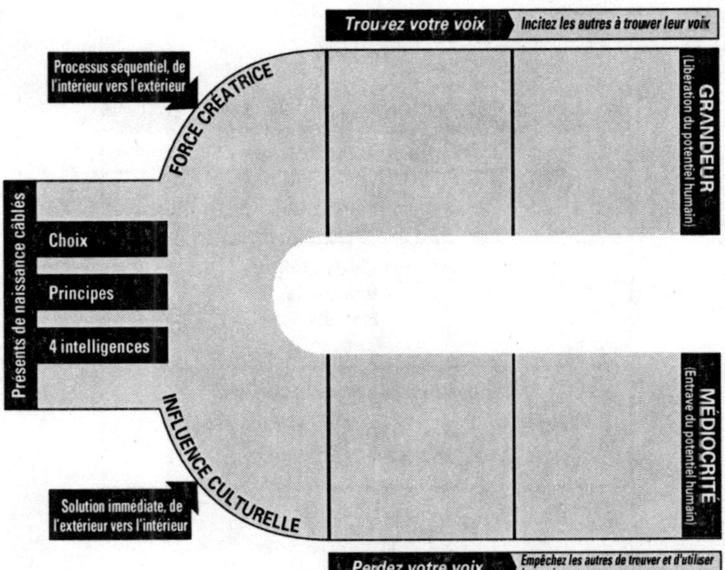

Figure 4.1

Le pouvoir de *découvrir* notre voix fait partie du potentiel reçu à la naissance. Les graines de la grandeur y sont à l'état latent, prêtes à germer. Nous avons reçu de magnifiques « cadeaux de naissance » – des talents, des capacités, des intelligences, des opportunités – qui resteront enveloppés pour la plupart, sauf si nous décidons et faisons l'effort de les ouvrir. Du fait de ces présents, le potentiel de tout individu est extraordinaire, et même infini. Nous n'avons réellement pas idée de ce dont une personne est capable. Un bébé peut être la créature la plus dépendante de l'univers, et pourtant après quelques brèves années, il en devient la créature la plus puissante. Plus nous utilisons et développons nos talents actuels, plus d'autres talents nous sont donnés et plus grandes deviennent nos capacités.

> *Tous les enfants naissent en tant que génies ;*
> *9 999 sur 10 000 sont aussitôt, par inadvertance,*
> *dépouillés de leur génie par les adultes.*
> BUCKMINSTER FULLER

Examinons nos trois dons les plus importants (figure 4.2) :

Présents de la naissance « câblés »
(Non ouverts le plus souvent)
• Liberté et pouvoir de choisir
• Principes (lois naturelles) – Universels – Éternels – Évidents
• Les quatre intelligences/capacités QI MENTALE — QE ÉMOTIONNELLE/SOCIALE QP PHYSIQUE/ÉCONOMIQUE — QS SPIRITUELLE

Figure 4.2

Marianne Williamson exprime de très belle façon l'émotion, voire la crainte que nous éprouvons à l'égard de nos facultés natives – en grande partie, je pense, à cause de la perception des responsabilités qu'elles nous imposent :

> Notre crainte la plus forte n'est pas d'être inadéquat. Notre crainte la plus forte est la démesure de notre puissance. C'est notre lumière, non notre obscurité, qui nous effraie. Nous nous demandons, qui suis-je pour être brillant, magnifique, talentueux, fabuleux ? À vrai dire, qui es-tu pour ne pas l'être ? Tu es un enfant de Dieu. Tu ne sers pas le monde en jouant petitement. Il n'y a aucun mérite à te rétrécir pour que les autres autour de toi ne se sentent pas menacés. Nous sommes tous faits pour briller, comme le font les enfants. Nous sommes nés pour mettre en lumière la gloire de Dieu qui est en nous. Elle n'est pas seulement présente dans certains d'entre nous ; elle est en chacun de nous. Et quand nous laissons resplendir notre propre lumière, nous donnons inconsciemment aux autres la permission d'en faire autant. Tandis que nous sommes libéré de notre propre crainte, notre présence libère automatiquement les autres[2].

NOTRE PREMIER PRÉSENT DE NAISSANCE : LA LIBERTÉ DE CHOIX

Je me suis impliqué dans le thème de ce livre pendant un demi-siècle, dans de nombreux contextes différents de par le monde. Si vous me demandez quel sujet, quel point particulier, semblait avoir l'impact le plus fort sur les gens – quelle grande idée avait le plus grand retentissement dans les âmes, quel idéal paraissait le plus concret, le plus pertinent, le plus actuel, indépendamment des circonstances, je répondrai aussitôt, sans aucune réserve, et avec la plus profonde conviction dans le cœur et dans l'âme, que *nous sommes libres de choisir*. Après la vie elle-même, le pouvoir de choisir est notre plus grand présent. Ce pouvoir et cette liberté de choix sont en contradiction avec la tendance à se croire *victime* et la culture de *reproche* qui prévalent dans la société d'aujourd'hui.

Fondamentalement, nous sommes le produit du choix, non de la nature (les gènes) ou du milieu (éducation, environnement). Certainement les gènes et la culture nous influencent fortement, mais ils ne nous déterminent pas.

L'histoire de l'homme libre n'est jamais écrite
par hasard mais par choix – son choix[3].
DWIGHT D. EISENHOWER

Par essence, être humain c'est être capable de diriger sa propre vie. Les humains agissent, les animaux et les « robots » humains réagissent. Les humains peuvent faire des choix sur la base de leurs valeurs. Votre capacité à choisir la direction de votre vie vous permet de vous réinventer, de changer votre avenir, et d'influencer puissamment le reste de la création. C'est le seul don qui permet la mise en œuvre de tous les autres dons ; c'est le don qui nous permet d'élever notre vie à des niveaux de plus en plus élevés.

Au fil des années où j'ai parlé à des groupes divers, j'ai maintes fois rencontré des gens qui me disaient en substance : « S'il vous plaît, dites-m'en davantage sur ma liberté et ma capacité de choisir. Parlez-moi encore de ma valeur et de mon potentiel et redites-moi que je n'ai pas à me comparer aux autres. » D'autres aussi me disaient que quel qu'ait été l'intérêt (ou l'ennui) suscité par l'exposé, la chose qui avait littéralement électrifié leur âme était leur prise de conscience interne de leur liberté de choix. La chose leur paraissait si délicieuse, si exaltante, qu'ils avaient du mal à y penser suffisamment en profondeur ou suffisamment longtemps.

Ce pouvoir de choisir veut dire que nous ne sommes pas simplement le produit de notre passé ou de nos gènes ; nous ne sommes pas le produit de la façon dont les autres nous traitent. Il est incontestable qu'ils nous influencent, mais ils ne nous *déterminent* pas. Nous sommes autodéterminés par nos choix. Si nous avons abandonné notre *présent* au *passé*, devons-nous aussi lui abandonner notre *futur* ?

L'une des expériences les plus profondes que j'ai vécues et qui a véritablement changé ma vie – une expérience fondamentalement en rapport avec mon travail sur les 7 habitudes – s'est passée tandis que j'étais en repos sabbatique à Hawaï. J'errais un jour parmi les rangées de livres d'une bibliothèque. Étant dans un état d'esprit de méditation et de réflexion, je tirai un livre. Dans ce livre je lus trois phrases qui m'ébranlèrent jusqu'au tréfonds de mon être :

Entre le stimulus et la réponse il y a un espace.
Dans cet espace réside notre liberté et notre pouvoir
de choisir notre réponse.
Dans les choix possibles résident notre croissance
et notre bonheur.

Figure 4.3

Intellectuellement, j'avais puisé à de nombreuses sources l'idée de notre liberté de choisir notre réaction à tout ce qui peut nous arriver. Mais ce jour particulier, dans cette humeur méditative, et dans ces circonstances propices au repos, l'idée de l'espace entre ce qui nous arrive et notre réponse me fit l'effet d'une tonne de briques. Depuis lors, j'ai compris et je suis convaincu que la *dimension* de cet espace est en grande partie déterminée par notre héritage génétique ou biologique et par notre éducation, ainsi que par les circonstances présentes.

Pour beaucoup de gens qui ont été élevés avec un amour inconditionnel dans des circonstances favorables, l'espace peut être très grand. Pour d'autres, du fait d'influences génétiques ou environnementales, il peut être très étroit. Mais ce qui importe, c'est qu'il y a toujours un espace et que c'est par l'*usage* de cet espace que nous pouvons l'agrandir. Ceux qui bénéficient d'un très grand espace, confrontés à des circonstances adverses, peuvent choisir de renoncer, réduisant ainsi l'espace entre le stimulus et la réponse. D'autres avec un petit espace peuvent nager vers l'amont contre de puissants courants contraires d'ordre génétique, social et culturel, et voir leur liberté s'étendre, leur croissance s'accélérer et leur bonheur se renforcer. Les premiers omettent simplement d'ouvrir ce cadeau, le plus précieux de tous les cadeaux faits à la naissance. Progressivement, ils deviennent davantage le produit de leur condition que celui de leurs décisions. Les seconds, peut-être avec des faux pas, et avec un effort soutenu, ouvrent ce précieux cadeau de la liberté de choix et découvrent la force qui libère presque tous les autres dons reçus à la naissance.

Comme l'a dit le psychiatre non-conformiste R. D. Laing dans les lignes suivantes, faute de remarquer que nous possédons cet espace, nous tuons notre capacité à changer. Seuls les humains sont conscients d'eux-mêmes. Lisez cette citation, réfléchissez-y, et relisez-la :

> *L'étendue de nos pensées et de nos actes est limitée par ce que nous ne parvenons pas à remarquer. Et comme nous ne remarquons pas que nous ne remarquons pas, nous ne pouvons pas faire grand-chose pour changer, tant que nous ne remarquons pas comment notre incapacité à remarquer modèle nos pensées et nos actes.*

La prise de conscience de notre liberté et de notre pouvoir de choisir est dynamisante, elle aiguise notre sens du possible et du potentiel. Elle peut aussi s'avérer menaçante, voire terrifiante, parce que tout d'un coup nous sommes responsables, littéralement (étymologiquement) redevables d'une réponse. Nous avons désormais des comptes à rendre. Si nous nous sommes abrités au fil des ans en expliquant notre situation et nos problèmes par les circonstances passées et présentes, il est terrifiant de penser différemment. Soudain, il n'y a pas d'excuse.

Quoi que ce soit qui soit arrivé, qui arrive maintenant ou qui arrivera, il y a un espace entre ces choses et notre réponse. S'il y a seulement une fraction de seconde entre stimulus et réponse, cet espace représente notre pouvoir de choisir une réponse à la situation.

Il y a certainement des choses qui nous arrivent et sur lesquelles nous n'avons pas de choix. L'une d'elles est notre héritage génétique. Bien que nous ne choisissions pas nos gènes, nous avons le pouvoir de choisir la façon dont nous réagissons à ces gènes. Si vous avez une prédisposition génétique à une certaine maladie, cela ne veut pas dire que vous contracterez nécessairement cette maladie. En utilisant cette conscience de votre état et votre force de volonté pour suivre un régime d'exercice et de nutrition appropriés et le savoir médical le plus avancé, vous réussirez peut-être à éviter les maladies ou les cancers qui ont emporté vos ancêtres.

Ceux qui développent de plus en plus leur pouvoir et leur liberté de choisir peuvent devenir ce que j'appelle *une personne de transition* – quelqu'un qui empêche des tendances négatives d'être transmises des générations antérieures à celles qui suivent (vos enfants et petits-enfants).

J'ai eu récemment le privilège de recevoir un prix de la Paternité de la National Fatherhood Initiative. J'ai été profondément touché d'entendre ce que l'un des autres bénéficiaires de ce prix a dit à cette occasion. Son premier commentaire fut de dire que c'était un grand honneur, plus important que tous les prix qu'il avait reçus auparavant. Bien que ces autres prix aient été les témoignages d'une brillante carrière, il considérait le prix national de la Paternité comme un bien plus grand indicateur de « réussite ». Il dit, et je ne paraphrase pas : « Je n'ai jamais connu mon père ; mon père n'a jamais connu son père ; mais mon fils connaît son père. » Cette déclaration porte en effet sur l'une des réussites les plus nobles et les plus précieuses dans la vie. Elle est le signe d'une grandeur et d'une réussite authentiques ; mais le plus important est que son rôle en tant que personne de transition influencera profondément d'autres générations de façon extraordinairement positive.

Vous pouvez vous aussi être une personne de transition dans l'organisation dans laquelle vous travaillez. Par exemple, vous pouvez avoir un patron absolument odieux. Vous pouvez travailler dans un contexte déplaisant, et être témoin et victime d'injustices. Cependant, par le sage exercice de votre liberté de choix, vous pouvez changer ce contexte et profondément influencer votre patron dans le bon sens, ou du moins vous abstraire de l'effet émotionnellement délétère des faiblesses des autres. Notez bien que chaque fois que votre vie émotionnelle est sous l'emprise des faiblesses de quelqu'un d'autre, vous êtes dépossédé de votre pouvoir, et vous accordez à ces faiblesses le pouvoir de continuer à gâcher votre vie. En pareil cas, hier tient demain en otage.

Voici une histoire vraie qui illustre parfaitement notre pouvoir de choisir. Elle est racontée directement par une personne courageuse, qui apprit à influencer, et même guider un « mauvais » patron :

« En prenant mes fonctions comme directeur des ressources humaines, j'ai entendu des histoires horribles sur ce qu'était mon patron. Je me trouvais dans son bureau quand il se mit en colère

contre un employé. Je me promis sur-le-champ de ne jamais susciter sa mauvaise humeur. Je lui parlais aimablement dans les couloirs. Je remettais toujours mes rapports dans les délais à sa secrétaire. Je prenais soin de ne jamais être l'une des dernières personnes à revenir au bureau après l'heure du déjeuner pour ne pas attirer son attention. Et même, je ne voulais pas jouer au golf avec lui pour ne pas risquer de le battre.

Peu de temps après, je commençais à reconnaître ma lâcheté dans toute sa splendeur. J'étais pleinement occupé dans ce travail par des choses sur lesquelles je n'avais aucun contrôle. Je dépensais une précieuse énergie créative à élaborer des solutions à des problèmes qui ne se posaient pas encore. Comme j'avais peur, je ne fournissais pas à la société ce que j'étais en mesure de lui apporter. Je n'étais pas un agent de changement. En fait, le seul changement que j'envisageais volontiers était de changer de société. J'avais même prévu une entrevue d'embauche.

Ayant honte de moi-même, j'annulai cette entrevue et je m'engageai à me focaliser sur les choses que je pouvais influencer pendant seulement quatre-vingt-dix jours. Pour commencer, je décidais qu'il importait par-dessus tout d'établir une saine relation avec mon patron. Nous n'avions pas besoin d'être les meilleurs copains du monde, mais nous devions interagir comme des collègues.

Un jour mon patron entra dans mon bureau. Après une discussion et après avoir pratiqué et répété les mots plusieurs fois dans ma tête, je dis : "À propos, que puis-je faire pour vous aider à être plus efficace ici ?"

Il était perplexe. "Que voulez-vous dire ?"

Je continuai bravement. "Que puis-je faire pour diminuer une partie de la pression que vous avez dans votre travail ? C'est mon rôle de faire en sorte que votre job devienne plus facile." Je lui servis un grand sourire un peu nerveux, qui voulait dire n'allez pas penser que je suis bizarre. Je n'oublierai jamais l'expression sur son visage. Ce fut vraiment le point de départ de notre relation.

Au début, il me fut demandé de faire seulement de petites choses, que je ne risquais pas de louper, comme "Tapez ce mémo pour moi" ou "Voulez-vous donner ce coup de fil pour moi ?" Après avoir fait cela pendant six semaines, il vint me voir et me dit : "J'imagine qu'avec votre background vous connaissez plutôt bien les assurances accident du travail. Voulez-vous vous occuper de cet aspect de nos assurances ? Nos primes sont élevées ; voyez ce que vous pouvez faire." C'était la première fois qu'il me demandait de faire quelque chose qui avait un effet significatif sur l'organisation. Je découvris une prime annuelle de 250 000 dollars et la ramenai à 198 000 dollars. En outre, je réussis à faire annuler la pénalité pour résiliation au cours du contrat, en négociant sur des déclarations qui avaient été traitées de façon incorrecte. Ce qui représentait une économie supplémentaire de 13 000 dollars.

Une autre fois, à la suite d'un désaccord avec lui, je lui prouvai que notre discussion était restée derrière des portes closes. Il n'en entendit pas parler par le service marketing. Je m'aperçus bientôt que mon essai de quatre-vingt-dix jours commençait à porter ses fruits. Nos relations et mon influence grandirent, car je me concentrais sur ce que je pouvais changer dans l'environnement où je travaillais. Aujourd'hui, il règne une très grande confiance entre mon patron et moi, et je sens que j'apporte ici une réelle contribution. »

Un navire vogue vers l'est et un autre vers l'ouest
Avec le même vent qui souffle pour les deux.
C'est l'agencement des voiles,
Et non les bourrasques,
Qui leur dit le chemin.
Comme les vents de la mer sont les voies du destin ;
Tandis que nous traversons la vie,
C'est l'agencement de l'âme,
Qui en fixe le but,
Et non le calme, ou la discorde[4].

ELLA WHEELER WILCOX

Je vous engage à penser davantage à ce présent initial – à réfléchir à cet espace qu'il y a entre le stimulus et la réponse, et à vous en servir pour augmenter vos libertés et continuer à progresser, à apprendre et à contribuer. L'exercice de ce pouvoir agira sur l'ampleur de vos réponses, jusqu'au moment où la nature même de vos réponses commencera à modeler les stimuli. Vous créez littéralement le monde dans lequel vous vivez. Le grand écrivain philosophe américain William James enseignait constamment que lorsque nous changeons nos pensées, nous changeons nos vies.

NOTRE DEUXIÈME PRÉSENT À LA NAISSANCE : LOIS OU PRINCIPES NATURELS

Nous avons évoqué la sage utilisation de l'espace entre le stimulus et la réponse, notre liberté de choix. Que veut dire cette « sage utilisation » ? Où est la sagesse ? Cela veut dire qu'il faut vivre selon les *principes naturels* ou les *lois naturelles* au lieu de s'en tenir à la culture actuelle de *solution immédiate*.

Après avoir vu l'aiguille d'un compas à l'âge de quatre ans, Einstein comprit une fois pour toutes qu'il y avait « quelque chose derrière les choses, quelque chose de profondément caché ». Il en va de même de tous les domaines de la vie. Les principes sont *universels* – c'est-à-dire qu'ils transcendent les cultures et la géographie.

Ils sont aussi *éternels*, ils ne changent jamais – des principes comme l'équité, la bonté, le respect, l'honnêteté, l'intégrité, le service, la contribution. Différentes cultures peuvent traduire ces principes dans des pratiques différentes et avec le temps peuvent aussi masquer totalement ces principes par un usage pernicieux de la liberté. Ils n'en sont pas moins présents. Comme la loi de la gravité, ils opèrent constamment.

Une autre chose que j'ai découverte est que ces principes sont *indiscutables*. C'est-à-dire qu'ils sont évidents. Par exemple, on ne peut avoir confiance en qui n'est pas digne de confiance. C'est une loi naturelle.

J'ai eu l'occasion de jouer le rôle d'instructeur assistant dans un groupe d'entraînement à la survie, comportant une trentaine de personnes. Après avoir erré environ vingt-quatre heures sans nourriture, ni eau ni sommeil, nous avons escaladé une montagne et nous devions traverser une rivière tumultueuse pour aller chercher notre nourriture et notre eau de l'autre côté. Une corde était tendue entre un arbre sur notre rive et un autre arbre sur la rive opposée, où nous attendait un petit déjeuner. Je me portai volontaire pour passer en premier. Me croyant plus fort que je n'étais réellement, je voulus faire le malin en faisant des acrobaties au milieu de la corde au lieu d'utiliser toutes mes forces pour atteindre l'autre bord. Quand je sentis que ma force commençait à s'épuiser, je tentai aussitôt d'atteindre l'autre rive – mais ma force continuait à décliner. Je mis en œuvre toutes les techniques que je connaissais, y compris la visualisation et la force de la volonté, mais en vain. Je finis par tomber dans les eaux bouillonnantes. Quand j'atteignis le bord une douzaine de mètres plus bas, et m'y étendis complètement épuisé, mes étudiants ne purent s'empêcher de se moquer de moi en riant – car l'épisode illustrait parfaitement la façon dont « l'orgueil précède la chute ». Le corps est un système naturel, il est gouverné par la loi naturelle. Aucune dose d'attitude mentale positive ne pouvait échapper aux limites imposées par l'état de mes muscles.

J'aime la façon dont C. S. Lewis parle de ceux qui prétendent qu'il n'existe pas de principes universels :

> Chaque fois que vous rencontrez quelqu'un qui ne croit pas à la réalité du Bien et du Mal, vous verrez ce même homme renier cette conviction un peu plus tard. Il peut ne pas tenir une promesse qu'il vous a faite, mais si vous essayez de ne pas tenir une promesse que vous lui avez faite, il se plaindra aussitôt que "ce n'est pas juste". Les responsables d'une nation peuvent dire que les traités n'ont pas d'importance ; mais la minute suivante, ils se contredisent en disant que le traité particulier qu'ils veulent renier était un traité injuste. Mais si les traités n'ont pas d'importance, et si le Bien et le Mal n'existent pas – en d'autres termes, s'il n'y a pas de Loi de la Nature – quelle différence y a-t-il entre un traité juste et un traité injuste ? N'ont-ils pas montré sans le vouloir que quoi qu'ils racontent, ils savent qu'ils connaissent la Loi de la Nature aussi bien que les autres ?
>
> Il semble donc bien que nous soyons forcés de croire à la réalité du Bien et du Mal. Les gens peuvent parfois se tromper à son égard, de même que l'on peut faire une erreur d'addition, mais la notion du Bien et du Mal ne varie pas selon les goûts de chacun, pas plus que les tables d'addition ou de multiplication. En conclusion, je voudrais vous faire reconnaître en premier lieu que tous les humains, où qu'ils soient sur terre, ont cette étrange idée qu'ils devraient se comporter d'une certaine façon, et ne peuvent pas vraiment s'en défaire. En second lieu, qu'ils ne se comportent pas en fait de cette façon. Ils connaissent la Loi de la Nature : ils la violent. Ces deux faits sont le fondement de toute pensée claire sur nous-même et sur l'univers dans lequel nous vivons[5].

Autorité naturelle et autorité morale

L'*autorité naturelle* est le pouvoir des lois naturelles. Vous ne pouvez pas ignorer les lois naturelles, et vous n'avez pas d'autre possibilité que de leur obéir. Toutes les actions ont des conséquences. Que cela vous plaise ou non, si vous prenez une extrémité du bâton, vous prenez aussi l'autre extrémité. Si vous sautez depuis le dixième étage d'un immeuble, vous ne pouvez pas changer d'avis au cinquième étage. La gravité règne. La nature est ainsi. La nature a aussi doté les gens de la liberté et du pouvoir de choisir, et de ce fait, ils ont une autorité naturelle ou un pouvoir sur tout le reste de la création. Les espèces menacées de disparition survivent seulement si nous y consentons. Elles n'ont pas la liberté et le pouvoir de choisir. Il leur manque la conscience d'elles-mêmes. Elles ne peuvent pas se réinventer. Elles sont totalement soumises aux humains, lesquels, du fait qu'ils sont conscients d'eux-mêmes, ont seuls la liberté et le pouvoir de choisir et de se réinventer. C'est l'autorité naturelle.

Qu'est-ce que l'*autorité morale* ? C'est l'usage de notre liberté et de notre pouvoir de choisir en respectant des principes. En d'autres termes, si nous suivons des principes dans nos relations les uns avec les autres, nous agissons en accord avec la nature. Les lois naturelles (comme la gravité) et les principes (comme le respect, l'honnêteté, la bonté, l'intégrité, le service et la correction) contrôlent les conséquences de nos choix. De même que vous obtenez de l'air pollué et de l'eau polluée en violant constamment l'environnement, de même la confiance (le ciment des relations) est détruite quand vous êtes régulièrement désagréable et malhonnête envers les gens. Par une utilisation de la liberté et du pouvoir à la fois humble et respectueuse des principes, la personne humble acquiert l'autorité morale à l'égard de personnes, de cultures, d'organisations et de sociétés entières.

Les *valeurs* sont des normes sociales – elles sont personnelles, émotionnelles, subjectives et discutables. Nous avons tous des valeurs. Même les criminels ont des valeurs. La question qui se pose est : *vos valeurs reposent-elles sur des principes* ? En dernière analyse, les principes sont des lois naturelles – impersonnelles, factuelles, objectives et évidentes. Les conséquences sont gouvernées par des principes, et le comportement est gouverné par des valeurs ; par conséquent, respectez les principes !

Les gens qui sont entichés des stars (obsédés par les célébrités) sont un exemple de ceux dont les valeurs ne sont pas ancrées dans des principes. La popularité est leur repère moral central. Ils ne savent pas qui ils sont ni où se trouve le « nord ». Ils ne savent pas quels principes suivre parce que leur vie est basée sur des valeurs sociales. Ils sont tiraillés entre la conscience sociale et la conscience d'eux-mêmes d'une part, et la loi et les principes naturels d'autre part. Dans un avion, on appelle cela le vertige, subi lorsque l'on perd tout sens d'une référence au sol (les principes) et que l'on se sent complètement perdu. Beaucoup de gens traversent leur vie dans un état de vertige ou de ramollissement moral. Nous connaissons tous des gens de cette sorte. On en rencontre dans la vie et dans la culture populaire. Ils n'ont jamais payé le prix consistant à se centrer profondément ou à ancrer leurs valeurs dans des principes immuables.

La tâche clé, par suite, est de déterminer où se trouve le « vrai nord », puis d'orienter toute chose dans sa direction. Sinon, vous vivrez avec les conséquences négatives résultant inévitablement de votre désorientation. Ces conséquences sont inéluctables parce que si les valeurs déterminent le comportement, les principes déterminent les conséquences du comportement. L'autorité morale exige le sacrifice des intérêts égoïstes à court terme et le courage de subordonner les valeurs sociales aux principes. Et notre conscience est le siège de ces principes.

Mère Nature enseigne la loi incontournable de la récolte. Tous les résultats durables sont produits selon une séquence, obéissent à des principes, et procèdent de l'intérieur vers l'extérieur. Souvenez-vous qu'il en va de même de la nature *humaine*. Il y a une « loi de la récolte » qui gouverne le caractère humain, la grandeur humaine et toutes les relations humaines. Et cette loi est en opposition éclatante avec notre culture de solution immédiate, de lamentations et de reproches.

NOTRE TROISIÈME CADEAU DE NAISSANCE : LES QUATRE INTELLIGENCES OU CAPACITÉS DE NOTRE NATURE

Nous avons vu plus haut que notre nature comporte quatre éléments qui sont le corps, le mental, le cœur et l'esprit. À ces quatre éléments correspondent quatre capacités, ou *intelligences*, que nous possédons tous : notre intelligence physique ou intelligence du corps (QP), notre intelligence mentale (QI), notre intelligence émotionnelle (QE) et notre intelligence spirituelle (QS). Ces quatre intelligences sont notre troisième cadeau de naissance.

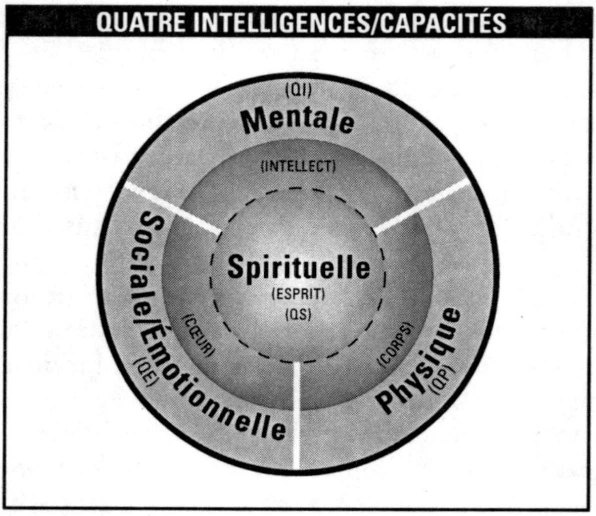

Figure 4.4

L'intelligence mentale (QI)

Quand nous parlons d'intelligence, nous pensons en général à l'*intelligence mentale (QI)*, c'est-à-dire à notre aptitude à analyser, raisonner, penser de manière abstraite, utiliser le langage, visualiser et comprendre. Mais c'est une interprétation beaucoup trop étroite de l'intelligence.

L'intelligence physique (QP)

L'*intelligence physique (QP)* du *corps* est une autre sorte d'intelligence dont nous sommes tous conscients implicitement mais dont souvent nous omettons de tenir compte. Pensez un instant à tout ce que votre corps fait sans effort conscient. Il gère vos systèmes respiratoire, circulatoire, nerveux et d'autres systèmes vitaux. Il observe constamment son environnement, détruisant des cellules malades et luttant pour la survie.

> Le corps humain est un système incroyable – près de 7 milliards de cellules et un degré inconcevable de coordination physique et biochimique pour simplement tourner une page ou conduire une voiture. Si l'on songe combien peu nous avons besoin d'y penser, c'est encore plus ahurissant. Quelle est la dernière fois où vous avez demandé à votre cœur de battre, à vos poumons de se gonfler et de se contracter ou à vos organes digestifs de secréter juste les bons ingrédients chimiques juste au bon moment ? Ces processus et une myriade d'autres sont assurés pour nous à chaque moment de notre vie. Une intelligence gère l'ensemble du système, pour l'essentiel de manière inconsciente[6].
>
> DOC CHILDRE ET BRUCE CRYER

Les médecins sont les premiers à reconnaître que le corps se guérit de lui-même. La médecine facilite simplement la guérison et peut éliminer des obstacles, mais elle peut aussi créer des obstacles si elle opère à l'encontre de l'intelligence du corps.

Comment le corps équilibre-t-il et harmonise-t-il le fonctionnement du cerveau, qui contient l'intellect, avec le fonctionnement du cœur, qui représente symboliquement l'intelligence émotionnelle ? Notre corps est une machine extraordinairement sophistiquée, bien plus complexe que l'ordinateur le plus avancé. Notre capacité à agir selon nos pensées et nos sentiments, et à faire en sorte que des choses se produisent, n'a pas d'égal chez les autres espèces du monde.

Des études scientifiques à base de tests en double aveugle mettent en évidence les relations étroites entre le corps (élément physique), le mental (la pensée) et le cœur (sentiments).

> Plaque vue dans une boutique rurale de Caroline du Nord :
> *Le cerveau dit « Je suis l'organe le plus intelligent du corps. »*
> *Le cœur dit « Qui te l'a dit ? »*[7]

Intelligence émotionnelle (QE)

L'*intelligence émotionnelle (QE)* est la connaissance de soi, la conscience de soi, la sensibilité sociale, l'empathie et l'aptitude à communiquer efficacement avec autrui. C'est l'intuition de ce qui est socialement approprié et du moment opportun, le courage d'admettre ses faiblesses, d'exprimer ses différences et de respecter celles des autres. Avant les années 90, où le QE est devenu un sujet à la mode, on en parlait parfois comme d'une faculté de l'hémisphère droit du cerveau, par opposition aux capacités de l'hémisphère gauche. L'hémisphère gauche était considéré comme le plus analytique, le site de la pensée linéaire, du langage, du raisonnement et de la logique ; l'hémisphère droit, était considéré comme le plus créatif, le site de l'intuition, de la sensibilité et de l'holisme. Respectons les deux aspects de notre personnalité et développons et utilisons leurs possibilités intrinsèques. Combiner pensée et sentiment permet d'accéder à l'équilibre du jugement et à la sagesse.

L'intuition dit à l'intellect où porter son prochain regard.
DR JONAS SALK (qui a découvert le vaccin contre la polyo)

De nombreuses recherches montrent qu'à long terme, l'intelligence émotionnelle joue un rôle plus important que l'intelligence tout court dans les communications, les relations et le *leadership*. Selon Daniel Goleman, qui fait autorité en la matière :

> Pour assurer des performances stellaires dans tout job, dans tout domaine, la compétence émotionnelle est deux fois plus importante que les seules capacités cognitives. Pour le succès aux plus hauts niveaux, dans les positions de *leadership*, la compétence émotionnelle représente pratiquement à elle seule la totalité de la supériorité nécessaire... Étant donné que les compétences émotionnelles comptent pour au moins deux tiers des ingrédients d'une performance hors pair, on peut considérer que recruter des personnes ayant ces capacités ou cultiver ces dispositions chez les employés existants peut contribuer de façon considérable aux résultats financiers d'une organisation. De combien ? Dans le cas de fonctions simples comme celles d'opérateurs de machines ou d'employés de bureau, on a déterminé que les personnes situées dans le 1 % supérieur en ce qui concerne la compétence émotionnelle étaient trois fois plus productives (en valeur). Pour des jobs de complexité moyenne, comme celui de vendeur dans un maga-

sin, ou de mécanicien, une personne dotée d'excellentes compétences émotionnelles était douze fois plus productive (en valeur)[8].

La théorie de l'intelligence émotionnelle est déstabilisante pour les personnes qui ont ancré leur stratégie de la réussite dans la seule intelligence mentale. Une personne, par exemple, peut avoir un QI de 10 sur une échelle de 10 points, mais n'avoir qu'un score de 2 au plan émotionnel, et ne pas savoir comment s'y prendre avec les autres. Elle peut compenser cette déficience en se fiant abusivement à son intellect et en tirant une certaine force de sa position formelle. Mais, ce faisant, elle risque d'accentuer sa propre faiblesse, et au cours des interactions, d'exacerber en même temps les faiblesses des autres. Elle peut alors tenter de trouver une justification rationnelle à son comportement.

> Emprunter la force engendre la faiblesse –
> en soi-même, chez les autres et dans les relations.

Le développement de l'intelligence émotionnelle est l'un des plus grands challenges auxquels sont confrontés les parents et les responsables à tous les niveaux des organisations.

Intelligence spirituelle (QS)

La quatrième intelligence est l'*intelligence spirituelle (QS)*. Comme le QE, le QS est désormais beaucoup plus fréquemment évoqué dans les recherches scientifiques et dans les discussions philosophiques ou psychologiques. L'intelligence spirituelle est la plus centrale et la plus fondamentale de toutes les intelligences, car elle est la source du *guidage* des trois autres. L'intelligence spirituelle est notre quête de sens et notre connexion avec l'infini.

Richard Wolman, auteur de *Thinking with Your Soul* (Penser avec son âme), s'exprime ainsi sur le « spirituel » :

> Par le spirituel, j'entends la quête ancienne et permanente de l'humanité d'un rapport à quelque chose de plus vaste et de plus digne de confiance que notre ego – d'un rapport à nos propres âmes, à l'autre, aux mondes de l'histoire et à la nature, aux vents indivisibles de l'esprit, au mystère de la vie[9].

L'intelligence spirituelle nous aide aussi à discerner les véritables principes inhérents à notre conscience, symbolisés par la boussole. La boussole est une excellente métaphore pour les principes, car elle pointe toujours vers le nord. Pour conserver une grande autorité morale, il faut en permanence suivre les principes du « vrai nord ».

L'esprit de l'homme est la bougie du Seigneur[10].
PROVERBES 20 : 27

Méditez cette citation des auteurs Danah Zohar et Ian Marshall dans *SQ : Connecting with Our Spiritual Intelligence* :

> Contrairement au QI, que possèdent les ordinateurs, et au QE, qui existe chez les animaux supérieurs, le QS est uniquement humain, et c'est le plus fondamental des trois. Il est lié au besoin de sens qu'éprouve l'humanité, un besoin qui est toujours au premier plan de la conscience des gens… Le QS est ce que nous utilisons pour développer notre aspiration et notre aptitude au sens, à la vision, et à la valeur. Il nous permet de rêver et de persévérer. Il est sous-jacent aux choses auxquelles nous croyons et au rôle que jouent nos croyances et nos valeurs dans ce que nous faisons. Il est par essence ce qui fait de nous des humains[11].
>
> WILLIAM BLOOM

LA SÉMANTIQUE ET LA NATURE SUPÉRIEURE DE L'INTELLIGENCE SPIRITUELLE

L'intelligence a fait l'objet d'innombrables études, observations et recherches, notamment au cours des vingt dernières années. Il existe sur le sujet de nombreux livres et toute une littérature spécialisée. Des mots différents sont parfois utilisés pour désigner les mêmes choses. Une partie de ce que j'appelle intelligence spirituelle peut être appelée intelligence émotionnelle par certains, et *vice versa*. Je prends pleinement en compte ces difficultés sémantiques. Mais je vous encourage, vous le lecteur, à ne pas vous arrêter à la définition des mots mais de chercher continuellement le sens sous-jacent.

Le livre de Howard Gardner sur la théorie des intelligences multiples, *Frames of Mind*, traite de manière brillante du concept d'intelligences séparées, qui pourtant se recouvrent. J'ai également beaucoup appris grâce aux travaux de Robert Cooper et Daniel Goleman sur l'intelligence émotionnelle. Ayant assisté à leurs présentations dans différentes circonstances, je sais que leurs approches sont fondées sur des recherches et sont complètes, et incluent notamment certains éléments que j'ai mentionnés à propos de l'intelligence spirituelle.

Certains livres séparent notre intelligence visuelle des intelligences verbale, analytique, artistique, logique, créative, économique et autres. J'apprécie leur contribution mais je crois qu'on peut ranger toutes ces intelligences dans les quatre catégories du corps, du mental, du cœur et de l'esprit – les quatre dimensions de la vie.

Je n'oublierai jamais une expérience vécue à Hawaï avec l'Organisation des Jeunes Présidents. Un petit groupe de présidents d'entreprises s'étaient retrouvés pour un petit déjeuner avec plusieurs autorités en matière de management et de *leadership*, qui toutes avaient écrit des best-sellers sur ces sujets. Dans un forum de discussion animé d'un grand respect mutuel, l'un des présidents demanda, sur un ton de grande humilité : « Est-ce que vous ne racontez pas en fait tous la même chose ? » Comme un seul homme, ils reconnurent tous qu'il en était bien ainsi. Chacun avait sa propre sémantique et ses propres définitions, et apportait parfois un éclairage original non mentionné par les autres, mais les éléments de base étaient les mêmes. Leurs discours portaient davantage sur les principes sous-jacents que sur les pratiques.

Dans les instants de beauté ineffable, les émotions peuvent faire fondre même les peaux les plus épaisses et les plus cyniques. Les endorphines coulent. La tension se relâche. Les énergies intérieures et extérieures se mêlent.
On éprouve la douceur et le calme, mais on ressent aussi la puissance et la créativité de la nature et de l'univers. Créer et travailler consciemment dans de tels instants de connexion avec l'univers, c'est en quelque sorte exercer ce que nous pourrions appeler nos muscles spirituels et notre intelligence spirituelle. Que veut dire pour moi le mot spirituel ?
Il désigne simplement toute la réalité, plus grande, plus créative, plus aimante, plus puissante, plus visionnaire, plus sage, plus mystérieuse – que l'existence humaine quotidienne.
Il n'y a pas de théologie ou de système de croyances qui soit en rapport avec ce sens du spirituel[12].

WILLIAM BLOOM

J'ai dû me donner moi-même beaucoup de mal pour éviter les problèmes de sémantique et je le fais toujours en essayant de voir les principes sous-jacents. Mais je crois qu'il existe une autre dimension de l'intelligence qui n'a pas été traitée en profondeur par ailleurs. Il s'agit du rôle de l'intelligence spirituelle pour guider et diriger les autres intelligences. C'est en ce sens qu'elle est supérieure aux autres intelligences.

Permettez-moi de relater une expérience qui renforce ma conviction que l'intelligence spirituelle est notre plus haute capacité. Je suis très impressionné par le travail de feu Anwar Sadat, président de l'Égypte, et par ses efforts joints à ceux de l'ancien président des U.S.A. Jimmy Carter et de l'ancien Premier ministre israélien Menahem Begin pour faire aboutir l'accord de paix de Camp David entre Israël et l'Égypte.

Il y a quelques années, alors que le président des États-Unis me conduisait à travers Camp David en voiture de golf, il me montra l'endroit exact où l'accord avait été signé. Ce fut pour moi une expérience très émouvante. J'ai été amené en effet à considérer Sadat comme une personne consciente de l'espace entre le stimulus et la réponse. Il a développé un immense espace en tant que jeune homme, alors qu'il était condamné à l'emprisonnement solitaire dans la cellule 54 de la prison centrale du Caire. Il en a donné un profond témoignage dans les paroles suivantes :

> Celui qui ne peut changer le tissu même de ses pensées ne sera jamais capable de changer la réalité, et ne pourra jamais, de ce fait, faire aucun progrès[13].

> Quand l'histoire du monde et des institutions, des sociétés, des communautés, des familles et des individus sera finalement écrite, le thème dominant sera le degré auquel les gens ont vécu, non selon leur conscience sociale, mais selon leur conscience divine. La conscience divine est la sagesse innée, intuitive, contenue dans les principes ou les lois naturelles qui sont enseignés par toutes les principales religions et philosophies du monde. Le thème dominant ne sera pas la géopolitique, l'économie, le gouvernement, les guerres, la culture sociale, l'art, l'éducation ou les Églises. La dimension morale ou spirituelle, les principes éternels du bien et du mal – la fidélité des gens et des institutions aux principes éternels du bien et du mal – seront le critère suprême, la force sous-jacente et omniprésente de l'histoire.

Avant de modifier son point de vue concernant Israël, Sadat était devenu un président extrêmement populaire, profondément dévoué à la cause arabe. Il se promenait en Égypte en faisant des discours politiques où il disait qu'il ne serrerait jamais la main d'un Israélien tant que les Israéliens occuperaient un pouce de sol arabe, criant « Jamais ! Jamais ! Jamais ! » Les foules immenses qui l'écoutaient répétaient « Jamais ! Jamais ! Jamais ! »

Nous avons invité la femme de Sadat, Madame Jehan Sadat, comme conférencière principale de notre symposium international. J'ai eu le privilège de déjeuner avec elle. Je lui ai demandé comment se passait sa vie auprès de Anwar Sadat – notamment à l'époque de son initiative de paix audacieuse, consistant à se rendre à la Knesset à Jérusalem, une démarche qui trouva son aboutissement dans l'accord de Camp David.

Elle me dit qu'elle avait eu du mal à croire qu'il avait changé d'avis, surtout après tout ce qu'il avait fait et dit. Voici en substance ce qu'elle m'a raconté :

Le confrontant directement dans leurs appartements du palais, elle lui demanda : « Je comprends que tu penses aller en Israël, est-ce vrai ?

- Oui.
- Comment pourrais-tu faire une chose pareille, après tout ce que tu as dit ?
- J'avais tort, et c'est la chose qu'il convient de faire.
- Tu perdras le *leadership* et le support du monde arabe.
- Je suppose que cela pourrait arriver, mais je ne pense pas que ce sera la cas.
- Tu perdras la présidence de ton pays.
- Cela, aussi, pourrait arriver.
- Tu perdras la vie. » (Et comme nous le savons, il la perdit par une balle d'un assassin.)

Il répondit : « Ma vie est fixée par le destin. Elle ne sera pas une minute plus longue ou plus courte que prévu. »

Elle l'embrassa et lui dit qu'il était le personnage le plus grand qu'elle ait jamais connu.

Je lui demandai ensuite comment s'était passé son retour d'Israël. Elle dit qu'il faut normalement trente minutes pour aller de l'aéroport jusqu'au palais. Ce jour-là il fallut trois heures. Les routes et les rues étaient remplies de centaines de milliers de personnes, acclamant Sadat et manifestant un accord enthousiaste avec son action – les mêmes gens qui une semaine plus tôt acclamaient une approche diamétralement opposée. Il faisait ce qui était bien, et ils le savaient. L'intelligence spirituelle est une faculté de plus haut niveau que l'intelligence émotionnelle. Ils reconnaissaient que l'on ne peut pas penser et vivre indépendamment dans un monde interdépendant.

Sadat avait subordonné son ego et son QE (sensibilité sociale, empathie et compétence sociale) à son QS (conscience), et les conséquences en retentissaient partout dans le monde. En donnant la primauté à son intelligence spirituelle, il avait grandi ses autres intelligences, et était devenu un leader d'une extraordinaire autorité morale.

Ce cheminement vers l'autorité morale, la réalisation personnelle et la promotion du bien n'est pas seulement le fait de grands leaders mondiaux. En chacun de nous réside le potentiel d'une autorité morale simple, qui s'exerce en silence mais n'en est pas moins grande.

DÉVELOPPER LES 4 INTELLIGENCES/CAPACITÉS

Comme à l'évidence ces quatre dimensions de la vie se recouvrent, il n'est pas possible de travailler sur l'une d'elle sans toucher directement ou indirectement les autres. Le développement et la mise en œuvre de ces intelligences vous conférera une calme confiance en vous, un sentiment intérieur de force et de sécurité, la capacité à être à la fois courageux et attentif aux autres, ainsi qu'une autorité morale personnelle. De bien des façons, vos efforts pour développer ces intelligences vous aideront à influencer les autres et à les inspirer pour qu'ils trouvent leur voix.

Pour vous aider à développer davantage vos quatre intelligences natives, j'ai préparé un guide pratique à la fin du livre, qui vous offre plusieurs approches pour développer chacune des intelligences. Ce guide est l'annexe I : Développer les 4 intelligences/capacités. Vous trouverez sans doute qu'une partie de ce guide n'est que du simple bon sens, mais le bon sens et la pratique ne vont pas toujours de pair, et je vous garantis que si vous faites un effort pour appliquer ce guide, votre vie s'enrichira de plus de pouvoir et de sérénité.

> *À l'arrière-plan de toute noble vie se trouvent des principes qui l'ont façonnée*[14].
> GEORGE H. LORIMER

Je me suis également aperçu qu'en faisant quatre simples hypothèses, nous pouvons commencer immédiatement à vivre une vie plus équilibrée, plus intégrée, plus forte. Ce sont des hypothèses simples – une pour chaque élément de notre nature –, mais je vous promets que si vous vous y référez régulièrement, elles seront une source de force et d'intégrité à laquelle vous pourrez puiser quand vous en aurez le plus besoin :

1. Pour le *corps* – supposez que vous avez eu une crise cardiaque ; vivez désormais selon cette hypothèse.
2. Pour le *mental* – supposez que votre profession cessera d'exister dans quatre ans ; préparez-vous en conséquence.
3. Pour le *cœur* – supposez que tout ce que vous dites d'une autre personne, cette personne peut l'entendre ; parlez maintenant en conséquence.
4. Pour l'*esprit* – supposez que vous avez chaque trimestre une entrevue privée avec votre créateur ; vivez maintenant en conséquence.

ÉCOLE ÉLÉMENTAIRE A. B. COMBS

Quand dans notre vie pouvons-nous commencer à développer l'autorité morale et la force interne qui résultent des quatre intelligences humaines ? Je le montre dans l'histoire d'une femme qui est directrice de L'École élémentaire A. B. Combs (niveau K-5, pour enfants de cinq à dix ans) à Raleigh, en Caroline du Nord – une école prestigieuse dont la mission est de produire des leaders.

Mais permettez-moi de vous poser une question : quel est le meilleur moment pour apprendre les préceptes qui vous permettent de trouver votre voix ? Quand dans une vie se trouve le meilleur moment pour recevoir la couverture culturelle, le logiciel, pour être complètement en harmonie avec nos dons « câblés » ? Je pense que nous serons tous d'accord pour dire que c'est au cours de l'enfance – principalement au début de notre vie familiale. Mais si les gens ont eu une vie familiale initiale mauvaise, appris le logiciel des lamentations, de la pénurie, et reçu les métastases des cancers de la compétition, des plaintes, des contestations, des comparaisons et des critiques ? Un enseignant ou un responsable d'établissement scolaire pourrait-il devenir un parent de substitution ou peut-être compenser le dysfonctionnement de la maison quand les enfants sont encore très jeunes, impressionnables, non encore corrompus ?

> *Des études scientifiques – principalement dans le domaine de la neuroscience, qui porte sur le développement biologique de base et la façon dont notre cerveau se développe – montrent que le petit d'homme est « câblé pour se connecter ». Nous sommes faits pour nous relier à d'autres personnes, au sens moral et spirituel, et pour nous ouvrir à la transcendance. Satisfaire ces besoins fondamentaux de connexion est essentiel à la santé et à l'épanouissement des humains*[15].
>
> UN RAPPORT À LA NATION PAR LA COMMISSION SUR LES ENFANTS À RISQUE : YMCA DES USA, DARTMOUTH MEDICAL SCHOOL, INSTITUTE FOR AMERICAN VALUES.

Mieux encore, pourquoi n'y aurait-il pas un partenariat entre la maison et l'école pour renforcer et aligner constamment chez l'enfant son besoin inné de dépassement et le logiciel complémentaire ? Pouvez-vous imaginer le résultat que produirait cet alignement au cours des premières années de l'enfance – le type d'individus qu'il produirait et le niveau des performances découlant du caractère et des compétences de tels individus ?

Cette histoire illustre une excellente coopération entre une école et les familles des élèves, due essentiellement au *leadership* de la directrice, Mme Muriel Thomas Summers.

Mme Summers a eu la vision des avantages qui pourraient résulter de l'introduction d'une formation du caractère basée sur des principes dans les cours d'une école du niveau K-5 (enfants âgés de cinq à dix ans), et de l'implication des autres administrateurs, des enseignants et des familles dans la préparation de cette formation. Elle a choisi comme programme *Les 7 Habitudes de ceux qui réalisent tout ce qu'ils entreprennent*. Vous verrez dans le guide présenté à la fin du livre que les 7 habitudes sont un cadre solide pour le développement de nos intelligences, et notamment du QE.

Il s'était formé un véritable partenariat, et les principes de responsabilité, de but à atteindre, d'intégrité, de gagnant/gagnant, de chercher d'abord à comprendre, de synergie et d'aiguisage des facultés étaient bien intégrés dans l'ensemble du programme scolaire.

Beaucoup de gens pensent qu'il n'y a pas de lien entre la performance scolaire et le caractère ; beaucoup de gens pensent aussi qu'il n'y a pas de relation entre l'apprentissage d'une matière et les principes. Mais le concept derrière la quête de la voix et l'inspiration des autres pour qu'ils trouvent la leur est un concept synergétique. Il vise à l'intégration de nos intelligences et de nos capacités, qui libère notre potentiel humain. J'ai demandé à la directrice quel impact l'introduction dans son programme d'une formation du caractère basée sur des principes avait sur les performances scolaires. Elle répondit que cet impact était considérable. Je lui ai demandé si elle avait des chiffres. Elle répondit « Oui. Il y a dix-huit mois, 67 % de nos élèves étaient au moins au niveau du standard académique national ; aujourd'hui, 94 % sont au moins à ce niveau. » Pensez un instant à la signification de ce qu'elle a dit – les mêmes familles, le même établissement scolaire, les mêmes matières de base enseignées et les mêmes ouvrages d'enseignement, les mêmes bâtiments – une seule variable : des principes sur le caractère ont été introduits et intégrés dans les cours et les vies de ces élèves. Dix-huit mois !

Tel est l'impact obtenu en adjoignant aux dons innés de nos enfants, un logiciel centré sur les principes, ainsi que sur la liberté de choix ! Ne serait-ce pas merveilleux si cela pouvait se produire dans les maisons et les écoles des jeunes personnes partout dans le monde ; des personnes qui représentent l'avenir. Ce serait la réponse au dilemme évoqué par Dee Hock, auteur et fondateur/CEO Emeritus de Visa International : « Le problème n'est pas de savoir comment faire entrer des pensées nouvelles, innovantes, dans les esprits, mais comment en faire sortir les anciennes[16]. »

Lorsque j'ai visité leur école, ils m'ont demandé d'inaugurer ce qu'ils appelaient le « Mur du miracle ». Il est fait de 560 panneaux de céramique, peints chacun par un enfant, et qui se fondent dans un montage de belles couleurs. Le centre du mur parle des quatre éléments de notre nature, qui se manifestent dans les quatre besoins – vivre, aimer, apprendre, laisser un héritage. Cette école comporte cinquante-six nationalités différentes. Quand je suis arrivé à l'école, nombre de ces enfants avaient des costumes et tenaient des drapeaux de leur pays. Je n'ai jamais vu à un même endroit un niveau de diversité comparable.

A. B. Combs a reçu de nombreux prix, parmi lesquels :

- Prix du Ruban bleu national d'excellence (attribué par le U.S. Department of Education) ;
- Prix des National Magnet Schools of Excellence, trois années de suite (le prix le plus prestigieux accordé par les National Magnet Schools of America). A été nommée l'une des cinq premières *magnet schools* (parmi des milliers) aux USA pour les résultats scolaires, avec 98 % des élèves atteignant au moins le niveau standard officiel ;
- North Carolina School of Excellence (basé sur la réussite scolaire) ;
- North Carolina Governor's Entrepreneurial Award (accordé pour le *leadership* et la prise de risque en éducation) ;
- Vainqueur, National Schools of Character ;
- Invitée à faire une présentation à la conférence des écoles modèles, 2004 ;
- Finaliste du prix du XXIe siècle pour l'excellence éducationnelle, 2004.

QUESTIONS ET RÉPONSES

Q : Sommes-nous essentiellement un produit de la nature (nos gènes) ou de la culture (notre éducation et les conditions environnementales) ?

R : La question elle-même est basée sur une dichotomie abusive. Elle est basée sur un paradigme erroné de la nature humaine, celui du déterminisme. Nous ne sommes un produit ni de la nature ni de la culture ; nous sommes un produit de notre choix, parce qu'il y a toujours un espace entre le stimulus et la réponse. Si nous exerçons sagement notre pouvoir de choisir en nous basant sur des principes, l'espace deviendra plus grand. Les petits enfants et les gens qui sont handicapés mentalement n'ont pas cet espace, mais l'immense majorité des adultes en disposent. Le déterminisme est profondément ancré dans la culture d'aujourd'hui, et il est renforcé par cette notion terrifiante que si j'ai le choix, alors je suis aussi responsable de ma situation actuelle. Tant qu'une personne ne peut honnêtement dire « Je suis ce que je suis » et « Je suis où je suis parce que j'ai choisi d'y être », cette personne ne peut pas dire avec conviction, « Je fais un autre choix. »

Q : Les leaders naissent-ils ainsi ou sont-ils faits, c'est-à-dire conditionnés et formés par l'environnement ?

R : Cette question est elle aussi basée sur une fausse dichotomie, un paradigme erroné du déterminisme. À cause de l'espace entre le stimulus et la réponse, les gens disposent du pouvoir de choisir ; pour cette raison, les leaders ne sont ni nés tels ni faits – autrement dit, formés et entraînés par les circonstances. Ils se font eux-mêmes par des réponses choisies, et s'ils choisissent sur la base de principes et développent une discipline de plus en plus grande, leur liberté de choix augmente. Dans le livre *Geeks and Geezers : How Era, Values, and Defining Moments Shape Leaders*, les auteurs G. Bennis et Robert J. Thomas montrent que les leaders sont faits, et ne sont pas tels de naissance[17]. Le concept de base est qu'au cours d'une expérience de transformation intense, ils font les choix qui leur permettent de devenir des leaders. Le Dr Noel Tichy dit pour l'essentiel que les leaders ne naissent pas tels, mais qu'ils le deviennent par la formation. Il implique cependant qu'ils font le *choix* d'être formés et de suivre les enseignements correspondants. Dans les deux cas, les auteurs disent en réalité que les leaders ne sont ni faits ni nés tels, mais qu'ils se font eux-mêmes – le *leadership* est la résultante de choix.

Q : Doit-on développer *toutes* les quatre capacités ou intelligences ?

R : Oui, parce que vous ne pourrez pas développer une seule d'entre elles jusqu'à son niveau mature, durable, sans travailler sur les quatre en même temps. C'est ce que veut dire l'intégrité. Ce mot veut dire que la *totalité* de notre vie est fonction, en dernière analyse, de notre caractère, de notre intégrité. Il faut un effort constant pour développer la fibre musculaire physique, la fibre du muscle émotionnel/social, la fibre du muscle mental et la fibre du muscle spirituel, en nous sortant de nos zones de confort et en faisant les exercices qui la font se distendre et parfois se rompre, puis se réparer, s'étoffer et se renforcer après une période appropriée de repos et de relaxation. Voir *The Power of Full Engagement* par Jim Loehr et Tony Schwartz[18].

Q : Et la retraite ?

R : Retirez-vous de votre travail, mais jamais de projets sensés. Si vous voulez vivre une longue vie, vous avez besoin de *eustress*, ou stress positif, qui accompagne la satisfaction de contribuer à des projets et à des causes dignes d'intérêt, et notamment à votre famille et votre descendance. Si vous voulez mourir tôt, prenez votre retraite pour jouer au golf et aller à la pêche, ou bien restez assis en avalant des médicaments, sauf pour aller voir de temps à autre vos petits-enfants. Vous faut-il des preuves ? Étudiez le livre de Hans Selye, *Stress Without Distress* (Stress sans détresse).

Chapitre 5

Exprimez votre voix – vision, discipline, passion et conscience

Le plus puissant est celui qui exerce son pouvoir sur lui-même.
LUCIUS AMAEUS SENECA

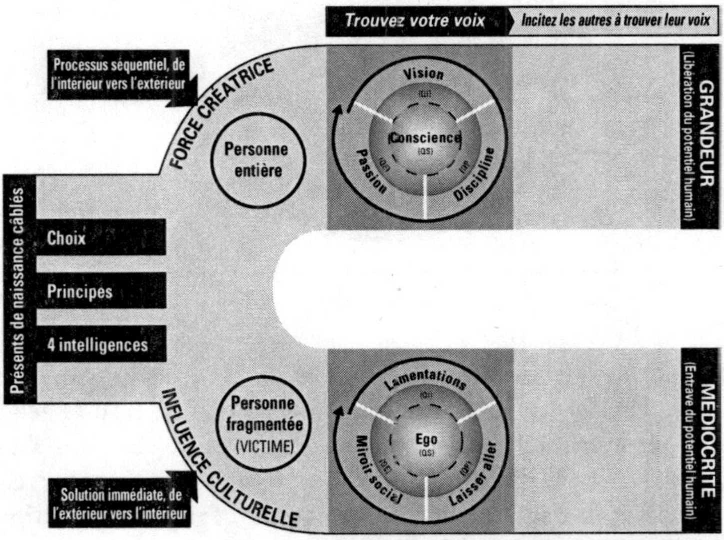

Figure 5.1

Si vous étudiez les vies de *tous* les grands réalisateurs – ceux qui ont eu le plus d'influence sur les autres, ceux dont les contributions sont importantes, ceux qui ont simplement fait en sorte que les choses arrivent –, vous y trouvez un motif récurrent. Par des efforts persistants et un combat intérieur, ils ont fortement étendu leurs quatre intelligences ou capacités humaines. Les plus hautes manifestations de ces quatre intelligences sont : pour le mental, la *vision* ; pour le physique, la *discipline* ; pour l'émotionnel, la *passion* ; pour le spirituel, la *conscience*. Ces manifestations sont aussi notre moyen le plus noble d'*exprimer notre voix* (figure 5.2).

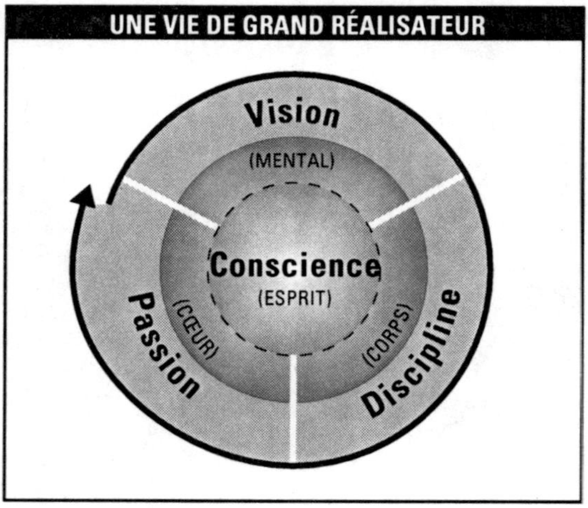

Figure 5.2

La *vision* permet de voir avec l'œil du mental ce qui est possible dans les projets, dans les causes et dans les entreprises. Elle résulte de l'association par le mental du nécessaire et du possible. Comme l'a dit William Blake, « Ce qui est aujourd'hui démontré n'était autrefois qu'imagination. » Faute de vision, lorsqu'on néglige de développer la capacité du mental à créer, l'homme devient la proie de sa tendance à se croire *victime* (voir route inférieure de la figure 5.1).

Celui qui veut gouverner les autres
doit d'abord être maître de lui-même[1].
PHILIP MASSINGER

La *discipline* est le prix payé pour faire passer la vision dans la réalité. Elle consiste à se mesurer aux faits incontournables de la réalité, et à aller jusqu'au bout pour que les choses se fassent. À l'opposé de la discipline, le *laisser-aller* consiste à sacrifier ce qui a le plus d'importance dans la vie pour le plaisir ou le ravissement du moment.

La *passion* est le feu, le désir, la force de conviction et la tension qui soutiennent la discipline jusqu'à la réalisation de la vision. La passion naît quand un besoin de l'humanité rencontre un talent humain unique. En l'absence de la passion, ce feu qui nous anime quand nous avons trouvé une grande cause et que nous utilisons notre voix pour la servir, le vide est rempli par l'insécurité et le bavardage creux des milliers de voix qui s'agitent dans le *miroir social*. Dans les relations comme dans les contextes organisationnels, la passion n'exclut pas la compassion.

La *conscience* est le sens moral inné du bien et du mal, qui nous pousse vers le sens et vers la contribution. C'est la force de guidage de la vision, de la discipline et de la passion. Elle est en opposition totale avec une vie dominée par l'ego.

> *Tout ce qui affaiblit ta raison, met à mal*
> *la tendresse de ta conscience, obscurcit ton sens de Dieu,*
> *fait disparaître ton goût des choses spirituelles, tout ce qui*
> *augmente l'autorité du corps sur l'esprit, cette chose est*
> *un péché envers toi, même si elle te paraît innocente*
> *en elle-même*[2].
>
> SUSANA WESLEY (mère de John Wesley)

Ces quatre mots – vision, discipline, passion et conscience – renferment beaucoup d'autres traits de caractère des personnes dont l'influence est grande, célèbres ou non.

La plupart des différences entre les mots que nous utilisons pour décrire des personnes admirables – dans notre entourage immédiat ou plus vaste, dans une entreprise ou une administration – se ramènent à de simples questions de vocabulaire. La figure 5.3 montre un grand nombre de traits listés dans la masse immergée des icebergs appelés vision, discipline, passion et conscience.

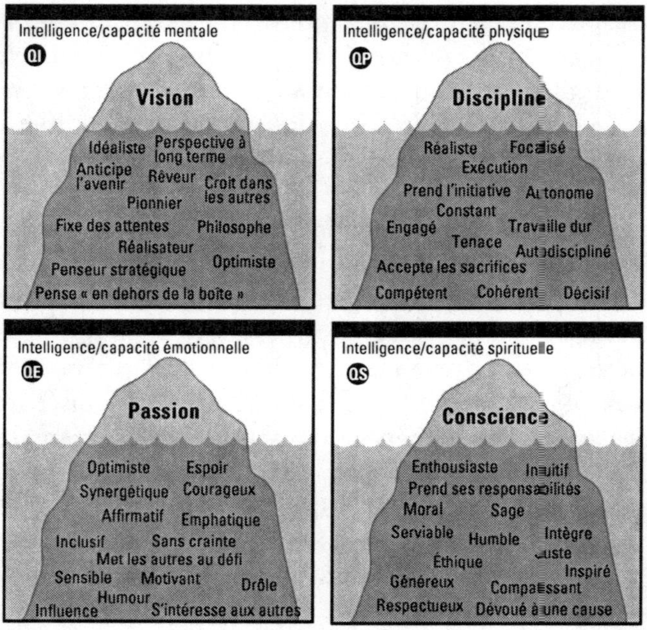

Figure 5.3

Les meilleurs leaders opèrent dans quatre dimensions : vision, réalité, éthique et courage. Ce sont les quatre intelligences, les quatre formes de perception, les langages de communication requis pour obtenir des résultats significatifs et durables.

Le leader visionnaire pense en grand, pense la nouveauté, pense à l'avance – et plus encore, il est au contact de la structure profonde de la conscience et du potentiel créateur de l'homme.

Vous devez vous assurer le contrôle des schémas qui gouvernent votre esprit : votre vision du monde, vos croyances relatives à ce que vous méritez et à ce qui est possible. C'est la condition du changement fondamental, la force et l'énergie – et le véritable sens du courage[3].

PETER KOESTENBAUM,
Philosophe du management

VISION, DISCIPLINE ET PASSION DIRIGENT LE MONDE

Tout individu ayant eu une profonde influence sur les autres, sur les institutions ou sur la société, tout parent dont l'influence s'est transmise sur plusieurs générations, tout individu qui a fait une différence en bien ou en mal, possédait ces trois attributs : vision, discipline et passion. J'affirme que ces trois attributs ont dirigé le monde depuis ses débuts. Ils représentent le *leadership* qui marche.

Citons quelques leaders célèbres de l'histoire moderne :

George Washington avait la vision de la construction d'une nouvelle nation, unie et libre de l'ingérence étrangère. Il s'est discipliné pour apprendre comment recruter, équiper les membres de l'armée révolutionnaire et les empêcher de déserter. Outré par les discriminations dont étaient victimes les officiers issus de la colonie, les politiques territoriales des Britanniques, et les restrictions à l'expansion, Washington se passionnait pour la cause de la liberté.

Florence Nightingale, qui a révolutionné le métier d'infirmière, a travaillé toute sa vie d'adulte à améliorer la qualité des soins dans les hôpitaux militaires. Sa vision et sa passion lui ont permis de surmonter ses réticences personnelles.

Mohandas K. Gandhi a joué un rôle déterminant dans l'établissement de l'Inde en tant qu'État indépendant, bien qu'il n'ait jamais été élu ou désigné pour occuper un poste de responsable officiel. Il ne disposait pas d'une position formelle depuis laquelle il aurait pu conduire des gens. L'autorité morale de Gandhi a créé de telles normes sociales et culturelles qu'elle a finalement modelé la volonté politique. Il a gouverné sa vie par l'idée d'une conscience universelle au sein du peuple, de la communauté internationale et des Britanniques eux-mêmes.

Margaret Thatcher a été la première femme leader d'une grande nation industrielle. Elle a servi durant trois législatures comme Premier Ministre de Grande-Bretagne, la plus longue durée de gouvernement du XXe siècle pour un Premier Ministre britannique. Ses critiques étaient nombreux, mais elle avait la passion d'inciter les gens à accepter la discipline de la responsabilité personnelle et à devenir autonomes, et la passion de renforcer la libre entreprise dans son pays. L'un de ses grands mérites a été de sortir la Grande-Bretagne du marasme économique.

Être puissant, c'est comme être une lady ;
si vous devez dire aux gens que vous l'êtes,
vous ne l'êtes pas.
MARGARET THATCHER

Nelson Mandela, ancien président de l'Afrique du Sud, a passé au moins vingt-sept ans en prison pour avoir lutté contre le régime de l'apartheid. Mandela était poussé en avant davantage par son imagination que par sa mémoire. Il pouvait envisager un monde allant très au-delà des limites de son expérience et de ses souvenirs, marqués par l'emprisonnement, l'injustice, les rivalités tribales et la désunion. Au fond de son âme résonnait une croyance dans la valeur de chaque citoyen sud-africain.

Mère Teresa s'est consacrée de tout son cœur, librement et inconditionnellement au service des pauvres. Elle a transmis en héritage à son organisation, qui s'est étendue et s'est renforcée après sa disparition, son respect hautement discipliné des vœux de pauvreté, de pureté et d'obéissance.

Le fruit du silence est la PRIÈRE. Le fruit de
la prière est la FOI. Le fruit de la foi est l'AMOUR.
Le fruit de l'amour est le SERVICE. Le fruit du service
est la PAIX[4].
MÈRE TERESA

Quand la conscience gouverne la vision, la discipline et la passion, le *leadership* est durable et change le monde en bien. En d'autres termes, *l'autorité morale permet à l'autorité formelle de fonctionner*. Quand la conscience ne gouverne pas la vision, la discipline et la passion, le *leadership* ne dure pas, et les institutions créées par ce *leadership* ne durent pas non plus. Autrement dit, l'autorité formelle sans autorité morale est vouée à l'échec.

Les mots « en bien » veulent dire que le changement « élève » et « dure ». Napoléon avait la vision, la discipline et la passion, mais il était conduit par son ego. Son absence de conscience fut sa perte. La vision, la discipline et la passion de Gandhi étaient portées par la conscience, et il s'est fait le serviteur de la cause et de son peuple. Rappelons qu'il disposait d'une autorité morale, mais d'aucune autorité formelle, et qu'il fut le père et le fondateur d'un des plus grands pays du monde.

Quand la vision, la discipline et la passion sont gouvernées par une autorité formelle dépourvue de conscience ou d'autorité morale, elles changent aussi le monde, non en bien, mais en mal. Au lieu d'élever, elles détruisent ; au lieu de durer, elles finissent par s'éteindre.

Examinons de plus près chacun de ces quatre attributs : vision, discipline, passion et conscience.

VISION

La vision consiste à voir un état futur avec l'œil du mental. La vision est de l'imagination pratique. Toutes les choses sont créées deux fois : d'abord mentalement, puis physiquement. La première création, celle de la vision, est le début du processus de réinvention de soi ou d'une organisation. Elle représente le désir, les rêves, les espoirs, les objectifs et les plans. Mais ces rêves ou visions ne sont pas simplement des fantaisies. Ce sont des réalités non encore passées dans la sphère physique, tout comme le plan d'une maison avant sa construction ou des notes de musique attendant d'être jouées.

La plupart d'entre nous ne mesurent pas leur propre potentiel. William James disait : « La plupart des gens vivent à l'intérieur d'un cercle très restreint de leur être potentiel. Nous avons tous des réservoirs d'énergie et de génie où nous pourrions puiser et dont nous n'osons rêver. »

Chacun de nous dispose d'une aptitude phénoménale à réinventer sa vie. Dans l'histoire suivante, voyez comment une femme rongée par le chagrin réussit à créer une nouvelle vision de sa vie :

J'avais quarante-six ans quand on a diagnostiqué le cancer de mon mari, Gordon. Sans hésitation, j'ai pris ma retraite par anticipation pour être auprès de lui. Bien que sa mort ne soit prévue que dix-huit mois plus tard, j'étais consumée par le chagrin. Je me désolais de nos rêves non accomplis. À sa mort, je n'avais que quarante-huit ans mais n'avais plus de raison de vivre.

La question que je ne cessais de me poser était, pourquoi Dieu a-t-il pris Gordon et pas moi ? Je pensais que Gordon avait tellement plus de choses que moi à offrir au monde. Mon corps, ma raison et mon esprit étaient affaiblis au-delà de toute mesure, mais j'y puisais une motivation pour trouver un nouveau sens à ma vie.

Je me saisis de l'idée que toutes les choses sont créées deux fois, d'abord mentalement puis physiquement. Je devais me demander quels étaient mes talents. Un test d'analyse de mes aptitudes mit en lumière mes aptitudes les plus fortes. Pour rétablir un équilibre dans ma vie, je me concentrai sur les quatre éléments de ma nature. Au niveau intellectuel, je me rendis compte que j'adorais enseigner ; au plan social et spirituel, je voulais continuer de promouvoir l'harmonie raciale que nous avions essayé d'établir au cours de notre mariage biracial ; émotionnellement, je savais que j'avais besoin de donner de l'amour. Quand ma mère était en vie, elle berçait des enfants gravement malades à l'hôpital. Je voulais donner du réconfort comme elle l'avait fait et continuer son héritage d'amour inconditionnel.

J'avais peur d'échouer, mais je me disais que ce serait bien d'essayer différentes choses, comme quand on essaie des chapeaux. Si je n'aimais pas enseigner après un semestre, je n'aurais pas à recommencer. Je commençai à suivre une formation supérieure pour pouvoir enseigner au niveau universitaire. Cette formation universitaire est dure, mais à quarante-huit ans, c'est particulièrement difficile ! J'avais pris l'habitude de passer des documents à ma secrétaire pour qu'elle les tape, et il m'a fallu un semestre simplement pour apprendre à taper mes propres papiers. Arrêter la télé et rendre le coffret du câble ont été des actes de volonté à l'état pur.

J'ai terminé ma formation supérieure et commencé à enseigner dans une université noire historique, à Little Rock, en Arkansas. J'ai été désignée par le gouverneur pour servir dans la Commission Martin Luther King pour l'amélioration des relations raciales. Je berce des bébés nés de parents adonnés au crack et des nouveau-nés atteints du sida connectés à des respirateurs, pendant le temps qui leur reste à vivre. Je sais que je leur donne du réconfort, et cela me procure un sentiment de paix.

Maintenant ma vie est bonne. Je peux sentir que Gordon me sourit. Il m'avait dit et répété avant de mourir qu'il voulait que j'aie une vie pleine de rires, de souvenirs heureux et de bonnes choses. Comment aurais-je pu gâcher ma vie en ayant cette directive sur la conscience ? Je ne pense pas que j'aurais pu. J'avais l'obligation de vivre ma vie du mieux possible pour les gens que j'aime le plus – qu'ils soient ici ou de l'autre côté.

Albert Einstein disait « L'imagination est plus importante que la connaissance. » La mémoire est le passé. Elle est finie. La vision est le futur. Il est infini. La vision est plus grande que l'histoire, plus grande que nos acquis, plus grande que les cicatrices émotionnelles du passé.

Quand quelqu'un demanda à Einstein quelle question il poserait à Dieu s'il pouvait le faire, il répondit : « Comment l'univers a-t-il commencé ? Parce qu'après cela, tout n'est que des maths. » Et après avoir réfléchi un instant, il changea d'avis. Il dit : « Je demanderais plutôt "Pourquoi l'univers a-t-il été créé ?", parce qu'alors je connaîtrais le sens de ma propre vie. »

Peut-être la vision la plus importante de toutes est-elle celle de la notion de soi, de sa propre destinée, de sa mission unique et de son rôle dans la vie, de la notion de but et de sens. Pour juger votre vision personnelle, demandez-vous : cette vision puise-t-elle à ma voix, mon énergie, mon talent unique ? Me donne-t-elle le sentiment d'une « mission », d'une cause digne de mon engagement ? Trouver les réponses nécessite d'intenses réflexions personnelles, au cœur des sujets les plus fondamentaux.

Sir Laurens van der Post, auteur, cinéaste et raconteur d'histoires, célèbre dans le monde entier, a dit : « Sans vision nous souffrons tous d'une insuffisance de données. Nous regardons la vie tels des myopes, c'est-à-dire à travers nos propres lunettes, notre propre monde. La vision nous permet de transcender notre autobiographie, et permet à notre passé de s'élever au-dessus de notre mémoire. La vision joue un rôle important dans les relations humaines, car elle nous ouvre l'esprit à la tolérance et à la magnanimité. »

En parlant de vision, il importe d'envisager non seulement la vision de ce qui est possible dans notre champ d'action, mais aussi la vision de ce qu'il y a chez les autres, de leur potentiel non révélé. La vision ne se limite pas à faire des choses, à accomplir une tâche, à réaliser quelque chose ; elle implique aussi d'étendre notre perception des autres, de les encourager, de croire en eux, et de les aider à découvrir et à réaliser leur potentiel – de les aider à trouver leur propre voix.

Dans de nombreuses cultures orientales, les gens saluent les autres en plaçant leurs bras dans une position de V inversé sur leur poitrine et en s'inclinant devant la personne saluée. Ce faisant, ils disent « Je salue la grandeur qui est en toi », ou « Je salue la divinité qui est en toi ». Je connais une autre personne, qui, lorsqu'elle rencontre quelqu'un, dit à voix haute ou dans son cœur « Je vous aime. Quel est votre nom ? » Voir les gens à travers les lentilles de leur potentiel et de leurs meilleurs actes, au lieu de les voir à travers les lentilles de leur comportement ou de leurs faiblesses actuels, génère une énergie positive qui se transmet aux autres et les envahit. Cette attitude affirmative est aussi un moyen pour réparer des relations rompues. C'est aussi la clé du succès dans le rôle de parent.

Voir les gens indépendamment de leur comportement a le mérite d'affirmer leur valeur fondamentale, inconditionnelle. Quand nous percevons et reconnaissons le potentiel des autres, c'est comme si nous leur tendions un miroir reflétant ce qu'il y a de meilleur en eux. Cette vision affirmative non seulement libère leur capacité à donner le meilleur d'eux-mêmes, mais elle nous libère nous-même de la tendance à réagir à un comportement indésirable. Lorsque les gens ont un comportement très au-dessous de leur potentiel, notre attitude affirmative et nos paroles deviennent « Ce n'est pas comme toi ».

Lors d'un voyage international, il y a de nombreuses années, j'ai fait la connaissance d'un jeune homme d'environ dix-huit ans. Il avait connu plusieurs épisodes malsains, dont l'abus de drogue et d'alcool. Il avait tourné la page, mais alors que nous nous trouvions seuls ensemble, je me rendis compte qu'il avait du mal à trouver sa voie et doutait de lui-même. Je pouvais aussi discerner que c'était un jeune homme très spécial, doté d'un haut potentiel, et d'une grandeur d'âme qui rayonnait de sa personnalité. Avant de le quitter, je l'ai regardé droit dans les yeux et lui ai dit que je pensais qu'il aurait une grande influence dans le monde pendant toute sa vie, et qu'il disposait de dons et d'un potentiel exceptionnels.

Presque vingt ans plus tard, il était devenu l'un des jeunes hommes les plus prometteurs et les plus capables que je connaisse. Il a une famille magnifique et réalise de véritables prouesses dans sa vie professionnelle. L'un de mes amis l'a reçu récemment chez lui. Au cours de leur conversation, ce jeune homme raconta spontanément l'expérience dont j'ai parlé plus haut. Il dit ensuite « Vous n'avez pas idée de l'effet de cette rencontre sur ma vie. Il m'a dit que j'étais quelqu'un dont le potentiel surpassait tout ce que je pouvais imaginer. Cette pensée s'est ancrée en moi, et a eu un effet déterminant sur ma vie. »

Cultivez cette habitude de conforter les gens dans la conscience de leur valeur, et communiquez-leur fréquemment et sincèrement votre croyance en eux – particulièrement dans le cas d'adolescents qui traversent leur seconde crise identitaire. C'est un investissement de faible ampleur, dont les résultats sont incalculables, incroyables. Pensez à l'effet extraordinaire que produit sur nous l'affirmation par un autre de sa croyance en nous (notre potentiel), quand nous ne croyons pas en nous-même (notre histoire).

DISCIPLINE

La discipline est tout aussi importante que la vision, bien qu'elle ne vienne qu'en second dans l'enchaînement chronologique. La discipline représente la seconde création. Elle est l'exécution, ce qui fait que les choses arrivent, le sacrifice impliqué par la volonté de faire tout ce qu'il faut jusqu'à la réalisation de la vision. La discipline est l'incarnation de la volonté. Selon l'observation de Peter Drucker, le premier devoir d'un manager est de définir la réalité. La discipline définit la réalité et l'accepte ; elle accepte d'être totalement immergée dans le réel, au lieu de le nier. Elle reconnaît l'existence des faits ingrats, têtus, tels qu'ils sont.

> *Quand la fraîcheur du matin a été remplacée par la lassitude de midi, quand les muscles des jambes tressaillent sous l'effort, la montée semble interminable, et, tout d'un coup, plus rien ne marche comme vous voulez – c'est alors que tu ne dois pas hésiter*[6].
>
> DAG HAMMARSKJÖLD

> *Le* leadership *est l'aptitude à traduire une vision en réalité.*
>
> WARREN BENNIS

Sans vision ni espoir, il peut être déprimant et décourageant d'accepter la réalité. On définit parfois le bonheur comme l'aptitude à subordonner ce que l'on veut maintenant à ce que l'on veut au bout du compte. Ce sacrifice personnel, la subordination du plaisir d'aujourd'hui au bien à long terme, voilà ce qu'est la discipline.

La plupart des gens pensent que la discipline équivaut à une absence de liberté. « L'obligation tue la spontanéité » « Il n'y a pas de liberté dans ce que l'on fait par devoir. » « Je veux faire ce que je veux faire. C'est la liberté, non le devoir. »

En fait, c'est le contraire qui est vrai. Seuls les gens disciplinés sont vraiment libres. Les indisciplinés sont esclaves de leurs humeurs, de leurs appétits et de leurs passions.

Savez-vous jouer du piano ? Je ne sais pas. Je ne suis pas libre de jouer du piano. Je ne me suis jamais discipliné. Je préférais jouer avec mes amis au lieu de pratiquer, comme le voulaient mes parents et mon professeur de piano. Je pense que je ne me suis jamais vu comme pianiste. Je n'avais pas idée de ce que cela aurait pu vouloir dire, la liberté de produire cet art magnifique, qui serait apprécié par moi et les autres pendant ma vie entière.

Et la liberté de pardonner, de demander pardon ? Et la liberté d'aimer de façon inconditionnelle, d'être une lumière, non un juge – un modèle, non un critique ? Pensez à la discipline que tout cela implique. Le mot discipline est associé à l'idée d'être le disciple d'une personne ou d'une cause.

Le grand éducateur Horace Mann a dit : « Ils parlent en vain de bonheur ceux qui ne subordonnent jamais une impulsion au respect d'un principe. Celui qui ne sacrifie jamais un bien présent à un bien futur ou un bien personnel à un bien général, ne peut parler de bonheur que comme un aveugle parle de la couleur. »

Je me souviens du combat intérieur qu'il m'a fallu livrer quand, professeur d'université de cinquante-cinq ans, j'ai décidé de quitter le havre de sécurité et de confort du professorat d'université pour créer ma propre entreprise. Sans la vision du bien supérieur que je pourrais faire ainsi, jamais nous n'aurions eu la discipline de faire le sacrifice, d'amorcer les processus de renoncement qu'implique le lancement d'une entreprise, de grever la maison d'une seconde hypothèque et de nous enfoncer dans les dettes. Nous avons même inventé la nouvelle devise ironique « Le bonheur est un *cash-flow* positif », et pendant des années nous avons peiné pour assurer chaque paie. Nous n'aurions jamais pu supporter cette période difficile si nous n'avions eu la vision de ce qui était possible et la discipline pour nous y accrocher.

Je pense sincèrement que la discipline est l'une des conditions de la réussite. J'admire le travail de ce cadre supérieur de l'assurance, Albert E. N. Gray, qui a consacré toute une vie à essayer de découvrir le dénominateur commun du succès. En définitive, il est arrivé à la constatation simple mais profonde que malgré l'importance très grande de l'ardeur au travail, de la chance et de l'habileté dans les relations humaines, les personnes qui ont du succès « avaient l'habitude de faire des choses que ceux qui échouent n'aiment pas faire[7] ». Les gens qui réussissent n'aiment pas les faire non plus, pourquoi en serait-il autrement ? Mais leur déplaisir est relégué au second plan grâce à la force de leur engagement.

Les gens qui n'ont pas de discipline et sont incapables de sacrifice se contentent de jouer à travailler. En un certain sens, chaque jour de travail devient une sorte de long bal masqué. Ils passent leur journée à créer des écrans de fumée, des e-mails détaillant ce sur quoi ils travaillent, des messages téléphoniques sur l'état des projets, de longs meetings pour discuter de la manière de faire les choses. Le plus souvent, les gens qui passent leur temps à inventer des excuses manquent de focalisation et de discipline. Les échecs sont inévitables ; ils ont choisi leur malheur. Il y a toujours des raisons, jamais une excuse.

PASSION

La passion vient du cœur et se manifeste par l'optimisme, l'enthousiasme, l'émotion partagée, la détermination. Elle provoque une poussée ininterrompue. L'enthousiasme est enraciné profondément dans la force du choix et ne découle pas des circonstances. Les enthousiastes pensent que la meilleure façon de prédire l'avenir est de le créer. En fait, l'enthousiasme devient un impératif moral, qui fait de la personne un élément de la solution plutôt qu'un élément du problème qu'est le sentiment de désespérance et d'impuissance.

Aristote disait : « Quand tes talents et les besoins du monde se rencontrent, c'est là que se trouve ta vocation. » Nous pourrions dire : « C'est là que se trouve ta passion, ta voix » – ce qui dynamise la vie et confère l'énergie. C'est le feu qui éclaire la vision et inspire la discipline. Elle vous maintient sur le métier quand tout le reste vous dit que ça suffit. Quand son médecin lui demandait combien de temps il travaillait par semaine, un patient répondit : « Je ne sais pas. Combien d'heures par semaine respirez-vous ? » Quand la vie, le travail, le jeu et l'amour tournent autour d'une même chose, c'est la passion !

La clé pour allumer la passion dans votre vie, c'est de trouver quels sont vos talents uniques, votre rôle et votre but particulier dans le monde. Il est essentiel de se connaître soi-même avant de décider du travail que l'on veut faire*. Le précepte de la philosophie grecque : « Connais-toi toi-même, sois maître de toi, donne-toi », est parfaitement ordonné et sage. Le talent que l'on a, sa mission et son rôle dans la vie sont habituellement découverts davantage qu'ils ne sont inventés. L'auteur, cinéaste et raconteur d'histoires renommé, Sir Laurens van der Post, a écrit :

> « Nous devons regarder à l'intérieur pour voir en nous, regarder dans ce contenant qui est notre âme. Tant que tu n'auras pas écouté cette chose qui rêve à travers toi, en d'autres termes, répondu au coup frappé sur la porte dans le noir, tu ne seras pas capable de soulever ce moment du temps sous lequel nous sommes enfermés, et de parvenir au niveau où se déroule le grand acte de la création. »

Les grands contributeurs sont ceux qui, bien qu'ils aient eu peur du coup frappé sur la porte, lui ont répondu. Le courage est l'essence de la passion, et il est, comme le disait Harold B. Lee, « la qualité de toute vertu agissant au niveau de sa plus haute limite[8] ».

Une erreur assez répandue est de croire que les compétences d'une personne représentent son talent. Les compétences ne sont pas le talent. Le talent, en revanche, exige des compétences. On peut disposer de compétences et de connaissances dans un domaine extérieur à ses talents. Lorsque des personnes ont un travail qui requiert leurs compétences mais non leurs talents, les organisations qui les emploient ne bénéficieront jamais de leur passion ou de leur voix. Ces personnes feront ce qu'implique leur travail, mais d'une manière qui fait supposer qu'elles ont besoin d'une supervision et d'une motivation extérieures.

Si vous pouvez embaucher des personnes dont la passion correspond à leur job, elles n'auront besoin d'aucune supervision. Elles se manageront elles-mêmes mieux que personne ne pourrait le faire.

Leur feu vient de l'intérieur, non de l'extérieur. Leur motivation est interne, non externe. Pensez aux moments où vous avez été passionné par un projet, quelque chose qui vous tenait et vous absorbait au point de ne pouvoir penser à rien d'autre. Aviez-vous besoin d'être managé ou supervisé ? Bien sûr que non ; vous entendre dire ce que vous deviez faire, quand et comment, vous aurait paru insultant.

Si vous pouvez vous consacrer à un travail qui réunit un besoin, votre talent et votre passion, ce travail libérera des forces créatrices irrésistibles.

CONSCIENCE

Efforce-toi de maintenir en vie... cette petite étincelle du feu céleste, la conscience[9].

GEORGE WASHINGTON

Le début de ce livre a beaucoup insisté sur l'importance de la conscience. Il existe d'innombrables preuves que la conscience, ce sens moral, cette lumière intérieure, est un phénomène universel. La nature spirituelle ou morale des gens est indépendante de la religion ou de toute approche religieuse, de la culture, de la géographie, de la nationalité ou de la race. Toutes les grandes traditions religieuses du monde se rejoignent à propos de certains principes ou valeurs fondamentales.

Emmanuel Kant disait : « Je suis constamment émerveillé par deux choses : les cieux étoilés au-dessus de nous et la loi morale en nous. » La conscience est la loi morale en nous. Elle est le recouvrement de la loi morale et du comportement. Beaucoup de gens pensent, comme moi, que c'est la voix de Dieu s'adressant à ses enfants. D'autres peuvent ne pas partager cette croyance, mais reconnaître qu'il y a en eux un sens inné de la justice, du bien et du mal, de ce qui est bon et de ce qui est mauvais, de ce qui est conforme et de ce qui est contraire au bien-être général, de ce qui embellit et de ce qui détruit, de ce qui est vrai et de ce qui est faux. Il faut admettre que la culture traduit ce sens moral de base en différentes sortes de pratiques et de mots, mais cette traduction ne compromet pas la notion sous-jacente du bien et du mal.

En travaillant dans différents pays ayant des religions et des cultures différentes, j'ai eu maintes fois la révélation de cette conscience universelle. Il existe réellement un ensemble de valeurs, un sens de *la justice, de l'honnêteté, du respect et de la contribution* qui transcende la culture – quelque chose d'éternel, qui transcende les âges et dont l'existence est évidente. Aussi évidente que le fait que la confiance ne peut être accordée qu'à ceux qui sont dignes de confiance.

Conscience et ego

La conscience est la petite voix interne tranquille. Elle est calme. Elle est paisible. L'ego est tyrannique, despotique et dictatorial.

L'ego se concentre sur sa propre survie, son propre plaisir et son propre renforcement à l'exclusion des autres, et son ambition s'exerce au détriment d'autrui. Il perçoit les relations en termes de menace ou de non-menace, comme les petits enfants qui classent les gens en deux catégories « Il est gentil » ou « Il est méchant ». La conscience, en revanche, élève le moi jusqu'à un sens plus étendu du groupe, de l'ensemble, de la communauté, du bien au sens large. Elle voit la vie en termes de service et de contribution, en termes de sécurité et de réalisation des autres.

L'ego entre en action face à une véritable crise mais ne peut discerner la sévérité d'une crise ou d'une menace. La conscience est douée de discernement et peut apprécier le degré d'importance d'une menace. Elle dispose d'un vaste répertoire de réponses. Elle a la patience et la sagesse lui permettant de décider quoi faire et quand. La conscience voit la vie comme un continuum. Elle est capable d'adaptation complexe.

L'ego ne peut dormir. Il gère de façon mesquine. Il prive l'individu de son pouvoir. Il en réduit les capacités. Il excelle dans le contrôle. La conscience respecte profondément les gens et perçoit leur aptitude à être maîtres d'eux-mêmes. La conscience confère du pouvoir. Elle reflète la valeur de chacun et affirme leur pouvoir et leur liberté de choisir. La maîtrise de soi se manifeste alors spontanément, sans être imposée d'en haut ou de l'extérieur.

L'ego se sent menacé par tout *feedback* négatif et il punit le messager. Il interprète toute donnée en termes de protection de soi. Il censure l'information en permanence. Il nie une bonne partie de la réalité. La conscience attache de la valeur à tout *feedback* et s'efforce de discerner la vérité qu'il contient. Elle ne craint pas l'information et peut interpréter correctement ce qui se passe. Elle n'a pas besoin de censurer l'information et est ouverte à la perception de la réalité d'où qu'elle lui vienne.

L'ego est myope et interprète la vie en fonction de son propre programme. La conscience est comme un écologiste social à l'écoute de la totalité du système et de l'environnement. Elle emplit le corps de lumière, et peut agir sur l'ego pour qu'il perçoive plus exactement la totalité du monde.

Autres éclairages sur la conscience

La conscience est le sacrifice – la subordination de soi ou de son ego à un but, une cause ou un principe supérieur. Rappelons que le sacrifice consiste à abandonner quelque chose de bon pour quelque chose de meilleur. Et, dans l'esprit de la personne qui sacrifie, il n'y a pas en réalité de sacrifice – seulement dans l'esprit d'un observateur.

Le sacrifice peut prendre de nombreuses formes, car il se manifeste dans les quatre dimensions de nos vies : sacrifices physiques et économiques (le corps) ; cultiver l'ouverture d'esprit, et se débarrasser des préjudices (le mental) ; faire preuve de respect et d'amour pour les autres (le cœur) ; et subordonner sa propre volonté à une volonté supérieure pour le bien commun (l'esprit).

> *Une nouvelle philosophie, un nouveau mode de vie, ne sont pas donnés pour rien. Ils doivent être chèrement payés et ne peuvent être acquis qu'avec beaucoup de patience et un grand effort.*
>
> FEDOR DOSTOÏEVSKI

La conscience nous enseigne que les fins et les moyens sont inséparables, que les fins préexistent en fait aux moyens. Emmanuel Kant enseignait que les moyens utilisés pour arriver aux fins sont aussi importants que ces fins. Machiavel enseignait le contraire, il enseignait que les fins justifient les moyens.

Voici les sept choses qui, selon les enseignements de Gandhi, nous détruiront. Si vous les étudiez lentement et soigneusement, vous verrez que chacune d'elles représente une *fin* réalisée par un *moyen* dénué de principe ou indigne :

– Fortune sans travail
– Plaisir sans conscience
– Connaissance sans caractère
– Commerce sans moralité
– Science sans humanité
– Religion sans sacrifice
– Politique sans principe

N'est-il pas intéressant de voir que chacune de ces fins admirables puisse être atteinte faussement ? Le fait est que si vous parvenez à une fin admirable par les mauvais moyens, la fin se réduira en poussière dans vos mains.

Dans les relations d'affaires, vous connaissez ceux qui sont honnêtes envers vous et tiennent leurs promesses et leurs engagements. Vous connaissez aussi exactement ceux qui pratiquent la duplicité, la tromperie et la malhonnêteté. Même si vous parvenez à un accord contractuel officiel avec ceux qui sont malhonnêtes, croyez-vous qu'ils l'appliqueront et tiendront parole ?

Les gens sont souvent déraisonnables, illogiques, centrés sur eux-mêmes ; pardonnez-leur de toute façon.
Si vous êtes bon avec eux, les gens peuvent vous accuser de poursuivre des motifs égoïstes ; soyez bon de toute façon.
Si vous connaissez le succès, vous gagnerez quelques faux amis et quelques vrais amis ; réussissez de toute façon.
Si vous êtes honnête et franc, les gens peuvent tricher envers vous ; soyez honnête de toute façon.
Ce que vous passez des années à construire, quelqu'un peut le détruire du jour au lendemain ; construisez de toute façon.
Si vous trouvez la sérénité et le bonheur, ils peuvent être jaloux ; soyez heureux de toute façon.
Le bien que vous faites aujourd'hui, les gens l'oublieront souvent demain ; faites le bien de toute façon.
Vous voyez, en dernière analyse, c'est entre vous et Dieu ; ce n'était jamais entre vous et eux de toute façon.

MÈRE TERESA

C'est la conscience qui nous dit constamment la valeur des fins et des moyens et nous rappelle qu'ils sont inséparables. Mais c'est l'ego qui nous dit que la fin justifie les moyens, sans se douter qu'une fin digne d'intérêt ne peut jamais être atteinte par des moyens indignes. Il peut vous sembler que ce soit possible, mais il y a toujours des conséquences non voulues, qui ne sont ni visibles ni évidentes au début et qui finiront par détruire la fin. Par exemple, vous pouvez hurler pour que vos enfants nettoient leur chambre, et si votre but est d'obtenir une chambre propre, vous aurez obtenu seulement cela. Mais je vous garantis que non seulement le moyen utilisé aura un effet négatif sur vos relations avec eux, mais que la chambre ne restera pas propre quand vous vous absenterez quelques jours.

La sagesse se manifeste par la poursuite des meilleures fins par les meilleurs moyens[10].
FRANCES HUTCHESON

La conscience altère profondément notre vision, notre discipline et notre passion en nous introduisant dans le monde des relations. Elle nous fait passer d'un état indépendant à un état interdépendant. Tout est alors modifié. Vous vous rendez compte que la vision et les valeurs doivent être partagées pour que les gens puissent accepter la discipline institutionnalisée des structures et des systèmes qui incarnent ces valeurs partagées. Cette vision partagée engendre la discipline et l'ordre, sans qu'il soit nécessaire de les exiger. La conscience fournit souvent le *pourquoi*, la vision identifie le *quoi*, la discipline représente le *comment*, et la passion représente la force des sentiments derrière le pourquoi, le quoi et le comment.

La conscience transforme la passion en compassion. Elle engendre un intérêt sincère pour les autres, une combinaison de sympathie et d'empathie, dans laquelle la souffrance est partagée et reçue. La compassion est l'expression interdépendante de la passion. JoAnn C. Jones, qui écrit dans *Guideposts*, a relaté une expérience dans laquelle son professeur d'université lui avait appris à vivre et à apprendre en étant guidée par sa conscience :

Au cours de mon deuxième mois de formation d'infirmière, notre professeur nous remit une interrogation écrite. J'étais une élève consciencieuse et je répondis sans difficultés à toutes les questions, jusqu'au moment où j'arrivai à la dernière : quel est le prénom de la femme qui fait le ménage de l'école ?

C'était à mes yeux certainement une sorte de plaisanterie. J'avais vu la femme de ménage plusieurs fois. Elle était grande, brune, la cinquantaine, mais comment pouvais-je connaître son nom ? Je rendis mon papier, sans répondre à la dernière question.

Avant la fin du cours, un élève demanda si la dernière question comptait pour la note de l'interrogation. "Absolument", dit le professeur. "Dans votre carrière vous rencontrerez beaucoup de gens. Tous ont une importance. Ils méritent votre attention et votre intérêt, même si tout ce que vous faites est de sourire et de dire bonjour".

Je n'ai jamais oublié cette leçon. J'ai aussi appris que son nom était Dorothée[11].

Quand les gens vivent selon leur conscience, ils éprouvent une sensation d'intégrité et de tranquillité d'esprit. William J. H. Boetcker, pasteur presbytérien né en Allemagne et auteur d'ouvrages sur la motivation, a dit vers le milieu du XXe siècle, « Pour conserver ton respect de toi-même, il vaut mieux déplaire en faisant ce que tu sais être bien, plutôt que de faire plaisir sur le moment en faisant ce que tu sais être mal. » Ce respect de soi et l'intégrité, à leur tour, engendrent chez ceux qui les possèdent la possibilité d'être à la fois bons et courageux envers les autres : *bons* car ils leur témoignent un profond respect ; *courageux* car ils expriment leurs propres convictions sans se sentir personnellement menacés. L'interaction d'opinions opposées peut produire ces troisièmes possibilités qui sont supérieures à ce que proposait initialement l'un ou l'autre. C'est un exemple de synergie, dans lequel le tout est plus grand que la somme des parties.

Les gens qui ne vivent pas selon leur conscience ne connaissent pas l'intégrité interne et la paix de l'esprit. Leur ego tente de contrôler leurs relations. Ils peuvent feindre la bonté et l'empathie de temps à autre, mais ils utilisent des formes subtiles de manipulation et peuvent aller jusqu'à des comportements aimables mais dictatoriaux.

Remporter la victoire privée de l'intégrité, c'est créer les fondements d'une victoire publique établissant une vision, une discipline et une passion communes. Le *leadership* devient alors un travail interdépendant au lieu d'être une interaction immature entre des dirigeants forts, indépendants, tirés par leur ego, et des dirigés obéissants et dépendants.

STONE

Il y a en Ouganda un homme illustrant la force qui découle de la vision, de la discipline et de la passion, lorsqu'elles opèrent directement sous la conduite de la conscience. Son nom est Stone, un grand joueur de football. Le rêve de tout gamin en Ouganda est de devenir assez bon en football pour que les clubs européens l'engagent comme joueur. Au moment où l'argent de l'Europe s'intéressait sérieusement à Stone, quelqu'un le frappa volontairement d'une façon qui lui démolit le genou. Sa carrière professionnelle était terminée.

Stone aurait pu devenir vindicatif et chercher à se venger. Il aurait pu se vautrer dans la pitié de soi ou vivre dans la célébrité le restant de ses jours. Ce n'est pas ce qu'il fit. Il choisit sa réponse. Il utilisa son imagination (vision) et sa conscience pour inspirer et influencer des jeunes « à problèmes » d'Ouganda, qui autrement auraient été perdus dans la vie sans compétences, sans modèle, et sans espoir.

Stone surmonte son désir culturel de vengeance en puisant dans ses cadeaux de naissance. Il a payé personnellement le prix sous forme de sacrifice et de discipline. Avec une passion toujours brûlante, il s'est tourné vers les jeunes hommes de son pays pour qu'eux aussi puissent apprendre à gouverner leur vie selon leur conscience, tout en formant la vision de devenir d'abord de bons joueurs de foot, puis de pouvoir gagner leur vie, puis de devenir des adultes responsables, des pères et des citoyens contribuant au bien commun. Ils deviennent progressivement de plus en plus indépendants de Stone au point d'être gouvernés eux-mêmes par les principes (conscience) de maîtrise de soi, d'entraînement et de contribution. Stone communiquait à ces jeunes hommes leur valeur et leur potentiel si clairement qu'ils étaient incités à en prendre conscience.

L'un de mes collègues de longue date a rendu visite à Stone en Ouganda plusieurs années après la réalisation du film. Il m'a donné ces nouvelles de Stone : « J'ai été très impressionné par l'équilibre entre son corps, son mental, son cœur et son esprit. Il est très actif physiquement, enseignant sans arrêt le football à ses garçons – six équipes différentes chaque jour ! Son mental est constamment en éveil – toujours en train de rechercher de nouvelles façons d'accomplir sa mission, qui est de guider les jeunes vers de nouveaux horizons. Il est chrétien mais vit dans un quartier musulman, avec un propriétaire musulman. Ce qu'il fait tous les jours engendre la paix et l'harmonie dans son quartier. Il s'intéresse à chaque enfant, chaque parent et chaque personne qu'il rencontre. Sa personnalité et sa profonde intégrité m'ont ému. »

1RE PARTIE : TROUVEZ VOTRE VOIX – RÉSUMÉ ET UN DERNIER DÉFI

Maintenant que nous approchons de la fin de cette section relative à la découverte de la voix, revenons aux principaux objectifs annoncés au début.

Nous savons qu'il existe un douloureux écart entre la possession d'un grand potentiel, et la réalisation d'une vie de grandeur et de contribution – entre mesurer les problèmes et les défis du lieu de travail, et développer la force intérieure et l'autorité morale pour s'abstraire de ces problèmes et devenir une force déterminante apte à les résoudre.

PERSONNE ENTIÈRE	4 BESOINS	4 INTELLIGENCES/CAPACITÉS	4 ATTRIBUTS	VOIX
CORPS	Vivre	Intelligence physique (QP)	Discipline	Besoin (« Voir » satisfaire les besoins)
MENTAL	Apprendre	Intelligence mentale (QI)	Vision	Talent (Focalisation disciplinée)
CŒUR	Aimer	Intelligence émotionnelle (QE)	Passion	Passion (Adorer faire)
ESPRIT	Laisser un héritage	Intelligence spirituelle (QI)	Conscience	Conscience (Faire ce qui est bien)

Tableau 1

Je vous recommande à nouveau cette manière simple d'envisager la vie : une personne entière (corps, mental, cœur et esprit) avec quatre besoins fondamentaux (vivre, apprendre, aimer, laisser un héritage), et quatre intelligences ou capacités (physique, mentale, émotionnelle et spirituelle) et leurs plus hautes manifestations (discipline, vision, passion, conscience), le tout représentant les quatre dimensions de la voix (besoin, talent, passion et conscience) – tableau 1.

Si nous respectons, développons, intégrons et équilibrons ces intelligences et leurs plus hautes manifestations, la synergie entre elles allume *le feu qui est en nous* et nous trouvons notre voix. L'idée et l'appellation du « feu en nous » ont été présentées pour la première fois dans le livre *First Things First*, dont je suis le coauteur avec Roger et Rebecca Merrill. Des années plus tard, le comité d'organisation des Jeux olympiques en 2002 de Salt Lake City m'a appelé pour me demander l'autorisation d'utiliser comme thème central des Jeux 2002 le thème « Allumer le feu intérieur ». Sans hésiter, je répondis « Bien sûr – nous en serions honorés. » J'ai été enthousiasmé par la façon dont ils ont utilisé le thème « Allumer le feu intérieur » pour représenter le magnifique potentiel de l'esprit humain. Plusieurs semaines après les Jeux, le président du comité olympique de Salt Lake City me dit que c'était la première fois dans l'histoire des Jeux olympiques que les organisateurs avaient réussi à créer un thème d'identification durable, qui s'emparait effectivement des cœurs et des esprits des athlètes, des volontaires et des spectateurs du monde entier.

Au chapitre 1, j'ai suggéré que la voix (voir figure 5.4) se trouve au croisement du *talent* (vos dons et vos forces naturels), de la *passion* (tout ce qui vous dynamise, vous excite, vous motive et vous inspire), du *besoin* (y compris ce que les autres apprécient suffisamment pour vous payer, et de la *conscience* (cette petite voix intérieure tranquille qui vous informe de l'existence du bien et vous pousse à le faire effectivement). J'ai dit également que quand vous vous engagez dans un travail (professionnel, familial ou dans un cadre plus vaste) qui utilise votre *talent* et allume votre *passion* – qui correspond à un besoin dans le monde si grand que vous vous sentez poussé par votre conscience à le satisfaire – vous avez alors trouvé votre voix, votre mission, le code de votre âme.

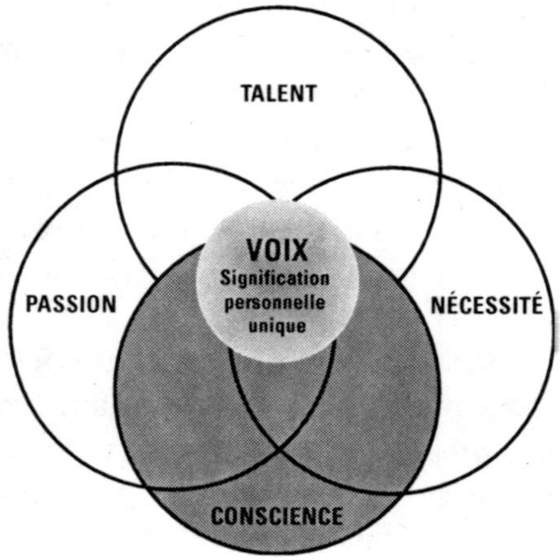

Figure 5.4

Peut-être avez-vous remarqué la similitude de ces quatre dimensions de la voix avec les quatre attributs du *leadership* personnel que sont la vision, la discipline, la passion et la conscience (voir figure 5.5). Deux de ces éléments, passion et conscience, sont identiques. Les deux autres, *talent* et *besoin*, sont parallèles à *discipline* et *vision*. En fait, si vous remontiez le cercle de la « conscience » (grisé pour indiquer son caractère central, prééminent) de la figure 5.4 jusqu'au centre de cette figure, vous auriez pratiquement le même modèle.

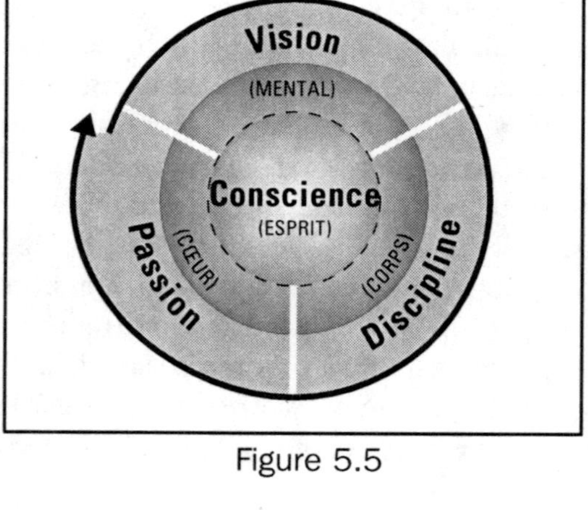

Figure 5.5

Ces quatre dimensions de la *voix* sont magnifiquement illustrées par l'histoire de Muhammad Yunus. Comment a-t-il trouvé sa voix ? Tout d'abord il a détecté un *besoin*. La voix de sa *conscience* l'a incité à agir. Comme son talent était en phase avec le besoin, il a *discipliné* son *talent* pour fournir une solution. Le travail impliqué par la solution non seulement faisait appel à son talent, mais il bénéficiait de sa *passion*. Du *besoin* avait surgi la *vision* – vision consistant à multiplier la capacité des gens et des institutions à satisfaire des besoins similaires de par le monde, et ainsi à les inspirer pour qu'ils trouvent *leur voix*.

Avec la fin de la 1re partie : Trouvez votre voix, je vous fais une promesse et je vous lance un défi. Ma promesse : si vous appliquez ces quatre capacités – talent (discipline), besoin (vision), passion et conscience – à tout rôle de votre vie, vous trouverez votre voix dans ce rôle. Mon simple défi : prenez deux ou trois des principaux rôles de votre vie, et pour chacun d'eux, posez-vous quatre questions :

1. Quel *besoin* m'apparaît (dans ma famille, dans mon entourage plus large, dans l'organisation pour laquelle je travaille) ?
2. Est-ce que je possède un véritable *talent*, lequel, une fois discipliné et appliqué, peut satisfaire ce besoin ?
3. La possibilité de satisfaire ce besoin peut-elle enflammer ma *passion* ?
4. Ma *conscience* me pousse-t-elle à m'impliquer et à agir ?

Si vous pouvez répondre par l'affirmative à ces quatre questions et si vous prenez l'habitude de préparer un plan d'action puis de travailler selon ce plan, je vous garantis que vous commencerez à trouver votre véritable voix dans la vie – une vie pleine de sens, de satisfaction et de grandeur.

Passons maintenant à la 2e partie : Inspirez les autres pour qu'ils trouvent leur voix.

QUESTIONS ET RÉPONSES

Q : Cette approche du *leadership* personnel pourrait-elle m'aider à résoudre l'un des défis de toute ma vie – perdre du poids et rester en forme ?

R : Si vous êtes comme la plupart des gens, vous avez pris de temps à autre la résolution de vous mettre en forme, et dans la plupart des cas, cela implique de perdre du poids. Le plus souvent, se mettre en forme veut dire simplement remplacer de la graisse par du muscle, ce qui peut en fait augmenter votre poids puisque le muscle pèse presque deux fois plus lourd que la graisse. Toutefois, notre tâche fondamentale est d'avoir la forme et de devenir physiquement sain, fort et en bonne forme. Telle est la vision. Quelle est la discipline ? Habituellement elle implique de suivre un régime strict d'exercice, de nutrition appropriée, de repos et de gestion du stress. La passion représente la profondeur du sentiment, l'engagement émotionnel, et le dynamisme. La conscience fournit le pourquoi, la raison, les motifs respectables qui vous poussent à être en bonne santé pour pouvoir vivre plus longtemps, assurer convenablement les besoins de votre famille, aider à élever vos petits enfants ou simplement vous sentir mieux. Vous trouverez aussi que si la motivation est seulement externe – avoir meilleure allure, la vanité, un changement de saison, une résolution du Premier de l'an, etc. – une telle motivation perd le plus souvent sa force et ne peut se maintenir parce qu'elle n'est pas digne d'un engagement aussi total. Avant de faire un mauvais choix de nourriture, entraînez-vous à dire intérieurement : « Ma tentation est d'ordre émotionnel, et y résister contribuera à ma perte de poids et renforcera mon caractère. De plus, rien n'a meilleur goût que se sentir mince. »

Il est très courant d'être découragé par le cycle consistant à fixer l'objectif de perte de poids, puis à l'abandonner au bout de quelques jours ou même quelques heures. Beaucoup se plaignent : « Je ne suis simplement pas discipliné. » J'ai constaté que le plus grand problème n'est pas la discipline ; c'est que nous n'avons pas encore payé le prix par la vision – nous ne sommes pas encore reliés à nos valeurs et à nos motivations les plus profondes (conscience), à ces choses qui sont les plus importantes pour nous. Permettez-moi d'illustrer ce point par l'expérience d'un de mes amis :

Je m'étais donné beaucoup de mal pour ma carrière. À quarante-cinq ans, j'avais assez bien réussi. Je pesais aussi près de trente kilos de trop, mangeais de façon compulsive dans les moments de stress, et je n'avais pas le temps de prendre de l'exercice à cause du travail. À son cinquième anniversaire, mon fils, Logan, m'a donné un livre sur la vie saine. À l'intérieur, sa mère l'avait aidé à écrire ces mots : "Daddy, pour mon anniversaire cette année, je veux que tu sois en bonne santé. Je veux que tu sois avec nous encore un moment". Un vrai coup de poing dans le ventre.

Cette requête de mon fils a changé complètement ma façon d'envisager mon style de vie. Le fait de manger et le manque d'exercice n'était plus seulement mon choix personnel. Je me rendis compte que j'étais en train de laisser un héritage très malsain à mes enfants. Je leur donnais comme exemple que le corps est sans importance, que le self-control est sans importance, que la seule chose pour laquelle il faut travailler dur dans cette vie est l'argent et le prestige. Je compris que ma responsabilité à l'égard de mes enfants impliquait plus que de satisfaire leurs besoins physiques, financiers et émotionnels. Elle impliquait aussi d'être un exemple sain sur lequel ils pourraient modeler leur vie. C'est ce que je n'avais pas fait.

Je m'engageai alors à être en bonne santé pour mes enfants. Non de perdre du poids, mais d'être en bonne santé. C'est ce qui compte pour moi. Mon engagement devait être une chose ayant une réelle valeur pour moi. J'avais précédemment essayé de nombreux régimes et programmes d'exercice. Normalement les choses allaient bien jusqu'à l'apparition du stress. L'objectif de perdre du poids était simplement insuffisant comme motivation. Mais mes enfants ont suffisamment d'importance. Je les aime assez pour choisir de prendre des décisions saines. Je me suis fixé comme but de rester en bonne santé. Je voulais être plein de vie, avoir l'énergie de jouer avec mes enfants, être capable de jouer dans le tournoi de softball de la société sans être essoufflé avant d'arriver à la première base. Pour atteindre ce but, je mis en place un programme de régime alimentaire et d'exercice. La clé ici est que le régime et le programme d'exercice n'est pas le but. Le but est d'être en bonne santé pour mes enfants. J'ai décidé de partager mon objectif avec une autre personne qui voulait elle aussi rester en bonne santé. Nous suivons ensemble le même programme d'exercice. Je me suis organisé pour dégager du temps en vue d'atteindre mon objectif. J'ai appris à savoir quand arrêter de travailler et à être attentif aux besoins de mon corps.

Cela fait deux ans que j'ai changé ma façon de penser. Je n'ai plus à faire d'effort pour me sortir du lit. L'exercice est aussi devenu ma seconde nature. Je ne me trouve plus de raisons pour me dispenser du programme d'exercice comme c'était le cas au début. Bien sûr, il y a des jours où je ne suis pas brillant. Je pense que je suis fatigué, qu'un ligament de mon genou est distendu, j'ai mal à la tête, il fait trop chaud. Certains jours, je me persuade même de ne pas courir. Mais c'est tellement plus facile maintenant de reprendre l'entraînement ! Parce que j'ai cet objectif plus vaste, cet engagement envers quelqu'un que j'aime plus que moi-même, je peux toujours me remettre en piste.

Q : Et obtenir un travail ?

R : Se mettre en forme est avant tout un effort indépendant. Obtenir le travail que vous voulez est clairement une démarche interdépendante, qui repose sur le développement efficace de votre influence sur d'autres personnes.

Envisageons maintenant la façon d'obtenir le travail que vous souhaitez, en examinant les quatre attributs de l'influence personnelle : vision, discipline, passion et conscience. Tous sont déterminants. Négligez l'un d'eux, et vous aurez beaucoup plus de mal à obtenir le travail voulu, et si vous l'obtenez, vous risquez de ne pas pouvoir faire ce à quoi vous vous êtes engagé ni ce qu'on attend de vous.

Supposons que le marché du travail est très défavorable et que la plupart des employeurs licencient au lieu d'embaucher – particulièrement dans le secteur et dans la ville où vous voulez habiter et travailler. Comment obtiendrez-vous le travail que vous voulez ?

En premier lieu, pour avoir seulement une vision, vous devez savoir ce qu'est ce travail. Utilisez la discipline pour imaginer ce qu'il implique effectivement. Pour comprendre le travail, comprendre l'organisation par laquelle vous voulez être embauché, comprendre les exigences spéciales du travail, et comprendre le marché, les forces qu'il met en jeu, la concurrence, les souhaits et les besoins des clients, les caractéristiques et les évolutions de l'activité en question. En d'autres termes, payez le prix pour comprendre les défis et les problèmes auxquels est confrontée l'organisation que vous souhaitez rejoindre.

Ensuite, demandez-vous où est votre passion, par exemple, ce travail correspond-il de façon unique à vos talents, vos dons, vos intérêts, vos capacités et vos compétences ? Si c'est le cas, votre conscience vous dit-elle qu'un tel travail mérite de vous y engager. Si oui, pouvez-vous vous voir travailler de cette manière ?

Après avoir effectué tout ce travail préliminaire, vous êtes prêt à aller à l'entrevue d'embauche – non en tant qu'un problème que doit traiter celui qui vous reçoit, mais en tant que solution aux problèmes auxquels sont confrontés les décideurs.

Montrez une compréhension de leurs problèmes les plus significatifs meilleure que celle de la plupart des gens qu'ils emploient actuellement. Montrez un degré de passion et d'engagement supérieur à celui des gens qu'ils emploient actuellement. Suggérez, si nécessaire, une période d'essai, même à votre charge, jusqu'à ce qu'ils soient convaincus que vous êtes une meilleure solution à leur problème que tout autre candidat ou que beaucoup de gens qu'ils emploient actuellement, parce que vous êtes un leader. Vous prenez des initiatives heureuses. Vous n'attendez pas qu'on vous demande de faire les choses. Vous n'êtes pas quelqu'un qu'il faut constamment mettre en mouvement. Vous agissez de vous-même, mais n'êtes pas inconsidéré dans vos actions. Vous êtes très conscient de ce que vous faites. Vous êtes très sensible, empathique et respectueux.

Vous abordez le processus de recherche d'emploi en respectant des principes. Vous n'exagérez rien pour produire plus d'effet, vous ne trompez pas, ne manipulez pas, ne mentez pas, ne trichez pas, ne rusez pas, ne dénigrez pas. Vous vous concentrez sur les besoins de l'organisation, ses préoccupations, ses problèmes, et sur les besoins, les préoccupations et les problèmes de ses clients. C'est le langage que vous tenez.

Quiconque adopte une telle approche envers un décideur en retiendra l'attention et dans la plupart des cas, le stupéfiera par la profondeur de sa préparation et de sa discipline, ainsi que par son acceptation du prix à payer et du sacrifice.

J'ai donné et redonné ce conseil à de nombreuses personnes au fil des ans. Un petit pourcentage l'ont suivi, et dans presque tous les cas, ils ont réussi à obtenir le job qu'ils voulaient. J'ai aussi habituellement recommandé la lecture de la dernière édition du livre *What Color Is Your Parachute ?* par Richard Bolles, en vue d'une meilleure compréhension de ce processus.

Q : Comment vivre une vie équilibrée ?

A : De nombreuses enquêtes montrent que l'un des plus grands défis auxquels la plupart des gens sont confrontés est de parvenir à un équilibre dans leur vie. Les gens ont tendance à se concentrer tellement sur leur travail et d'autres activités pressantes, que leurs relations et les activités qu'ils aiment le plus finissent par être laissées de côté. Ils deviennent esclaves de l'urgence.

Je voudrais illustrer une solution par l'histoire d'un homme entraîné dans le tourbillon de l'urgence. Remarquez qu'il a pris le temps de réfléchir à ce qui comptait le plus pour lui (conscience, vision et passion), puisqu'il a utilisé ces critères pour décider comment organiser sa vie afin qu'elle soit en accord avec ses priorités (discipline), et pour parvenir à l'équilibre désiré. Notez aussi que la solution est venue grâce à la coopération de son épouse. Voici son histoire :

J'ai toujours eu une amitié particulière pour ma mère. Nous avons surmonté ensemble une série d'épisodes difficiles, et il en est résulté une merveilleuse relation. À une époque de ma vie, bien que j'adore ma mère et que j'aime passer du temps avec elle, je me trouvais pris par mon travail, mes activités associatives et ma famille. Ma vie était devenue si active que les semaines passaient sans que je puisse seulement donner un coup de fil pour prendre de ses nouvelles. Et quand je réussissais à glisser une visite dans mon emploi du temps, nous nous asseyions pour parler, et il fallait déjà que je parte. Une autre réunion à laquelle il fallait assister, un autre délai impératif à respecter. Je ne parvenais pas vraiment à maintenir un contact avec cette femme merveilleuse.

Ma mère ne mit jamais la pression sur moi pour que j'aille la voir plus souvent, mais je n'étais pas heureux de cette situation. Je savais que ma vie serait désaxée si je ne pouvais pas régulièrement passer du temps avec elle. Mon épouse et moi avons alors fait un brainstorming *en vue d'une solution. Elle a suggéré de programmer chaque semaine ou presque un moment qui conviendrait aussi bien pour notre famille que pour ma mère. En regardant le calendrier, nous avons vu que ma femme allait à sa chorale chaque mercredi soir. Cette soirée est devenue la soirée passée avec ma maman.*

Elle sait maintenant que chaque semaine, ou une semaine sur deux, je viens la voir un soir spécifique à une heure spécifique. Je ne vais pas me sauver au bout de dix minutes, et il y a peu d'interruptions. Si elle veut prendre un peu d'exercice, nous pouvons sortir faire une promenade ensemble. D'autres fois, elle me prépare un repas. Parfois, je l'emmène faire ses courses au centre commercial, qui est plus loin qu'elle n'aime conduire seule. Quoi que nous fassions, nous parlons toujours – de la famille, de l'actualité, des souvenirs.

Chaque soirée que je passe avec ma mère est une oasis dans ma vie agitée. Je dis à ma femme que c'est l'une des meilleures suggestions qu'elle m'ait jamais faite.

Cette belle petite histoire est une illustration de ce qui est possible quand nous concentrons notre cœur et notre tête sur ce qui compte vraiment, puis nous appliquons à le faire avec intégrité. Quand mon propre père est mort, j'ai décidé de maintenir et même d'intensifier ma relation particulière avec ma mère, pour l'aider à surmonter ce nouveau vide dans sa vie. J'ai résolu qu'en dépit d'un programme de voyage très chargé, et où que je sois, je lui téléphonerais chaque jour pendant le reste de sa vie. Bien que nous habitions à quatre-vingts kilomètres l'un de l'autre, j'ai décidé aussi de faire des efforts particuliers pour lui rendre visite une semaine sur deux. Elle a vécu encore une dizaine d'années, et je n'ai pas de mots pour exprimer la gratitude que j'éprouve envers elle pour le temps que nous avons passé ensemble.

J'ai découvert à cette occasion que si l'on communique régulièrement avec une autre personne, on parvient avec elle à un niveau de compréhension permettant de saisir aussitôt la moindre nuance. Je me suis aperçu que notre conversation quotidienne avait bien des points communs avec notre rencontre de chaque quinzaine ; nous nous sentions aussi proches l'un de l'autre et aussi ouverts et authentiques l'un envers l'autre que lorsque nous étions ensemble. C'était comme une conversation continue. Il n'y avait pas une grande différence, que nous soyons face à face ou au téléphone, ce qui me surprenait, parce que j'avais toujours pensé que rien ne pouvait remplacer le contact face à face. Je pense que cette sensation d'intimité aussi grande au téléphone que lors d'une rencontre réelle s'explique par l'effet cumulatif des conversations antérieures, si elles sont assez fréquentes. Il n'y a plus alors beaucoup de nouvelles à échanger, et la conversation peut être un échange de pensées profondes et de sentiments.

Tout comme le protagoniste de l'histoire précédente, j'ai eu moi aussi l'insigne avantage d'avoir une épouse très compréhensive, généreuse, toujours prête à m'aider. Ma femme, Sandra, ne voit pas la vie comme un morceau de tarte aux dimensions finies, avec un temps limité, et où le temps passé avec ma mère serait du temps passé loin d'elle. Elle comprenait que le temps passé avec ma mère accroîtrait en fait la profondeur de notre propre relation.

À la disparition de ma mère, nous avons mis sur sa pierre tombale une ligne du 29e sonnet de Shakespeare : « *For thy sweet love remembered, such wealth brings…* » (Car le souvenir de ton tendre amour apporte une telle richesse…) Bien que les sonnets soient l'un des plus grands trésors de la langue anglaise, ils n'ont été traduits pour la première fois qu'en 1856, par Ernest Lafond. Voici sa version du 29e sonnet, que je vous engage à lire en laissant votre imagination bondir au rythme de chaque vers :

« *Lorsque disgrâcié du ciel et de la terre,*
Je me vois ici-bas comme un lépreux jeté,
Je maudis le destin, et ma voix solitaire ;
Pousse un cri de douleur qui n'est pas écouté.
Mécontent de la part dont le ciel m'a doté,
Au ciel ainsi j'irai porter mon chant sonore ;
Car ta tendre amitié rend mon destin plus doux,
Et de celui des rois je ne suis plus jaloux.
Mais, quand je pense à toi, mon cœur redevient pur,
Et comme l'alouette, au lever de l'aurore,
Quitte l'humble sillon pour se baigner d'azur...
Au ciel ainsi j'irai porter mon chant sonore ;
Car ta tendre amitié rend mon destin plus doux,
Et de celui des rois je ne suis plus jaloux. »

La famille est peut-être l'une des meilleures approches pour trouver l'équilibre dans la vie. La première forme de progrès personnel – et la plus exigeante – a lieu dans le cadre familial et représente sa plus grande contribution à la société.

Comme l'a dit un sage penseur, je crois que le travail le plus important que vous puissiez faire s'exécute à l'intérieur des murs de votre propre demeure. Voici ce qu'enseignait David O. McKay : « Aucune autre réussite ne peut compenser un échec chez soi[12]. »

Mes convictions sur l'importance de la famille sont si profondes qu'elles m'ont amené, il y a quelques années, à écrire le livre *Les 7 Habitudes des familles hautement efficaces.*

Le rôle de parent est la plus importante responsabilité de *leadership* dans la vie, et il procure les plus hauts niveaux de bonheur et de joie. Et lorsque le rôle de parent n'est pas inspiré par un *leadership* authentique – c'est-à-dire basé sur la vision, la discipline, la passion et la conscience –, il peut être une source de regret et de déception.

Il est stupéfiant de constater que des ajustements mineurs dans une vie – dès lors qu'ils découlent de la vision, de la discipline, de la passion et de la conscience – puissent avoir des conséquences aussi considérables.

Le test ultime et le meilleur du *leadership* consiste à instiller dans sa famille, en tant que parent, le sens de la vision et des possibilités, et par la discipline et le sacrifice, à faire vivre cette vision, en surmontant les moments difficiles grâce à une passion, un dynamisme et un engagement subordonnés à la conscience. Si cette vision ne consistait qu'à transmettre cette culture familiale de génération en génération, elle suffirait à donner à la vie la plénitude et la joie, même si nous n'accomplissions rien d'autre. Mais si nous échouons à cet égard, nos succès dans d'autres domaines n'offriront pas de compensation adéquate. Je me remémore souvent les mots poignants de John Greenleaf Whittier : « De tous les mots tristes dits ou écrits, voici les plus tristes : cela aurait pu être ![13] » Mais quelqu'un d'autre nous a enseigné : « Il n'est jamais trop tard pour devenir ce que nous aurions pu être. »

Deuxième partie

INSPIREZ LES AUTRES POUR QU'ILS TROUVENT LEUR VOIX

Chapitre 6

Inspirer les autres pour qu'ils trouvent leur voix – le défi du leadership

> *Dans toute vie, à un certain moment, notre feu intérieur s'éteint. Il est ensuite rallumé par une rencontre avec un autre être humain.*
> *Ceux qui raniment l'esprit intérieur méritent notre profonde gratitude.*
>
> ALBERT SCHWEITZER

Lorsque j'étais un jeune homme, un leader a eu une profonde influence sur le reste de ma vie. J'avais décidé de faire une pause dans ma formation et de me consacrer à un service volontaire pendant une période assez longue. Je fus invité à me rendre en Angleterre. Seulement quatre mois et demi après mon arrivée, le président de l'organisation vint me voir et me dit : « J'ai une nouvelle affectation pour toi. Je veux que tu voyages à travers le pays pour former les leaders locaux. » J'étais sous le choc. *Qui étais-je* pour former des leaders qui avaient de deux à trois fois mon âge ? Conscient de mes doutes, il me regarda simplement droit dans les yeux et dit : « J'ai une grande confiance en toi. Tu peux le faire. Je te donnerai les matériaux qui t'aideront à te préparer à former ces leaders et qui faciliteront les échanges de meilleures pratiques entre eux. »

SA CONFIANCE, son aptitude à voir plus de choses en moi que je n'en voyais moi-même, sa décision de me confier une responsabilité qui me forcerait à utiliser mon potentiel, débloquèrent quelque chose en moi. J'acceptai la mission et m'y consacrai à fond. Elle me sollicitait physiquement, mentalement, émotionnellement, spirituellement. Elle me fit progresser. Je vis les autres progresser. Je perçus des schémas récurrents dans les principes de base du *leadership*. À mon retour aux États-Unis, je commençai à prendre conscience du travail auquel je voulais consacrer ma vie : libérer le potentiel humain. J'avais trouvé ma « voix ». Et c'était mon leader qui m'avait inspiré pour que je la trouve.

Je me suis rendu compte avec le temps que je n'étais pas le seul à avoir été traité par lui de cette manière. Son affirmation du potentiel des autres, son aptitude à nous unir par la vision d'un travail qui nous inspirait et nous motivait, sa façon de nous fournir des ressources pour développer nos possibilités, faire de nous de véritables leaders, des gestionnaires responsables, devinrent la norme dans toute l'organisation. Nous nous mîmes à conduire et à servir les autres de la même manière, avec des résultats remarquables.

Je me suis rendu compte depuis que les principes qui guidaient son *leadership* sont communs à tout excellent *leadership*, dans n'importe quelle organisation, quels que soient le niveau ou la position formelle de la personne concernée. Mon expérience d'enseignement, de conseil et de *leadership* dans des organisations commerciales, universitaires, bénévoles et religieuses – et plus spécialement dans ma propre famille – m'a appris que l'influence du *leadership* est subordonnée à des principes. Si vous les respectez, votre influence et votre autorité morale augmentent, et vous vous voyez souvent conférer une autorité formelle encore plus grande. Les paraboles bibliques illustrent le fait que plus vous utilisez et développez les dons ou les talents qui vous ont été accordés, plus vous recevez de dons et de talents. Mais s'ils sont ignorés ou enfouis, ne sont ni utilisés ni développés, les talents et les dons que vous avez reçus seront perdus et souvent accordés à d'autres.

DÉFINITION DU LEADERSHIP

En termes simples – au niveau le plus élémentaire et le plus pratique – *le* leadership, *c'est communiquer aux autres leur valeur et leur potentiel de manière si claire qu'ils puissent les voir en eux-mêmes.* Cette définition est l'essence du *leadership* qui influence et qui dure. Communiquer la valeur et le potentiel des autres si clairement, si puissamment et de manière si constante qu'ils les perçoivent eux-mêmes, leur permet de *voir*, *faire*, et *devenir*.

> Le *leadership*, c'est communiquer aux autres leur valeur et leur potentiel de manière si claire qu'ils puissent les voir en eux-mêmes.

N'est-ce pas aussi une façon de voir et de définir le rôle irremplaçable de *grand-parent* ? Ce rôle consiste en effet à communiquer de toutes les manières possibles la valeur et le potentiel de leurs enfants, petits-enfants et arrière-petits-enfants, de sorte qu'ils y croient et agissent en conséquence. Si cet état d'esprit imprégnait notre culture et notre société, elles seraient promises à un avenir magnifique.

Explorons maintenant ce qui représente peut-être – à côté des relations entre les humains – le moyen le plus courant et le plus constant de communiquer aux gens leur valeur et leur potentiel : l'*organisation*.

Définition de l'organisation

En abordant cette deuxième partie de *La 8e Habitude* – Inspirez les autres pour qu'ils trouvent leur voix –, nous entrons de plain-pied dans le domaine du *leadership*. Non du *leadership* en tant que position formelle, mais en tant que choix, qui consiste à traiter les gens de telle manière qu'ils perçoivent la valeur et le potentiel qui sont en eux. Voici quatre points qui précisent cette forme de *leadership* dans le cadre d'une *organisation* :

1. Au niveau le plus élémentaire, une organisation n'est rien d'autre qu'*une relation avec un but (sa voix)*. Ce but est la satisfaction des besoins d'une ou plusieurs personnes ou institutions. L'organisation la plus simple se composerait de deux personnes associées dans un même but, comme dans un simple partenariat d'entreprise ou un mariage.
2. Presque *tout le monde* appartient à une organisation d'un type ou d'un autre.
3. *La plus grande partie* du travail du monde est faite dans et par des organisations.
4. Le plus grand défi relatif aux organisations, y compris les familles, est de les aménager et de les faire fonctionner de

> telle sorte que chaque individu y perçoive sa valeur et son potentiel intrinsèques et consacre ses talents et sa passion – autrement dit sa voix – à l'accomplissement du but et des plus hautes priorités de l'organisation, dans le respect des principes essentiels. C'est ce que nous pourrions appeler le *défi du* leadership.

En bref, une organisation se compose d'individus qui ont une *relation* et un *but commun*. Comme vous pouvez le voir, cette définition de l'organisation s'applique à chacun de nous.

MANAGEMENT ET/OU LEADERSHIP

Des centaines de livres et des milliers d'articles ont été publiés sur le *leadership* dans les quelque dernières années. C'est en effet un sujet vital. Le *leadership* est à vrai dire l'art de *susciter la réussite*. Le but des écoles est de former des enfants, mais faute de *leadership* elles les forment mal. Le but de la médecine est d'aider les gens à guérir, mais un mauvais *leadership* produit une mauvaise médecine. Nous pourrions multiplier les exemples pour montrer que le *leadership* est le plus élevé de tous les arts, simplement parce qu'il permet aux autres arts et professions de marcher. Il en est notamment ainsi dans le cas d'une famille.

J'ai passé ma vie à étudier, enseigner et écrire tant sur le *leadership* que sur le management. Et à titre de préparation pour la rédaction de ce livre, j'ai fait préparer une revue des ouvrages sur la théorie du *leadership* au XXe siècle. Elle figure à la fin du livre, à l'annexe 2 : Revue des ouvrages sur la théorie du *leadership*.

Dans le cadre de ce travail, nous avons rassemblé les déclarations de plusieurs auteurs importants sur les différences entre le *leadership* et le management. En voici un petit échantillon (tableau 2). La collection complète figure à la fin du livre, à l'annexe 3 : Déclarations représentatives sur le *leadership* et le management.

Leadership	Management
« Les leaders sont des gens qui font les bonnes choses. »	« Les managers sont les gens qui font bien les choses. »
– WARREN BENNIS	
« Le leadership concerne l'adaptation au changement. »	« Le management concerne l'adaptation à la complexité. »
– JOHN KOTTER	
« Le leadership provoque une sensation de beauté dynamique, de mouvement. »	« Manager consiste à « traiter » les choses, maintenir l'ordre, maintenir l'organisation et garder le contrôle. »
– KOUZES ET POSNER	
« Les leaders s'occupent de ce que les choses veulent dire pour les gens. »	« Les managers s'occupent de la façon de faire les choses. »
– ABRAHAM ZALESNIK	
« Les leaders sont les architectes... »	« Les managers sont ceux qui construisent. »
– JOHN MARRIOT	
« Le leadership se concentre sur la création d'une vision commune...	« Le management est la conception du travail... il consiste à diriger... »
– GEORGE WEATHERSBY	

Tableau 2

Tous ces textes nous montrent qu'*aussi bien* le management *que* le *leadership* sont indispensables, et que l'un sans l'autre ne saurait suffire. À certains moments de ma vie, il m'est arrivé d'insister trop fortement sur le *leadership* et de négliger l'importance du management. Ce travers vient de ce qu'à mes yeux la plupart des organisations, y compris les familles, sont managées à l'excès et souffrent d'un manque de *leadership*. Ce décalage a été l'une des forces majeures qui m'ont motivé dans ma vie professionnelle et m'ont amené à me focaliser sur les principes du *leadership*. Cependant, j'ai pu aussi mesurer à mes dépens le rôle essentiel du management.

J'ai appris (douloureusement) que les choses sont insensibles au *leadership*. Et même, c'est après la cession du management de ma société à mon fils, Stephen, et à une équipe de gens dont les points forts compensaient mes faiblesses, qu'elle est vraiment devenue bénéficiaire. On ne peut influencer les stocks, le *cash-flow* et les coûts par le *leadership*. Il faut les manager. Pourquoi ? Parce que les choses ne sont pas libres de choisir. Seules les personnes le sont. Et donc vous *conduisez* les gens (vous leur insufflez leur pouvoir). Vous *managez et contrôlez* les choses. Voici une liste de choses qui ont besoin d'être managées (voir figure 6.1).

QUELLES CHOSES ONT-ELLES BESOIN D'ÊTRE MANAGÉES (CONTRÔLÉES) ?

CHOSES SANS LIBERTÉ DE CHOIX

Argent	Structures	Ressources physiques
Coûts	Systèmes	Bâtiments
Informations	Processus	Outillages
Temps	Stocks	

PARFOIS...

Des « personnes » choisissent d'être managées sous leur propre *leadership* (de nombreux professionnels et d'autres catégories d'actifs).

Figure 6.1

Des « personnes » choisissent d'être managées sous leur propre *leadership* (de nombreux professionnels et d'autres catégories d'actifs).

Cette revue de la littérature sur ces sujets m'a rappelé à quel point j'ai été influencé par beaucoup de ces grands esprits tout au long de ma carrière. Je leur dois beaucoup. Mon expérience et mon activité d'enseignant m'ont amené à conclure que la clé, pour comprendre les comportements au sein des organisations, n'est pas d'étudier ces comportements en eux-mêmes. La clé est d'étudier et de comprendre la *nature humaine*. Car, ayant compris les éléments fondamentaux de la nature humaine, vous possédez la clé pour déverrouiller le potentiel des individus et des organisations. C'est précisément pourquoi le paradigme de la personne entière – symbolisé par le corps, le mental, le cœur et l'esprit – est aussi utile à la compréhension tant des organisations que des individus. En réalité, il n'y a pas de comportement organisationnel. Il y a seulement un comportement *individuel* collectivisé au sein d'organisations.

« Et alors ? » pourriez-vous demander. Quel rapport y a-t-il entre toute cette théorie et les challenges auxquels je suis confronté jour après jour ? Pourquoi est-il nécessaire de comprendre les organisations pour mieux comprendre et résoudre mes problèmes ?

La réponse, presque évidente, est que les deux sont inextricablement liés. Nous vivons et nous travaillons tous dans une organisation ou une autre, y compris celle de la famille. Nous avons besoin du contexte pour nous comprendre nous-mêmes.

Comme je l'ai déjà mentionné, toutes les organisations, même les meilleures, sont confrontées à d'innombrables problèmes. J'ai travaillé avec des milliers d'entre elles. Même celles que j'admire le plus se débattent, dans une certaine mesure, parmi les difficultés. Et ce qui est intéressant, c'est que la plupart de ces problèmes sont à peu près les mêmes pour toutes. Certainement, des personnalités et des circonstances particulières sont reliées à ces problèmes. Mais si l'on va jusqu'au fond des choses, on s'aperçoit que la plupart des problèmes ont des racines communes. Selon Peter Drucker :

> Il y a bien sûr des différences entre le management de différentes organisations – les missions définissent la stratégie et la stratégie définit la structure. Mais les différences entre le management d'une chaîne de magasins de détail et celui d'un diocèse de l'Église catholique sont curieusement bien moins nombreuses que les gestionnaires de magasin ou les évêques ne pourraient le penser. Les différences résident davantage dans l'application que dans les principes. Les responsables de ces organisations passent par exemple à peu près la même proportion de leur temps sur des problèmes de personnes – et les problèmes de personnes sont presque toujours les mêmes.
>
> Que vous managiez une société de logiciels, un hôpital, une banque ou une organisation de boy-scouts, les différences portent sur environ 10 % de votre travail. Ces 10 % sont déterminés par la mission spécifique de l'organisation, sa culture spécifique, son histoire spécifique, et son vocabulaire spécifique. Le reste est à peu près interchangeable[1].

Mon but dans la deuxième partie : Inspirez les autres pour qu'ils trouvent leur voix, est de vous aider à découvrir comment, en vous donnant du mal pour surmonter vos propres défis et résoudre vos propres problèmes, vous pouvez fortement augmenter votre *propre* influence et l'influence de votre organisation – qu'il s'agisse de votre équipe, de votre service, d'une division ou d'une organisation entière, y compris votre famille.

Considérons tout d'abord la nature duale des problèmes auxquels nous avons affaire. Mais pour vous préparer à mesurer l'ampleur et la complexité des défis organisationnels, je voudrais faire deux citations. La première est la répétition d'une observation de Albert Einstein : « Les défis significatifs auxquels nous sommes confrontés ne peuvent être surmontés au même niveau de pensée que celui où nous étions quand nous les avons créés. » Ce livre vous a apporté un nouveau paradigme de la nature humaine – le paradigme de la personne entière – corps, mental, cœur et esprit. Vous avez appris qu'il contraste de manière éclatante avec le paradigme de l'âge industriel en cours actuellement, le paradigme de la maîtrise de la « chose ». Vous aurez besoin de cette vue de la « personne entière » pour comprendre et résoudre les problèmes auxquels vous êtes confronté dans votre organisation.

La seconde citation est de Oliver Wendell Holmes. Il a dit : « Je ne donnerais pas une guigne pour la simplicité au bord le plus proche de la complexité ; mais je donnerais mon bras droit pour la simplicité au bord opposé de la complexité. » Cela veut dire que nos défis les plus significatifs ne peuvent être résolus par des solutions immédiates et simplistes, des slogans ou des formules pour susciter l'entrain. Nous devons *mériter* une compréhension de la *nature* et de la racine des problèmes de l'organisation et, de même, mériter l'apprentissage des *principes* qui gouvernent les solutions, en incorporant à notre caractère le nouvel état d'esprit et le nouveau jeu de compétences qu'ils sous-entendent. Ce qui exige un effort important. Mais si vous persistez, vous bénéficierez d'une combinaison puissante, claire et *simple* de CONNAISSANCE, ATTITUDE, et COMPÉTENCES – les trois éléments de L'HABITUDE – grâce à laquelle vous serez à la hauteur des nouveaux défis du monde nouveau. Vous aurez développé la 8e habitude qui libère le potentiel humain.

DES MOUVEMENTS SISMIQUES MONDIAUX

Alors que nous cherchons à comprendre en profondeur le défi organisationnel, je vous invite à réfléchir à sept mouvements sismiques qui caractérisent le nouvel âge de l'ouvrier du savoir. Ces mouvements forment le contexte du lieu de travail d'aujourd'hui et de vos défis personnels.

– *La mondialisation des marchés et des technologies* : de nouvelles technologies transforment la plupart des marchés locaux, régionaux et nationaux en marchés mondiaux sans frontières.
– *L'émergence de la connectivité universelle* : dans le livre *Blown to Bits*, Evans et Wuster déclarent : « Les canaux de communication étroits, câblés et propriétaires, qui reliaient les gens et les sociétés entre elles, sont devenus obsolètes presque du jour au lendemain. Et avec eux, les structures d'entreprises elles-mêmes qui créaient ou exploitaient ces canaux sont devenues obsolètes. En somme, la colle qui a fait tenir traditionnellement ensemble toutes nos activités économiques fond rapidement à la chaleur de la connectivité universelle. Et cela va séparer le *flux* des informations du *flux* des choses pour la première fois dans l'histoire[2] ».
– *La démocratisation de l'information/des attentes* : personne ne manage l'Internet. C'est une révolution de proportions mondiales. Pour la première fois dans l'histoire, la voix pure de l'esprit humain s'exprime dans des millions de conversations non expurgées, non limitées par des frontières. L'information en temps réel suggère des attentes et une volonté sociale, laquelle finit par se traduire par une volonté politique ayant elle-même un impact sur chaque personne.
– *Une augmentation exponentielle de la concurrence* : l'Internet et les technologies satellitaires font de toute personne raccordée un concurrent potentiel. Les organisations doivent constamment développer de meilleures façons de rester compétitives face à des prix de main-d'œuvre plus bas, des coûts matériels inférieurs, des innovations plus rapides, une plus grande efficience et une qualité meilleure. Les forces de la libre entreprise et de la concurrence exigent un progrès de la qualité, une diminution des coûts, une augmentation de la rapidité et de la souplesse avec laquelle nous faisons ce que le client attend de nous. Plus personne ne peut se permettre de se mettre simplement au niveau de ses concurrents ou même de rechercher l'excellence ; nous devons viser la classe « mondiale ».

- *La création de richesse sous forme de capital intellectuel et social au lieu de capital financier* : la création de richesse s'est déplacée de l'argent aux personnes – du capital financier à la notion de capital humain (intellectuel et social), qui inclut toutes les dimensions. Plus des deux tiers de la valeur ajoutée aux produits d'aujourd'hui proviennent du travail du savoir ; il y a vingt ans, cette proportion était inférieure à un tiers.
- *Des agents libres* : les gens sont de mieux en mieux informés, de plus en plus conscients des différentes options dont ils disposent. Le marché de l'emploi évolue pour devenir un marché d'agents libres. Les ouvriers du savoir résisteront aux efforts du management pour les étiqueter, et ils sont de plus en plus déterminés à se vendre sous leur propre marque.
- *Le bouillonnement permanent* : nous vivons dans un environnement tourbillonnant, qui change constamment. Dans ces eaux bouillonnantes, chaque individu doit avoir quelque chose en lui pour guider ses décisions. Il doit comprendre indépendamment le but et les principes directeurs de l'équipe ou de l'organisation. Si vous essayez de le manager, il ne vous entendra même pas. Le bruit, le grondement, et l'urgence de tous les défis changeants qui l'entourent sont bien trop importants.

PROBLÈMES CHRONIQUES ET PROBLÈMES AIGUS

Deux sortes de problèmes existent dans les organisations comme dans les organismes vivants : les problèmes chroniques et les problèmes aigus. *Chronique* veut dire sous-jacent, causal, continu. *Aigu* veut dire douloureux, symptomatique, débilitant. Les organisations, comme les êtres vivants, peuvent souffrir de problèmes chroniques qui ne sont pas encore aigus. Le traitement d'un problème aigu peut aussi masquer la condition chronique sous-jacente.

Il y a quelques années, j'ai eu l'occasion de vivre une expérience passionnante qui illustre ce point. L'un de mes amis était chirurgien en chef d'un hôpital de Detroit, et spécialiste de médecine cardio-vasculaire. Je lui ai demandé si je pouvais passer une journée à observer des chirurgiens en train d'opérer. Cette expérience m'a paru extraordinaire. Au cours d'une opération effectuée par mon ami, il remplaça trois vaisseaux. Lorsqu'il eut fini, je demandai : « Pourquoi les as-tu *remplacés* ? Pourquoi ne les as-tu pas seulement nettoyés ? »

Il m'expliqua en langage pour profane : « Dans les premiers stades, on peut le faire, mais avec le temps, la plaque se développe jusqu'à finir par faire partie du contenu de la paroi elle-même. »

« Maintenant que tu as réparé ces trois endroits, demandai-je, cet homme est-il tiré d'affaire ? » Mon ami répondit : « Stephen, c'est chronique. Il y en a partout chez lui. » Il guida ma main gantée pour me faire sentir les vaisseaux. On pouvait sentir la friabilité du tissu durci par le cholestérol. « Mais attention, dit mon ami, cet homme est dans un exerciseur ; il a développé *un peu* de circulation supplémentaire pour fournir de l'oxygène aux muscles, mais il n'y a pas de circulation supplémentaire pour ces trois vaisseaux obstrués. Il pourrait toujours avoir une crise cardiaque en cas de formation d'un caillot. Il souffre d'une maladie cardiaque *chronique* étendue. »

Tous les états chroniques ne produisent pas de symptômes aigus. Avant l'apparition des premiers symptômes aigus, des maladies telles que le cancer peuvent se propager jusqu'à ce qu'il soit trop tard*. Le fait que vous ne pouvez voir de symptômes en surface ne veut pas dire qu'il n'y a pas de problème sous-jacent. Parfois les gens souffrent d'une crise cardiaque en soumettant brusquement leur corps à un effort – par exemple, en déblayant la neige après la première tempête hivernale. Ils ne se rendent pas compte qu'ils ont une anomalie cardiaque tant que l'effort n'a pas provoqué les symptômes aigus.

Il en va de même pour les organisations. Il peut y avoir des problèmes chroniques dans des organisations qui ne présentent pas de signes alarmants, parce qu'elles n'opèrent pas sur un marché difficile, mondial ; elles opèrent localement sur un marché protégé. Elles peuvent réussir financièrement – parfois être florissantes. Mais comme vous le savez, la réussite est toujours relative. Les problèmes des concurrents peuvent être pires. Alors pourquoi changer ?

PRÉDICTION DE QUATRE PROBLÈMES CHRONIQUES ET DE LEURS SYMPTÔMES AIGUS

La puissance d'un paradigme exact se manifeste dans son aptitude à expliquer et à prédire. Si donc ce paradigme de la personne entière appliqué à la nature humaine est exact, il doit vous fournir le moyen d'expliquer, de prédire et de diagnostiquer les problèmes les plus importants dans votre vie et dans votre organisation. Non seulement il doit vous aider à reconnaître les symptômes aigus les plus apparents, mais il doit aussi vous permettre de détecter les causes chroniques à la « racine » du mal. Vous pourrez ensuite utiliser le paradigme pour commencer à résoudre vos problèmes, à étendre votre influence pour créer une organisation ou une équipe où règne la confiance et qui brille par ses performances – capable de se *focaliser* sur ses tâches à plus haute priorité et de les *exécuter*.

C'est pourquoi vous continuerez de voir le même diagramme dans chaque partie du livre (voir figure 6.2). J'y ajoute simplement de nouveaux mots correspondant à une nouvelle application des quatre types de choix – corps, mental, cœur et esprit. En l'occurrence, vous pourrez voir que ce paradigme de la personne entière vous permet de voir à la fois les problèmes chroniques et les problèmes aigus qui surgissent quand une organisation néglige le mental, le corps, le cœur ou l'esprit de ses membres.

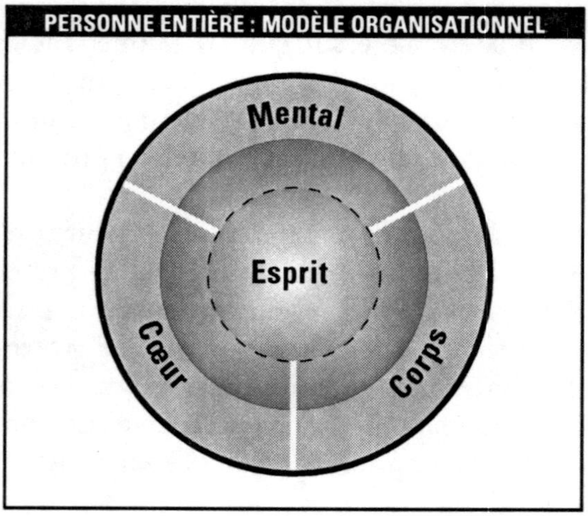

Figure 6.2

Vérifions-le dans le contexte d'une organisation. Le même raisonnement s'appliquerait à une équipe, une famille, un village ou toute autre relation. Essayez d'identifier spécifiquement le problème dans chaque cas avant de poursuivre la lecture.

Commençons par le centre du diagramme, avec l'*esprit*. Si l'esprit ou la conscience sont constamment négligés dans une organisation, quels problèmes apparaîtront ? Réfléchissez. Que se passe-t-il dans les relations quand des gens sont traités ou agissent de manière contraire à leur conscience ? L'effet ne sera-t-il pas une perte de la confiance ? Le *manque de confiance* est le premier problème chronique auquel sont confrontées toutes les organisations. Quelles sont ses manifestations aiguës ? Les organisations à faible niveau de confiance qui opèrent dans des conditions de marché difficiles manifestent à profusion des symptômes aigus, douloureux : médisance, querelles internes, lamentations, attitudes défensives, rétention d'informations, communications protectrices.

En *deuxième* lieu, quels problèmes chroniques apparaissent lorsque le mental ou la vision sont négligés dans une organisation ? La conséquence en est qu'il n'y a pas de *vision partagée ni de système de valeurs commun*. Dès lors, à quel comportement symptomatique pouvez-vous vous attendre ? Vous verrez des gens agir en fonction d'objectifs masqués, se livrer à des jeux politiques, et utiliser des critères différents dans la prise de décision. Vous verrez une culture ambiguë, chaotique.

Troisièmement, quels problèmes se manifestent en cas de négligence endémique de la discipline dans le *corps* de l'organisation (structures, procédures, processus) ? En d'autres termes, à quoi pouvez-vous vous attendre si les priorités de l'organisation ne sont pas soutenues par des procédures assurant l'exécution ? Vous observerez qu'il n'y a pas d'*alignement* prévu dans les structures, les procédures, les processus, la culture de l'organisation. Quand les managers disposent seulement de paradigmes incomplets de la nature humaine, ils conçoivent des procédures et des systèmes – pour la communication, le recrutement, la sélection, l'affectation, la reddition de comptes, les récompenses et les rémunérations, la promotion, la formation, les systèmes d'information – qui n'exploitent pas pleinement le potentiel des personnes. Ni les individus, ni les équipes, ni les services, ni l'organisation entière ne sont alignés en fonction d'une mission centrale, d'un ensemble de valeurs et d'une stratégie. Il en résulte un déphasage important par rapport au marché, aux clients et aux fournisseurs.

> *Toutes les organisations sont parfaitement alignées pour obtenir les résultats qu'elles obtiennent.*
> ARTHUR W. JONES

Cette absence d'alignement se manifeste de mille manières, et contribue à diminuer encore la confiance, entraînant des comportements politiciens et des rivalités entre services. Des règles remplacent alors le jugement humain, parce que les choses empirant, les managers éprouvent le besoin d'un contrôle plus étroit. La bureaucratie, les hiérarchies, les règles et les réglementations sont les *prothèses* remplaçant la confiance. Dans ce contexte, toute proposition de développement des gens ou du *leadership* est considérée comme *soft*, irréaliste, comme un coût, comme du gaspillage. Les personnes, comme les choses, deviennent une dépense, non un investissement. Le besoin de management et de contrôle devient de plus en plus évident, produisant l'état de codépendance déjà évoqué, incitant une vaste majorité à « attendre les instructions ». Ce qui constitue une preuve supplémentaire pour les dirigeants formels que rien ne peut bouger à défaut de carotte et de bâton, de motivation extérieure, de contrôle, voire faute d'une main de fer – la passivité justifiant davantage de motivation extérieure et de contrôle, le contrôle justifiant la passivité. Manager (contrôler) les gens ne peut en extraire le meilleur travail dont ils sont capables sous l'inspiration de leur véritable voix et de leur passion, et qui ne peut être que spontané.

Quatrièmement, que se passe-t-il quand vous négligez le *cœur* ? s'il n'y a pas de passion, de relation émotionnelle avec les objectifs ou le travail, pas d'enthousiasme ou d'engagement au sein de l'organisation ? Les personnes se trouvent alors *désemparées*, privées de leur pouvoir et de leur envie d'agir. Toute la culture n'est plus qu'une simagrée. Quels en sont les symptômes les plus aigus ? À votre avis ? Vous pouvez rencontrer des gens exerçant un autre métier en dehors de l'organisation, qui pensent à autre chose en travaillant. Mais aussi la colère, la crainte, l'ennui, l'apathie et l'obéissance malveillante.

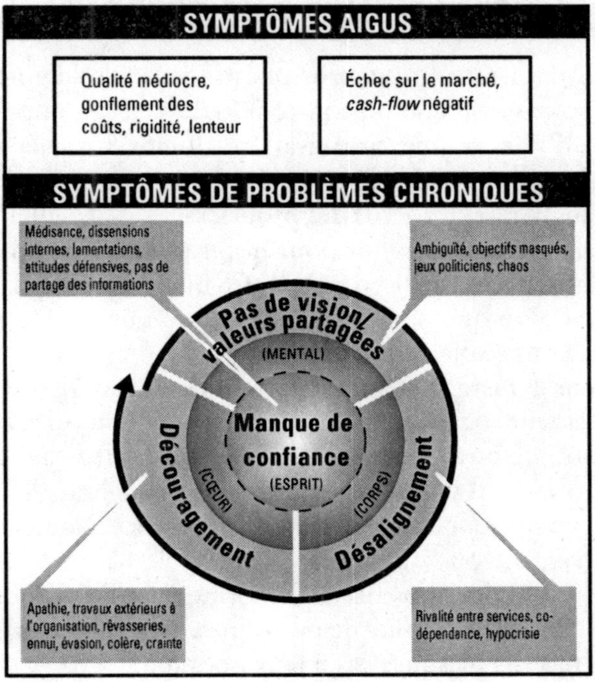

Figure 6.3

Voyez-vous le pouvoir d'explication et de prédiction de ce paradigme ? Négligez le corps, le mental, le cœur ou l'esprit, et vous serez confronté à quatre problèmes au sein de votre organisation – *manque de confiance, absence de vision partagée et de valeurs communes, désalignement* et *désemparement* – avec leurs symptômes les plus aigus (voir figure 6.3).

Le résultat composite de ces problèmes chroniques et de leurs manifestations est le douloureux échec sur le marché, un *cash-flow* négatif, une qualité médiocre, la rigidité, la lenteur, et beaucoup d'accusations des autres : une culture du reproche au lieu d'une culture de la responsabilité.

MISE EN PRATIQUE DU PARADIGME

Voyons maintenant le pouvoir explicatif de ce paradigme.

Je me souviens d'une rencontre initiale avec les plus hauts responsables d'une grande organisation, durant laquelle je leur ai demandé la définition de leur mission. La teneur en était : « Notre but est d'augmenter les actifs des propriétaires. » Je leur ai demandé s'ils mettaient cela sur le mur pour inspirer leurs employés et leurs clients. Ils sourirent tous et dirent : « Eh bien ! non, nous avons une autre déclaration que nous affichons sur le mur, mais c'est ce que nous cherchons réellement à faire. »

Bien que je fusse seulement en train de découvrir leur branche d'activité et leur société, je dis : « Laissez-moi vous dire à quoi ressemble votre culture d'entreprise. Vous êtes tiraillés par des forces contradictoires. S'il y a des syndicats dans votre branche d'activité, vous êtes empoisonnés par les conflits sociaux. Vous supervisez, vous vérifiez, et vous utilisez la carotte et le bâton pour que vos employés fassent leur travail. Une énorme quantité d'énergie négative est dépensée en conflits de personnes, en rivalités entre les services, en objectifs masqués et en jeux politiques. »

Surpris par mes talents de diseuse de bonne aventure, ils me demandèrent : « Comment pouvez-vous savoir tout cela ? Comment avez-vous pu nous décrire si exactement ? »

Je dis : « Je n'ai pas besoin de savoir beaucoup de choses sur votre activité ou sur vous. Tout ce que j'ai besoin de connaître, c'est la nature humaine. Votre objectif réel se concentre uniquement sur l'une des quatre parties de cette nature – le corps (l'économie) – et sur un seul groupe concerné – les propriétaires. Vous négligez complètement les trois autres parties – mental, cœur et esprit – et tous les autres groupes concernés. Vous ne pouvez pas faire cela sans conséquences graves. » Je poursuivis mes prédictions : « Quand cette réunion sera terminée, la moitié d'entre vous parlera de l'autre moitié. Il n'y a pas de confiance ici. La duplicité est évidente. » Ils étaient tristement stupéfaits de l'exactitude de ces observations, et pourtant leur organisation avait une réputation de « réussite ». La vérité est que vous ne pouvez jamais réussir auprès des actionnaires tant que vous ne réussissez pas d'abord sur le marché, et que vous ne pouvez jamais réussir sur le marché tant que vous ne réussissez pas d'abord sur le lieu de travail.

« Eh bien, que pouvons-nous faire pour changer ? » demandèrent-ils.

Je dis : « Vous devez travailler sérieusement sur toutes les quatre parties. Impliquez le mental de chacun pour que les gens chantent en utilisant la même partition. Vivez en respectant les principes universels du fair-play, de l'honnêteté, de l'intégrité et de la vérité pour mettre en place une chape de confiance sur laquelle vous pourrez installer cette partition. Utilisez des critères incarnés dans votre vision et vos valeurs pour guider toutes les décisions stratégiques, structurelles et opérationnelles. Vous devez créer les conditions de la confiance à la fois personnelle et organisationnelle avant d'obtenir la moindre libération de potentiel humain. » Je leur ai même suggéré de commencer par développer une définition de mission pour leur propre équipe de direction.

Ils me demandèrent combien de temps cela prendrait.

Je dis : « Avez-vous très mal ? »

Ils dirent : « Pas vraiment. »

Je répondis : « Alors vous ne pourrez probablement pas le faire. Il n'y a pas assez de souffrance, de force des circonstances, d'humilité. » Je leur suggérai d'oublier tout le projet.

Ils dirent : « Oui, mais nous entendons de bonnes choses sur ce qui est arrivé à d'autres endroits où vous avez travaillé. Nous sentons aussi que, comme le marché évolue, et comme la concurrence va devenir féroce, nous allons avoir de sérieuses batailles à l'horizon. Nous avons probablement besoin d'aide. Nous voulons faire des changements. »

Je leur suggérai que s'ils étaient vraiment sincères et désiraient franchement travailler ensemble, ils pourraient faire ces changements, mais qu'ils prendraient deux ou trois ans ou plus.

L'un d'eux fit la remarque : « Vous ne savez pas à quel point nous sommes efficaces et rapides. » Au sujet de l'idée de produire une déclaration de mission améliorée, il poursuivit : « Nous allons accoucher du bébé dès ce week-end. » En d'autres termes, il pensait qu'ils pourraient se réunir en dehors de la société pour une sorte d'atelier de la vision et développer une déclaration de mission contenant des termes exaltants qui plairaient davantage aux gens.

Peu à peu, ces responsables vinrent à admettre que les idées à court terme et les techniques de raccourci ne produiraient jamais les résultats à long terme qu'ils désiraient. Lentement, ils s'attaquèrent aux questions chroniques sous-jacentes, en commençant par eux-mêmes, et finirent par éprouver un grand respect pour les quatre éléments de la nature humaine. Ils finirent par voir que le *leadership* est l'affaire de tous, et que chaque personne devait adopter une approche allant de l'intérieur vers l'extérieur.

L'organisation se renforça au niveau de ses racines. Il fallut trois à quatre ans. En fin de compte, elle disposait d'une telle force, d'un tel degré de galvanisation des bonnes volontés qu'elle réussit à résister à une nouvelle et vigoureuse concurrence, et à maintenir sa réussite sur le marché. Plusieurs des principaux responsables ont quitté l'organisation depuis pour des postes de PDG ailleurs, mais la culture de la société était devenue si solide et sa vitalité si grande qu'elle a continué de grandir tout en restant très profitable.

LA RÉPONSE DE L'ÂGE INDUSTRIEL

Voyons ce que serait la réponse de l'âge industriel aux quatre problèmes chroniques.

Si la *confiance* manque et s'il n'y a pas d'autorité morale, le patron est au centre – le leader est celui qui s'y connaît le mieux et qui prend toutes les décisions – « C'est comme je dis ou la porte. »

En l'absence de vision et de valeurs communes, on établit des règles. « Ne t'occupe de rien d'autre que de ton travail. Fais ce que je dis, suis les règles et laisse-moi le soin de penser. »

Le *désalignement* ? Il suffit de rendre les choses plus efficaces – les machines, les politiques, les gens, tout. L'*efficacité* prime tout.

Le *découragement* ? Il suffit de conserver le *contrôle*. On ne peut pas faire confiance aux gens. La seule manière d'en tirer quelque chose est d'utiliser la carotte et le bâton – faire miroiter la carotte pour les motiver (récompense) en cas de performances, et de maintenir une saine crainte du châtiment avec le bâton (punition ou perte d'emploi) en cas de non-performance (voir figure 6.4).

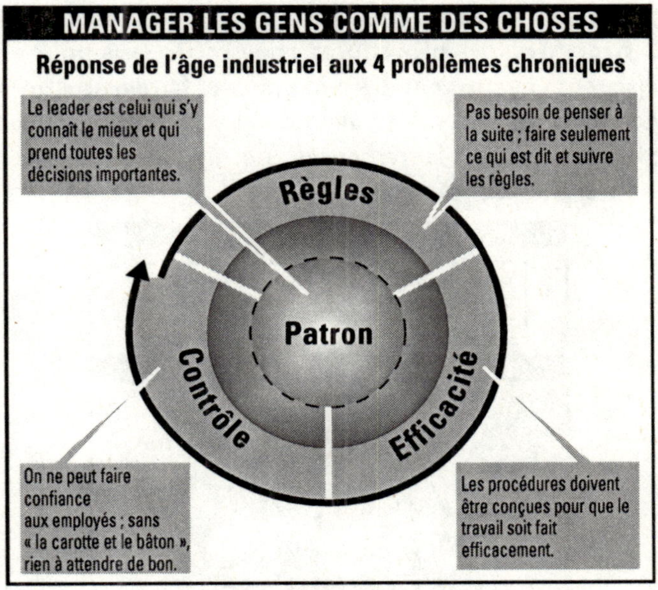

Figure 6.4

LA SOLUTION DU LEADERSHIP DANS LES ORGANISATIONS

La décision d'inspirer les autres pour qu'ils trouvent leur voix, vous conduit directement au sein des quatre problèmes chroniques des organisations qui suivent actuellement le modèle de contrôle de l'âge industriel.

Tous ceux parmi nous qui ont trouvé leur voix ont le pouvoir de réécrire le logiciel pernicieux de l'âge industriel « patron, règles, efficacité, contrôle » dans leur organisation. Ce processus d'inspiration comporte *quatre rôles* qui deviennent un antidote aux quatre problèmes organisationnels (voir figure 6.6). Ce sont les manifestations positives du corps, du cœur, du mental et de l'esprit dans une organisation, tandis que les quatre problèmes chroniques sont les manifestations négatives d'une ignorance de ces quatre éléments. En pratique, comment résout-on ces quatre problèmes ? En cas de manque de confiance, il faut établir un *modèle* de climat de confiance. En l'absence de vision commune et de valeurs partagées, nous nous concentrons sur la *recherche du chemin* pour construire une vision commune et un jeu de valeurs communes. En cas de désalignement, nous nous concentrons sur l'*alignement* des objectifs, des structures, des procédures et des processus pour encourager et susciter l'engagement des personnes et faire naître une culture au service de la vision et des valeurs. S'il y a *découragement*, nous nous concentrons sur la *responsabilisation* des individus et des équipes au niveau du projet ou du job.

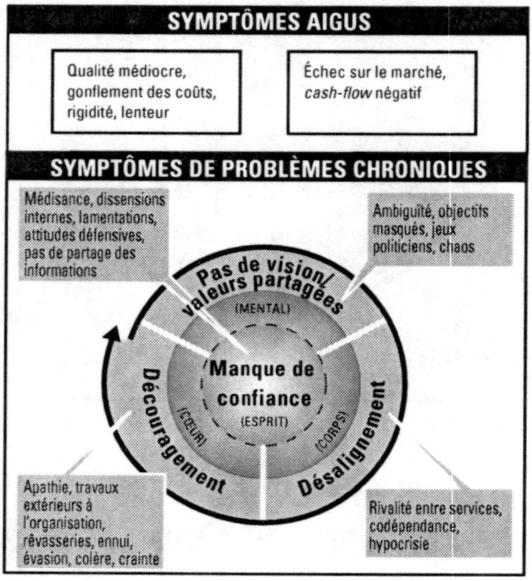

Figure 6.5

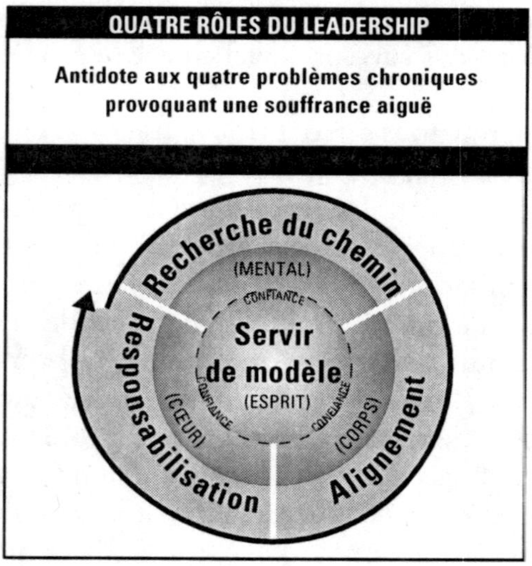

Figure 6.6

J'appelle ces rôles les *4 rôles du* leadership – non du *leadership* en tant que position, mais du *leadership* en tant qu'intention proactive d'affirmer le potentiel de ceux qui nous entourent et de les unir en une équipe complémentaire pour augmenter l'influence de l'organisation et promouvoir les causes importantes auxquelles elle est dédiée. Dans une équipe complémentaire, les forces individuelles (les voix) deviennent productives et les faiblesses individuelles sont sans importance, car compensées par les points forts des autres.

Les 4 rôles du *leadership* sont simplement quatre qualités du *leadership* personnel – vision, discipline, passion et conscience – *omniprésentes* dans une organisation (voir figure 6.7) :

– *Modèle* (conscience) : donner le bon exemple.
– *Recherche du chemin* (vision) : déterminer ensemble le cap à suivre.

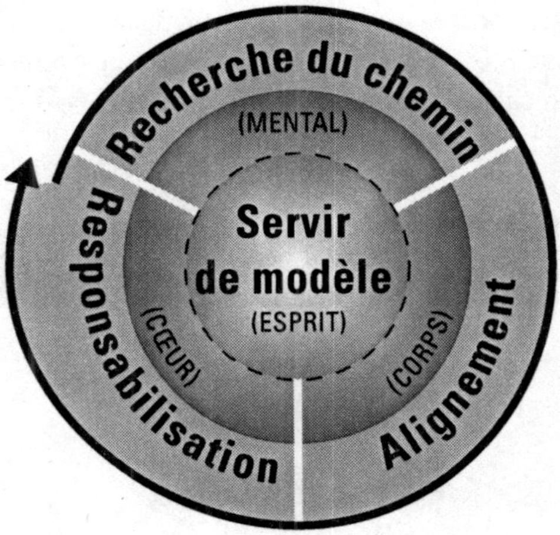

Figure 6.7

– *Alignement* (discipline) : mettre en place et gérer des procédures pour garder le cap.
– *Responsabilisation* (passion) : concentrer les talents sur les résultats, non sur les méthodes, puis laisser les gens agir en fournissant de l'aide quand ils en demandent.

Ceux qui dans une organisation occupent des positions formelles d'autorité peuvent voir dans ces quatre rôles une manière difficile mais naturelle d'exercer leurs responsabilités. Mais les voir comme des rôles *uniquement* pour les principaux dirigeants ne ferait que perpétuer l'état d'esprit de codépendance qui affirme : « toutes les pensées et décisions importantes sont le fait du patron ». Ces quatre rôles sont pour tout le monde, indépendamment de la position. Ce sont simplement des moyens pour augmenter votre influence et celle de votre équipe et de votre organisation.

Mes collègues de FranklinCovey et moi-même avons enseigné le modèle des 4 rôles du *leadership* depuis 1995, mais de nombreux autres experts dans le domaine du *leadership* sont arrivés indépendamment à des modèles fondés sur les mêmes principes. Par exemple, dans leur livre très éclairant *Results-Based Leadership* (1999), les auteurs Dave Ulrich (université du Michigan), Jack Zenger et Norm Smallwood ont développé, après des années de recherches, d'observations et de consultations, un modèle de *leadership* à quatre boîtes presque identique au modèle des quatre rôles (voir figure 6.8[3]). La principale différence consiste dans l'utilisation de mots différents, mais vous pouvez voir que le sens est essentiellement le même.

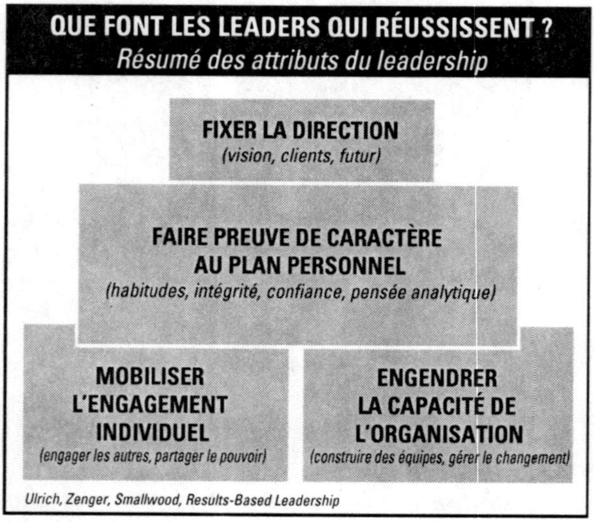

Figure 6.8

Une autre validation de ce modèle de *leadership* se trouve dans une enquête conduite pendant cinq ans par Nitin Nohria, William Joyce et Bruce Robertson (voir « What Really Works », *Harvard Business Review*, juillet 2003). Dans ce qu'ils appellent le projet Evergreen, ils ont « examiné plus de 200 pratiques de management bien établies, telles qu'elles ont été utilisées sur une période de dix ans par 160 sociétés ». Cette enquête leur a permis de distiller les pratiques de management produisant véritablement des résultats supérieurs. Leur conclusion convaincante est que, sans exception, les sociétés qui ont fait mieux que leurs pairs dans leur branche d'activité excellaient dans *quatre pratiques essentielles de management* :

1. **Stratégie** – Concevoir et faire évoluer une stratégie clairement énoncée, focalisée.
2. **Exécution** – Développer et faire évoluer une exécution opérationnelle sans faille.
3. **Culture** – Développer et faire évoluer une culture orientée vers la performance.
4. **Structure** – Construire et faire évoluer une organisation rapide, souple et plate (voir figure 6.9).

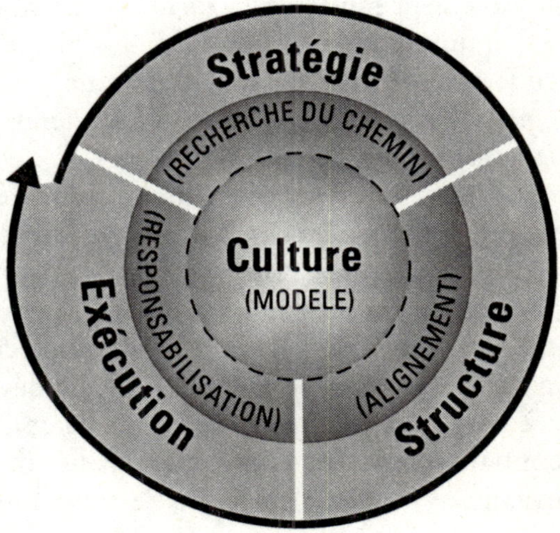

Figure 6.9

Le projet Evergreen a également conclu que ces sociétés avaient *adopté deux pratiques secondaires parmi quatre* – talent, innovation, *leadership*, et fusions et acquisitions. Mais pensez aux quatre pratiques *essentielles* de management qu'il a identifiées. Ces pratiques qui ont permis aux sociétés de dépasser de façon spectaculaire les performances de leurs concurrents ne sont-elles pas une autre façon de décrire les 4 rôles du *leadership* ? Ici encore, des mots différents pour les mêmes principes sous-jacents.

IMPORTANCE DE LA SÉQUENCE : MÉTAPHORE SPORTIVE

Ces quatre rôles sont aussi hautement interdépendants. En un sens, ils sont *séquentiels*. Mais dans un autre sens, ils sont *simultanés*. Les deux sens sont corrects. Les rôles sont séquentiels parce que vous devez avoir confiance dans des personnes dignes de confiance, avant de pouvoir passer aux autres rôles qui vont libérer le potentiel humain. Ils sont simultanés, car lorsque la culture basée sur ce *leadership* est en place, il faut accorder une attention constante aux quatre processus, aux quatre rôles.

On peut illustrer l'importance de la séquence par une comparaison avec la pratique professionnelle d'un sport, où, comme dans le monde des affaires, la concurrence est intense. Quand un joueur se présente à l'entraînement sans être en forme – en manque de force *musculaire* et d'endurance cardio-vasculaire –, il est simplement incapable d'acquérir les compétences voulues. Et s'il ne peut acquérir les *compétences*, il n'y a pas d'espoir qu'il devienne un membre utile de l'*équipe*, un système conçu pour gagner.

En d'autres termes, le développement musculaire précède le développement des compétences, et le développement des compétences précède celui de l'équipe et du système. Le corps est un système naturel gouverné par des lois naturelles. Cette métaphore sportive est une image qui s'applique merveilleusement à l'extension des capacités et à la découverte de la voix. Le développement personnel précède la construction de relations de confiance, et les relations de confiance sont une condition absolue du développement d'une organisation caractérisée par le travail en équipe, la coopération et la contribution à une communauté plus vaste.

Par exemple, supposons qu'une personne soit incapable de tenir seulement les promesses qu'elle se fait à elle-même – sa vie est inconsistante, fragmentée, sujette aux humeurs. Y a-t-il pour elle une possibilité de développer des relations saines, confiantes ? La réponse est évidente. Et en l'absence de relations confiantes avec les autres, pourra-t-elle jeter les bases d'une famille, d'une équipe ou d'une organisation susceptibles de contributions importantes ? Ici encore, la réponse est évidente : non.

De même qu'un enfant ne peut courir avant de savoir marcher ou marcher avant de pouvoir se déplacer à quatre pattes, de même que vous ne pouvez pas faire de calcul intégral avant de connaître l'algèbre, et que vous ne pouvez faire d'algèbre avant de comprendre l'arithmétique de base, certaines choses viennent nécessairement avant d'autres. Une fois que vous aurez compris l'importance de cette séquence, vous verrez pourquoi, bien que les deux choses soient indépendantes, il est vital que vous payiez d'abord le prix de vous efforcer de trouver votre voix *personnellement* avant même de *tenter* de développer l'aptitude à construire des relations à haute confiance et à résoudre les problèmes de façon créative. Le travail synergétique des relations à haute confiance peut alors devenir le fondement d'une équipe ou d'une organisation d'individus qui coopèrent – qui sont en phase en ce qui concerne le but et les valeurs et qui acceptent de jouer leur rôle dans ce contexte. Par la suite et en dernier, les individus, les équipes et les organisations deviennent alors capables d'étendre leur influence et de servir les besoins de ceux auxquels ils sont redevables. Placer *le service au-dessus de soi-même* donne un sens à chacun des trois niveaux et nous conduit à l'*âge de la sagesse*, le cinquième âge de la civilisation.

Peut-être la meilleure façon d'illustrer l'importance phénoménale de cette séquence serait-elle de vous livrer à l'expérience que je propose fréquemment aux groupes auxquels je dispense mon enseignement. J'invite un homme qui paraît très fort et en bonne santé à venir devant les autres et faire vingt pompes en gardant le dos bien droit. S'il est vraiment fort et entraîné, il peut le faire facilement. Mais très peu en sont capables ; même ceux qui paraissent forts et en bonne santé ont du mal à aller au-delà de cinq ou six.

En utilisant cette analogie physique, je suggère que tant que les gens ne peuvent pas faire vingt pompes au niveau personnel, ils n'auront pas la force ou la liberté de faire les trente pompes émotionnelles requises par les défis et les exigences des relations. Et tant qu'ils ne peuvent pas faire les cinquante pompes, à la fois au niveau personnel et au niveau relationnel, il leur est impossible de construire une équipe et de produire une culture d'organisation à haute confiance, à haute performance.

En gardant cette séquence à l'esprit, nous passons maintenant du *développement du caractère* qu'implique la découverte de votre propre voix, au développement de compétences et au *développement d'équipes et de systèmes* nécessaires pour inspirer les autres à trouver leur voix dans des *organisations*.

FOCALISATION ET EXÉCUTION : UNE ESQUISSE DU RESTE DU LIVRE

Comme le montre le diagramme étendu qui suit (figure 6.10), les quatre rôles représentent également le chemin supérieur pour « Inspirer les autres afin qu'ils trouvent leur voix » et faire parvenir l'organisation au stade de la grandeur, tandis que les quatre problèmes chroniques des organisations représentent le chemin inférieur sur lequel les autres ne peuvent trouver leur voix, et qui aboutit à l'entrave de l'organisation et à la médiocrité.

Le processus consistant à inspirer les autres pour qu'ils trouvent leur voix pourrait être résumé en deux mots : FOCALISATION et EXÉCUTION. La *focalisation* représente les rôles de modèle et de recherche du chemin ; l'*exécution*, les rôles d'alignement et de responsabilisation. Dans le reste du livre, vous apprendrez à faire de l'inspiration des autres pour qu'ils trouvent leur voix une HABITUDE, en développant l'ATTITUDE, les COMPÉTENCES et la CONNAISSANCE inhérentes aux principes suivants.

FOCALISATION – Modèle et recherche du chemin

1. **La voix de l'influence.** *Être un modèle* implique de trouver votre propre voix (Première partie) puis de choisir l'ATTITUDE de l'initiative – d'être ce que j'ai appelé un *trim-tab* (petit volet placé sur un gouvernail pour provoquer le déplacement), ou de prendre des initiatives pour étendre votre influence à chaque occasion autour de vous (chapitre 7).
2. **La voix de la confiance méritée.** *Être un modèle* de caractère et de compétence est le fondement de la confiance dans

toute relation et dans toute organisation. La confiance doit être méritée. La CONNAISSANCE de ce principe et des principes sous-jacents aux rôles de recherche du chemin, d'alignement et de responsabilisation est la porte d'entrée de l'influence (chapitre 8).

3. **La voix et la vitesse de la confiance.** *Être un modèle* implique également de développer des COMPÉTENCES relationnelles qui établissent la confiance (chapitre 9) et qui associent les voix – créant des solutions tierces à vos défis et à vos divergences d'opinions avec les autres (chapitre 10).
4. **Une voix.** *La recherche du chemin* implique la création avec les autres d'une vision commune sur vos plus hautes priorités et sur les valeurs par lesquelles vous atteindrez les objectifs prioritaires (chapitre 11).

EXÉCUTION – Alignement et responsabilisation

5. **La voix de l'exécution.** *Alignement* des objectifs et des systèmes d'obtention des résultats (chapitre 12).
6. **La voix de la responsabilisation.** Libération de la passion et du talent, dégager le terrain devant ces deux éléments, puis leur laisser le champ libre (chapitre 13). *La responsabilisation* est ce qui met en marche une équipe ; c'est le fruit, la récompense des quatre rôles du *leadership*.

Chapitre 14 – La 8e habitude et le centre de la raquette vous montreront comment l'approche décrite dans ce livre suscite trois dimensions de *grandeur* – personnelle, du *leadership* et de l'organisation. Vous apprendrez comment elles se combinent et peuvent être traduites en *quatre disciplines d'exécution* qui peuvent mettre votre organisation en mesure d'atteindre des niveaux de performance de pointe à l'âge de l'ouvrier du savoir.

Chapitre 15 – « Utilisez votre voix pour servir les autres », rassemble tous les éléments en vous montrant comment la 8e habitude (trouver votre voix et inspirer les autres pour qu'ils trouvent la leur) nous conduira à l'âge suivant de la voix de l'humanité – l'âge de la sagesse. Cette partie finale est elle aussi conclue par une section de questions et réponses – les questions qui m'ont été le plus fréquemment posées, que j'ai traitées au fil des années, et qui sont en rapport avec les questions évoquées dans le livre.

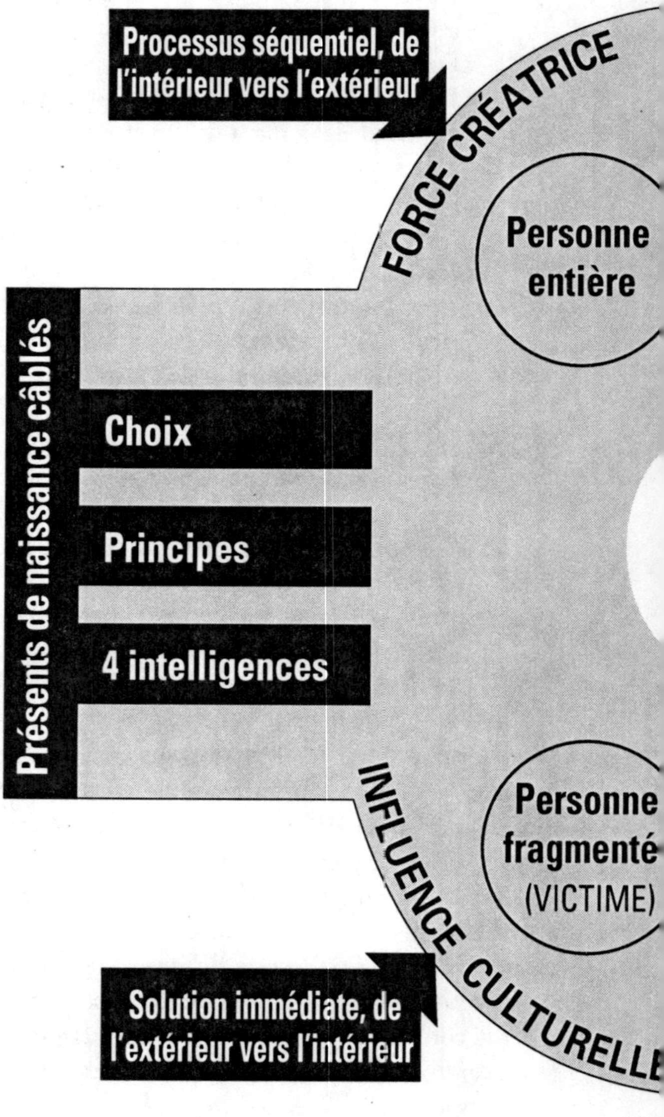
Processus séquentiel, de
l'intérieur vers l'extérieur
FORCE CRÉATRICE
Personne
entière
Présents de naissance câblés
Choix
Principes
4 intelligences
INFLUENCE CULTURELLE
Personne
fragmenté
(VICTIME)
Solution immédiate, de
l'extérieur vers l'intérieur

Figure 6.10

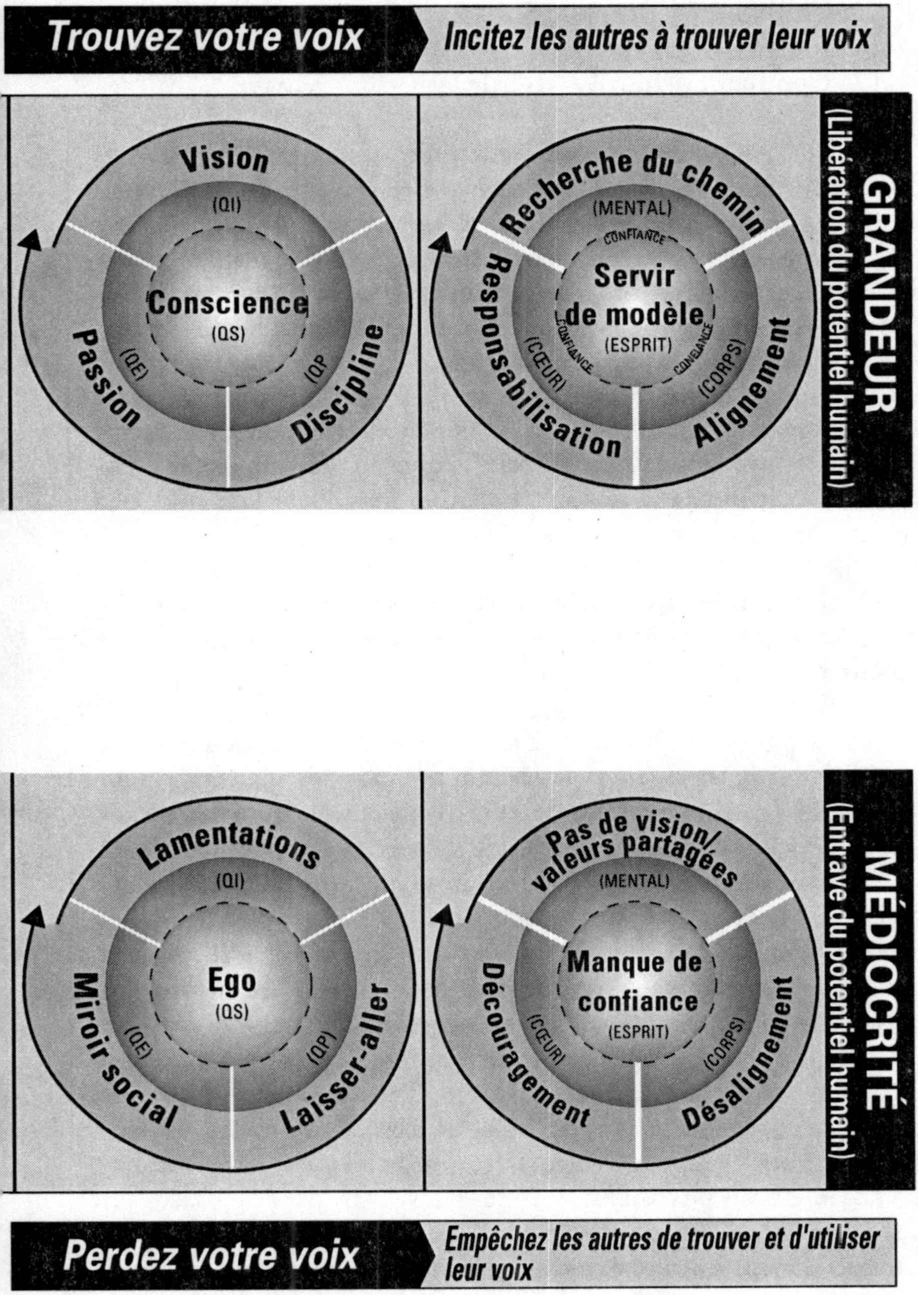
Trouvez votre voix
Incitez les autres à trouver leur voix
GRANDEUR
(Libération du potentiel humain)
Vision
(QI)
Conscience
(QS)
Passion
(QE)
Discipline
(QP
Recherche du chemin
(MENTAL)
CONFIANCE
Servir de modèle
(ESPRIT)
CONFIANCE
CONFIANCE
Responsabilisation
(CŒUR)
Alignement
(CORPS)
MÉDIOCRITÉ
(Entrave du potentiel humain)
Lamentations
(QI)
Ego
(QS)
Miroir social
(QE)
Laisser-aller
(QP)
Pas de vision/valeurs partagées
(MENTAL)
Manque de confiance
(ESPRIT)
Découragement
(CŒUR)
Désalignement
(CORPS)
Perdez votre voix
Empêchez les autres de trouver et d'utiliser leur voix

QUESTIONS ET RÉPONSES

Q : Comment définiriez-vous le *leadership* ?

R : Le *leadership* consiste à communiquer aux gens la notion de leur valeur et de leur potentiel de manière si claire qu'ils parviennent à les percevoir en eux-mêmes. Notez les mots *valeur* et *potentiel.* Les gens doivent éprouver un sens de leur valeur *intrinsèque*, indépendamment de toute comparaison avec les autres, et qu'ils sont dignes d'un amour inconditionnel, indépendamment de leur comportement ou de leurs performances. Quand ensuite vous leur communiquez leur potentiel et quand vous créez des occasions de le développer et de l'utiliser, vous construisez sur une fondation solide. Communiquer le potentiel des gens et leur donner un sens de valeur *extrinsèque* crée une fondation faussée, et leur potentiel ne sera jamais optimisé.

Q : Il y a tellement de livres sur le *leadership* aujourd'hui – qu'y a-t-il de vraiment unique dans votre texte et qui ajoute une valeur ?

R : Ce qui est unique dans ce texte sur le *leadership* et qui ajoute une valeur ? Je dirais cinq choses. En premier – le *développement séquentiel.* Je ne connais pas de livre qui se concentre sur la nécessité absolue du développement et de l'intégration personnels avant que la confiance ne puisse s'établir au niveau des relations, et qui insiste sur le fait que les deux sont nécessaires pour construire des organisations efficaces, durables, ainsi que des familles efficaces et durables. Deuxièmement – le livre a une approche de la *personne entière.* Je ne connais pas d'autre document qui traite des quatre intelligences, en donnant la primauté à l'intelligence spirituelle, ou conscience, pour guider les trois autres. Troisièmement – il est basé entièrement sur des *principes* qui sont éternels, universels et évidents, par opposition aux valeurs que toutes les personnes et toutes les organisations possèdent, mais qui peuvent ne pas être basées sur des principes. Comme vous le savez, les valeurs déterminent notre comportement, mais les principes déterminent les conséquences de notre comportement. Si vous prenez une extrémité du bâton, vous prenez aussi l'autre. Quatrièmement – il enseigne que le *leadership* issu d'un processus centré sur des principes peut devenir un choix (autorité morale) plutôt que de découler d'une position (autorité formelle) et que la clé du nouvel âge des ouvriers du savoir est de penser en termes de libération, non de contrôle ; en termes de transformation, non seulement de transaction. Autrement dit, vous managez des choses, mais vous conduisez des personnes. Cinquièmement – l'approche de la personne entière est « mise en évidence » pour une organisation, y compris une famille, en termes des *4 rôles du* leadership – être un modèle, rechercher le chemin, aligner et responsabiliser. Il s'agit d'un paradigme explicatif extraordinairement puissant qui peut servir à diagnostiquer pratiquement tous les problèmes ou défis, et à découvrir les étapes les plus hautement efficaces pour les surmonter.

Q : Le *leadership* peut-il être enseigné ?

R : Non, mais il peut être appris. La clé est l'utilisation de l'espace entre le stimulus, à savoir l'enseignement, et la réponse, à savoir l'apprentissage, et si les gens exercent leur liberté de choix pour acquérir les connaissances, les compétences et les traits de caractère associés au *leadership* (vision, discipline, passion et conscience), ils apprendront à être des leaders que d'autres seront heureux de suivre. À la vérité, les uns comme les autres sont des suiveurs de principes. En définitive, une bonne équipe de *leadership* est une équipe complémentaire dans laquelle les points forts des gens sont productifs, tandis que leurs faiblesses sont rendues inopérantes grâce aux points forts des autres.

Focalisation

SERVIR DE MODÈLE ET RECHERCHER LE CHEMIN

Chapitre 7

La voix de l'influence – Soyez un « trim-tab »

> *Nous devons devenir le changement que nous recherchons pour le monde.*
>
> GHANDI

Servir de modèle, voilà l'esprit et la substance de toute tentative de *leadership*. Il faut d'abord trouver votre voix – développer les quatre intelligences et exprimer votre voix par la vision, la discipline, la passion et la conscience. Donner l'exemple de ces caractéristiques de *leadership* personnel modifie les trois autres rôles en profondeur (figure 7.1).

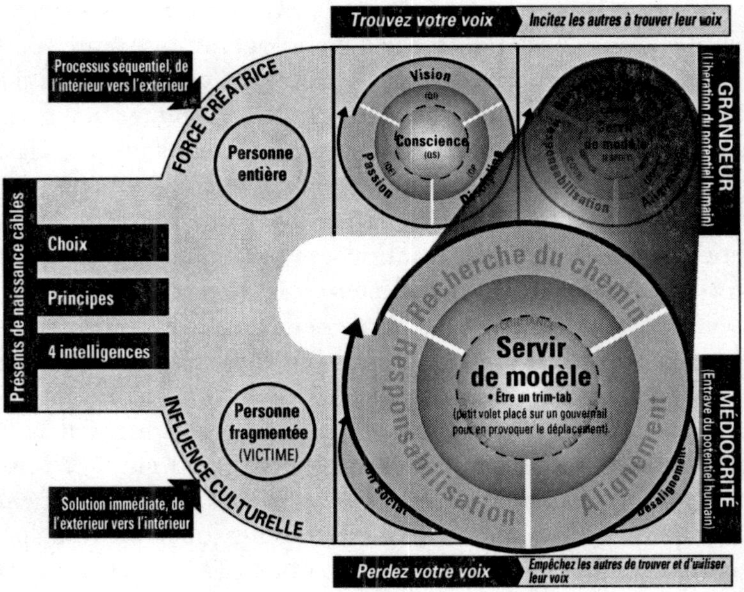

Figure 7.1

CE RÔLE d'exemple intervient principalement *pendant* la mise en œuvre des trois autres rôles. Il intervient aussi avant, et établit ainsi la confiance envers le leader. Mais le *leadership* ne devient effectif que lorsque les gens peuvent constater par eux-mêmes la façon dont une personne guidée par sa conscience donne l'exemple de la recherche du chemin, de l'alignement et de la responsabilisation. Ils se sentent alors respectés et appréciés. Pourquoi ? Parce que leurs opinions sont recherchées. Ce qu'ils suggèrent est respecté. La valeur de leur expérience particulière est reconnue. Ils sont authentiquement impliqués dans la recherche du chemin. Ce sont des participants. Ils n'entendent pas seulement parler de la déclaration de mission et du plan stratégique. Ils aident à les développer. Ils en sont copropriétaires. Ou si la déclaration de mission et le plan stratégique ont été développés précédemment, ils les adoptent, parce qu'ils en font le choix conscient avant de rejoindre l'organisation ou à cause de leur admiration pour le leader exemplaire.

Parfois l'*identification* mentale et émotionnelle est une force plus puissante que l'implication. On a pu l'observer chez les disciples d'un Gandhi, d'un Martin Luther King ou d'un Nelson Mandela. Peut-être que vous, vous-même, avez tellement admiré quelqu'un que vous en adoptez profondément la vision, même si vous n'avez pas été impliqué dans la création de cette vision. C'est l'identification. C'est une force psychologique puissante, parfois plus puissante que la participation effective. C'est notamment le cas pour la vision et la planification stratégique, davantage que pour les valeurs. Les visionnaires et les stratèges brillants sont une classe à part, et cela est souvent reconnu par la culture elle-même – mais seulement dans une ambiance de totale confiance. Au bout du compte, cependant, l'identification est basée sur une *implication* d'un type ou d'un autre, directement ou indirectement.

Servir de modèle n'est pas seulement le travail d'un seul individu ; c'est le travail d'une *équipe*. Une équipe de gens qui tirent partie des points forts de chaque individu et s'organisent pour rendre les faiblesses inopérantes représente une force dans une organisation. C'est pourquoi l'exemple doit être donné à la fois par un individu *et par une équipe complémentaire*. Chaque participant d'une équipe complémentaire y figure pour jouer un rôle spécial qui compense les faiblesses des autres, non pour les rechercher et en parler derrière leur dos. Le respect mutuel est un impératif moral.

L'ATTITUDE DE L'INFLUENCE

L'habitude de suivre notre désir de faire une différence, de compter, d'étendre notre influence sur les gens et les causes qui nous tiennent à cœur commence par un état d'esprit ou ATTITUDE, un choix – le choix d'utiliser la *voix de l'influence*.

Quand j'enseigne les préceptes présentés dans ce livre, j'aime être ouvert aux questions posées en privé ou par mon public tout au long de la journée. Inévitablement, quelqu'un lève la main et dit en substance : « Dr Covey, ces principes sont excellents. J'y crois. Comme j'ai envie de les suivre ! Mais vous n'avez pas idée de ce que c'est que de travailler dans une organisation comme la mienne. Si vous aviez un patron comme le mien, vous comprendriez qu'il n'y a aucun moyen par lequel je pourrais réaliser ce dont vous parlez. Que faire ? » Ces remarques correspondent à une façon de penser commune à beaucoup de gens. Ils ne voient que deux possibilités. « Mon patron est un type impossible et il ne changera jamais. Je peux soit démissionner (ce que je ne peux me permettre), soit faire de mon mieux et me résigner. »

Quand j'enseigne la manière dont ces principes s'appliquent au mariage et à la famille, des épouses viennent me voir et disent à peu près la même chose de leur mari, et des maris disent la même chose de leur femme : « Si vous saviez seulement comment est mon mari, vous comprendriez ce que je veux dire. Ça ne pourrait absolument pas marcher. » Ici encore, deux possibilités : partir ou tenir tant bien que mal le plus longtemps possible.

Comme il est facile de penser et de sentir : « Je suis une victime ; j'ai tout essayé ; il n'y a rien d'autre que je puisse faire ; je suis embourbé. » Ils sont frustrés et malheureux, mais ne voient aucune autre option.

Se poser en victime, c'est renoncer à son avenir.

Ma réponse leur paraît habituellement un peu choquante. À la manière dont certains ouvrent de grands yeux, je vois que leur première réaction est de se sentir offensés. Voici ce que je leur dis :

« Chaque fois que vous pensez que le problème est *à l'extérieur*, cette pensée elle-même est le problème. »

« Alors vous sous-entendez que c'est *mon* problème ? » répondent certains.

« Ce que j'essaie de dire c'est que chaque fois que vous enveloppez votre vie émotionnelle autour des faiblesses d'une autre personne, vous abandonnez votre liberté émotionnelle à cette autre personne et lui donnez la permission de continuer à démolir votre vie. » Votre passé tient votre avenir en otage.

C'est à l'évidence un problème de relations, mais tant que les gens n'ont pas trouvé leur propre voix, il n'y a aucune chance qu'ils puissent avoir la maturité, la sécurité intérieure ou la force de caractère pour appliquer une solution centrée sur des principes à leur rapport avec le patron « impossible ». Ou il se pourrait qu'ils aient la force intérieure mais n'aient pas encore développé les aptitudes que procurent la patience et une pratique continue.

La poursuite de cette discussion leur ouvre les yeux d'une manière qui n'est pas toujours appréciée, mais finalement nous en arrivons au point où ils admettent qu'ils ne sont pas une victime – qu'ils peuvent choisir leur réponse au comportement de l'autre personne. La société fabrique et renforce l'état d'esprit consistant à se poser en victime et à critiquer. Mais vous et moi avons le pouvoir d'utiliser nos dons de naissance pour devenir la force créatrice de nos propres vies et de choisir une approche qui augmentera notre influence dans une organisation. Nous pouvons devenir le leader de notre propre patron.

LA PHILOSOPHIE GRECQUE DE L'INFLUENCE

La philosophie grecque de l'influence appelée ethos, pathos, logos, résume parfaitement le processus par lequel vous pouvez accroître votre influence (voir figure 7.2).

Ethos se réfère à votre nature morale, votre crédibilité personnelle, le degré de confiance qu'ont les autres dans votre intégrité et vos compétences. Lorsque des gens font régulièrement, d'une manière conforme à des principes, les choses auxquelles ils se sont engagés et ce qu'on attend d'eux, ils possèdent l'ethos. *QS*.

Pathos est l'empathie – l'aptitude à comprendre ce que ressent une autre personne, ce que sont ses besoins, la manière dont elle voit les choses, et ce qu'elle essaie de communiquer – et cette personne s'en rend compte. *QE*.

Logos est la logique – se réfère au fonctionnement de votre pensée, et est en relation avec votre force de persuasion. *QI*.

Figure 7.2

L'ordre a bien sûr une très grande importance. Passer au *logos* avant que les gens ne se sentent compris est futile ; tenter d'établir la compréhension quand vos interlocuteurs doutent de votre caractère est tout aussi futile.

Je me souviens d'avoir eu affaire à un « groupe des vingt » – un groupe de vingt agents généraux d'assurances qui se réunissent chaque trimestre en un forum de formation pour échanger des idées. J'ai été à leur disposition pendant deux ans comme ressource de formation. Un certain mois de janvier, ils se plaignaient tous de la médiocrité du programme de formation et de développement de leur société. Et la goutte d'eau qui avait fait déborder le vase était une grande cérémonie internationale de remise de prix qui s'était déroulée à Hawaï, où une partie du temps avait été consacrée à la formation. Cette formation ne prévoyait aucun échange d'idées ni aucun apprentissage des uns par l'expérience des autres. Au mieux, l'opération n'avait été qu'une sorte de spectacle « laser », coûteux et grandiose. Ils disaient qu'elle était typique des formations qu'ils recevaient, lesquelles ne laissaient pas de traces et s'avéraient inutiles.

Je leur ai demandé pourquoi ils ne changeaient pas ces formations. Ils répondirent : « Eh bien, ce n'est pas notre rôle ; nous n'en sommes pas chargés. » Je leur ai dit qu'ils se défilaient, qu'ils pouvaient changer le programme de formation s'ils y tenaient. Ils faisaient partie des meilleurs agents généraux de toute la société et disposaient d'une énorme crédibilité, ou *ethos*. Ils pouvaient rencontrer toute personne de leur choix dans la société. Je les ai encouragés à faire une présentation aux décideurs en prenant soin de commencer par décrire le point de vue des décideurs (*pathos*) aussi bien et si possible mieux qu'ils n'auraient pu le faire eux-mêmes – en y incluant leurs objections présumées à des modifications éventuelles du programme de formation et des célébrations annuelles si parfaitement orchestrées. L'objectif serait de décrire ces préoccupations jusqu'à ce que les responsables se sentent si bien compris qu'ils seraient alors ouverts au *logos*, ou à la logique, des recommandations des agents.

Ils envoyèrent donc deux représentants pour voir non seulement le PDG, mais aussi la personne responsable de la formation et du développement. Ils consacrèrent tout le temps nécessaire pour décrire l'approche de la société et ses motivations, ainsi que les obstacles d'ordre économique, politique et culturel à d'éventuels changements. Ils poursuivirent cette description jusqu'à ce qu'il soit évident que les décideurs se sentaient vraiment compris. Ils étaient dès lors ouverts à l'influence (la clé de l'influence est toujours d'être soi-même influencé en premier, c'est-à-dire d'être en premier ouvert et de chercher à comprendre). Ils sollicitèrent les recommandations des deux agents généraux, qui présentèrent non seulement leurs recommandations, mais aussi un plan d'action prenant en compte toutes les réalités économiques, politiques et culturelles décrites précédemment.

Les décideurs furent complètement retournés. Bien que les recommandations aient prévu de commencer par la conception d'un programme pilote, ils en firent immédiatement un programme applicable à toute la société.

Lors du meeting du trimestre suivant, ils m'ont raconté ce qui s'était passé. Je leur ai dit : « Maintenant, à quoi voulez-vous vous attaquer – quelle autre chose stupide y a-t-il dans la société et que vous voudriez voir changer ? » Les participants du groupe étaient littéralement stupéfaits de la façon dont ils s'étaient responsabilisés – de voir à quel point leur initiative, leur courage et leur empathie s'étaient avérés payants. Ils ont dès lors cessé de gémir, de se plaindre et de murmurer, et se sont mis à prendre de plus en plus de responsabilités. Tout en continuant de labourer chacun leur petit champ, ils ont embrassé du regard des champs plus vastes et vu les choses dans un contexte plus étendu. Ils percevaient désormais les plus hauts responsables comme des êtres humains aux prises avec des difficultés exactement comme eux, qui avaient besoin de modèles plutôt que de critiques, de sources de lumière plutôt que de sources de jugement.

Cette histoire illustre clairement l'approche de l'intérieur vers l'extérieur et en montre la puissance. Rappelez-vous que chaque fois que vous pensez que le problème est extérieur à vous, *cette pensée elle-même* est le problème.

Vous pouvez maintenant voir comment, en faisant montre d'initiative et d'empathie, en développant l'*éthos*, en vous focalisant et en travaillant sur les choses qu'il est en votre pouvoir d'influencer, vous pouvez devenir un catalyseur du changement dans n'importe quelle situation. Ce faisant, vous devenez littéralement le leader de votre patron. Votre patron peut avoir l'autorité formelle, mais vous avez alors l'autorité morale et le pouvoir d'influencer.

UN TRIM-TAB

J'ai entendu dire que ce bousculeur incroyable de paradigmes, Buckminster Fuller, fit placer cette épitaphe sur sa pierre tombale : « *Just A* trim-tab » (Seulement un *trim-tab*). Un *trim-tab*, sur un bateau, est un petit volet adjoint au gouvernail, et dont on change l'orientation pour provoquer le déplacement du gouvernail, et ainsi faire virer le bateau (voir figure 7.3). Ce groupe de vingt était un *trim-tab* ; Gandhi était un *trim-tab*.

Figure 7.3

Je pense qu'il y a de nombreux *trim-tabs* en puissance dans chaque organisation – entreprises, administrations, écoles, familles, organisations à but non lucratif – qui peuvent être des leaders et étendre leur influence, quelle que soit leur position officielle. Ils peuvent bouger eux-mêmes et faire bouger leur équipe et leur service d'une manière qui met en mouvement l'organisation entière. Le leader *trim-tab* prend l'*initiative* à l'intérieur de son propre cercle d'influence (voir figure 7.4), quelle qu'en soit l'exiguïté initiale.

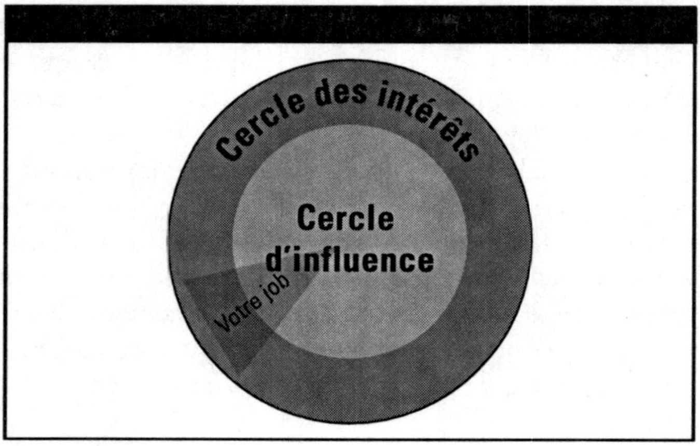

Figure 7.4

Le diagramme de la figure 7.4 comprend deux cercles concentriques, le cercle des intérêts (les choses qui vous concernent et vous intéressent), et un cercle plus petit, le cercle d'influence (les choses sur lesquelles vous avez le contrôle ou une influence). Il montre aussi que le job d'une personne se situe en grande partie à l'extérieur de son cercle d'influence.

Au chapitre 1, j'ai commencé par citer des données absolument saisissantes résultant d'une étude conduite par Harris Interactive en utilisant notre questionnaire xQ (quotient d'exécution). Compte tenu des nombreux éclairages apportés par cette étude, je m'y réfère à d'autres endroits du livre pour citer certaines de ses autres conclusions. En ce qui concerne le sujet de l'influence, notez que seulement 31 % de ceux qui ont répondu disent qu'ils se focalisent sur des choses qu'ils peuvent effectivement influencer plutôt que sur des choses qu'ils ne peuvent pas influencer. Les leaders *trim-tab* –

quelle que soit leur position formelle – interviennent avec leur vision, leur discipline, leur passion et leur conscience sur le bord extérieur de leur cercle d'influence, ce qui leur permet de l'étendre. Dans beaucoup de cas, ce sont des personnes sans position importante ni pouvoir formel de décision.

Prendre une initiative est une forme d'autoresponsabilisation. Aucun leader formel ne vous a conféré cette responsabilité. La structure organisationnelle ne vous donne pas cette responsabilité. Vous vous responsabilisez vous-même compte tenu du sujet ou du problème qui se présente. Vous mettez en œuvre le degré approprié d'initiative ou d'autoresponsabilisation.

> La question clé est toujours, quelle est la meilleure chose que je puisse faire dans ces circonstances ?

7 NIVEAUX D'INITIATIVE OU D'AUTORESPONSABILISATION

Le diagramme suivant (voir figure 7.5) présente un continuum de sept niveaux d'initiative – « Attendre qu'on vous dise », au plus bas niveau, « Demander », « Faire une recommandation », « J'ai l'intention de », « Faire et rendre compte immédiatement », « Faire et rendre compte périodiquement », et finalement, « Faire », qui se trouve au centre de vos possibilités de contrôler et d'influencer.

Figure 7.5

Vous choisissez le niveau d'initiative en rapport avec la position de la tâche dans votre cercle d'influence. Cela exige un certain sens d'appréciation des situations, mais vous pouvez l'acquérir au fur et à mesure et étendre en même temps votre cercle d'influence.

Choisir notre niveau d'initiative est une manière d'élargir la définition de notre « voix », et de nous permettre de la trouver dans des circonstances très diverses. Ce peut être dans un travail que nous n'aimons pas du tout. En exerçant un niveau d'initiative, nous pouvons changer la nature de ce travail, ou encore nous pouvons influencer d'autres personnes qui sont dans notre cercle d'influence mais extérieures à notre travail.

Nous pouvons tendre à exceller dans notre travail actuel. Nous pouvons viser à atteindre la classe mondiale, plutôt que nous limiter au respect de standards locaux. Un avocat pourrait être un faiseur de paix. Un éducateur pourrait être un berger attentif, un coach, un mentor. Un médecin pourrait se focaliser davantage sur l'éducation et la prévention et s'occuper de toute la personne plutôt que de parties de son corps, de technologie et de chimie. Un parent pourrait s'efforcer d'avoir 80 % d'interactions positives, pour seulement 20 % consacrées à la discipline. Le vendeur pourrait davantage être à l'écoute des besoins et les satisfaire avec intégrité. Le spécialiste de marketing pourrait garantir l'intégrité du *marchandising* et de la publicité. Le responsable d'entreprise pourrait tendre à promettre moins qu'il ne peut faire et à faire plus qu'il ne promet. Bref, nous pouvons enseigner des principes par l'exemple, toujours et partout, et parfois nous pouvons avoir besoin d'utiliser des mots.

Examinons chacun des niveaux d'initiative.

1. Attendre qu'on vous dise

Il s'agirait ici d'une question qui se situe à l'évidence *à l'extérieur* non seulement de votre cercle d'influence, mais aussi de votre job. En pareil cas, vous ne pouvez qu'attendre. Vous ne devez pas faire le travail de quelqu'un d'autre. Vous ne devez pas faire de recommandation sur des choses qui sont très extérieures à votre cercle d'influence. Pour différentes raisons, les gens n'auraient pas confiance dans votre recommandation. Ils la jugeraient totalement inopportune et vous jugeraient peut-être complètement en dehors du coup. Agir dans des domaines très éloignés de votre cercle d'influence aboutit en fait à le rétrécir.

Alors que faites-vous ? Vous souriez – comme dans la prière de la sérénité utilisée par Alcooliques Anonymes :

Dieu, accorde-moi la sérénité
d'accepter les choses que je ne peux changer,
Le courage de changer les choses quand je le peux,
Et la sagesse pour reconnaître la différence.

Ne gaspillez plus votre énergie dans des domaines où vous ne pouvez rien. Cependant, si vous avez de l'influence sur quelqu'un qui y peut quelque chose, c'est différent. Vous pouvez alors escalader les niveaux d'initiative et d'autoresponsabilisation.

Mais il n'est pas facile de sourire et de ne rien faire. Beaucoup de gens s'obsèdent à propos de choses stupides qu'ils ne peuvent pas changer actuellement. Ils échangent des histoires avec des collègues et se confortent mutuellement en discutant de choses auxquelles ils ne peuvent rien. Mais cela ne fait qu'affaiblir leur aptitude à faire bouger les questions auxquelles ils *peuvent* quelque chose. Ici encore, leur passé tient leur avenir en otage.

Ils tombent alors dans le piège de la codépendance, lequel engendre ce que j'appelle les cinq cancers émotionnels métastasiques : critiquer, se plaindre, comparer, concurrencer et disputer (voir figure 7.6). Les gens qui ne sont pas à l'aise au plus profond d'eux-mêmes cherchent la sécurité à l'extérieur d'eux-mêmes. Dans une situation de codépendance avec leur environnement, ils se livrent à des comportements destructeurs.

CINQ COMPORTEMENTS CANCÉREUX

- **Critiquer**
- **Se plaindre**
- **Comparer**
- **Concurrencer**
- **Disputer**

Figure 7.6

Ces cinq cancers émotionnels migrent leurs cellules malades dans les relations et parfois dans toute la culture d'une organisation. Une telle organisation est alors trop polarisée, divisée, pour offrir régulièrement à ses clients la qualité de produits ou de prestations attendue.

Une remarque sur la concurrence : bien que la concurrence pour briller à l'intérieur des relations, des familles, des équipes et des cultures soit pernicieuse, je pense qu'elle peut être très saine dans des contextes tels que le sport et le marché. Elle peut pousser les organisations et les gens à donner le meilleur d'eux-mêmes. Sur le marché, vous pouvez considérer vos concurrents comme des enseignants et comme des repères auxquels vous pouvez vous comparer. Tout en vous battant contre eux, vous vous battez en fait pour apprendre de ceux qui sont meilleurs et plus rapides que vous, au profit de vos clients. Telle est la force du système de la libre entreprise : concurrence à l'intérieur du marché, coopération à l'intérieur du lieu de travail. Nous devons discerner les deux faces des choses et éviter le danger de la pensée unilatérale signalée par Abraham Maslow : « Celui qui sait bien manier le marteau tend à penser que toutes les choses sont des clous. »

2. Demander

Il est raisonnable et logique de poser une question au sujet d'une chose qui est *à l'intérieur* de votre description de fonction, mais *en dehors* de votre cercle d'influence. Comme elle est extérieure à votre cercle d'influence, vous ne pouvez pas y faire grand-chose ; mais puisqu'elle affecte votre travail, la plupart des gens considéreront comme légitime, au moins de demander. Si la question est intelligente et résulte d'une analyse complète et d'une réflexion sérieuse, elle peut faire impression et étendre votre cercle d'influence.

3. Faire une recommandation

Où pouvez-vous faire une recommandation ? Juste au bord extérieur de votre cercle d'influence. Ce n'est même pas dans votre travail. Vous faites une recommandation à l'extérieur de votre travail et sur le bord extérieur de votre cercle d'influence.

Une excellente illustration du troisième niveau d'initiative et d'autoresponsabilisation est la doctrine militaire dite « *Completed Staff Work* » (Élaboration du travail délégué). Cette doctrine définit l'approche d'analyse et de résolution d'un problème délégué par un responsable à une personne sous son autorité. Les cinq étapes de base de cette doctrine sont :

1. Analyser le problème.
2. Définir les solutions possibles et les solutions recommandées.
3. Développer les étapes recommandées pour exécuter la solution.
4. Prendre en compte toutes les réalités (politiques, sociales, économiques, etc.).
5. Faire une recommandation sous une forme telle que son approbation ne nécessite qu'une seule signature.

Cette doctrine de la délégation est appliquée aux États-Unis bien au-delà des organisations militaires, et on la retrouve dans la plupart des enseignements sur le management. Elle responsabilise la personne chargée de l'étude, qui doit réfléchir à tous les aspects du problème à traiter, et conclure par une recommandation finale. Celui ou celle qui a délégué le travail se contente d'examiner cette recommandation finale.

Le responsable final approuve ou rejette en bloc la recommandation et n'intervient pas dans le processus d'élaboration, même s'il est sollicité par la personne qu'il a chargée du projet. S'il n'attendait pas que son travail soit fini, il la priverait d'une occasion de progresser – et il occasionnerait une perte de temps pour cette personne et pour la société. En outre, il la déresponsabiliserait, car qui se voit donner les méthodes ne peut être tenu pour responsable des résultats.

Lors de la campagne de Sicile, j'ai dit à un général qui avait quelques réticences à attaquer que j'avais totalement confiance en lui. Pour le montrer, je suis rentré chez moi.

Ne dites jamais aux gens ce qu'ils doivent faire, et ils vous surprendront par leur ingéniosité[1].

GÉNÉRAL GEORGE S. PATTON

Cette approche fait gagner un temps considérable à celui qui prend la décision finale et stimule l'initiative de la personne à qui le travail est délégué. J'ai pu constater qu'elle marche merveilleusement bien dans les situations les plus diverses. Elle a aussi l'avantage d'étendre le cercle d'influence de la personne concernée*.

4. « J'ai l'intention de »

« J'ai l'intention de » se situe un cran plus haut qu'une recommandation sur l'échelle de l'initiative et en est une extension. J'ai observé l'application de ce principe en naviguant parmi les Îles hawaïennes sur le bâtiment de la marine américaine *Santa Fe*, un sous-marin nucléaire de plusieurs milliards de dollars, au cours d'exercices tactiques. Je me trouvais sur la passerelle avec son commandant, le capitaine David Marquett, alors que nous sortions de Lahaina Sea Port, et j'admirais ce grand tube noir de près d'une centaine de mètres devant nous, se prolongeant encore d'une centaine de mètres derrière nous, qui labourait les eaux.

Alors que nous conversions, un officier s'approcha et dit : « Commandant, j'ai l'intention de faire descendre ce bateau à quatre cents pieds. » Le commandant demanda : « Quelle est la profondeur ? » Il répondit : « Environ huit cents. » « Que dit le sonar (l'appareil électronique qui détecte d'autres bâtiments et d'autres objets dans l'eau) ? » L'officier répondit : « Rien, seulement des poissons. » Le commandant répondit : « Donnez-nous encore vingt minutes – puis exécutez votre intention. »

Toute la journée, des gens venaient voir le commandant et disaient : « J'ai l'intention de faire ceci » ou « J'ai l'intention de faire cela ». Le commandant posait souvent des questions puis disait : « Très bien ». Parfois, il ne posait pas de question et répondait simplement : « Très bien. » Le commandant ne réservait à son approbation que les décisions du sommet de l'iceberg. Les 95 % de décisions restantes – la grande masse de l'iceberg – étaient prises sans aucune implication ou confirmation du commandant.

J'interrogeai le commandant sur son style de *leadership*. Il dit qu'il voulait responsabiliser ses gens le plus possible, dans les limites permises par le contexte naval. Il pensait que s'il exigeait qu'ils s'emparent non seulement du problème, mais aussi de la solution du problème, ils commenceraient à se considérer comme un maillon vital dans la chaîne de commandement.

« J'ai l'intention de » est d'une autre nature que « Je recommande ». La personne a fait davantage de travail d'analyse, jusqu'au point où elle est totalement préparée à exécuter l'action une fois qu'elle est approuvée. Elle a pris possession non seulement du problème mais aussi de la solution, et elle est prête à la mettre en œuvre.

Ces marins éprouvaient le sentiment d'ajouter une valeur – un sentiment qu'ils n'avaient pas éprouvé avec d'autres commandants, lorsqu'ils étaient simplement dans le mode « Attendez qu'on vous dise ». C'est pourquoi « J'ai l'intention de » se trouve sur le bord extérieur du cercle d'influence et du travail de l'intéressé. La responsabilisation intelligente minimise le *turnover* – le départ des meilleurs pour des travaux mieux payés.

Des mois après mon séjour sur le sous-marin, j'ai eu le plaisir de recevoir une lettre du capitaine Marquett m'informant que l'USS *Santa Fe* s'était vu attribuer le trophée Arleigh Burke récompensant le sous-marin, bâtiment de surface ou escadron d'avions du Pacifique s'étant le plus amélioré. Tel est l'effet de la responsabilisation et du *trim-tab* !

5. Faire et rendre compte immédiatement

Faire et rendre compte immédiatement se situe normalement sur le bord extérieur du cercle d'influence, mais à l'intérieur de la définition de fonctions. Vous rendez compte immédiatement parce que d'autres personnes ont besoin de savoir. Le compte-rendu permet à d'autres de voir si tout a été fait correctement et permet de faire des corrections en temps utile si nécessaire. Il fournit aussi les informations dont d'autres personnes ont besoin pour prendre d'autres décisions ou actions.

6. Faire et rendre compte périodiquement

Ce niveau d'initiative concerne des actions qui pourraient être évoquées dans le cadre d'une autoévaluation des performances ou figurer sur un rapport d'informations utilisable par d'autres personnes. Lorsque vous rendez compte périodiquement, vous vous situez clairement dans le cadre de votre description de fonction et à l'intérieur de votre cercle d'influence.

7. Faire

Lorsqu'une chose se situe au centre de votre cercle d'influence et de votre description de fonction, vous la faite simplement. Parfois, dans certaines cultures, il est plus facile d'être pardonné que d'obtenir une permission, de sorte que si vous êtes convaincu d'avoir raison et si l'action n'est pas trop éloignée de votre cercle d'influence, il peut être préférable de « faire ».

Ce plus haut niveau d'initiative me rappelle une histoire vraie appelée « Un message à Garcia ».

> « Quand la guerre éclata entre l'Espagne et les États-Unis, au début du siècle dernier, le président américain eut besoin d'adresser un message à un révolutionnaire cubain appelé Garcia. Il se cachait quelque part dans l'île de Cuba et n'était joignable ni par courrier ni par le télégraphe. Personne ne savait comment l'atteindre. Mais un officier suggéra que si quelqu'un pouvait le faire, ce serait un officier appelé Rowan.
>
> Lorsque McKinley donna la lettre à Rowan à Washington D.C., l'officier ne demanda pas « Où est-il ? Comment puis-je y aller ? Que voulez-vous que je fasse quand je serai là-bas ? Comment pourrai-je revenir ? » Il prit simplement le message et imagina comment arriver jusqu'à Garcia. Il prit un train jusqu'à New York. Un bateau jusqu'à la Jamaïque. Il força le blocus espagnol pour arriver à Cuba en bateau à voiles. Puis se lança dans de folles équipées en voiture à cheval, et de longues étapes à pied ou à cheval à travers la jungle cubaine. Au bout de neuf jours de voyage, Rowan remit le message à Garcia à neuf heures du matin. L'après-midi du même jour à cinq heures, il commença son voyage de retour pour les États-Unis. »

L'auteur Elbert Hubbard a écrit ces lignes éclairantes à propos de la même histoire :

> « Mon cœur salue l'homme qui fait son travail quand le "boss" est au loin comme quand il est présent…, l'homme qui, lorsqu'on lui donne une lettre pour Garcia, prend tranquillement la missive, sans poser de questions idiotes, et sans que l'idée l'effleure de la jeter dans

l'égout le plus proche ou de faire quoi que ce soit d'autre que de la remettre… La civilisation est une longue recherche anxieuse d'individus de cette trempe. Tout ce qu'un tel homme peut demander doit lui être accordé ; son espèce est si rare qu'aucun employeur ne peut se permettre de le laisser partir. Il est demandé dans chaque ville, dans chaque village – dans chaque bureau, boutique, magasin ou usine. Le monde réclame son pareil : il a un grand, grand besoin de l'homme qui peut "Porter un message à Garcia". »

L'ESPRIT DU TRIM-TAB

Vous pouvez voir que quelle que soit la question, le problème ou le souci que vous avez, vous pouvez vous responsabiliser en prenant l'initiative d'une certaine manière. Soyez sensible, soyez raisonnable, faites attention au *timing*, mais *faites* quelque chose en rapport avec la situation. Évitez de vous plaindre, de critiquer ou d'être négatif ; gardez-vous surtout de dégager votre responsabilité et simplement de « leur » reprocher l'échec. Nous vivons dans une culture de reproche – 70 % de ceux qui ont répondu à l'enquête xQ disent que les gens de leur organisation ont tendance à critiquer les autres quand les choses se passent mal. Prendre la responsabilité veut donc dire nager contre le courant.

Prendre l'initiative requiert une certaine *vision*, le respect de certains standards ou la réalisation de certaines améliorations. La prise d'initiative exige aussi une certaine *discipline* dans l'exécution. Il faut y mettre aussi votre cœur et votre passion et agir d'une manière subordonnée à des principes dictés par votre conscience en vue d'une fin qu'elle approuve.

Tom Peters décrit de la manière suivante l'attitude et la mentalité du *trim-tab* :

> « Ceux qui gagnent, je ne plaisante pas, adorent les travaux minables. Pourquoi ? Parce que ces travaux te laissent une énorme quantité d'espace. Personne ne s'en soucie ! Personne ne t'observe ! Tu es livré à toi-même ! Tu es le roi ! Tu peux te salir les mains, faire des erreurs, prendre des risques, faire des miracles ! La plainte la plus courante de ceux qui sont "déresponsabilisés" est qu'ils n'ont pas "l'espace" pour faire quoi que ce soit d'intelligent. À quoi je réponds toujours : mon œil !

Conclusion : savourez le “petit” travail ou la petite “corvée” dont personne d’autre ne veut ! REVENDIQUEZ-LES ! Ce sont des occasions rêvées d’autoresponsabilisation, qu’il s’agisse de concevoir une nouvelle version d’un formulaire ou de préparer un séjour de week-end pour des clients... Vous pouvez en faire quelque chose de grandiose et de glorieux. »

J’ai eu l’occasion de servir d’assistant administratif du président d’une université. À bien des égards, il était dictatorial, il voulait tout diriger, supposait toujours qu’il savait ce qui était le mieux et devait prendre toutes les décisions importantes. Par ailleurs, c’était un visionnaire – il était brillant, talentueux. Mais il traitait tout le monde comme des exécutants incompétents – « Faites ceci, faites cela » – comme s’ils n’avaient pas de cervelle. Ces hommes et ces femmes cultivés et motivés étaient peu à peu désenchantés, puis déresponsabilisés. Ils s’agglutinaient dans les couloirs de l’administration pour se plaindre du président.

« Je n’arrive pas à croire ce qu’il a fait... »

« Vous savez, laissez-moi vous dire la dernière... »

« Vous trouvez ça détestable. Il faudrait que vous voyiez ce qu’il a fait dans notre service... »

« Vraiment, je n’avais jamais entendu quelque chose de pareil. »

« Ouais, je n’ai jamais été dans un travail où je me suis senti aussi limité et entravé par toutes ces règles stupides et cette bureaucratie. Ça me sape le moral. »

Ils passaient des heures à se conforter mutuellement.

Et puis, il y avait Ben. Il prenait simplement une autre approche : il allait directement au troisième niveau d’autoresponsabilisation et d’initiative. Bien qu’il soit, comme les autres, traité comme un exécutant sans cervelle, il décida de commencer au niveau *faire une recommandation*.

Il décida d’être le meilleur exécutant du lot. Il obtint ainsi la crédibilité – *ethos*. Il se mit alors à anticiper les besoins du président et ses raisons derrière ses demandes d’exécution. « Voyons. Pourquoi le président veut-il cette information ? Il se prépare pour une réunion du conseil, et il veut que je rassemble des données sur le nombre de gardiens de campus universitaire du pays qui sont armés, parce qu’il est critiqué sur notre approche. Je crois que je vais l’aider à préparer cette réunion du conseil. »

Complétez, ne critiquez pas, votre patron.

Ben assista à une réunion préliminaire, présenta les données demandées, puis alla au-delà et fit une analyse et des recommandations. Le président se tourna vers moi, sans un mot. Puis il se tourna vers Ben et dit : « Je veux que vous veniez à la réunion du conseil pour faire les recommandations. Votre analyse est brillante. Vous avez parfaitement anticipé le besoin. »

Tous les autres membres du staff s'étaient résignés à cette conspiration silencieuse du « Attendez qu'on vous dise ». Mais pas Ben. Il avait fait montre de *leadership* en éprouvant de l'empathie pour le président, en déterminant ce qu'il voulait réellement et ce dont il avait besoin. Ben avait au début une position relativement modeste. Mais bientôt il fit régulièrement des présentations aux réunions du conseil.

J'ai travaillé dans cette fonction pendant quatre ans. À la fin de la quatrième année, Ben était la personne ayant le plus d'influence sur le campus après le président, bien qu'il n'ait pas grimpé les échelons académiques. Le président ne prenait aucune mesure importante sans la bénédiction de Ben. Lorsque Ben a pris sa retraite, un prix spécial de reconnaissance lui a été attribué. Pourquoi ? Parce qu'il avait été un exemple de confiance méritée, de loyauté envers l'université, et n'avait jamais ménagé ses efforts en vue du résultat cherché.

Je pense que Ben comprenait la futilité de souhaiter que les choses soient différentes. Cette histoire ne montre-t-elle pas à quel point le *leadership* peut devenir un choix ? Comme Ben, vous pouvez vous aussi devenir le leader de votre patron.

Quand nous disons que le leadership est un choix, cela veut dire que vous pouvez choisir le niveau d'initiative que vous voulez en réponse à la question : quel est le mieux que je puisse faire dans ces circonstances ?

Vous devrez toujours faire un choix parmi ces sept niveaux d'initiative. Ce choix exige du jugement et de la sagesse. Vous devez déterminer *quoi* faire, *comment* le faire, *quand* le faire, et – c'est le plus important – *pourquoi* le faire. Cette démarche fait appel à vos quatre intelligences. La question « pourquoi » met en œuvre votre intelligence spirituelle, votre système de valeurs, la source de votre motivation. La question « quoi faire » met en général en œuvre votre intelligence intellectuelle, qui analyse, conceptualise et s'il y a lieu élabore une stratégie. Les questions « quand le faire » et « comment le faire » font souvent appel à votre intelligence émotionnelle qui lit votre environnement social, détecte les normes culturelles et politiques, et discerne vos propres forces et faiblesses. L'intelligence pratique entre également en jeu lorsque vous passez à l'action et mettez tactiquement en œuvre les décisions du « comment ».

Si vous prenez régulièrement des initiatives aux niveaux appropriés parmi les sept, votre cercle d'influence deviendra de plus en plus grand jusqu'à ce qu'il couvre la totalité de votre définition de fonctions. Notez aussi qu'au fur et à mesure de l'extension de votre cercle d'influence, votre cercle des intérêts s'étendra lui aussi.

Une autre caractéristique du leader *trim-tab* est la constance – comme phare, il représente une source de lumière constante et fiable, à l'opposé des girouettes sociales qui s'orientent selon les modes.

> *Donne au monde ce que tu as de meilleur,*
> *et tu pourras en pâtir. Donne au monde ce que*
> *tu as de meilleur de toute façon.*
> MÈRE TERESA

Ces prises d'initiatives opportunes et raisonnables inspireront aux dirigeants formels une confiance de plus en plus grande dans votre caractère et vos compétences. Il est presque inévitable qu'ils souhaitent inclure dans vos fonctions des responsabilités et des marges d'initiative de plus en plus importantes. Vous finirez par devenir le leader de votre patron…

QUESTIONS ET RÉPONSES

Q : Tout cela est intéressant, mais vous ne connaissez pas mon patron. C'est un obsédé du contrôle, menacé par les gens compétents qui l'entourent. Ma situation est tellement différente.

R : Oui, chaque situation est particulière et se distingue des autres d'une manière ou d'une autre. Mais d'un autre point de vue, en allant au fond des choses, les défis et les problèmes sont très semblables. La clé n'est pas au niveau des circonstances, elle se situe dans l'espace entre le stimulus et la réponse – c'est-à-dire entre les circonstances et notre réaction. C'est là que réside votre liberté de choix. Si vous utilisez cette liberté avec sagesse et si vous basez vos choix sur des principes, non seulement votre liberté de choix augmente, mais encore vous allez acquérir une source de sécurité intérieure et votre vie ne sera plus fonction des faiblesses des autres. Vous cesserez de vous déresponsabiliser et de permettre aux faiblesses des autres de continuer à semer le chaos dans votre vie. Vous pouvez faire une analyse des coûts et des profits et décider de faire quelque chose de différent et d'aller ailleurs. Ou vous pouvez décider de vous fier aux aspects pragmatiques du marché et, par le jeu du *trim-tab*, élargir votre cercle d'influence jusqu'au moment où vous devenez indispensable à votre patron, et même finissez par en être le leader. Il vous faut utiliser les quatre intelligences pour être à la fois créatif et inspiré. Vous devez travailler à l'intérieur de votre cercle d'influence, mais à l'intérieur de votre définition de fonctions. Vous avez besoin pour ce faire de beaucoup d'initiative et de force de volonté, pour comprendre des besoins non satisfaits et des problèmes non résolus auxquels vous appliquerez le degré d'initiative approprié. Vous devez aussi faire votre propre travail avec brio, de manière à mériter la confiance des autres, et prendre la mesure du champ des voisins tout en cultivant correctement le vôtre. Souvenez-vous, d'abord *ethos* (crédibilité), *pathos* (empathie) en second, et troisièmement *logos* (logique).

Q : En pratique, comment peut-on devenir le leader de son patron ?

R : Soyez une lumière, non un juge. Devenez un modèle, non un critique. Travaillez à l'intérieur de votre cercle d'influence pour asseoir et étendre votre autorité morale, et vous serez crédible. Prenez des initiatives courageuses pour faire en sorte que de bonnes choses se matérialisent, mais auparavant, faites un effort d'empathie à l'égard du monde, des préoccupations, des objectifs et de l'état d'esprit de votre patron, ainsi qu'à l'égard de la culture de l'entreprise et de son marché. Surtout, ne critiquez jamais. Soyez patient et persévérant, et vous gagnerez en influence. Les résultats pragmatiques emporteront l'adhésion des sceptiques et des cyniques. Tel est le *leadership* – un choix, non une position.

Q : Vous dites souvent qu'il est plus facile d'obtenir le pardon qu'une permission, mais il arrive qu'une petite initiative basée sur cette idée conduise à de sévères réprimandes ou au licenciement.

R : Investissez sans cesse dans votre développement personnel et professionnel, ainsi que dans votre aptitude à résoudre des problèmes, et vous disposerez toujours d'une sécurité économique. Votre sécurité ne provient pas de votre job ou du patronage de certaines personnes ; elle provient de votre aptitude à satisfaire des besoins et à résoudre des problèmes. N'arrêtez jamais d'investir dans vos capacités, et vous disposerez constamment de nouvelles opportunités. Aussi, choisissez soigneusement les batailles que vous voulez livrer – ne prenez pas d'initiatives trop en dehors de votre cercle d'influence. Opérez en dehors de votre job mais à l'intérieur de votre cercle d'influence. Prenez ensuite des initiatives sous la forme de recommandations basées sur des analyses complètes, et votre cercle d'influence deviendra inévitablement de plus en plus grand.

Chapitre 8

La voix de la confiance méritée – donner l'exemple du caractère et de la compétence

Le critère suprême du leadership est incontestablement l'intégrité. Sans elle, aucun réel succès n'est possible, que ce soit dans une équipe d'entretien des voies de chemin de fer, sur un terrain de foot, dans une armée ou dans un bureau.

DWIGHT DAVID EISENHOWER

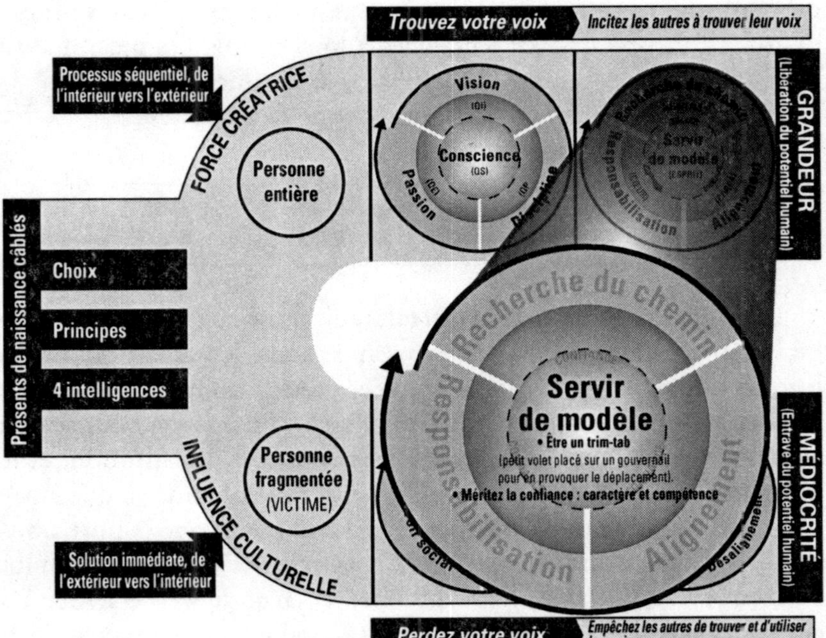

Figure 8.1

Il y a quelque temps, j'ai été consulté par une banque dont le problème était le moral de ses employés. « Je ne sais pas ce qui se passe », se plaignait son jeune président. Brillant et charismatique, il avait gravi les échelons de la hiérarchie et voyait maintenant l'institution péricliter. Il s'en prenait à ses employés. « Quelles que soient les incitations utilisées, ils ne se débarrassent pas de leur morosité. »

IL AVAIT RAISON. L'atmosphère paraissait empoisonnée par la suspicion et le manque de confiance. Pendant deux mois, j'organisais des réunions, mais rien n'y faisait. J'étais perplexe.

« Comment quelqu'un peut-il avoir confiance dans ce qui se fait ici ? » Tel était le refrain des employés. Mais personne ne voulait me révéler la source du manque de confiance.

Finalement, au cours de conversations plus informelles, la vérité se fit jour. Le patron, qui était marié, avait une liaison avec une employée. Et tout le monde était au courant.

Il était désormais évident que les performances médiocres de la société étaient provoquées par sa conduite. Mais le pire était le tort que cet homme se faisait à lui-même. Il ne pensait qu'à son propre plaisir, au mépris des conséquences à long terme. De plus, il avait violé la confiance sacrée qui l'unissait à sa femme.

En un mot, son défaut était un manque de *caractère*.

> 90 % de tous les échecs du *leadership* sont des échecs dus au caractère.

La confiance est le ciment qui fait tenir toutes les relations, et elle est aussi le ciment de toutes les organisations, le ciment qui lie les briques entre elles. J'ai appris également que la *confiance est le fruit de la confiance méritée à la fois par les gens et par l'organisation*. La confiance vient de trois sources : les personnes, l'institution, et le choix conscient d'une personne d'*accorder* sa confiance à une autre – un acte qui me pousse à *sentir* votre conviction que je puis ajouter de la valeur. Vous me faites confiance et je vous la rends. Le mot confiance s'utilise avec le verbe faire et avec le verbe avoir. La confiance marche dans les deux sens. Quand le mot confiance s'utilise avec les deux verbes en même temps, elle est partagée et réciproque. C'est ainsi qu'une personne peut devenir le leader de son patron. Elle mérite la confiance en l'accordant. Le quatrième rôle – responsabiliser – consiste à faire confiance.

Nous avons interrogé 54 000 personnes et leur avons demandé d'indiquer les qualités essentielles d'un leader ; l'intégrité était de loin la réponse numéro un (voir figure 8.2).

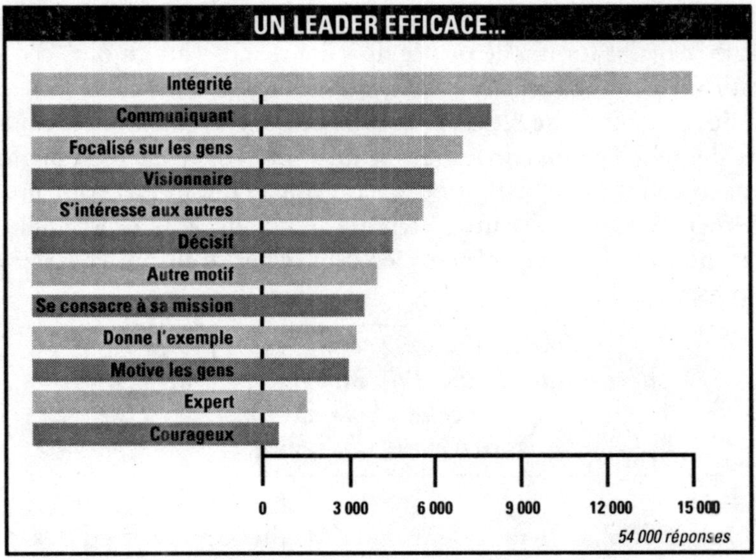

Figure 8.2

Dans de nombreux contextes actuels il n'est plus de mode de parler du caractère. Ce sujet est jugé *soft*, en rapport avec la religion des gens. Certains se demandent si nos valeurs personnelles ont encore une importance. Après tout, tel responsable financier n'a-t-il pas réussi selon toutes les apparences, en dépit de ses transgressions ?

Cette question exprime un dilemme de notre vie moderne. Beaucoup en sont arrivés à croire que les seules choses nécessaires à la réussite sont le talent, l'énergie et la personnalité. Mais l'histoire nous a appris que sur le long terme, ce que nous *sommes* est plus important que ce que nous paraissons être.

Pour préparer la rédaction des *7 habitudes*, j'ai analysé les ouvrages sur le *leadership* et la réussite en remontant jusqu'à la fondation des États-Unis. Ce travail m'a montré que pendant les cent cinquante premières années, l'accent était mis principalement sur le caractère et les principes. En entrant dans l'âge industriel et après la première guerre mondiale, l'accent a commencé à se déplacer vers la personnalité, les techniques, et la technologie – ce que nous pourrions appeler l'éthique de la personnalité.

Cette tendance se poursuit, mais je détecte l'émergence d'une tendance opposée, à mesure que les gens découvrent les effets d'une culture organisationnelle privée de valeurs. De plus en plus d'organisations reconnaissent le besoin de mériter la confiance, la nécessité du caractère, et celle de la confiance dans la culture. De plus en plus de gens éprouvent le besoin de s'interroger au plus profond d'eux-mêmes, pour comprendre dans quelle mesure ils contribuent eux-mêmes aux problèmes, et pour tenter de voir exactement ce qu'ils peuvent faire pour mettre en œuvre des solutions et servir des besoins humains.

> *Le caractère, à long terme, est le facteur décisif dans la vie d'un individu comme aussi dans celle d'une nation*[1].
> THEODORE ROOSEVELT

Qu'est devenu le président de la banque qui avait eu des relations intimes avec une employée ? Comme je lui confiais ce que je savais de cette affaire et de l'effet qu'elle avait sur son personnel, il se passa la main dans les cheveux. « Je ne sais pas par où commencer », dit-il.

« Est-ce terminé ? » demandai-je.

Il me regarda droit dans les yeux. « Oui. Absolument. »

« Alors commencez par parler à votre femme », lui répondis-je.

Il en parla à sa femme, qui lui pardonna. Il réunit ensuite son personnel pour s'attaquer au problème de leur moral. « J'ai découvert la cause du problème », dit-il. « C'est moi. Je vous demande de m'accorder une deuxième chance. »

Cela prit du temps, mais en fin de compte le moral des employés évolua vers plus d'ouverture, d'optimisme et de confiance. Au bout du compte, c'est à lui-même que ce responsable avait rendu le plus grand service. Il avait trouvé son propre chemin conduisant au caractère.

CONFIANCE PERSONNELLE MÉRITÉE

Partout où règne un climat de confiance, les responsables sont dignes de confiance. C'est toujours ainsi. C'est un principe. La confiance vient de la confiance méritée, et la confiance se mérite par le *caractère* et la *compétence*. La force de caractère et la solidité des compétences engendrent la sagesse et le jugement – qui sont le fondement de toute réalisation durable de quelque envergure, et de la confiance. Le diagramme suivant (voir figure 8.3) vous aidera à reconnaître les principaux facteurs d'établissement de la confiance.

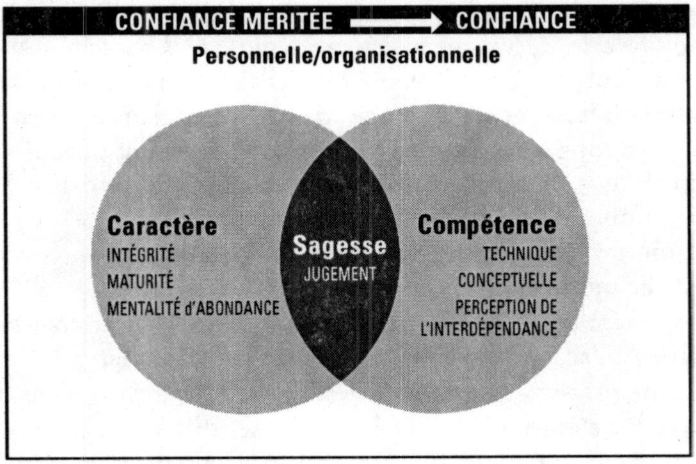

Figure 8.3

Commençons par les trois facettes du *caractère* personnel : intégrité, maturité et mentalité d'abondance.

L'*intégrité* veut dire que vous êtes intégré autour des principes qui gouvernent en définitive les conséquences du comportement. L'honnêteté consiste à dire la vérité. L'intégrité consiste à tenir les promesses faites à soi-même et aux autres.

> *Un homme ne peut faire le bien dans*
> *un compartiment de sa vie tandis qu'il est occupé à faire*
> *le mal dans n'importe quel autre compartiment.*
> *La vie est un tout indivisible*[2].
> MAHATMA GANDHI

La *maturité* se développe quand une personne paie le prix de l'intégrité et remporte sur elle-même une victoire privée, en étant simultanément courageuse et bonne. En d'autres termes, une telle personne peut traiter des problèmes épineux avec compassion. La combinaison du courage et de la bonté est à la fois la source et le produit de l'intégrité.

La *mentalité d'abondance* veut dire qu'au lieu de voir la vie comme une compétition ne comportant qu'un seul gagnant, vous la voyez comme une corne d'abondance dont les opportunités, les ressources et la richesse ne peuvent que s'accroître. Vous ne vous comparez pas aux autres et vous êtes sincèrement heureux de leur réussite. Les personnes ayant une mentalité de pénurie basent leur identité sur la comparaison et se sentent menacées par la réussite des autres, qui leur ronge le cœur, même si elles prétendent le contraire. Celles qui ont une mentalité d'abondance voient dans leurs concurrents leurs professeurs les plus précieux et les plus importants. Ces trois attributs – intégrité, maturité et mentalité d'abondance – sont caractéristiques d'une équipe complémentaire.

Examinons maintenant l'élément *compétence* de la confiance personnelle méritée.

La *compétence technique* est le savoir-faire et les connaissances nécessaires à l'accomplissement d'une tâche particulière.

La *connaissance conceptuelle* est l'aptitude à voir l'ensemble d'un problème ainsi que la manière dont ses différents aspects sont liés les uns aux autres. C'est aussi l'aptitude à penser en termes de stratégie, de système, et pas seulement au niveau tactique.

La *perception de l'interdépendance* consiste à se rendre compte que tout dans la vie est interconnecté. Cette perception est particulièrement cruciale pour les organisations et les équipes complémentaires qui tentent de gagner et de conserver la loyauté des clients, des associés, des fournisseurs et des propriétaires. Penser de manière indépendante dans le contexte d'une réalité interdépendante serait aussi déplacé que jouer au tennis avec un club de golf ou penser de manière analogique dans un monde numérique.

Mon gendre, au cours d'un entretien en vue de son admission à des études de médecine, s'est vu demander ce qu'il préférait : un chirurgien honnête mais incompétent ou un chirurgien compétent mais malhonnête. Après réflexion, il donna une excellente réponse. « Cela dépend de la situation. Si j'avais besoin d'une opération, j'irais chez celui qui est compétent. Pour savoir si une opération est nécessaire, j'irais voir celui qui est honnête. »

Le caractère et la compétence sont bien entendu nécessaires ensemble, et chacun de ces deux éléments est à lui seul insuffisant. Voici ce qu'en pense le général H. Norman Schwarzkopf :

> « J'ai rencontré dans l'armée de nombreux leaders qui étaient très, très compétents. Mais ils n'avaient pas de caractère. Pour chaque travail qu'ils faisaient bien dans l'armée, ils recherchaient une récompense sous forme de promotion, de prix et de décorations, en essayant d'avancer au détriment de quelqu'un d'autre, sous la forme d'un autre morceau de papier qui leur conférait un autre diplôme... le moyen le plus sûr de parvenir au sommet. Voyez-vous, ils étaient compétents, mais ils n'avaient pas de caractère. J'ai aussi rencontré de nombreux leaders qui avaient un caractère superbe mais qui manquaient de compétence. Ils n'étaient pas prêts à payer le prix du *leadership*, à faire l'effort supplémentaire dans ce domaine, qui est nécessaire pour devenir un excellent leader. Pour être un leader au vingt et unième siècle... vous devez avoir à la fois le caractère et la compétence[3]. »

Si la chose n'est pas déjà évidente pour vous, vous découvrirez clairement tôt ou tard que vous ne pouvez faire aucun progrès dans vos relations avec autrui si votre propre vie est désordonnée ou si vous n'êtes pas entièrement digne de confiance. C'est pourquoi, en dernière analyse, pour améliorer n'importe quelle relation, vous devez commencer par vous-même ; vous devez vous améliorer.

DONNER L'EXEMPLE CONSISTE À VIVRE SELON LES 7 HABITUDES DE CEUX QUI RÉALISENT TOUT CE QU'ILS ENTREPRENNENT

Les 7 habitudes de ceux qui réalisent tout ce qu'ils entreprennent sont le moyen de devenir une personne équilibrée, intégrée et forte. Elles sont le fondement de toute équipe complémentaire basée sur le respect mutuel. Elles sont la manifestation du *caractère* personnel. Il n'est pas possible de les décrire ici d'une manière telle que vous puissiez vraiment vous les approprier – c'est le but du livre qui leur est consacré. Mais vous en trouverez un bref résumé ci-après :

Les 7 habitudes de ceux qui réalisent tout ce qu'ils entreprennent

Habitude n° 1 – Soyez proactifs

Être proactif est plus que prendre des initiatives. C'est reconnaître que nous sommes responsables de nos propres choix et que nous avons la liberté de choisir sur la base de principes et de valeurs, plutôt que selon l'humeur et les circonstances. Les personnes proactives sont des agents du changement ; elles choisissent de ne pas être des victimes, de ne pas être réactives, de ne pas blâmer les autres.

Habitude n° 2 – Sachez dès le départ où vous voulez aller

Les individus, les familles, les équipes et les organisations créent leur propre avenir en générant d'abord une vision mentale de tout projet, grand ou petit, personnel ou interpersonnel. Ils ne vivent pas au jour le jour sans but précis en tête. Ils s'identifient avec les principes, les relations et les objectifs qui ont pour eux le plus d'importance et se considèrent comme engagés à leur égard.

Habitude n° 3 – Donnez la priorité aux priorités

Donner la priorité aux priorités veut dire vous organiser et agir en fonction de vos priorités les plus importantes. Quelles que soient les circonstances, cela consiste à vivre et à agir selon les principes auxquels vous attachez le plus de valeur, et non selon les urgences et les forces qui vous entourent.

Habitude n° 4 – Pensez gagnant/gagnant

Penser gagnant/gagnant est un état d'esprit et de cœur consistant à rechercher dans toute interaction le bénéfice et le respect mutuels. C'est penser en termes d'abondance et d'opportunité et non de pénurie et de concurrence. C'est ne pas penser en égoïste (gagnant/perdant) ou en martyr (perdant/gagnant). C'est penser en termes de « nous », et non de « moi ».

Habitude n° 5 – Cherchez d'abord à comprendre...

Lorsque nous écoutons avec l'intention de comprendre les autres, au lieu d'écouter avec l'intention de répondre, nous amorçons une communication authentique et nous construisons une relation. Les occasions de parler ouvertement et d'être compris viennent alors beaucoup plus naturellement et facilement. Chercher à comprendre exige la considération ; chercher à être compris exige le courage. L'efficacité résulte du mélange équilibré de ces deux ingrédients.

Habitude n° 6 – Profitez de la synergie

La synergie est la troisième possibilité – pas ma façon de voir, pas la vôtre, mais une troisième voie qui est meilleure que celle que chacun de nous aurait choisie individuellement. Elle est le fruit d'une attitude consistant à respecter, apprécier et même priser les différences qui nous séparent des autres. Elle permet de résoudre des problèmes, de tirer parti des opportunités et d'aplanir les obstacles que sont les différences. C'est une coopération créative pouvant aboutir à 1+1 = 3, 11, 111... ou davantage. La synergie est aussi la clé de toute équipe ou relation efficace. Une équipe synergétique est une équipe complémentaire – organisée de telle manière que les points forts de certains compensent les faiblesses des autres, et dont la puissance n'est nullement altérée par les faiblesses individuelles.

Habitude n° 7 – Aiguisez vos facultés

Aiguiser ses facultés consiste à se renouveler constamment dans les quatre domaines de la vie : physique, social/émotionnel, mental, spirituel. C'est l'habitude qui augmente notre capacité à vivre selon toutes les autres habitudes contribuant à l'efficacité.

Les trois premières habitudes peuvent être résumées dans une simple expression de cinq mots : *faites et tenez des promesses*. L'aptitude à faire une promesse est la proactivité (habitude n° 1). Le contenu de la promesse est l'habitude n° 2, et l'habitude n° 3 fait que la promesse est tenue.

Seulement 57 % des employés interrogés reconnaissent que leur organisation fait régulièrement ce qu'elle dit qu'elle fera.

Les trois habitudes restantes typiques d'une équipe complémentaire peuvent être résumées par une courte phrase : *impliquez les gens dans le problème et élaborez sa solution ensemble*. Cela exige le respect mutuel (habitude n° 4), la compréhension mutuelle (habitude n° 5), et la coopération créative (habitude n° 6). L'habitude n° 7, aiguisez vos facultés, augmente vos compétences dans les quatre domaines de la vie : corps, mental, cœur et esprit. Elle renouvelle votre intégrité et votre sécurité personnelle (habitudes 1, 2 et 3) et elle renouvelle l'esprit et le caractère de l'équipe complémentaire. Le tableau 3 indique les principes et le paradigme de chacune des 7 habitudes.

PRINCIPES ET PARADIGMES IMPLICITES DANS LES 7 HABITUDES

Habitude	Principe	Paradigme
❶ Soyez proactif	Responsabilité/initiative	Autodétermination
❷ Sachez dès le départ où vous voulez aller	Vision/valeurs	Deux créations / concentration
❸ Donnez la priorité aux priorités	Intégrité/exécution	Priorité / Action
❹ Pensez gagnant/gagnant	Respect et bénéfice mutuel	Abondance
❺ Cherchez d'abord à comprendre...	Compréhension mutuelle	Considération et courage
❻ Profitez de la synergie	Coopération créative	Priser les différences
❼ Aiguisez vos facultés	Renouvellement	Personne entière

Tableau 3

PRINCIPES IMPLICITES DANS LES 7 HABITUDES

Regardez soigneusement chacun de ces principes. Ils appellent trois remarques : d'abord, ils sont *universels* – ils transcendent la culture et se retrouvent dans toutes les principales religions et dans toutes les philosophies qui ont perduré ; en second lieu, ils sont *éternels* – ils ne changent jamais ; et troisièmement ils sont *évidents*. Comment savons-nous qu'une chose est évidente ? En essayant d'argumenter contre elle. Ce n'est simplement pas possible. Dans le cas des principes impliqués par les 7 habitudes, vous ne pouvez pas argumenter contre l'importance de la responsabilité ou de l'initiative, ou d'avoir un but, de l'intégrité, du respect mutuel, de la compréhension réciproque, de la coopération coopérative ou de l'importance du renouvellement continuel. Les 7 habitudes sont les principes du caractère, elles déterminent *qui et ce que vous êtes.* Elles fournissent la crédibilité, l'autorité morale et le jeu d'aptitudes sur lesquels vous pouvez baser votre influence dans une organisation, dans votre famille, dans une communauté et dans la société ; elles sont au cœur du premier des quatre rôles du *leadership* – donner l'exemple. Les quatre rôles du *leadership* sont *ce que vous faites* en tant que leader pour inspirer les autres afin qu'ils trouvent leur voix (voir figure 8.4).

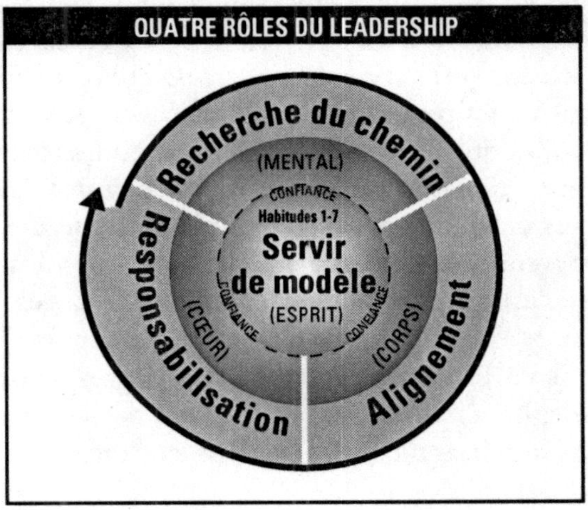

Figure 8.4

De nombreuses organisations ont formé leurs employés à la pratique des 7 habitudes. Une partie d'entre eux ont trouvé les 7 habitudes utiles au *travail* dans la mesure où les structures et les procédures les encourageaient. Mais dans de nombreux cas où des cultures de manque de confiance et des structures ou procédures non alignées s'avéraient défavorable, à la pratique des 7 habitudes, ils ont conclu qu'elles ne marchaient pas dans leur *travail.* Ce modèle des quatre rôles crée un contexte compatible avec les 7 habitudes et favorable à leur adoption, tant sur le lieu de travail que chez soi. Nous avons constaté en fait que les gens apprennaient les 7 habitudes de cette manière – non comme un exercice intellectuel mais comme une expérience vécue. Pour connaître réellement les

7 habitudes, il faut les vivre, les pratiquer. C'est ce que permettent les quatre rôles. Les 7 habitudes sont alors perçues comme vitales pour l'organisation et non plus comme un programme de formation d'importance mineure. Les quatre rôles font passer les 7 habitudes dans les mœurs.

J'ai le souvenir d'avoir formé un groupe très important de hauts responsables des secteurs public et privé en Égypte. Ils pensaient que je venais leur vendre les 7 habitudes. Mon premier commentaire a été : « Vous pensez que je suis venu ici pour vous vendre les 7 habitudes. Je vous dis de *ne pas* acheter les 7 habitudes, parce que tout ce que vous faites est de le considérer comme un programme de formation pour ceux qui sont d'un rang inférieur – vous ne changerez pas fondamentalement votre style de *leadership* et vous ne réinventerez pas les structures, les procédures et les processus pour qu'ils renforcent les principes qui sous-tendent les 7 habitudes. De tels changements exigent un nouveau paradigme du *leadership*. C'est cela que je suis venu vous enseigner. Si vous voulez être les leaders du monde arabe et comprendre le nouveau marché mondial, vous avez besoin d'un contexte élargi, plus favorable à l'adoption des 7 habitudes. Vous serez alors étonnés des résultats que vous pourrez obtenir. » Apparemment, ce discours les intrigua. À la pause, ils se mirent à utiliser leurs téléphones portables, et le nombre des participants fut deux fois plus important lors des sessions suivantes.

PARADIGMES IMPLICITES DANS LES 7 HABITUDES

Chacune des 7 habitudes correspond non seulement à un principe, mais aussi à un paradigme, à une façon de penser (voir de nouveau le tableau 3).

En réfléchissant au fait que les habitudes 1, 2 et 3 sont incluses dans l'expression de cinq mots « faites et tenez des promesses », nous pouvons comprendre le paradigme associé à chaque habitude. L'habitude n° 1, *Soyez proactif*, est le paradigme de l'autodétermination par opposition à la détermination par les gènes, la société, le psychisme ou l'environnement – je peux et je vais faire une promesse. C'est le pouvoir du *choix*. L'habitude n° 2, *Sachez dès le départ où vous voulez aller*, est le paradigme selon lequel toutes les choses sont créées deux fois, d'abord mentalement, puis physiquement ; c'est le contenu de la promesse – je puis envisager à la fois la substance de la promesse que je veux faire et ce que j'espère accomplir grâce à elle. C'est le pouvoir de la *concentration*. L'habitude n° 3 est le paradigme de la *priorité*, de l'*action* et de l'*exécution* – j'ai la capacité et la responsabilité de réaliser cette promesse.

Les habitudes n°s 4, 5 et 6 – *Pensez gagnant/gagnant, Cherchez d'abord à comprendre..., Profitez de la synergie* – sont les deux paradigmes de l'*abondance* dans les relations avec autrui – abondance de respect, de compréhension mutuelle (résultant d'un dosage équilibré de *considération* et de *courage*), et le paradigme *priser les différences*. Ces habitudes sont au cœur d'une équipe complémentaire.

L'habitude n° 7 est le paradigme de l'amélioration constante de la personne entière ; elle représente l'éducation, l'apprentissage et le rengagement – ce que les Japonais appellent *Kaizen*. C'est la raison pour laquelle le diagramme circulaire utilisé dans tout le livre ne ferme pas le cercle, mais crée en revanche une spirale circulaire qui représente l'amélioration constante de chacun des quatre domaines concernés.

L'OUTIL DE L'EXEMPLE – LE SYSTÈME DE PLANNING PERSONNEL

Puisque donner l'exemple est ce qui vient en premier et se manifeste dans les trois autres rôles, la première chose à faire est de viser un comportement impeccable – d'introduire dans votre vie un haut niveau de FOCALISATION. Vous devez décider ce qui a le plus d'importance pour vous. Quelles sont vos valeurs les plus élevées ? Quelle vision avez-vous pour la suite de votre vie ? Et qu'en est-il de ce que vous faites chez vous comme père, mère, grand-père, grand-mère, tante, oncle, sœur, frère, cousin, fils ou fille ? Quel genre de services aimeriez-vous rendre à votre communauté, votre église, votre voisinage ou d'autres dans le besoin ? Quelle importance attachez-vous à votre santé ? Comment allez-vous conserver et améliorer votre santé ? Certains prétendent que la santé est une richesse et que sans elle, aucune autre richesse n'a d'importance. Et qu'en est-il de votre mental, de ses progrès et de son développement. Et votre travail ? Où sont vos véritables talents ? Où réside votre passion ? Quels sont les plus grands besoins de votre organisation et du marché ? Quels projets votre conscience vous pousse-t-elle à entreprendre, quelles initiatives vous suggère-t-elle de prendre ? Comment pouvez-vous vraiment faire une différence dans votre travail ? Quel héritage laisserez-vous ?

L'outil de la focalisation du premier rôle est un *système de planning personnel.* Vous commencez par inscrire, sur papier ou sur votre appareil électronique de planning, ce qui compte le plus pour vous. Ayant défini ces priorités, vous les incorporez dans votre système de planification de manière à ce que le besoin de structure et de discipline soit équilibré par le besoin de spontanéité. Vous combinerez ainsi la focalisation et l'exécution.

Le fait d'écrire a un effet encore plus puissant que la visualisation, car il établit une passerelle entre le subconscient et le champ de la conscience. Écrire est une activité psychomotrice qui laisse une trace dans le cerveau. Pour le vérifier, avant de vous coucher, écrivez trois choses que vous voulez faire ou auxquelles vous voulez penser le matin suivant et observez ce qui se passe. Dans presque tous les cas, vous aurez conscience de ces trois choses dès le réveil.

Seulement un tiers des personnes qui ont répondu à l'enquête xQ disposent d'un système de planning personnel.

Il existe bien des façons de développer et de tenir un système de planning personnel. Le point le plus important est que la méthode retenue ait pour effet de garder son utilisateur focalisé sur ses plus hautes priorités.

Certains, comme moi, trouvent que ce genre de structure est une source de liberté, d'autres le trouvent étouffant. Un système de planning et d'organisation puissant doit respecter trois critères : être *intégré* dans votre style de vie ; être mobile, de manière à être toujours accessible ; être personnalisé, de manière à correspondre à vos besoins.

Il existe un moyen simple de déterminer si les choses sur lesquelles vous êtes focalisé sont en phase avec ce qui a le plus d'importance pour vous. Examinez la pyramide de productivité de la figure 8.5.

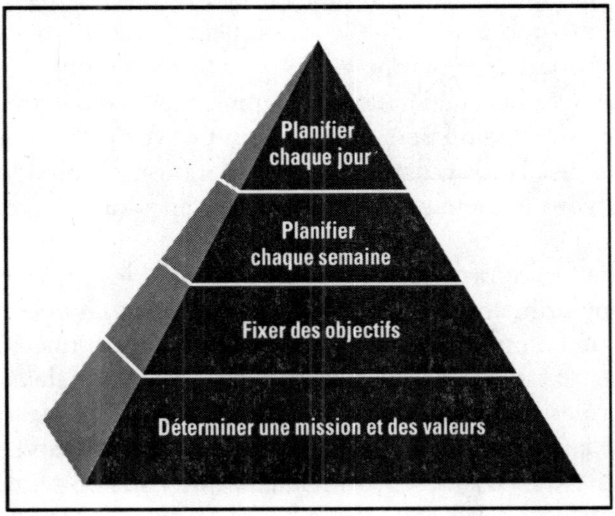

Figure 8.5

À la base, nous devons d'abord *déterminer* notre *mission* et nos *valeurs essentielles* – des standards, des idéaux. Elvis Presley disait : « Les valeurs sont comme des empreintes digitales. Personne n'a les mêmes, mais on les laisse sur tout ce qu'on fait. » Rappelons que ces valeurs doivent être ancrées dans des *principes* qui donnent à la vie une source intérieure stable de sécurité, de guidage, de sagesse et de force. Une bonne approche consiste à rédiger une déclaration de mission personnelle indiquant ce qui compte le plus pour vous, ainsi que votre vision et vos valeurs. À partir de ce document, vous pourrez plus facilement définir les priorités de votre vie. Une femme est venue me voir et m'a dit : « J'ai assisté à la mort de mon père. Nous étions très proches et sa mort m'a profondément émue. Je me souviens que vous avez écrit dans le livre des *7 Habitudes* que l'une des façons les plus efficaces de pratiquer l'habitude n° 2, « Sachez dès le départ où vous voulez aller », est d'écrire quatre éloges dont vous aimeriez qu'ils soient prononcés à votre mort – l'un par un être aimé, un autre par un ami, un autre par un collègue de travail et un autre par quelqu'un avec qui vous vous êtes dévoué dans votre paroisse ou votre communauté. Pour la première fois, alors que je voyais mon père quitter ce monde et comme nous préparions son enterrement, j'ai pris au sérieux l'écriture d'une déclaration de mission dans laquelle j'indiquerais avec clarté ce qui a le plus d'importance pour moi. »

Si vous avez besoin d'aide pour commencer la rédaction de votre déclaration de mission personnelle, vous pouvez recourir à un outil gratuit d'aide à la formulation d'une déclaration de mission personnelle, qui vous guidera pas à pas dans les étapes successives du processus.

Ensuite, il importe de déterminer vos *rôles* les plus importants (par exemple, membre d'une famille, volontaire de votre paroisse ou de votre communauté, ami, mère/père, leader d'une équipe), et de *fixer des buts* pour la semaine en phase avec vos valeurs et associés aux rôles que vous avez déterminés. L'outil de planning personnel vous aidera à fixer des buts réalistes, dont vous vous sentez responsable vis-à-vis de vous-même, et que vous pouvez fractionner en buts plus modestes. Votre degré d'engagement à l'égard de ces buts dépendra directement de leurs liens avec vos valeurs. Avoir clairement conscience de vos rôles et de vos buts vous permettra de vivre une vie équilibrée.

Le troisième niveau de la pyramide est le *planning hebdomadaire*. Au cours de cette phase de planning, vous avez l'occasion de réfléchir à vos rôles, de choisir les « poids lourds » et de les prévoir en premier dans l'organisation de la semaine. Vous en arrivez alors au *planning quotidien*, qui consiste à établir des listes de tâches réalistes, à en fixer les priorités, et à passer en revue les rendez-vous prévus pour la journée.

Le livre dont je suis le coauteur avec Rebecca et Roger Merrill, intitulé *First Things First*, approfondit ces questions de déclaration de mission personnelle et de systèmes de planning, et je le recommande à ceux que ces questions intéressent.

Si vous vous contentez d'établir un planning quotidien – en dehors du contexte plus vaste de vos valeurs et de vos buts pour chacun de vos rôles dans la vie, et en dehors d'un planning hebdomadaire – vous passerez votre temps à éteindre des incendies et à gérer des crises. L'urgence définira l'importance et deviendra pour vous une sorte de drogue. Vous passerez votre vie dans le stress, dans le vif des sujets les moins vitaux.

QUESTIONS & RÉPONSES

Q : Je comprends que pour que la confiance règne dans une organisation, les gens doivent y être dignes de confiance, mais que faites-vous si vous avez des clients qui abusent de vos employés dignes de confiance et les maltraitent ?

R : Virez les clients ! Je connais une organisation réputée dont les responsables écrivent effectivement des lettres aux clients qui persistent à maltraiter leurs employés, lorsque la chose devient évidente. Ils disent aux clients qu'ils ne veulent plus faire d'affaires avec eux. Toutefois, une solution meilleure et supérieure consiste à rechercher une solution sous la forme d'une troisième possibilité grâce à une bonne communication – toujours, bien sûr, en écoutant d'abord.

Chapitre 9

Voix et vitesse de la confiance

Inspirer confiance est plus méritoire que d'être aimé.
GEORGE MACDONALD

Lorsque nous étendons notre influence en *inspirant les autres pour qu'ils trouvent leur voix* (comme vous le savez, inspirer veut dire insuffler la vie), nous opérons dans l'univers des relations. De solides relations reposent sur des fondations représentées par les éléments du caractère développés dans la première partie du livre, tels la sécurité intérieure, l'esprit d'abondance et l'autorité morale, mais elles exigent aussi d'acquérir certaines FACULTÉS interpersonnelles qui nous aideront à surmonter les défis rencontrés avec autrui. Les deux chapitres suivants sont consacrés au développement de ces facultés.

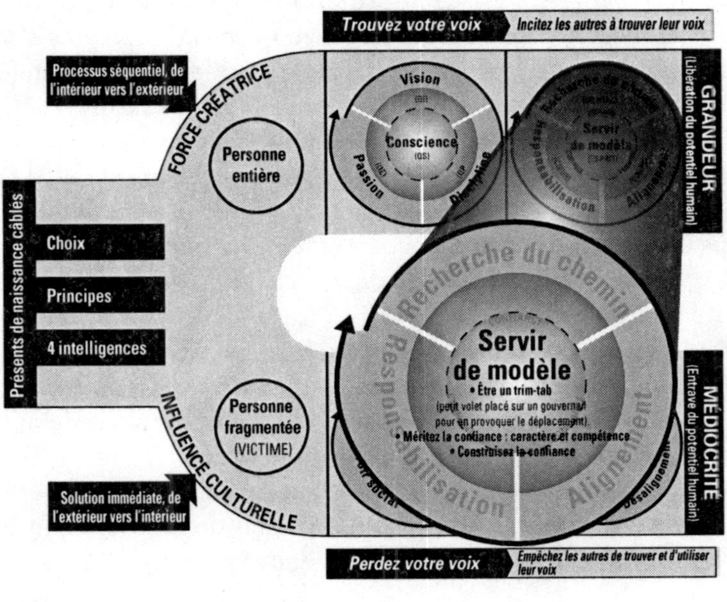

Figure 9.1

PRESQUE tout le travail du monde s'effectue par le biais de relations avec des personnes et au sein d'organisations. Mais que devient la communication en l'absence de confiance ? Elle devient impossible. Elle s'apparente à une marche à travers un champ de mines. Et si la communication est claire et précise, mais dans un climat de défiance ? On y recherche des significations et des intentions cachées. L'absence de confiance est la définition d'une mauvaise relation. Selon les mots de mon fils Stephen, « le manque de confiance est un lourd impôt masqué ». En fait, cet impôt masqué est plus lourd que la combinaison de tous les impôts – masqués ou non ! (voir figure 9.1).

LA VITESSE DE LA CONFIANCE

Comment se font maintenant les communications dans un excellent climat de confiance ? Elles sont faciles, ne demandent aucun effort, elles sont instantanées. Que se passe-t-il dans un tel climat de confiance quand vous faites des erreurs ? Elles n'ont guère d'importance. Les gens vous connaissent. « Ne t'inquiète pas, je comprends. » « N'en parlons plus. Je sais ce que tu veux dire. Je te connais. » Aucune technologie jamais inventée ne permettra jamais ce résultat. Peut-être est-ce pourquoi le cœur a plus d'importance que le cerveau. Quelqu'un peut avoir un cerveau mort, mais si son cœur bat toujours, il vit encore ; mais quand le cœur s'arrête, c'est la mort.

Comme dit mon fils Stephen, « rien n'est aussi rapide que la confiance ». Elle fait mieux encore que ce personnage de BD plus rapide que son ombre. Elle est si rapide qu'elle peut remonter le temps et corriger le passé : elle permet de pardonner et d'effacer des fautes. La confiance est la colle de la vie, elle fait tenir les organisations, les cultures et les relations.

Il y a quelques années, j'ai rendu visite à un ami qui venait de mener à bien un projet d'entreprise important. Bien au courant de son travail, je l'ai félicité de l'impact qu'il aurait sur la vie de milliers de gens. Je lui ai demandé ce qu'il avait appris. Il dit : « Tu sais, Stephen, je peux désormais considérer ce projet de deux ans comme l'une des contributions les plus importantes de ma vie. » Après un sourire fugitif, il ajouta avec une profonde émotion : « Mais ce que j'ai réellement appris, c'est que sans une relation très unie avec ma femme, il se signifierait rien. »

« Vraiment », dis-je. Devinant mon intérêt, il me fit alors les confidences ci-après :

Lorsqu'on m'a demandé pour la première fois d'assurer la conduite du projet, j'étais enthousiasmé par cette opportunité. Ma femme et mes enfants m'encourageaient, et je me suis lancé avec bonheur dans l'opération. J'éprouvais la sensation d'une lourde responsabilité, et j'étais dynamisé par la vision du but à atteindre. Dans la seconde année du projet, je travaillais littéralement jour et nuit. L'importance du travail me consumait. Je pensais que j'avais raison de continuer à m'impliquer dans la vie des enfants, y compris des jeux de ballon et des récitals de danse. Je dînais habituellement chaque soir avec la famille. Je pensais que je m'en tirais plutôt bien. Les derniers six mois étaient les plus intenses, et c'est à ce moment-là que je me suis rendu compte que ma femme avait à mon égard des réactions de frustration – le plus souvent à propos de choses insignifiantes (c'est du moins ce dont j'avais l'impression). Je devins de plus en plus irrité par son manque de compréhension et d'encouragement concernant le travail que je faisais – surtout à un moment aussi crucial. Nos communications étaient devenues tendues – même à propos de questions futiles. Quand le projet fut complètement terminé, elle n'avait pas envie d'assister au dîner organisé pour fêter l'événement. Elle est finalement venue, mais à l'évidence ne s'y est pas amusée. Je savais que nous devions parler, parler vraiment. C'est ce que nous avons fait. Et les vannes se sont ouvertes.

Elle a commencé à me faire part de ce que c'était d'être « seule » pendant tout ce temps. Même lorsque j'étais à la maison, elle sentait que j'étais ailleurs. Comme nous suivions de moins en moins notre tradition de faire des choses ensemble chaque semaine, et parce que je veillais longtemps chaque soir après qu'elle se soit couchée, nous ne parlions plus de nos expériences respectives comme nous le faisions auparavant, et elle se sentait de plus en plus isolée, et pensait qu'elle ne comptait plus vraiment. Je ne communiquais en fait presque rien. Ma concentration quasi exclusive sur mon travail et d'autres engagements lui rappelait constamment que mes pensées et mes sentiments se portaient ailleurs que vers elle. Elle me rappela que j'avais même oublié son anniversaire jusqu'à la moitié de la journée en question. Le plus grave n'était pas la chose en elle-même, mais le fait qu'elle symbolisait pour elle ce qu'elle avait vécu pendant un an.

Quand je lui demandai pourquoi elle ne m'avait pas fait part plus tôt de ses sentiments, elle dit qu'elle ne voulait pas me troubler et me détourner de mon projet. Regardant dans ses yeux, j'y lus une douleur et une solitude profondes. Je me sentis bouleversé par le remords. Comment avais-je pu être si aveugle, si insensible. La révélation de sa solitude me fit comprendre à quel point j'avais été vide de sentiments pendant si longtemps. Je lui demandai pardon et l'assurai que rien ni personne sur terre n'avait pour moi plus d'importance qu'elle. Mais mes paroles ne semblaient pas parvenir jusqu'à son cœur. Je compris que trop d'autres choses avaient transmis un autre message pendant trop longtemps. Ma demande de pardon et mon engagement de revoir mes priorités étaient un pas dans la bonne direction, mais les choses ne s'arrangèrent pas du jour au lendemain. Il fallut des jours et des semaines d'efforts réguliers – parler, échanger ses impressions, être là, faire et tenir des promesses, laisser de côté le travail à la fin de la journée pour me consacrer à la famille, m'excuser et me reprendre quand je m'écartais du chemin – avant que la confiance et l'amour ne soient pleinement rétablis et même excèdent ce qu'ils avaient été.

Depuis ma visite chez cet ami, il a mené à bien deux autres projets d'une durée d'au moins deux ans, tout aussi importants et difficiles que le premier. Pourtant, ils n'ont fait que rendre encore plus étroits et plus forts les liens réciproques avec son épouse. La douleur de la première expérience et sa meilleure compréhension des sentiments de son épouse avaient profondément et durablement modifié son état d'esprit. Voici ce qu'il m'a confié récemment, en comparant les deux phases de son comportement marital :

Ce que j'ai vraiment appris, c'est que l'on peut se sentir profondément engagé par le mariage, aimer son épouse, lui être fidèle, se consacrer à l'éducation de ses enfants, et malgré tout cela voir se détériorer cette relation et la confiance sur laquelle elle est fondée. On peut faire du mal sans pour autant prononcer des paroles dures ou irrespectueuses. Dans le cas d'une personne très proche de soi, il suffit de négliger le cœur, le mental ou l'esprit. Les relations et la confiance ne sont pas immuables. Elles doivent être entretenues et nourries par des actes réguliers de gentillesse, de considération, d'appréciation et de service. J'ai appris qu'aussi bien la qualité de mon mariage que mon propre bonheur n'avaient pas grand-chose à voir avec ce qu'elle fait pour moi, et dépendaient entièrement de ce que je tentais de faire chaque jour pour assurer son bonheur, partager ses soucis, et vivre avec elle les choses qui comptent le plus pour nous. J'ai découvert que l'union avec ma femme est l'une des principales sources de force dans ma vie – non seulement pour tout ce qui touche à notre vie familiale, mais pour tous les aspects de ma vie, y compris ses aspects professionnels. Elle est une source de force, de paix, de joie, d'énergie et d'un sentiment d'appartenance qui me poussent à donner le meilleur de moi-même, amplifient ma créativité et mon envie de contribuer.

Finalement, j'ai appris qu'une relation forte suppose des efforts et des sacrifices. Il faut faire passer le bien-être de l'autre, ses progrès et son bonheur avant les siens. Et comme cela en vaut la peine ! Car de tels efforts nous ouvrent une porte vers notre propre bonheur. Que ferions-nous sans de telles relations qui nous aident à sortir de nous-même et à nous hisser au niveau de notre potentiel ?

L'AUTORITÉ MORALE ET LA VITESSE DE LA CONFIANCE

Ce qui est arrivé à mon ami montre à quel point les relations sont gouvernées par les lois naturelles. Une confiance durable ne peut être simulée, et elle est rarement produite par un effort unique, même s'il est spectaculaire. Elle est le fruit d'actes réguliers inspirés par la conscience et le cœur. Dans *Les 7 Habitudes de ceux qui réalisent tout ce qu'ils entreprennent*, j'ai introduit une métaphore de la confiance, appelée le compte en banque émotionnel. Vous faites dans ce compte des dépôts émotionnels pour consolider vos relations, et vous y faites des retraits pour les détruire. Comme pour toute métaphore, il convient de ne pas la pousser au-delà de ses limites, mais elle permet de mesurer la qualité d'une relation.

Le diagramme du tableau 4 liste dix dépôts et retraits que nous pouvons faire envers d'autres et qui, selon ce que j'ai constaté, ont une profonde influence sur le niveau de confiance dans les relations. Il liste également le *sacrifice* requis par chaque dépôt et les principes auxquels il obéit.

AUTORITÉ MORALE ET VITESSE DE LA CONFIANCE			
DÉPÔTS	**RETRAITS**	**SACRIFICE REQUIS**	**PRINCIPES SOUS-JACENTS**
Chercher d'abord à comprendre	*Chercher d'abord à être compris*	Impatience, ego, votre agenda	Compréhension réciproque
Tenir des promesses	*Ne pas tenir des promesses*	Humeurs, sentiments, émotions, temps	Intégrité/exécution
Honnêteté, ouverture	*Habile manipulation*	Ego, arrogance, contrôle	Vision/valeurs, intégrité/exécution, compréhension réciproque
Gentillesses, amabilités	*Malveillance, discourtoisie*	Soi, temps, perceptions, stéréotypes, préjudices	Vision/valeurs, intégrité/exécution
Penser gagnant/gagnant ou rien	*Penser gagnant/perdant ou perdant/gagnant*	« Gagner veut dire battre », concurrence	Respect/bénéfice mutuels
Clarifier les attentes	*Tromper les attentes*	Communication du style lèche-bottes	Respect/bénéfice mutuels, compréhension réciproque, coopération créative, renouvellement
Loyauté envers les absents	*Déloyauté, duplicité*	hypocrisie sociale	Vision/valeurs, intégrité/exécution
Présenter ses excuses	*Fierté, orgueil, arrogance*	Ego, arrogance, orgueil, temps	Compréhension réciproque
Accueillir le feedback et donner des messages « je »	*Ne pas accueillir le feedback et donner des messages « tu/vous »*	Ego, arrogance, orgueil, communication réactive	Compréhension réciproque
Pardonner	*Conserver du ressentiment*	Orgueil, égocentrisme	Vision/valeurs, intégrité/exécution

Tableau 4

La raison pour laquelle ces dépôts augmentent la confiance est qu'ils incarnent des principes sur lesquels se fondent les relations entre les humains. En examinant chacun de ces dix dépôts, quels éléments communs remarquez-vous ? Je suggère de retenir *un* premier dénominateur commun, l'*initiative*, qui exige de la volonté et de la détermination. Chaque dépôt est à votre portée, et vous permet d'exercer votre influence. Étant basés sur des principes, les dépôts créent l'autorité morale ou la confiance. Et vous voyez bien que pour faire ces dépôts, vous avez besoin d'assez de courage, d'initiative et de détermination pour faire au niveau personnel « vingt pompes émotionnelles ».

Une autre caractéristique commune de ces dépôts est l'absence d'égoïsme et la présence d'*humilité*. Ils exigent d'être prêt à subordonner ses intérêts à ceux d'une autre personne, à un principe ou à une cause supérieure. De se rendre compte que la vie ce n'est pas seulement moi et le mien ; selon les mots du philosophe Martin Buber, c'est aussi « je et tu » – un sentiment de profond respect pour la valeur et le potentiel de chaque individu.

L'autorité morale, la confiance et les liens affectifs peuvent s'évaporer avec le temps en l'absence de dépôts réguliers, surtout à l'égard de ceux aux côtés de qui nous vivons et travaillons. Il en est ainsi parce que leurs attentes sont tellement plus fortes. Dans le cas de gens que nous n'avons pas vus pendant des années, nous pouvons reprendre les relations au point où nous les avons laissées. La confiance et les liens affectifs se rétablissent immédiatement, parce qu'ils ne s'attendent tout simplement pas à des dépôts continuels.

Autorité morale : usage du libre choix dans le respect de principes, lequel implique presque toujours une part de sacrifice.

Une troisième caractéristique des dépôts est que, comme la plupart des choses dignes d'intérêt dans la vie, ils demandent un *sacrifice*. (Une bonne définition du sacrifice est de donner quelque chose – même quelque chose de bon – pour quelque chose de meilleur.)

Si vous n'êtes pas encore familiarisé avec le compte en banque émotionnel, je vous encourage à porter sur lui un regard neuf pour y découvrir de nouveaux éclairages, qui vous permettront de trouver votre voix et d'inspirer les autres pour qu'ils trouvent la leur. Vous remarquerez que chaque dépôt revient à choisir d'utiliser vos cadeaux de naissance pour sacrifier une habitude personnelle néfaste, et la remplacer par une action bénéfique pour vos relations avec autrui, et qui renforcera votre autorité morale.

Aucun système ne peut assurer longtemps la loyauté des hommes et des femmes sans en attendre un minimum de discipline, et notamment d'autodiscipline. Le coût en confort perdu peut être élevé. Le sacrifice correspondant peut être réel. Mais cette réalité très exigeante est la substance dont sont faites la force et la noblesse de caractère. L'indulgence n'a jamais produit la grandeur. L'intégrité, la loyauté et la force sont des vertus dont les tendons se développent à l'occasion des luttes que nous livrons en pratiquant l'autodiscipline qu'exige le respect des principes divinement révélés[1].

GORDON B. HINCKLEY

CHERCHER D'ABORD À COMPRENDRE

Pourquoi *Chercher d'abord à comprendre* est-il le premier dépôt ? La raison en est simple. Vous ne savez pas ce que peut représenter un dépôt au bénéfice d'un autre tant que vous ne connaissez pas son système de référence. Ce qui peut être un dépôt de premier ordre pour vous peut être d'un faible intérêt pour un autre, voire un retrait. Une promesse importante pour vous peut être sans importance pour un autre. La manière dont vous exprimez votre honnêteté, votre ouverture, votre bonté et votre courtoisie peut être perçue de manière très différente à travers ses filtres culturels ou personnels particuliers. Bien que les principes sous-jacents de chaque dépôt s'appliquent en toutes circonstances, il convient de comprendre les autres tels qu'ils se perçoivent dans leur cadre de référence pour savoir comment opérer en pratique.

Après avoir appris l'idée de faire des dépôts dans le compte en banque émotionnel, une femme décida d'en faire l'essai. Voici ce qu'elle m'a confié au sujet de cette expérience :

J'avais décidé de faire quelque chose de spécial pour mon mari en vue d'améliorer notre relation. J'imaginais que de voir les enfants dans des habits propres quand il rentrait le soir et de savoir que la lessive était faite promptement le rendrait plus heureux.

Après avoir joué pendant près de deux semaines à Miss super-laveuse-de-lessive sans le moindre feedback – vraiment rien, je pense qu'il ne s'en rendait même pas compte –, je commençais à être un peu décontenancée. « Ce truc ne vaut rien », pensai-je. Puis tout d'un coup, une nuit où il s'était endormi sans penser à rien entre des draps propres, je vis une ampoule s'allumer au-dessus de ma tête. « Oh mon Dieu. Il se soucie comme d'une guigne de voir le visage propre de Zac ou son jean propre. C'est ce qui me rend heureuse. Il préférerait que je lui gratte le dos ou que j'organise une sortie pour vendredi soir. » J'aurais pu me donner des coups de pied. Je me tuais à laver le linge et à faire tous ces dépôts dépourvus de sens pour lui.

J'ai ainsi appris une simple vérité d'une façon laborieuse : un dépôt doit signifier quelque chose pour l'autre personne.

J'ai vécu d'innombrables preuves des bienfaits résultant des efforts consacrés à comprendre autrui. Je n'oublierai jamais une demande d'un responsable de très haut niveau qui souhaitait que je lui donne mon analyse et ma recommandation pour la sélection d'un nouveau président d'université. C'est l'une des expériences de communication qui m'ont le plus profondément marqué. Il avait quitté son bureau pour me rejoindre dans le bureau extérieur où je l'attendais. Après m'avoir salué aimablement, il me fit entrer dans son bureau et me fit asseoir à côté de lui, face à son bureau, de sorte que nous puissions nous parler sans être séparés par aucun obstacle physique. Il me dit en substance : « Stephen, merci d'être venu jusqu'ici. Je brûle de comprendre quoi que ce soit que tu voudras me faire comprendre. »

Je m'étais longuement préparé à cette visite et j'avais développé une esquisse de ma présentation. Je lui fournis une copie de cette esquisse, et j'en développai lentement et complètement tous les points. À part quelques rares demandes de clarification, il ne m'interrompit jamais. Il écoutait si intensément et si complètement que lorsque ma présentation de trente minutes fut terminée, je me sentais entièrement compris. Il ne fit absolument aucun commentaire – pour exprimer un accord, un désaccord ou s'engager en aucune façon. Mais à la fin, il se leva simplement, me regarda dans les yeux et, tandis qu'il me serrait la main, exprima combien il m'appréciait et m'admirait. Ce fut tout. J'étais profondément ému par son ouverture, son humilité, son écoute attentive et aimable, et me sentis envahi par un sentiment de gratitude et de loyauté. Me sentant vraiment écouté et respecté, j'étais prêt à supporter la décision qu'il prendrait quelle qu'elle puisse être.

Bien que j'aie eu maintes fois affaire à cette personnalité auparavant, cette expérience de communication face à face, authentique, lui conférait à mes yeux une telle autorité morale qu'il n'était nul besoin d'une autre visite ou d'une autre expérience commune pour la confirmer ou la renouveler. Je suis même encore surpris, en écrivant à son sujet, de ressentir si vivement l'impact d'une conversation aussi précieuse.

FAIRE ET TENIR DES PROMESSES

Rien ne détruit plus vite la confiance que les promesses non tenues. Inversement, rien ne suscite et ne renforce davantage la confiance que de *tenir une promesse*.

Il est facile de faire une promesse. Elle satisfait rapidement le bénéficiaire – notamment s'il est stressé ou anxieux à l'égard d'une question pour laquelle il a besoin de vous. Une promesse qui fait plaisir incite le bénéficiaire à aimer le prometteur. Et nous aimons être aimés.

Nous croyons le plus facilement ce que nous désirons le plus ardemment. Toutes sortes de gens se font arnaquer parce qu'ils désirent tellement quelque chose qu'ils croient n'importe quelle explication, histoire ou promesse relative à la chose désirée. Ils ferment les yeux sur les informations négatives et continuent de croire.

Mais *tenir une promesse est difficile*. Cela met en jeu un douloureux processus de sacrifice – particulièrement quand le plaisir associé à la promesse s'estompe pour faire place à de dures réalités ou à des circonstances différentes.

Je me suis astreint à ne jamais (« ne dis jamais jamais ») utiliser le mot *promesse* si je ne suis pas totalement prêt à payer le prix que me coûtera cette promesse, si élevé soit-il, surtout avec mes enfants. Ils m'ont souvent supplié de dire « promesse ». Ils se sentaient alors en paix, sachant que je tiendrais parole – presque aussi satisfaits que s'ils avaient obtenu *maintenant* ce qu'ils voulaient. Mais bien souvent j'ai été tenté de dire « Je le promets » seulement pour les satisfaire rapidement et avoir la paix sur le moment. « J'essaierai » ou « C'est mon but » ne les satisfaisaient pas. Seulement « Je promets ».

À l'occasion de changements échappant à tout contrôle de ma part, il m'est arrivé de demander à mes enfants de comprendre et de me libérer d'une promesse. Dans la plupart des cas ils comprenaient et me libéraient. Mais mes plus jeunes enfants ne comprenaient généralement pas. Bien qu'ils *disent* qu'ils comprenaient et me libéraient de ma promesse, il n'en était rien au plan émotionnel. Je tenais alors la promesse à moins que ce ne soit déraisonnable. Et en pareil cas, je devais vivre avec une perte de confiance et tenter de la retrouver par d'autres moyens.

HONNÊTETÉ ET INTÉGRITÉ

Le légendaire capitaine d'équipe de basket Rick Pitino avait une formule saisissante pour décrire le principe d'honnêteté : « Mentir place un problème dans l'avenir ; la vérité place un problème dans le passé[2] ».

Je me souviens d'avoir travaillé dans le passé avec un entrepreneur qui était incroyablement direct et ouvert au sujet des difficultés qu'il rencontrait, et même des erreurs qu'il avait faites au cours de notre projet. Il prenait la responsabilité de ses erreurs. Il nous avait donné des informations sur les coûts si cohérentes et complètes, en même temps que sur toutes les options que nous pouvions prendre à toutes les étapes de la construction, que j'avais instinctivement une confiance absolue dans cet homme et que je savais pouvoir me fier à sa parole. Je savais qu'au besoin il ferait passer nos intérêts avant les siens. Le fait qu'il soit prêt à placer son intégrité et nos relations au-dessus de son orgueil et de son désir naturel de cacher ses erreurs et d'éviter l'embarras correspondant a créé un lien de confiance inhabituel entre nous. Cette confiance lui a valu de conclure un grand nombre d'autres affaires. J'ai aussi eu plusieurs fois des expériences en sens opposé lors de difficultés similaires en matière de bâtiment.

> *Aucun homme ne peut avoir longtemps un visage vis-à-vis de lui-même et un autre pour la multitude sans finalement ne plus savoir lequel est le vrai*[3].
>
> NATHANIEL HAWTHORNE

En une autre occasion, lorsque je travaillais dans une université, j'ai eu le privilège d'accueillir un éminent psychologue qui avait été le président d'une association nationale de psychologues. Cet homme était considéré comme le père de la « thérapie de l'intégrité », une méthode de traitement psychologique basée sur l'idée que la paix de l'esprit, le véritable bonheur et l'équilibre sont le fruit d'une vie d'intégrité et de conscience. Il croyait que la conscience s'abreuvait à un sens universel du bien et du mal commun à toutes les cultures, religions et sociétés durables depuis l'origine des temps.

Un après-midi entre deux conférences, je le conduisis dans les montagnes pour lui en faire admirer les vues saisissantes. Je profitai de cette occasion pour lui demander comment il en était venu à croire à la thérapie de l'intégrité.

Il dit : « C'est une histoire très personnelle. J'étais maniaque, dépressif, et la majeure partie de ma vie avait été une série de hauts et de bas. Au bout d'un certain temps, quand je conseillais des gens, je commençais à me sentir stressé et très vulnérable. Je commençais alors à glisser dans la dépression – presque au point où je voulais en finir avec la vie. J'étais suffisamment conscient de ce qui m'arrivait, du fait de ma formation professionnelle et de mon travail, pour savoir que j'étais dangereux. À ce stade, je me mettais dans une institution pour ne pas pouvoir mettre fin à mes jours. Après un mois ou deux, j'en sortais et me remettais au travail. Puis, après un an ou deux, je rechutais, m'hospitalisais, et peu à peu redevenais capable de me consacrer à mes recherches et d'écrire. »

Il continua : « À un certain point, lorsque j'étais président de l'association, je devins tellement malade, tellement déprimé, que j'étais incapable d'assister aux réunions et d'assumer mes responsabilités de président. Je me suis alors demandé : “Se pourrait-il que je travaille à partir d'un présupposé erroné dans ma vie et dans ma profession ?” Je savais au fond de moi-même que j'avais vécu un mensonge pendant de nombreuses années. Il y avait une partie sombre de ma vie que je n'avais jamais reconnue comme telle. »

Comme nous continuions à rouler et comme il commençait à me faire part de ces questions très personnelles, j'éprouvais un sentiment de profonde humilité. J'avais aussi un peu peur de ce que j'allais entendre. Il continua : « Je décidai une rupture majeure. J'abandonnai ma maîtresse. Je fis la lumière auprès de ma femme. Et pour la première fois depuis des années, j'avais la paix – une sorte de paix différente de ce que j'avais éprouvé en sortant de mes dépressions – et je me remis à travailler de manière productive. C'était une paix de l'esprit intérieure, une sorte d'honnêteté vis-à-vis de soi, une sorte d'unité avec soi-même, une intégrité.

C'est alors que j'ai commencé à explorer la théorie selon laquelle un bon nombre de mes problèmes venaient de ce que ma conscience naturelle avait été ignorée, déniée, violée, entraînant une perte d'intégrité personnelle. J'ai donc commencé à travailler sur cette idée. À faire des recherches à son sujet. J'ai impliqué d'autres cliniciens, qui commencèrent à utiliser ce paradigme avec leurs patients. Toutes ces données m'ont convaincu de sa validité. Et c'est ainsi que je me suis lancé dans la thérapie de l'intégrité. »

La franchise de cet homme et la profondeur de ses convictions m'ont beaucoup impressionné, et il en fut de même pour la centaine d'étudiants au cours d'un forum de l'université, devant qui, à ma grande surprise, il rapporta la même histoire. L'exemple donné et la franchise étaient au centre de son approche thérapeutique. Il était également clair pour lui que l'intégrité personnelle non seulement joue un rôle essentiel dans toutes nos relations, mais en outre est indispensable à notre santé psychique ainsi qu'à la réalisation de ce que nous avons choisi d'entreprendre.

GENTILLESSES ET AMABILITÉS

Dans le cas des personnes, les petites choses sont de grandes choses. L'un de mes étudiants est venu me voir à la fin du semestre et me dit en substance, après avoir fait l'éloge du cours : « Dr Covey, vous êtes un expert en relations humaines, mais vous ne connaissez même pas mon nom. »

Il avait raison. J'en étais attristé, embarrassé et mortifié. Je dois combattre ma tendance à me submerger à tout moment dans la conceptualisation, le travail à effectuer et l'efficacité. Il est vrai que tant que les relations ne sont pas fortes et que les objectifs ne sont pas partagés, l'efficacité est inopérante, notamment avec des personnes inquiètes : « demandant beaucoup d'attention ». Il en va différemment des choses. Les choses ne ressentent rien. Contrairement aux personnes, même les soi-disant « grandes » personnes, les VIP. Les petites gentillesses et les petites amabilités rapportent d'immenses dividendes. Elles se situent dans la sphère du QE.

Toutefois, les gens voient au travers des techniques de « gentillesse » et savent quand ils sont manipulés. La bonté, la courtoisie et le respect authentiques procèdent d'un profond réservoir de caractère alimenté par le QS, et même rendent superflue la nécessité d'attentions sociales convenues.

Souvent, quand je m'adresse à des enfants, à la maison ou à l'école, je leur dis qu'en apprenant et en utilisant quatre expressions (dix mots en tout) sincèrement et régulièrement, ils pourront obtenir ce qu'ils veulent dans la plupart des cas.

Un mot – « merci ».

Deux mots – « je t'aime ».

Trois mots – « s'il te plaît ».

Quatre mots – « comment puis-je t'aider ? »

Les adultes sont de grands enfants.

PENSER GAGNANT/GAGNANT OU RIEN

La mentalité gagnant/perdant est l'hypothèse sous-jacente de presque toute négociation ou résolution de problème. Elle procède de l'état d'esprit de pénurie, qui dit que plus l'autre gagne ou obtient, moins il y a pour moi. Le but est d'obtenir ce que vous voulez – ce qui veut dire le plus souvent manipuler l'autre ou prendre l'avantage sur lui pour l'amener à faire le plus possible de concessions. Nombreux sont ceux qui tentent de régler leurs désaccords avec d'autres de cette manière, même au sein de la même famille. Les deux parties livrent bataille jusqu'à ce que l'une cède ou jusqu'à ce qu'elles se soient mises d'accord sur un compromis.

Je me souviens d'avoir fait une présentation dont l'idée clé était de briser cet état d'esprit gagnant/perdant en étant émotionnellement et mentalement axé sur la promotion du « gain » de l'autre partie autant que du sien propre. Cette attitude exige du courage, une mentalité d'abondance, et une grande créativité pour ne pas se contenter d'un compromis acceptable pour l'autre partie. J'ai aussi proposé une autre idée clé, qui est de prendre l'absence de transaction comme point de départ. En fait, tant que l'absence de transaction n'est pas une option viable dans votre esprit, c'est-à-dire, tant que vous n'êtes pas préparé à choisir l'absence de transaction, à vous en aller, à vous mettre aimablement d'accord sur l'absence d'accord à moins que chaque partie ne considère qu'elle gagne, vous vous mettez immanquablement à manipuler et souvent à pressurer ou intimider l'autre partie pour qu'elle accepte votre gain. Mais si l'absence de transaction est une option viable, vous pouvez honnêtement dire à l'autre : « À moins que ce ne soit une opération vraiment gagnante pour vous et que vous la ressentiez sincèrement comme telle, et à moins qu'il n'en aille exactement de même de mon côté, mettons-nous d'accord dès maintenant pour choisir de ne pas faire l'opération. » Ce principe de départ est libérateur, et il requiert une telle combinaison d'humilité, de bonté, de force et de courage que lorsqu'il est accepté sans réserve, les deux parties sont transformées ; il s'établit entre elles par la suite un lien de loyauté solide et durable.

Après la présentation, un homme assis au premier rang vint me voir pour me remercier de cette idée qui venait à point nommé. Il représentait Disney-Epcot et dit qu'il avait l'intention de mettre ma suggestion en pratique le jour suivant dans une affaire concernant la présentation d'un pays particulier sur le site du Epcot Center. Il m'expliqua que les personnes impliquées dans le financement de l'opération voulaient pour ce pays une exposition dont Disney avait le sentiment qu'elle ne retiendrait pas suffisamment l'intérêt des visiteurs. Tous ressentaient le besoin d'une solution de compromis pour mettre en place le financement et commencer le développement en temps utile. Mais maintenant il apercevait une autre option.

Il m'informa plus tard qu'il avait respectueusement déclaré à ses interlocuteurs impliqués dans le financement : « Nous voulons vraiment parvenir à un arrangement gagnant/gagnant et établir avec vous une relation basée sur le même principe. Nous avons certainement besoin du financement que vous proposez. Mais étant donné que nos points de vue diffèrent fondamentalement, nous avons conclu que si l'opération n'est pas génératrice d'un grand avantage pour chacun de nous, il sera préférable de ne pas conclure d'accord. » Dès que ses interlocuteurs eurent admis la sincérité et l'honnêteté de ses propos, ils cessèrent d'eux-mêmes de manipuler et d'exercer des pressions. Ils marquèrent une pause, revirent leur position, puis reprirent la négociation dans un esprit de communication authentique, jusqu'à ce qu'un arrangement synergétique et réellement gagnant/gagnant soit conclu.

Notez que la force de ce dépôt consistant à penser gagnant/gagnant ou rien tient à l'acceptation initiale d'un sacrifice – la mise en suspens de ses propres intérêts suffisamment longtemps pour comprendre ce que l'autre personne veut le plus, et pourquoi, de sorte que vous puissiez travailler ensemble à une solution nouvelle et créative qui satisfasse les intérêts des *deux* parties.

CLARIFIER LES ATTENTES

Clarifier les attentes est en fait une combinaison de tous les autres dépôts, compte tenu de la compréhension réciproque et du respect qu'exige un tel échange, notamment quand il s'agit de clarifier les attentes relatives aux *rôles* et aux *objectifs*. Si vous remontez à la racine de toutes les ruptures de communication, ou de toutes les cultures brisées, malades, vous constaterez qu'elles viennent d'attentes ambiguës ou déçues en matière de *rôles* ou d'*objectifs* : autrement dit, qui doit jouer quel rôle et quels sont les objectifs prioritaires associés à ces rôles.

Je me souviens d'avoir participé à la constitution d'une équipe dirigeante avec les hauts responsables d'une grande association de restaurants. Il était évident qu'il y avait des priorités et des objectifs qui s'opposaient et qui ne pouvaient plus être ignorés ou tolérés sans de terribles conséquences pour toute l'organisation. J'ai simplement pris deux tableaux papier et écrit en tête de chacun d'eux « Comment vous voyez MES rôles et mes objectifs », et « Comment vous voyez VOS rôles et vos objectifs ». Aucun jugement, aucun accord ou désaccord n'a été exprimé jusqu'à ce que les deux tableaux aient été remplis à la satisfaction de ceux qui les remplissaient. Dès que chacun a pu voir de ses yeux que ces oppositions apparemment inconciliables étaient entièrement fonction d'attentes différentes en matière de rôles et d'objectifs, l'humilité et le respect ont été rétablis. Les participants étaient désormais en mesure de commencer une communication sincère en vue de clarifier leurs attentes.

LOYAUTÉ ENVERS LES ABSENTS

Rester loyal envers les absents est l'un des dépôts les plus difficiles à faire. C'est un test essentiel du caractère de la personne et aussi de la profondeur de sa relation avec l'absent. C'est notamment le cas lorsque chacun semble rivaliser pour critiquer une personne qui n'est pas présente. Vous pouvez, sans avoir à vous justifier, prendre la parole et dire : « Je vois les choses autrement », « Mon expérience est différente » ou « Vous avez peut-être raison ; allons en parler avec lui ou elle ». Ce faisant, vous faites comprendre immédiatement que l'intégrité est la loyauté – non seulement envers ceux qui sont absents mais aussi envers ceux qui sont présents. Qu'elles l'admettent ou non, toutes les personnes présentes vous admireront et vous respecteront au fond d'elles-mêmes. Elles sauront que leur nom est précieux pour vous quand elles ne sont pas là. En revanche, quand la loyauté au groupe a plus de force que l'intégrité, quand vous cédez et participez à la médisance, ceux qui sont présents savent que sous la pression des autres ou du stress, vous auriez le même comportement à leur égard.

Je me souviens d'avoir conduit une réunion d'une grande organisation où les leaders formels discutaient de diverses questions de personnel. Ils semblaient être entièrement d'accord au sujet des faiblesses d'un individu particulier. Ils commencèrent même à raconter des blagues ou des histoires drôles à son sujet, ce qu'ils n'auraient jamais fait en face de lui. Plus tard dans la même journée, l'un des responsables vint me voir et me dit que pour la première fois il pouvait désormais ajouter foi à l'appréciation et à l'affection que je lui avais exprimées. « Et pourquoi ? » demandai-je. Il répondit : « Parce qu'alors que nous étions en train de tailler cette personne en pièces, vous avez nagé contre le courant et montré la sympathie et l'admiration qu'elle vous inspire. » Je lui demandai pourquoi il s'était senti concerné. Il dit : « Parce que j'ai des faiblesses similaires, mais en pire. Personne n'est au courant, pas même vous. C'est pourquoi chaque fois que vous avez exprimé votre appréciation et votre sympathie pour moi, je me suis dit intérieurement que vous ne compreniez pas. Aujourd'hui je pense que vous comprendriez. Je pense que vous seriez sincère et loyal envers moi, même en mon absence, et que je peux vous faire confiance, et croire à la sincérité de vos aimables propos. »

La façon de traiter l'un est souvent révélatrice de la façon de traiter les autres ; ce que vous dites sur quelqu'un en sa présence ou son absence renseigne les autres sur la façon dont vous parlerez d'eux en leur présence ou en leur absence.

PRÉSENTER SES EXCUSES

Apprendre à dire « J'avais tort, je suis désolé » ou « Je me suis laissé emporter par mon ego, ma réaction était excessive, je t'ai ignoré, et j'ai subordonné mon intégrité à la loyauté » – puis se comporter ensuite en conséquence, est l'une des manières les plus fortes de *s'excuser*. J'ai vu des relations qui avaient été brisées pendant des années se reformer dans un laps de temps assez court grâce à la profondeur et à la sincérité d'excuses de cet ordre. Si vous avez dit quelque chose sous l'empire de la mauvaise humeur mais sans le penser vraiment, dites en vous excusant que vous avez été emporté par votre orgueil, et indiquez ce que vous pensiez vraiment. Si vous l'avez dit sous l'empire de la mauvaise humeur et si vous le pensiez vraiment, alors vous excuser vraiment exige la modification de vos sentiments, et vous devez vous repentir intérieurement au point de pouvoir dire sincèrement : « Je suis désolé, je regrette ce que j'ai dit et fait, et je m'attacherai à corriger l'un et l'autre. »

Je me souviens d'une confrontation déplaisante avec un individu sur une question qui nous avait violemment opposés. Ce que nous éprouvions s'était répercuté sur la sincérité de nos communications à partir de ce moment-là, même si elles restaient courtoises et aimables en surface. Puis un jour, il vint me voir et se dit attristé de la tension dans nos relations, dont il souhaitait rétablir l'harmonie. Il dit que c'était l'une des choses les plus difficiles pour lui – de regarder dans son cœur et de voir où il s'était trompé. Il voulait sincèrement s'excuser. Il le fit de manière si humble et sincère, sans chercher en rien à se justifier, que je me sentis obligé de regarder dans mon propre cœur et de prendre ma part de responsabilité. Nous étions réconciliés.

Une ancienne collègue m'a relaté une expérience vécue alors qu'elle travaillait avec une équipe de hauts dirigeants réunis pour un séminaire d'une semaine. Le président commença un matin par encourager le groupe à vraiment chercher à comprendre les autres lors de leurs discussions avant d'exprimer leur propre point de vue. Avant de poursuivre la réunion, il décrivit une expérience personnelle forte illustrant ce principe.

Ce qui suit est un bref compte-rendu de ce dont elle fut témoin dans l'après-midi de la même journée (les noms ont été changés, comme dans la plupart des histoires de ce livre).

Au milieu de notre discussion, un responsable assez désagréable commença à dire quelque chose sur une approche commerciale qui lui créait des difficultés. Le groupe lui tomba dessus verbalement. À vrai dire, j'aurais aimé lui tomber dessus moi aussi, mais je savais que ce n'était pas ma place. J'ai entendu ensuite Jack, le président, éclater de rire, à la figure de l'intéressé. Il se moquait de lui devant tout le groupe. Bien sûr, le groupe suivit le mouvement comme un seul homme.

J'étais stupéfaite. Quelques heures plus tôt, le président nous avait fait part de cette expérience émouvante sur la nécessité d'attendre son tour, d'essayer de comprendre les actes d'une autre personne. Maintenant il faisait exactement le contraire. Je ne pouvais pas vraiment le réprimander en présence de tout le groupe. Alors, je l'ai simplement regardé fixement. Il lut et comprit aussitôt ma pensée. « C'était abject. Si vous ne faites pas tout de suite ce qu'il faut pour y porter remède, je m'en vais ! » Vraiment. J'étais furieuse, j'étais prête à partir devant tout le groupe. Ils venaient de retomber dans leur ancien comportement combatif et leur dynamique de groupe empoisonnée.

Il me dévisagea à son tour. Je me redressai sur mon siège en continuant de le fixer du regard : « Je te rends la politesse ». Il se tassa sur son siège. Je continuais de le regarder fixement. Cela dura pendant environ cinq minutes, durant lesquelles les membres de son équipe continuaient de crucifier le pauvre type. Puis tout d'un coup, le président arrêta la réunion. Il dit : « Stop, j'ai fait quelque chose de mal. David, je veux te demander pardon. »

« Pourquoi ? » David était un peu perplexe. Les choses étaient normales pour lui.

« Ce que j'ai fait était déplacé. Je n'aurais pas dû rire. Nous ne t'avons pas écouté du tout. Nous te sommes simplement tombés dessus. Me pardonneras-tu ? »

Je pensais que David, ce vice-président senior, dirait quelque chose du genre : « Pas de problème. Ne t'inquiète pas pour ça. » Mais sa réponse fut surprenante : « Jack, je te pardonne. Merci. » Vous rendez-vous compte combien plus de courage il faut pour pardonner activement que pour essayer simplement d'oublier que quelque chose a eu lieu ?

Je restais assise. J'étais profondément émue du comportement de Jack. Il n'était pas obligé de s'excuser. Il n'avait pas besoin de demander pardon devant tout le groupe. Il dirige une division de 80 000 personnes. Il n'est pas obligé de faire quoi que ce soit qu'il ne veut pas faire. Après la réunion, je suis allée le voir, et lui ai dit d'une voix qui trahissait mon émotion : « Merci d'avoir fait ça. » Il répondit : « C'est ce qu'il fallait faire. Merci de m'avoir fixé des yeux. » Nous n'avons pas reparlé de cet incident. Mais nous savons l'un et l'autre que nous avons donné le meilleur de nous-mêmes ce jour-là.

DONNER ET RECEVOIR DU FEEDBACK

Les étudiants desquels je suis resté le plus proche depuis mes années consacrées à l'enseignement sont ceux à qui j'ai donné le plus de *feedback*. « Vous valez mieux que cela. Je ne vous laisserai pas décrocher. Il n'y a pas d'excuse. Vous pouvez payer le prix. » Beaucoup m'ont dit que de les maintenir sur la voie de la responsabilité – les pousser à vivre avec toutes les conséquences de leurs actes – avait eu sur leur vie une influence décisive, bien que durement ressentie à l'époque, par eux comme par moi.

Le *feedback négatif* est l'un des messages les plus difficiles à transmettre. C'est aussi l'un des plus nécessaires. Faute de *feedback* négatif, tant de gens demeurent aveugles de leurs faiblesses. On redoute de briser une relation, ou de compromettre son avenir en « s'en prenant » à son patron.

L'hypocrisie de l'humiliation infligée à David par Jack dans l'histoire précédente était d'autant plus évidente pour Jack qu'il n'était pas victime d'un point aveugle, mais de son ego. Le courage et l'intégrité de la femme qui avait donné son *feedback* s'étaient avérés plus forts que le statut et la position. D'où son effet immédiat. Parfois le *feedback* reste sans effet, et il faut alors parler à la personne en privé. La meilleure façon de le faire est de parler de vous, non de la personne. Décrivez vos sentiments, vos soucis ou vos perceptions de ce qui s'est produit, sans accuser, juger ni étiqueter la personne. Ne se sentant pas personnellement menacée, elle sera plus ouverte à une information sur ses points aveugles.

Les personnes en position d'autorité devraient rendre légitime la pratique de l'objection et du *feedback*. Si vous recevez un *feedback*, vous devez le reconnaître explicitement et exprimer votre gratitude, même si cela fait mal. Si vous ne le faites pas explicitement, une norme s'établit selon laquelle donner un *feedback* négatif ou formuler une objection est une forme de déloyauté et d'insubordination. Rendre « l'objection » légitime, et même en faire une norme sociale, libère aussi la personne en position d'autorité, de sorte qu'elle peut elle aussi user de l'objection, qui alors ne heurtera pas les sentiments des autres, ne brisera pas une relation, ni ne sera prise pour « le dernier mot ».

Nous avons tous besoin de *feedback*, particulièrement au sujet de nos points aveugles – ces zones sensibles de faiblesse que nous protégeons. Nous en défaire est indispensable à notre croissance personnelle, car ce sont de redoutables tyrans. Le sens de notre valeur personnelle s'en trouvera augmenté, car il ne procède pas de nos faiblesses, connues ou aveugles.

Je me souviens d'avoir eu des relations tendues avec un voisin parce qu'il lui était difficile de vivre si près de notre famille nombreuse, bruyante et parfois indifférente à ses voisins – avec un chien qui aboyait, des lumières aveuglantes dès le petit matin et jusque tard dans la nuit, etc. Je suis allé le voir et lui ai dit en substance que nous voulions être de bons voisins et que nous apprécierions son *feedback* sur la façon dont nous pouvions améliorer les choses. Il hésitait à prendre la parole, et j'ai alors amorcé la pompe en décrivant ce que cela pouvait être de vivre à côté de chez nous. Il s'est alors ouvert et a donné libre cours à son mécontentement, aux critiques qu'ils avaient lui et sa femme. Mais plus je l'écoutais, plus il semblait presque retourné par le fait que je recherchais son *feedback*, le respectais et cherchais à impliquer ma famille dans un effort visant à faire de nous de meilleurs voisins. Il reconnut qu'il avait réagi de manière excessive à beaucoup de choses et avait fait une montagne d'incidents sans grande importance – et qu'une grande partie de ce dont il avait parlé était due au caractère inévitable des bavardages incessants, de la complexité et des désordres provoqués par les allées et venues d'une grande famille. Quand nous nous sommes quittés, il me dit combien il était reconnaissant de ma visite et combien il était soulagé.

PARDONNER

> *La colère est un acide qui peut faire plus de mal au récipient dans lequel on le garde qu'à toute chose sur laquelle on le verse.*
>
> MAHATMA GANDHI

Le véritable *pardon* implique d'oublier, de laisser filer, et de suivre son chemin. Étant en voyage d'affaires, je reçus un appel de l'un de mes managers, qui voulait démissionner à cause de la façon dont il avait été critiqué par son supérieur hiérarchique immédiat. Je lui demandai de repousser sa décision jusqu'à ce que nous ayons pu nous voir. Il dit : « Je n'appelle pas pour vous consulter ; j'appelle pour vous informer. Je démissionne. » Je me rendis compte que je ne l'avais pas écouté, ce que je fis alors. Il ouvrit alors une boîte de Pandore d'expériences, de récriminations et de sentiments, dont les plus marquants étaient en rapport avec sa femme. Comme je l'écoutais vraiment, l'énergie négative de ses propos s'atténua, et de lui-même il donna son accord pour venir me voir dès mon retour.

Il se présenta dans mon bureau avec sa femme, et ils furent aimables en surface. Mais dès que nous eûmes abordé la véritable question, la colère et le ressentiment éclatèrent. Je continuai d'écouter jusqu'à ce qu'ils se sentent compris, et ils devinrent ensuite très ouverts. Je leur ai parlé alors de l'espace entre le stimulus et la réponse et leur ai fait admettre que le pire n'est pas ce que les gens nous font, mais notre réaction à ce qu'ils nous font. Ils pensaient au début que je cherchais à les manipuler pour les inciter à rester. Je continuai alors à les écouter jusqu'à ce que d'autres problèmes aient été présentés et compris, avec leur incidence sur leur mariage et leur vie de famille. Cet échange s'apparentait à l'épluchage d'un oignon dont on enlève les enveloppes successives jusqu'à en découvrir la partie centrale délicate et charnue.

Comme ils étaient à ce stade beaucoup plus réceptifs à mon enseignement, je soulignai leur pouvoir de choix et dis qu'ils pouvaient envisager de demander le pardon du supérieur pour le ressentiment et la colère que le manager éprouvait à son égard. Sa réponse fut : « Que voulez-vous dire ? Vous avez tout mis sens dessus dessous. Ce n'est pas à *nous* de demander pardon – c'est à *lui* de solliciter *notre* pardon. »

Davantage d'énergie négative fut libérée jusqu'au moment où ils devinrent extrêmement réceptifs à l'idée que personne ne peut nous faire de mal sans notre consentement et que la réponse que nous choisissons est ce qui détermine au premier chef notre vie – que nous sommes les produits de nos décisions, non des conditions qui nous entourent. Leur attitude se fit alors plus humble, et ils dirent qu'ils allaient y réfléchir. Il m'appela plus tard au téléphone pour dire qu'il avait reconnu la sagesse du principe dont nous avions discuté et qu'il était allé voir son patron pour lui demander pardon, que son patron avait littéralement été bouleversé par ce comportement, qu'à son tour il avait demandé son pardon, et que cela avait rétabli leurs relations. Il me dit que lui et sa femme avaient pleinement accepté l'espace entre le stimulus et la réponse, ainsi que le pouvoir du choix, et que même si leur recherche sincère de pardon devait être repoussée, il avait déterminé de rester et de faire de son mieux pour assurer le succès de son travail.

> *Le pardon brise la chaîne de la causalité, parce que celui qui vous « pardonne » – par amour – prend sur lui les conséquences de ce que vous avez fait. C'est pourquoi le pardon entraîne toujours un sacrifice.*
>
> DAG HAMMARSKJÖLD

Ce n'est pas la morsure du serpent vénéneux qui fait le plus de mal. C'est la poursuite de ce serpent, qui en fait remonter le venin jusqu'au cœur. Comme nous commettons tous des erreurs, nous avons tous besoin de pardonner et d'être pardonnés. Il vaut mieux nous occuper de nos propres erreurs et demander pardon que nous focaliser sur les erreurs des autres, attendre qu'ils nous demandent pardon d'abord ou de le leur accorder de mauvaise grâce s'ils le font. Il convient d'agir dans le même esprit que celui qui priait ainsi : « Oh Seigneur, aide-moi à pardonner à ceux qui pèchent autrement que moi. » Voici ce que disait C. S. Lewis dans ce même esprit :

> « Quand j'en arrivais à mes prières du soir et que j'essayais d'additionner les péchés de la journée, neuf fois sur dix, le plus évident de tous est un péché contre la charité ; j'ai boudé, fait un commentaire cinglant ou me suis emporté. Et l'excuse qui vient immédiatement à l'esprit est que la provocation était si soudaine et inattendue que j'ai été pris de court, je n'ai pas eu le temps de reprendre mes esprits... Sûrement, ce que fait un homme quand il est pris de court est la meilleure preuve du type d'homme qu'il est. Sûrement ce qui surgit avant qu'il ait eu le temps de se déguiser, c'est la vérité. S'il y a des rats dans la cave, vous avez le plus de chance de les voir si vous y allez sans crier gare. Mais ce n'est pas la soudaineté de votre apparition qui crée les rats ; elle les empêche seulement de se cacher. De même, la soudaineté de la provocation ne fait pas de moi un homme ayant mauvais

caractère : elle montre seulement à quel point j'ai mauvais caractère... Maintenant cette cave échappe à ma volonté consciente... Je ne peux pas, par un effort moral direct, me donner à moi-même de nouveaux motifs. Après les quelques premiers pas... nous nous rendons compte que tout ce qui a réellement besoin d'être fait dans nos âmes ne peut être fait que par Dieu[5]. »

UN DERNIER MOT SUR LA CONFIANCE

Dans ce chapitre sur la création du climat de confiance, j'ai insisté sur les choses que nous pouvons faire consciemment pour établir des relations de confiance avec d'autres – sur la confiance utilisée avec le verbe *avoir*.

Mais n'oubliez pas que la confiance s'utilise aussi avec le verbe *faire*. J'ai raconté au début de la deuxième partie de ce livre une histoire sur la façon dont très tôt dans ma vie d'adulte quelqu'un a vu en moi un potentiel qui excédait de beaucoup ce que j'y voyais moi-même. Il voyait sous la surface, au-delà de ce qui était évident. Il a regardé dans mon cœur et dans mon esprit et y a vu les graines de grandeur à l'état brut, non encore germées, qui reposent en chacun de nous.

Alors il m'a *fait* confiance et m'a chargé d'une responsabilité allant très au-delà de mon expérience et de mes capacités apparentes. Il s'attendait simplement à ce que je m'élève à la hauteur du défi, et m'a traité en conséquence. C'était un acte de foi. Mais cet acte de foi affirmait avec une telle force ma valeur et mon potentiel qu'il m'a incité à les voir en moi. Sa foi en moi avait renforcé ma propre foi en moi et ma propre vision de moi-même. Elle me fit aspirer à suivre mes inclinations les plus nobles et les plus élevées. J'étais loin d'être parfait, mais combien j'ai grandi à cette occasion ! Cette approche est devenue pour moi une philosophie de vie. Affirmez le potentiel des gens. Affirmez le potentiel de vos enfants. Croyez en eux, non en ce que vous voyez, mais en ce que vous ne voyez pas – leur potentiel.

Vraies et profondes sont les paroles du poète Goethe : « Traite un homme comme il est et il restera tel qu'il est ; traite un homme comme ce qu'il peut et doit devenir et il deviendra ce qu'il peut et doit devenir. »

La confiance s'utilise avec le verbe faire quand vous communiquez à d'autres leur valeur et leur potentiel de manière si claire qu'ils sont incités à les voir en eux-mêmes.

La confiance est non seulement le fruit de la confiance méritée, elle est aussi la racine de la motivation. C'est la plus haute forme de motivation. L'amour a des affinités avec la confiance. Avoir confiance, c'est un peu comme être aimé. Faire confiance, c'est un peu comme aimer ; on aime ou on sert les autres ; on fait confiance aux autres ; on voit leur valeur et leur potentiel et on leur fournit les opportunités, l'aide et les encouragements. S'ils ne répondent pas à cette confiance, elle se dégradera et ils ne seront pas incités à voir leur valeur et leur potentiel propres. Ils ne seront pas aptes à communiquer à d'autres leur valeur et leur potentiel. Pour eux, *confiance* ne s'utilisera pas avec le verbe faire. En fait, il est très difficile à qui ne mérite pas la confiance d'avoir durablement confiance en quiconque.

Permettez-moi d'illustrer par une histoire que je raconte souvent, la ressemblance entre l'*amour* et la *confiance*. Au cours d'un de mes séminaires, un homme vint me voir et dit : « Stephen, j'aime ce que vous dites. Mais chaque situation est tellement différente des autres. Prenez le cas de mon mariage. Je m'inquiète sérieusement. Ma femme et moi n'avons simplement plus les mêmes sentiments l'un envers l'autre. Je crois que tout simplement je ne l'aime plus et qu'elle ne m'aime plus. Que puis-je faire ? »

« Le sentiment d'amour n'est plus là ? demandai-je.

– C'est cela, confirma-t-il. Et nous avons trois enfants auxquels nous tenons beaucoup. Que suggérez-vous ?

– Aimez-la, répondis-je.

– Je vous l'ai dit, le sentiment d'amour n'est plus là.

– Alors aimez-la. Si le sentiment n'est plus là, c'est une bonne raison pour l'aimer.

– Mais comment aimer quand on n'aime pas ?

– Mon ami, *aimer* est un verbe. L'*amour* – le substantif exprimant le sentiment – est le fruit du verbe *aimer*. Alors aimez-la. Faites des sacrifices. Écoutez-la. Montrez votre empathie. Appréciez-la. Affirmez-la. Êtes-vous prêt à le faire ? »

La littérature de toutes les sociétés avancées met l'accent sur le verbe *aimer*. Les personnes réactives font de l'amour un sentiment. Elles sont poussées par leurs sentiments. Hollywood a écrit pour nous un script nous faisant croire que nous ne sommes pas responsables, que l'amour est un sentiment. Mais le script de Hollywood ne correspond pas à la réalité. Si nos sentiments contrôlent nos actions, c'est parce que nous avons abdiqué notre responsabilité et leur avons conféré ce pouvoir de contrôle.

Les personnes proactives mettent l'accent sur le *verbe* aimer. L'amour est dans ce que vous faites : les sacrifices que vous faites, ce que vous donnez, comme une mère mettant un enfant au monde. Si vous voulez étudier l'amour, étudiez ceux qui se sacrifient pour d'autres, même pour des gens qui les offensent, ne les aiment pas en retour. Si vous êtes un père ou une mère, pensez à l'amour que vous portez aux enfants pour qui vous vous sacrifiez. L'amour est une valeur qui se matérialise par des actes. Les personnes proactives subordonnent leurs sentiments à des valeurs. L'amour, le sentiment, peut être retrouvé.

Où se trouve le meilleur endroit de tous pour faire confiance, pour communiquer la valeur et le potentiel des gens ? Indiscutablement, c'est la famille. En cas de dysfonctionnement de la famille, quel est le meilleur endroit ? L'école. L'enseignant devient un substitut de parent, qui reprend le processus d'établissement de la confiance.

Ne perdez pas de vue le pouvoir que vous avez de *faire* confiance aux autres. Vous courez le risque d'être déçu, et vous devez faire preuve de sagesse dans l'exercice de ce pouvoir. Mais quand vous l'exercez, vous faites bénéficier l'autre d'une opportunité et d'un présent infiniment précieux. Le risque le plus grand de tous est celui de vivre une vie dépourvue de risques.

QUESTIONS ET RÉPONSES

Q : Comment améliorer l'attitude ? Rien n'est plus néfaste dans une organisation que les attitudes négatives. Comment traitez-vous ce problème ?

R : Permettez-moi de tenter une réponse à trois niveaux :

En premier, au niveau personnel, donnez l'exemple d'une attitude positive – en évitant les cancers métastatiques des plaintes, des critiques, des comparaisons, de la concurrence et des disputes. Sérieusement, rien n'est plus positif que d'être auprès d'une personne qui est une lumière, non un juge ; un modèle, non un critique.

Deuxièmement, prenez la peine d'établir par un rapport direct une relation avec la personne qui semble avoir une attitude négative ou amère. Les attitudes négatives sont souvent un symptôme de choses plus profondes. Les gens ont besoin de se sentir compris. Chercher à comprendre quelqu'un a un effet thérapeutique si complet que parfois vous en arrivez à traiter les racines au lieu de déplorer l'absence de fruits.

Troisièmement, il existe parfois d'autres forces plus puissantes que votre exemple ou votre relation avec une personne. Parfois vous devez simplement sourire et ne pas être obsédé par la situation. C'est ce qui empêche le cancer de la négativité de se propager. Souvenez-vous que si vous modelez votre vie émotionnelle autour des faiblesses des autres, y compris leurs attitudes négatives, vous vous déresponsabilisez et vous donnez à leurs attitudes négatives le pouvoir de continuer à propager leurs cellules cancéreuses à travers la culture de l'organisation. Vous ne pouvez pas changer toutes les choses ; vous ne pouvez pas changer les personnes ; vous ne pouvez changer que vous-même. Cependant, j'ai constaté que parfois, si les gens peuvent développer une faculté ou une compétence en phase avec un don ou talent fondamental, leur attitude envers eux-mêmes, envers les autres et envers la vie s'améliore de façon significative. Par exemple, disons que vous essayez d'apprendre à quelqu'un à jouer au tennis. Conviendrait-il mieux de lui parler de son attitude s'il paraît un peu découragé et négatif ? Vaudrait-il mieux lui donner de meilleures connaissances sur les renvois du fond du court et sur les smashes ? Ou vaudrait-il simplement mieux aller sur le court, choisir le chemin des facultés, et lui faire pratiquer ces facultés jusqu'à ce qu'il demande à en savoir plus ? Vous verrez alors son attitude devenir naturellement plus positive à mesure qu'il prend plaisir à jouer. Ce sont les trois chemins pour progresser : connaissance, facultés et attitude. La plupart des gens mettent l'accent sur l'attitude et la connaissance. Je suggère d'admettre que le chemin des facultés conduit aux deux autres – les gens se sentent tout simplement mieux dans leur peau et plus à l'aise dans la vie quand ils deviennent bons dans quelque chose.

Q : Quels sont les meilleurs conseils que vous ayez jamais donnés en matière de motivation ?

R : Tout d'abord, je dirais : soyez un exemple et un modèle, et puis affirmez la valeur et le potentiel des autres de manière si claire qu'ils les perçoivent en eux-mêmes – pas seulement par vos paroles, mais aussi par des procédures et des encouragements systématiques cohérents. Nous devons attacher de l'importance aussi bien aux motivations intrinsèques qu'aux motivations extrinsèques. Le feu à l'intérieur des gens, c'est comme une allumette ; on produit la flamme par une friction, puis d'autres allumettes peuvent s'enflammer sous l'effet de la chaleur. Je ne suis pas fanatique des discours visant à remonter le moral des gens, bien que je croie à la valeur de l'enthousiasme. J'aime l'enseignement de Ken Blanchard qui suggère de prendre les gens en train de faire les choses comme il faut. Ils ont besoin de se sentir valorisés et appréciés, mais aussi ils ont besoin de sentir que leur travail mérite leur engagement et leurs meilleurs efforts.

Q : Dans le monde de l'Internet, qui rend souvent superflus les échanges face à face, comment optimisez-vous les nouvelles technologies sans dépersonnaliser le lieu de travail, mais en tirant parti de l'augmentation d'efficacité qu'elles permettent ?

R : À mon avis, à terme, la high-tech ne marche qu'avec la high-touch, ou un grand sens du doigté. Une fois qu'une bonne relation est en place, vous pouvez penser et opérer efficacement. La technologie, comme le corps, est un bon serviteur mais un mauvais maître.

Chapitre 10

Mêler les voix – La recherche d'une troisième solution

Les leaders n'évitent pas, ne répriment pas et ne nient pas le conflit, mais voient plutôt en lui une opportunité[1].

WARREN BENNIS

Je suis convaincu que l'un des problèmes les plus ardus, chez soi, au travail ou ailleurs, est la résolution des conflits – l'art de traiter les différends. Passez en revue vos défis – ne sont-ils pas faits de conflits ? Ne voudriez-vous pas avoir le caractère et l'ADRESSE nécessaires pour susciter les synergies propres à la résolution des différends – trouver des solutions meilleures que celles

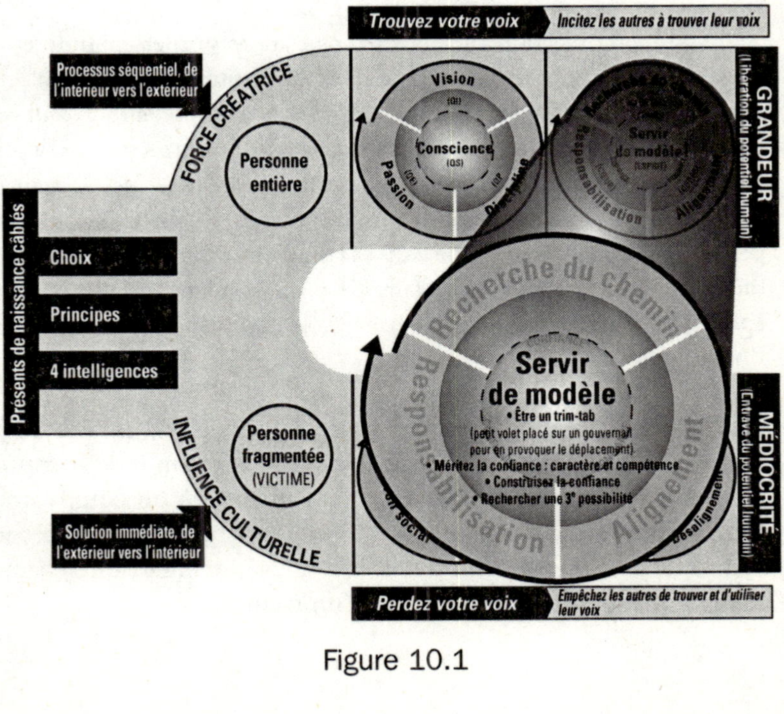

Figure 10.1

proposées par les uns et les autres ? La capacité à produire de telles solutions synergétiques, créatives, repose au plan personnel sur l'*autorité morale*, et au plan des relations sur la *confiance* (figure 10.1).

J'AI LE SOUVENIR d'avoir entendu la petite-fille de Ghandi, Arun Gandhi, évoquer la vie exemplaire de son grand-père. Tous ceux qui écoutaient son discours en furent profondément troublés et enthousiasmés.

> « L'ironie du sort est que sans le racisme et les préjugés, nous n'aurions probablement pas eu de Gandhi. Il aurait pu n'être qu'un autre avocat célèbre ayant gagné beaucoup d'argent. Mais à cause des préjugés qui régnaient en Afrique du Sud, il fut victime d'une humiliation dès la première semaine de son arrivée. Il fut jeté hors d'un train à cause de la couleur de sa peau, et se sentit si profondément humilié qu'il resta assis toute la nuit sur le quai de la gare en se demandant ce qu'il pourrait faire pour obtenir justice. Sa première réaction fut une réaction de colère. Il était tellement furieux qu'il avait soif de justice « œil pour œil ». Il voulait réagir violemment contre ceux qui l'avaient humilié. Mais il se maîtrisa et se dit : « Cela ne va pas ». Il en retirerait un soulagement momentané, non la justice.
>
> La seconde réaction fut d'avoir envie de retourner en Inde et de vivre parmi les gens de son peuple dans la dignité. Il exclut aussi cette option. Il se dit : « On ne peut pas fuir devant les problèmes. Il faut rester et leur faire face. » Et c'est alors que la troisième réaction se fit jour dans son esprit – la réponse de l'action non violente. C'est à partir de cet instant qu'il a développé la philosophie de la non-violence, et l'a pratiquée dans sa vie ainsi que dans sa recherche de la justice en Afrique du Sud. Il resta finalement dans ce pays pendant vingt-deux ans, après quoi il retourna en Inde et dirigea le mouvement non violent de l'Inde[2]. »

La troisième solution n'est pas mon chemin, elle n'est pas votre chemin – elle est *notre* chemin. Ce n'est pas un chemin de compromis entre votre chemin et le mien ; c'est mieux qu'un compromis. Une troisième solution est ce que les bouddhistes appellent le chemin du milieu – un chemin moyen plus élevé, meilleur que chacun des deux autres, comme le sommet d'un triangle.

La troisième solution est une solution meilleure qu'aucune des solutions proposées. Elle est le produit d'un effort de créativité à l'état pur. Elle émerge en dépit des vulnérabilités qui emprisonnent deux ou plusieurs personnes – grâce à leur ouverture d'esprit, leur écoute sincère, leur désir de trouver. On ne sait pas d'avance où cette quête aboutira. Tout ce que l'on sait est que la troisième solution sera meilleure que les solutions envisagées actuellement. Le contenu peut changer, l'esprit peut changer, le motif peut changer, et même deux ou trois de ces éléments peuvent changer – et toujours au moins l'un d'eux changera.

Comme dans le cas de Gandhi, la troisième solution *commence* habituellement à l'intérieur de soi. Mais il faut souvent la force de circonstances telles que l'opposition d'un autre pour que la solution puisse prendre naissance à l'intérieur de soi. Avez-vous remarqué dans ce qu'a relaté la petite-fille de Gandhi l'interaction entre son combat intérieur et ses relations avec d'autres ? Il lui a fallu accomplir un travail *personnel* considérable avant de pouvoir relever le défi *relationnel*.

UN SEUL ÉTAT D'ESPRIT SUFFIT : CELUI DE LA RECHERCHE DE LA TROISIÈME SOLUTION

De même que j'ai utilisé la réalisation de vingt pompes comme métaphore physique de la réussite *personnelle*, j'aime utiliser la métaphore du bras de fer dans mes enseignements pour illustrer à la fois l'état d'esprit et le jeu de facultés nécessaires pour parvenir à une véritable troisième solution. Je demande au public de m'envoyer un « volontaire » très musclé et mesurant au moins un mètre quatre-vingt-cinq pour se mesurer à moi devant les autres dans l'exercice du bras de fer. Alors que le gaillard, encouragé par ses pairs, hésite et finalement se dirige vers le podium, je le préviens de se préparer à perdre. Je vante mes prouesses, mon adresse, ma force et mon rang de ceinture noire. Quand il arrive devant le groupe, je lui dis de répéter après moi : « Je suis un perdant », ce qu'il fait en général. Je dis à ce monstre de force que ce n'est pas une question de taille, mais de technique, dont je dispose, et pas lui. Je deviens caustique et cassant. Conformément à mes intentions, les sympathies du public vont à mon opposant.

Nous nous mettons en position de bras de fer, pied droit contre pied droit et nous attrapons chacun la main de l'autre au milieu de la table. Je demande alors aux gens qui ont désigné le « volontaire » s'ils sont d'accord pour rémunérer la compétition. En d'autres termes, s'il abaisse mon bras au même niveau que mon coude, ils lui versent un dollar, et si j'abaisse son bras, ils me paient un dollar. Ils sont toujours d'accord. Puis je demande à quelqu'un près de nous de mesurer le temps. Il doit nous donner à chaque tentative une minute pour abaisser le bras de l'adversaire, compter le nombre de fois qu'il abaisse mon bras ou que j'abaisse le sien, et finalement aller voir les gens du groupe du volontaire pour qu'ils rémunèrent toute l'opération (1 $ pour chaque abaissement de bras). Je m'assure ensuite qu'ils se sentent suffisamment riches pour assurer les paiements. Ils sont toujours d'accord.

Le minuteur nous dit alors de commencer. Je relâche aussitôt mes muscles, et il abaisse mon bras. Et habituellement il est surpris et perplexe de voir que je n'ai pas résisté. Il se demande ce qui se passe. Nous revenons en position haute, et je le laisse gagner encore. Et encore. À chaque fois il s'attend à une résistance. Il commence en général à se sentir un peu coupable, comme s'il n'était pas fair-play.

Et alors je lui dis simplement : « Savez-vous que ce qui vous donnerait vraiment bonne conscience, ce serait que chacun de nous puisse gagner le plus possible. » Il est généralement intrigué, mais comme je l'ai attaqué, il ne sait pas s'il peut me faire confiance. Peut-être que ce ne sont que des paroles en l'air – pour le manipuler d'une manière ou d'une autre à mon avantage ? Mais comme je continue de le laisser gagner sans résister, sa conscience devient en général mon avocat, et il s'ouvre à ma suggestion que si nous gagnons tous les deux, nous gagnerons plus. Bien qu'à regret, en hésitant et en luttant un peu, il finit généralement par me laisser gagner une fois.

Puis nous reprenons notre position centrale. Et je le laisse gagner sans opposer de résistance. Et après quelques secondes, il commence à aller dans les deux sens sans aucune résistance. Parfois certains volontaires sont toujours perplexes et se demandent ce qui se passe. Ils continuent à résister, mais finalement la chose devient fluide, facile et sans effort pour chacun de nous. Ensuite je dis : « Maintenant pourquoi ne deviendrions-nous pas vraiment efficaces ? » Alors nous commençons à nous contenter de bouger nos poignets dans les deux sens, ce qui est à peu près cinq fois plus rapide que de bouger tout le bras. Puis nous utilisons les deux bras et doublons le résultat. Finalement je dis : « Maintenant allons à votre table et faisons-le sous leur nez pour qu'ils puissent compter le nombre de dollars qu'ils nous doivent. » Dès lors tout le monde est secoué par le fou rire et comprend le message.

> Seulement un tiers de ceux qui ont répondu à l'enquête xQ reconnaissent travailler dans un environnement gagnant/gagnant.

J'explique ensuite au public que penser gagnant/gagnant – *l'état d'esprit* de la recherche de la troisième solution – est le principe du respect mutuel et du bénéfice mutuel. Dans le bras de fer, bien que j'aie *prétendu* être plus fort, meilleur et plus agressif pour mettre mon opposant dans un état d'esprit gagnant/perdant, j'ai abordé le bras de fer avec une *intention* et un état d'esprit gagnant/gagnant.

C'est pourquoi j'ai cherché d'emblée *son* intérêt, son gain, sans résister. Après s'être mis à douter de lui, à se sentir un peu coupable, il est devenu plus réceptif à l'idée que nous pourrions gagner l'un et l'autre en coopérant.

C'est alors que nous sommes devenus créatifs, tout d'abord en bougeant très rapidement nos poignets, puis en joignant les deux mains et en les bougeant aussi dans les deux sens. Le résultat final était vraiment synergétique, chacun de nous gagnant énormément. Quant à la table qui devait sortir l'argent de la récompense, elle aussi avait gagné beaucoup... d'enseignement. Bien sûr, aucun argent réel ne changeait de main. Mais cet exercice est une illustration très forte, amusante et physique de la recherche et de la production d'une troisième solution.

Pouvez-vous voir que j'avais dû faire appel à la force et à la sécurité intérieures que permet l'aptitude à faire vingt pompes émotionnelles, pour soutenir les efforts nécessaires à l'établissement de la confiance et à la recherche d'une troisième solution ? Comme j'avais créé chez l'autre un sentiment très fort de gagnant/perdant – au point qu'il se disait intérieurement : « il n'est pas question que ce gringalet chauve abaisse mon bras » – j'avais dû patiemment persister malgré sa réaction violente, mais compréhensible, à mon arrogance et aux attaques personnelles feintes du début.

Beaucoup de gens croient que les *deux* parties doivent penser gagnant/gagnant. Pas du tout. Il suffit que l'un pense ainsi. La plupart des gens pensent aussi que l'autre personne doit coopérer, mais la coopération créative qui produit la troisième solution ne s'établit que plus tard, au stade synergétique. Il convient simplement de préparer l'autre en pratiquant l'empathie et en l'écoutant avec beaucoup d'attention, en recherchant son intérêt et en maintenant cette attitude jusqu'à sa mise en confiance.

J'ai réalisé cette démonstration au cours du show de Oprah Winfrey – cette émission de télévision qui enchante tous les Américains – et j'ai eu beaucoup de mal à convaincre la productrice du programme de me laisser opérer. Le problème était que la démonstration devait être spontanée, et que personne ne devait connaître son résultat à l'avance – surtout pas Oprah elle-même. Du fait du manque de contrôle et compte tenu du fait que chaque émission doit être à la hauteur des standards de notation, la productrice se montrait sceptique et se sentait vulnérable. Mais je réussis à la rassurer, et finalement Oprah et moi nous sommes retrouvés pour le show.

Une fois l'émission commencée, je l'ai attaquée et critiquée de manière semblable, insistant sur sa faiblesse et ma force et disant qu'elle allait perdre. Sa combativité en fut stimulée, et elle décida d'y mettre toute son énergie. Elle abaissa donc rapidement mon bras et le maintint abaissé. Je lui dis : « Oprah, pourquoi ne pas gagner tous les deux ? » Elle répondit : « Pas question ! » Je lui dis : « Pourquoi ? » Elle dit : « J'ai été élevée dans la rue ; si quelqu'un me parle de cette façon, pas question de lui céder. » « Je vous comprends, Oprah, à vous de gagner encore. » Encore une fois, elle dit « Pas question ! » Il n'y avait pas de confiance. Je dis : « Écoutez, nous allons revenir progressivement au centre ; ensuite nous reviendrons de votre côté, et vous gagnerez encore un dollar... et je sais à quel point vous en avez besoin. » Cela nous amusa, et finalement, comme elle-même, presque tout le monde accepta la leçon.

Comme on le dit en Extrême-Orient : « une image vaut un millier de mots ». Et je pense qu'une expérience vaut un millier d'images. L'image de ce bras de fer capté par le public vaut bien dix mille mots, et l'expérience des participants vaut certainement un millier d'images. Peut-être que vous, lecteur, vous pouvez reconstituer ce spectacle par la pensée, et si vous voulez en vivre la puissance, essayez-le avec un de vos enfants, votre conjoint ou l'un de vos collègues.

Voyez-vous, la plupart des gens ne consentent pas l'effort important de penser gagnant/gagnant et de chercher d'abord à comprendre, l'étape obligatoire avant de parvenir à la troisième solution. Elle exige en fait une victoire privée ; une victoire sur soi pour en arriver au point où votre sécurité réside en vous-même, non dans l'opinion des autres ou la certitude d'avoir raison. Votre pouvoir réside dans votre aptitude à être vulnérable, parce que, tout au fond de vous-même, votre intégrité et votre système de valeurs basé sur des principes vous rendent invulnérable et sûr de vous. Vous pouvez vous permettre d'être ouvert aux influences et d'être souple. Vous pouvez vous permettre de chercher sans savoir où vous allez aboutir – sachant seulement que ce que vous trouverez sera meilleur que votre point de départ et que celui de l'autre personne.

LE JEU DE FACULTÉS POUR CHERCHER LA TROISIÈME SOLUTION

La communication est sans conteste *la* faculté la plus importante dans la vie. Il existe à la base quatre modes de communication : lire, écrire, parler et écouter. Et la plupart des gens consacrent des deux tiers aux trois quarts de leur temps de veille à ces quatre activités. Sur ces quatre modes de communication, celui qui représente de 40 à 50 % du temps de communication est l'*écoute* – celui pour lequel nous recevons le moins de formation. La plupart d'entre nous ont été formés pendant de nombreuses années à lire, écrire et parler. Mais pas plus de 5 % d'entre nous ont eu plus de deux semaines de formation systématique à l'écoute.

> Seulement 17 % des employés ayant répondu à l'enquête pensent que la communication au sein de leur organisation est vraiment ouverte, directe et respectueuse.

La plupart des gens pensent qu'ils savent écouter parce qu'ils le font tout le temps. Mais en réalité, ils écoutent à l'intérieur de leur propre cadre de référence. Des cinq niveaux d'écoute listés dans le continuum représenté sur la figure 10.2 – ignorer, faire semblant d'écouter, écouter de manière sélective, écouter attentivement, et écouter avec empathie – seul le plus élevé, l'écoute empathique, s'effectue dans le cadre de référence de l'autre. Écouter vraiment veut dire transcender votre propre autobiographie, sortir de votre cadre de référence, de votre propre système de valeurs, de votre propre histoire et de vos critères de jugement, et vous plonger dans le système de référence ou le point de vue de l'autre. C'est ce qu'on appelle l'écoute empathique. C'est une faculté rarissime. Mais c'est plus qu'une faculté. Beaucoup plus.

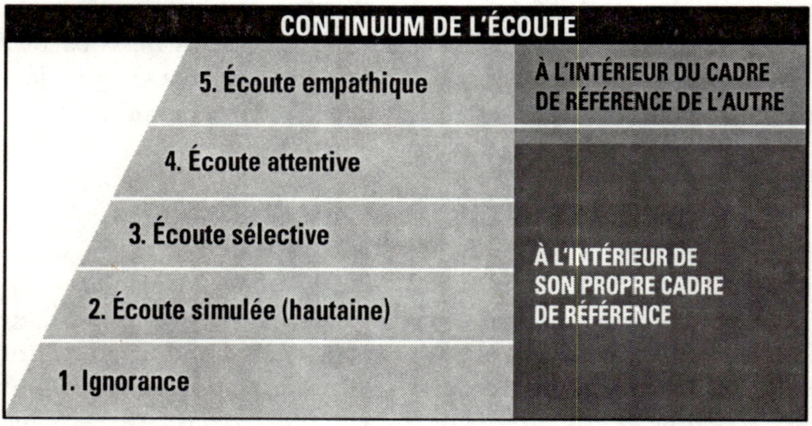

Figure 10.2

Pour mettre en lumière la suprême importance des facultés d'écoute, je vous propose une expérience. Vous pouvez simplement l'acquérir intellectuellement en continuant de lire, mais son effet émotionnel et formateur sera considérablement atténué. Je vous encourage fortement à la vivre. Vous avez peut-être eu une expérience similaire par le biais de mes autres livres, mais les images utilisées ici sont différentes. En réalisant effectivement les démarches proposées, vous apprendrez davantage et serez davantage motivé pour appliquer ce que vous avez appris.

Recrutez d'abord une autre personne pour faire l'expérience avec vous. Tout d'abord, *vous, et vous seulement*, regardez la figure 10.3 de la page 194 pendant seulement une seconde. Puis *sans la regarder vous-même* (il est essentiel que vous ne regardiez pas), demandez à l'autre personne de regarder la figure 10.4 de la page 196. Ensuite, regardez l'un et l'autre la figure 10.8 de la page 211. Puis continuez.

Que voyez-vous l'un et l'autre dans la dernière image ?

Est-ce l'image d'une jeune femme ou celle d'un joueur de saxophone ?

Lequel de vous a raison ?

Parlez avec l'autre personne pour comprendre ce qu'elle voit. Écoutez attentivement et essayez de voir ce qu'elle voit. Ensuite, une fois que vous comprenez son point de vue, expliquez-lui le vôtre. Aidez-la à voir ce que vous voyez.

Qu'est-ce qui explique la différence entre les deux perceptions ? Regardez le premier jeu d'images que vous avez regardé séparément. Si vous aviez su que la première image vue par l'autre personne était celle d'un joueur de saxophone, ne comprendriez-vous pas aussitôt pourquoi elle a vu un joueur de saxophone dans la seconde image ? Bien sûr que oui.

Quand je fais cette expérience avec des publics, la moitié de la salle voit l'image du conditionnement par la représentation d'une jeune femme pendant une seconde ; l'autre moitié est conditionnée en voyant l'image du joueur de saxophone pendant une seconde. Quand je montre l'image composite à toute la salle, la moitié de la salle voit une jeune femme, et l'autre moitié voit un joueur de saxophone, à quelques exceptions près. Ils voient exactement la même image, mais avec deux interprétations entièrement différentes.

Cette expérience est très formatrice. Les deux groupes regardent le même objet mais voient des choses différentes. Alors je demande à chacun de parler à un voisin qui voit autre chose et de l'écouter vraiment jusqu'à ce qu'il comprenne son point de vue. Et dès qu'il a compris l'autre manière de voir l'image, il est prié de crier « Ah-ha ». Très vite, la salle est remplie de *ah-ha* triomphants. Pour certaines personnes, cependant, la leçon prend beaucoup de temps. J'ai vu des gens se disputer au sujet de ce que représente vraiment l'image. Ils sont tellement perturbés que quelqu'un ne puisse pas voir ce qui pour eux est parfaitement évident, qu'ils se fâchent. Ils prennent une attitude défensive ; car leur façon de voir est la seule valable. En revanche, j'ai vu des gens vraiment coopératifs, offrant des encouragements, montrant leur joie quand l'autre parvient à voir le second aspect de l'image.

Figure 10.3

> *La pensée créatrice consiste à sortir de nos schémas établis pour regarder les choses de différentes manières.*
>
> EDWARD DE BONO, M.D.,
> auteur de la pensée latérale

Cette expérience de perception nous enseigne quatre choses importantes :

1. Vous devez être sincèrement ouvert et écouter l'autre personne pour arriver à comprendre ce qu'elle voit et *pourquoi* elle voit le monde comme elle le voit – le fondement de la recherche d'une troisième solution.
2. Les choses qui vous arrivent *avant* qu'on vous présente de nouvelles informations influent sur votre façon de regarder ces informations. Si une seconde de conditionnement peut partager une salle en deux, imaginez ce que peut faire une vie entière de conditionnement ! Pensez à ce qui se passe dans une

famille. Comment interprétez-vous les choses ? Les gens peuvent voir exactement les mêmes faits, mais le sens de ces faits est interprété à travers les expériences personnelles antérieures. Les gens créent du sens et agissent sur la base de la manière dont ils perçoivent le monde. En fait, nous ne voyons pas le monde tel qu'*il est* ; nous voyons le monde tel que *nous sommes*. Les perceptions sont fixées bien avant les efforts entrepris pour trouver des synergies. C'est pourquoi le travail le plus important est celui d'une communication conduisant à la compréhension réciproque.

3. Il n'y a pas qu'une façon d'interpréter quelque chose. La difficulté est de créer une vision commune qui prenne en compte exactement et honnêtement tous les différents points de vue, sans pour autant remettre en cause la vision d'origine. Qui a raison quand des difficultés sont interprétées différemment par différentes personnes ? Qui a raison quand votre conjoint et vous n'êtes pas d'accord ? Qui a raison quand vous et vos enfants n'êtes pas d'accord ? Si vous êtes en position de force, vous ferez en sorte qu'il n'y ait qu'une seule bonne réponse. Plus vous investissez votre ego dans votre perception, plus votre mental devient rigide et plus vos réactions sont figées.
4. La plupart des pannes de communication résultent de différences de sémantique – des différences dans la manière dont les gens définissent le sens des mots. L'empathie élimine presque instantanément les problèmes de sémantique. Pourquoi ? Parce que lorsque vous écoutez vraiment pour comprendre, vous considérez les mots comme des symboles de sens. Ce qui importe est de comprendre le sens, non de se disputer à propos d'un symbole.

Revenant à l'expérience de perception, imaginez ce qui arriverait si vous étiez convaincu que vous avez raison au sujet de ce que vous avez vu et que l'autre se trompe au sujet de ce qu'il ou elle prétend avoir vu. Toute tentative de dire le sens de l'image ne pourrait que conduire à une opposition pure et simple. Les deux parties s'investiraient alors émotionnellement dans leur perception, et du fait de cette focalisation biaisée, pilotée par l'émotion, vous ne pourriez simplement pas réagir avec intégrité à la perception de l'autre personne.

Combinez maintenant ce problème d'investissement émotionnel avec le pouvoir dérivé de la position. Pensez à ce qui arrive quand des leaders à des postes élevés décident unilatéralement de traiter seuls un problème important auquel est confrontée l'organisation, puis annoncent la nouvelle orientation à toute l'organisation. Ils font une présentation bien huilée de la façon dont les nouvelles dispositions vont influer sur la structure et les rémunérations, la façon dont les membres de l'organisation vont coopérer, et sur la véritable nature de leur travail. Le public silencieux se sent traité cavalièrement, et garde pour lui son ressentiment. La conspiration de codépendance : « attendre qu'on vous dise » prend forme ; le désaccord est nié ou ignoré. Vous pouvez imaginer le chaos résultant.

Lorsqu'un dirigeant emprunte sa force à sa position de pouvoir sans disposer d'autorité morale, il génère la faiblesse en lui-même, chez les autres et dans ses relations. Il crée la codépendance.

Figure 10.4

LE BÂTON INDIEN DE LA PAROLE

Après une séance de formation de chefs indiens des nations indiennes des États-Unis et du Canada, ces chefs m'ont remis un précieux cadeau – un bâton de parole de cinq pieds de haut, délicatement sculpté, et orné du nom Aigle Chauve. Le bâton de parole a joué pendant des siècles un rôle essentiel pour les gouvernements des Américains de souche. Certains des pères fondateurs de la République américaine (notamment Benjamin Franklin) ont appris les idées incarnées par le bâton de parole grâce aux chefs indiens de la Fédération des Iroquois. C'est l'un des outils de communication les plus efficaces que j'aie jamais vus, parce que, tout en étant tangible, physique, il incarne un concept puissamment synergétique. Il est un moyen par lequel des personnes ayant des points de vue différents peuvent parvenir à se comprendre grâce au respect mutuel, qui leur permet ensuite de résoudre leurs différends et leurs problèmes de manière synergétique, et sinon, au moins sur la base d'un compromis.

En voici la théorie. Chaque fois que les gens se réunissent, le bâton de parole est présent. Seule la personne qui détient le bâton de parole a l'autorisation de parler. Tant que vous avez le bâton de parole, vous seul pouvez parler, jusqu'à ce que vous soyez certain d'être compris. Les autres n'ont pas le droit d'exprimer leur propre point de vue, d'argumenter, d'indiquer leur accord ou désaccord. Tout ce qu'ils peuvent faire, c'est d'essayer de vous comprendre, puis d'exprimer cette compréhension. Ils peuvent avoir besoin de reformuler votre point de vue pour s'assurer que vous vous sentez compris ou encore vous pouvez simplement sentir qu'ils comprennent.

Dès que vous vous sentez compris, vous avez l'obligation de passer le bâton de parole au suivant, puis de vous efforcer de faire en sorte qu'il se sente compris. Tant qu'il exprime son point de vue, vous devez écouter avec empathie, et reformuler jusqu'à ce qu'il se sente compris. Grâce à ce procédé, toutes les parties impliquées dans la discussion par la parole et par l'écoute en assument à cent pour cent la responsabilité. Une fois que toutes les parties se sentent comprises, une chose surprenante survient. L'énergie négative se dissipe, les disputes s'évaporent, le respect mutuel augmente et les participants deviennent créatifs. De nouvelles idées émergent. Les troisièmes solutions apparaissent.

Notez bien que *comprendre ne veut pas dire être d'accord avec*. Cela veut simplement dire être en mesure de voir avec les yeux, le cœur, le mental et l'esprit de l'autre. L'un des besoins les plus pressants de l'âme est d'être comprise. Lorsque ce besoin est satisfait, il devient possible de concentrer son attention sur la résolution du problème en mode interdépendant. S'il ne l'est pas, les participants livrent bataille avec leur ego. Des questions de territoire surgissent. La communication se fait défensive et protectrice. Parfois la dispute voire la violence peuvent éclater.

Le besoin d'être compris est aussi fort que le besoin d'air des poumons. Si tout l'air était brusquement aspiré hors de la pièce où vous êtes, quelle ne serait pas votre motivation pour avoir de l'air ? Seriez-vous intéressé par une discussion ou la résolution d'un différend entre vous et quelqu'un d'autre ? Bien sûr que non. Vous ne voudriez qu'*une* chose. Vous ne seriez ouvert à d'autres choses qu'après avoir eu de l'air. Se sentir compris est l'équivalent psychologique de la respiration.

Le processus évoqué peut aussi se dérouler sans bâton de parole, même s'il n'impose pas de manière aussi tangible la discipline consistant à transférer la responsabilité de parler avec courage et d'écouter avec empathie. La détention d'un objet focalise l'attention et l'intérêt de celui qui a la parole comme de ceux qui écoutent. Vous pouvez vous passer d'un véritable bâton de parole. Vous pourriez utiliser un crayon, une cuiller ou un morceau de craie – tout objet tangible qui met en évidence la responsabilité du locuteur de le repasser à un autre dès qu'il se sent compris, et pas une seconde plus tôt.

Ne vous êtes-vous pas déjà trouvé dans une réunion où vous pouviez sentir le jeu des intentions cachées ? Imaginez l'effet que produirait l'utilisation du bâton de parole dans une telle réunion. S'il semble inopportun d'utiliser un objet tel qu'un bâton ou un crayon, vous pouvez toujours décrire le concept de base. Prenez simplement la parole au début de la réunion avant que les participants ne s'investissent émotionnellement dans la discussion des points potentiellement litigieux, et même si vous ne présidez pas la réunion, dites simplement quelque chose comme : « Nous allons parler aujourd'hui de questions importantes sur lesquelles les gens ont des opinions très marquées. Pour que notre communication soit plus efficace, pourquoi ne nous mettrions-nous pas d'accord pour dire que personne ne peut donner son avis avant d'avoir reformulé ce qu'a dit le locuteur précédent, à l'entière satisfaction de ce dernier ? » (Même si cette phrase n'introduit pas le bâton de parole physique, elle en introduit le principe, puisque personne ne peut alors donner son point de vue tant que l'autre ne peut dire : « je me sens compris ».)

Beaucoup de gens peuvent hésiter à accepter ce processus, parce qu'il semble un peu simplet, voire enfantin et inefficace, mais je vous le garantis, c'est exactement l'inverse. Il exige un tel self-control, et implique une telle maturité que bien qu'il paraisse inefficace au début, il devient très efficace – en ce sens qu'il produit les résultats désirés en termes de décisions synergétiques et de relations synergétiques, d'accord et de confiance.

Voici la façon dont une réunion pourrait se dérouler avec vous comme promoteur du concept du bâton de parole :

Sylvie et Roger sont dans une réunion. Au beau milieu de la tentative faite par Sylvie de présenter son point de vue, Roger dit quelque chose comme : « Je ne suis pas d'accord avec Sylvie. Je pense que ce que nous devrions faire c'est… »

Vous interrompez et dites : « Excuse-moi, Roger, te rappelles-tu que nous avons convenu de nous entraider dans notre communication ? »

Roger répond : « Oh oui, c'est vrai, je suis censé donner le point de vue de Sylvie d'abord, ensuite je peux donner le mien. »

Vous répondez : « Non, Roger. Tu ne donnes pas le point de vue de Sylvie. Tu l'exprimes à sa satisfaction. Ensuite tu peux donner ton point de vue. »

« Oh, oui, c'est bon, répond-il.

– Quel était le point de vue de Sylvie, Roger ? »

Il tente de l'indiquer.

« Est-ce correct, Sylvie ?

– Non, pas du tout. Ce que j'essaie de dire c'est… »

Roger l'interrompt encore.

« Encore une fois, quel est notre principe de base, Roger ?

– Oh, oui, je suis censé donner le point de vue de Sylvie d'une manière qui la satisfasse. »

Alors, pour la première fois, il fait un effort pour écouter et pratiquement il l'imite.

« Comment était-ce cette fois-ci, Sylvie ? » demandez-vous.

Elle répond : « Eh bien, il m'a imitée, mais il n'a pas saisi du tout ce que je veux dire.

– Désolé, Roger, essaie encore.

– Quand est-ce que ce sera à moi ? Quand est-ce que ce sera mon tour ? J'ai veillé pendant deux nuits avec mes employés pour préparer cette réunion.

– Te rappelles-tu la règle de base, Roger ? Tu ne mets pas les pieds dans cette arène sans le ticket remis par l'autre personne spécifiant que tu comprends ce qu'elle dit. »

Ainsi il est tiraillé entre les besoins de son ego, ses intentions cachées, son désir de parler et l'interdiction de parole tant qu'il n'a pas d'abord compris l'entière satisfaction de l'autre. Pour la première fois, il écoute avec empathie.

Sylvie dit : « Merci, Roger. Je sens que je suis comprise.

– O.K. Roger, à toi. »

Roger lève la tête et dit : « Je suis d'accord avec Sylvie. »

J'ai constaté que si les gens essaient vraiment de se comprendre les uns les autres, ils en arrivent dans la plupart des cas, mais pas dans tous les cas, à être d'accord les uns avec les autres. Pourquoi ? Parce que plus de 90 % des problèmes de communication sont provoqués par des différences de sémantique ou de perception. La perception veut dire que vous interprétez les données. Lorsque les gens écoutent avec une véritable empathie, c'est-à-dire à l'intérieur du cadre de référence du locuteur, les problèmes de sémantique et de perception se dissolvent – tout comme ils le font dans l'exercice « joueur de saxophone/jeune femme ». Sorti de son propre cadre de référence, celui qui écoute peut deviner la façon dont l'autre définit les mots qu'il utilise, la façon dont il interprète les données. Locuteur et écouteur sont alors sur la même longueur d'onde, utilisent le même langage, et peuvent passer en mode résolution de problème pour traiter les 10 % restant de véritable désaccord. L'esprit de compréhension réciproque est si encourageant, bénéfique, et propice à la création de liens qu'au stade où les gens discutent leurs points de désaccord, ils le font de manière plaisante et réussissent habituellement à les résoudre soit par la synergie, soit par le biais d'un compromis.

Le silence est lui aussi une clé de la communication avec autrui selon le principe du bâton de parole. Nous devons être calmes, même silencieux, pour éprouver une profonde empathie avec les autres. Sur le pouvoir du silence, Robert Greenleaf a fait le commentaire suivant : « Il ne faut pas avoir peur d'un peu de silence. Certains trouvent le silence embarrassant ou oppressant. Mais une approche détendue du dialogue implique l'acceptation sans réserve d'un peu de silence. On peut être atterré de se poser à soi-même la question suivante, mais il est parfois très utile de la poser : dire ce que j'ai à l'esprit vaudra-t-il mieux que le silence ? ».

LES DEUX ÉTAPES DE LA RECHERCHE D'UNE TROISIÈME SOLUTION

La recherche d'une troisième solution peut se faire en deux étapes (voir figure 10.5). Chacune des deux étapes renvoie à l'autre et contribue à établir la confiance (autorité morale) favorable à la recherche :

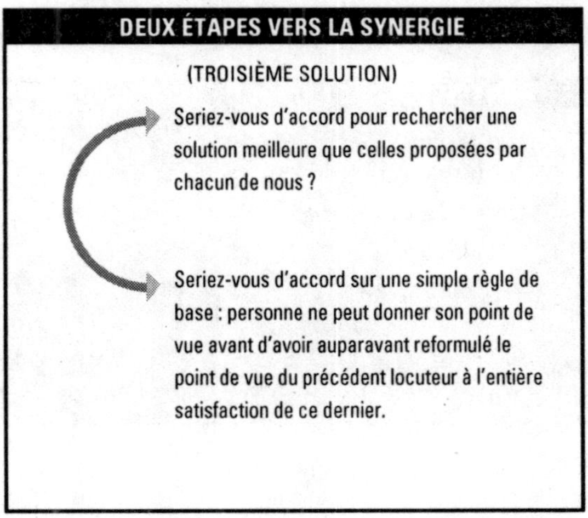

Figure 10.5

Ces deux étapes ne se déroulent d'ailleurs pas forcément dans cet ordre. Parfois vous commencez par la première ; d'autres fois vous commencez par la seconde. Parfois vous pouvez commencer par discuter et essayer véritablement d'écouter quelqu'un qui a un point de vue et une solution entièrement différents des vôtres. Puis vous pouvez lui demander de vous écouter comme vous l'avez écouté, et enfin lui demander s'il veut rechercher une troisième solution. Parfois vous alternez entre ces deux étapes. Chaque situation est différente. Et chaque relation est unique. En somme, la mise en œuvre de ces deux étapes exige une certaine dose de jugement, d'attention, de maîtrise de soi et de présence d'esprit.

EXPÉRIENCES DE RECHERCHE D'UNE TROISIÈME SOLUTION

Au fil des années, certaines de mes expériences professionnelles à la fois les plus agréables et les plus difficiles ont consisté à jouer le rôle d'intermédiaire pour amener des gens émotionnellement très engagés dans une forte opposition réciproque – presque jusqu'au stade de l'irrationalité – à accomplir les deux étapes nécessaires à la recherche d'une troisième solution synergétique. J'ai pu voir les personnes concernées se débattre pour traverser les modes de communication représentés comme un continuum sur la figure 10.6.

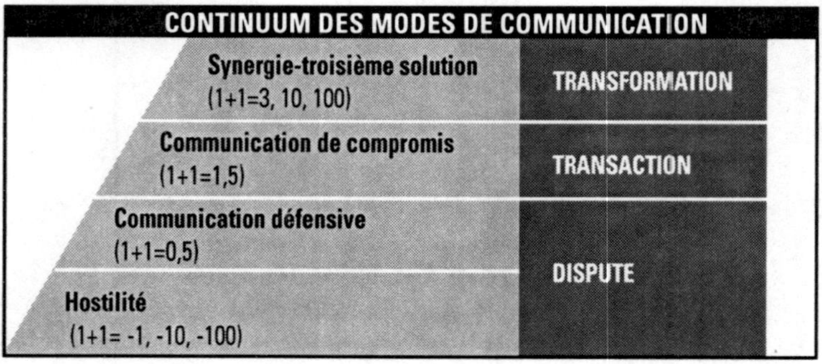

Figure 10.6

L'une de ces toutes premières expériences a eu lieu lorsque notre société devait filmer une expérience authentique, spontanée, illustrant la synergie, à propos d'un produit que nous étions en train de créer. J'ai donc décidé d'utiliser l'un de mes séminaires. J'ai choisi un thème générateur de fortes tensions – l'environnement – et j'ai invité deux personnes du public à me rejoindre sur la scène : une environnementaliste énergique, convaincue et passionnée, et un businessman tout aussi énergique, convaincu et passionné, qui utilise des ressources naturelles à des fins économiques dans son activité. Ils refusèrent de se serrer la main. (Même les boxeurs professionnels se touchent les gants.) Elle l'attaqua même en se rendant sur le podium, avec ces mots : « Ce sont les gens de votre espèce qui ont salopé notre air, notre eau et l'avenir de nos enfants. » Il regarda alors ses chaussures et dit : « Vous avez de belles chaussures. Elles sont en cuir ? » Elle les regarda puis le dévisagea pour répondre : « Quel est le rapport ? » Il répliqua : « Je me demande simplement quel animal vous avez tué. » Elle répondit : « Je ne tue pas d'animaux ! » Et lui : « Oh, vous les faites tuer par d'autres ?! » Ce fut le début de la communication.

Quarante-cinq minutes plus tard, après être passés par les deux étapes, ils étaient l'un et l'autre en train de discuter des politiques de développement durable au niveau gouvernemental et au niveau des entreprises. Le public était abasourdi.

Chaque fois que vous abordez la première étape – seriez-vous d'accord pour rechercher une solution meilleure que ce que chacun de vous propose ? – les gens disent inévitablement, comme ces deux protagonistes : « Je ne vois pas ce que ça pourrait être » ou encore : « J'ai passé des années sur cette question, et je suis absolument persuadé... »

Alors vous le reconnaissez : « C'est ainsi. Personne ne sait ce que ce sera ; vous devez le créer ensemble. La question est, seriez-vous d'accord pour rechercher une telle solution ? »

Ils répondent en général : « Je *n'accepterai pas* de compromis ! »

Vous répondez : « Bien sûr que non. Synergie ne veut pas dire compromis. Ce doit être une solution *meilleure* – vous devez le savoir, l'autre doit le savoir, et vous devez l'un et l'autre savoir que l'un et l'autre le savent – pas de compromis. »

« Oh, je ne vois pas où nous pouvons aller en partant de là.

– Vous passez maintenant à la deuxième étape. Mais aucun de vous ne peut donner son point de vue avant d'avoir reformulé le point de vue de l'autre d'une façon qui satisfasse entièrement cette autre personne. » C'est ici que le bât blesse. Il est extrêmement difficile pour des gens qui ont argumenté sans fin en faveur d'une position d'écouter authentiquement une autre personne. Mais il leur faut surmonter ce défi, car tant qu'ils n'ont pas véritablement écouté l'autre et reformulé sa position à son goût, ils n'ont pas la parole. C'est le ticket d'entrée.

J'ai fait la même opération dans un contexte universitaire sur le sujet de l'avortement, faisant venir sur le podium deux personnes ayant des vues opposées, la vie pour l'une, le choix pour l'autre. L'une et l'autre se sentaient moralement engagées envers leurs positions respectives. Je les ai conduites à travers les deux étapes devant une assemblée de plus de quatre cents personnes, y compris un cours entier de MBA, de nombreux enseignants et diverses personnalités invitées. Ici encore, après être passées lentement par les deux étapes, au bout de quarante minutes environ, elles commencèrent à parler de prévention, d'adoption et d'éducation. La nature même de la discussion avait changé. Le public était sidéré. Il y avait des larmes dans les yeux des deux participants.

Je leur ai demandé ce qui provoquait leur émotion. Ce n'était pas du tout le sujet abordé. Elles avaient honte de la façon dont elles avaient jugé catégoriquement ceux qui pensent différemment, les affublant de stéréotypes et même les diabolisant. En écoutant de manière authentique, pleine et entière, elles en arrivaient à penser : « Cette personne est bien. Je l'aime bien ; je la respecte. Je ne suis pas d'accord avec son opinion, mais je suis prêt à écouter, à accueillir ses paroles. » Voir des mentalités s'ouvrir, des cœurs s'attendrir et des positions opposées se fondre en une troisième solution synergétique et de niveau plus élevé est une merveilleuse expérience.

Ces deux étapes ne marchent pas *toujours* simplement parce que les gens ne les franchissent pas toujours. Je me suis trouvé à Washington avec l'organisation des jeunes présidents de société, et j'avais invité le président de la National Education Association (NEA) ainsi que le dirigeant du mouvement en faveur des *vouchers* en Californie (système prévoyant l'utilisation de *vouchers* dans les écoles publiques, et dénoncé par ses opposants comme une étape vers la privatisation totale de l'enseignement) à se rencontrer sur le podium et à pratiquer les deux étapes. Ils franchirent en rechignant pour la première, disant l'un et l'autre qu'ils n'avaient aucune idée de ce que la recherche pourrait donner et qu'ils n'accepteraient pas de compromis.

Arrivés à la seconde étape exigeant de reformuler à la satisfaction de l'autre, ils essayèrent, puis baissèrent les bras. Ils étaient sur la défensive et même devinrent hostiles, se lançant des injures, lesquelles mettaient même en cause leurs parents. Le public les a littéralement renvoyés. Ils avaient été invités, et furent renvoyés parce qu'ils n'avaient pas atteint le but fixé par la conférence. Le public devint alors synergétique. Il se composait de parents qui attachaient une grande importance au sujet, qui se rendaient compte qu'il s'agissait d'une question très complexe, ne se prêtant à aucune généralisation hâtive, et dont le traitement exigeait un grand effort de compréhension. Le public devint de plus en plus créatif sur les façons de renforcer le système éducatif – notamment par un degré mesuré d'intervention du marché dans certains contextes, et par la définition de ce qu'il fallait faire pour éviter que cette intervention ne devienne contre-productive.

J'ai réalisé cette opération très, très souvent dans le contexte des activités de diverses organisations. Je demande à mes clients : « Quelle question semble diviser votre culture – une question presque impossible à discuter ? » Ils hésitent en général, puis finissent par citer une question répondant à ces critères. Je demande : « Eh bien, pourrions-nous l'utiliser comme exemple de synergie, de recherche d'une troisième solution ? » Ils répondent le plus souvent : « Oh, c'est trop délicat, trop difficile – je ne vois pas comment on pourrait le faire. » J'explique le processus et les deux étapes. Puis je les assure que s'il y a suffisamment de sincérité et d'autorité morale dans le groupe pour susciter un effort réel de pratique des deux étapes, ils en retireront l'expérience la plus enrichissante que leur organisation puisse vivre – non seulement en résolvant le problème en question mais, ce qui est bien plus important, en équipant leur culture d'un système immunitaire leur permettant de résoudre toute nouvelle question litigieuse éventuelle.

Je me suis trouvé au milieu d'un groupe de professionnels de la santé, avec les responsables, les administrateurs et une bonne partie des médecins. La question à débattre – laquelle avait fait l'objet de véritables batailles pendant de nombreux mois – était l'utilisation de médecins extérieurs. Le directeur médical était le représentant d'un point de vue, le directeur général représentait l'autre point de vue. En présence d'une centaine de personnes, je les ai amenés progressivement à franchir les deux étapes. Ils ont produit une troisième solution qui les enthousiasmait l'un comme l'autre – non seulement parce qu'ils la trouvaient préférable aux dispositions en vigueur et à ce que proposaient l'un et l'autre, mais aussi parce qu'elle scellait leur réconciliation.

J'ai travaillé avec un groupe d'assureurs à Cancun, au Mexique, lors de l'une de leurs grandes conférences internationales. Ils m'avaient demandé de parler sur la transformation culturelle produite par le *leadership* basé sur des principes. Après avoir jaugé l'atmosphère du groupe et mesuré le caractère plus ou moins artificiel de leur communication relative aux questions importantes, les tensions entre le siège et les directeurs généraux du terrain et celles entre ces directeurs et les agents de la production, je résolus de mettre de côté le discours que j'avais préparé. À la place, je décidai de les aider à voir le sérieux de leur malaise culturel et son impact sur leurs affaires et sur leurs clients.

Je lançai alors la question : « Qui est propriétaire du client ? » et je fis désigner deux personnes de chacun des trois groupes – les gens du siège, les directeurs généraux et les agents de la production – pour qu'ils viennent se placer devant toute l'assemblée. Chacun à son tour expliqua pourquoi *il* est propriétaire du client. Les agents de la production expliquèrent qu'ils trouvent le client, établissent la relation avec lui, et lui vendent les polices. Les directeurs généraux traitèrent ce raisonnement par le mépris en disant : « *Nous* sommes ceux qui doivent continuer de servir les clients dans la durée. Vous pouvez vous promener. Nous ne le pouvons pas. Nous devons rester et représenter nos produits, assurer la réalisation de nos engagements. » Les responsables du siège affichèrent leur mépris pour les deux autres groupes, disant en substance : « Vous autres ne comprenez rien. Qui développe les produits ? Qui fournit en définitive les garanties associées aux produits ? Qui a mis en place le système institutionnalisé qui permet le fonctionnement de notre entreprise ? » Après quoi, tout le monde se rendit compte à quel point la culture de l'entreprise était malade – *aucun* groupe ne possède le client, mais le client se possède lui-même – et tous comprenaient désormais que s'ils ne se reprenaient pas, ils ne pourraient plus conquérir et conserver des clients. Cette expérience les avait mortifiés, et avait stimulé leur intérêt pour la mise en œuvre des deux étapes.

Je reçus un jour un coup de téléphone du président d'une société. Il me demanda de tenter de résoudre un procès très coûteux et interminable avec un client très important. Le client attaquait la société pour une performance en deçà des critères sur lesquels ils s'étaient mis d'accord. Je connaissais très bien ce président. Il avait suivi mes enseignements, matérialisés par des documents que je lui avais remis, mais n'avait pas suffisamment confiance en lui pour les appliquer. Je lui dis qu'il n'avait pas besoin de moi ; il pouvait agir seul. Je lui rappelai au téléphone l'essentiel de ces documents et obtins qu'il les relise ainsi que d'autres en sa possession. Il était très hésitant et anxieux. Mais après m'avoir entendu affirmer ses capacités, il se déclara prêt à se débrouiller seul.

Il appela le président de la société qui lui faisait un procès et suggéra qu'ils se rencontrent à déjeuner. L'autre président répondit : « Ce n'est pas la peine, laissons le procès se dérouler jusqu'au bout », pensant probablement que son interlocuteur était prêt à négocier un compromis ou tentait de l'amadouer. Il décida de s'en tenir à sa tactique de dureté et rejeta l'invitation à déjeuner.

Alors mon ami lui dit ce qu'il essayait de faire et pourquoi. Il lui parla des deux étapes et lui dit aussi que, bien qu'il ne demandait pas à son propre avocat de venir, l'autre président pouvait venir accompagné de son avocat et se taire si son avocat le lui conseillait. De la sorte il éviterait le risque de se compromettre d'une manière ou d'une autre aux yeux du tribunal. Il répéta : « Qu'avez-vous à perdre ? Une heure ou deux... L'affaire a déjà coûté à nos deux sociétés plusieurs dizaines de milliers de dollars, et nous ne sommes qu'au début du procès. » L'autre président accepta de le rencontrer en venant avec son avocat.

Les trois s'étant rejoints dans une même pièce avec deux tableaux papier, mon ami dit : « En premier lieu, je veux voir si je comprends votre position dans ce procès » et il la reproduisit aussi complètement qu'il pouvait. Après quelques minutes, il dit : « Avez-vous le sentiment que je comprends parfaitement ? Ma présentation est-elle correcte et honnête ? » L'autre président répondit : « Oui, sauf sur deux points. » Son avocat l'interrompit et lui suggéra de ne rien dire d'autre. Mais ce président, sentant que les choses avaient bougé et conscient de la sincérité de son interlocuteur, dit en substance à son avocat de se taire, et précisa les deux points. Mon ami les écrivit sur le tableau papier. Et de nouveau il demanda : « Avez-vous l'impression que je comprends ? Y a-t-il autre chose que vous voulez que je comprenne ? Ai-je oublié quelque chose ? » L'autre président répondit : « Non, je sens que vous comprenez. » Puis mon ami dit : « Pourrais-je vous demander de m'écouter comme j'ai tenté de vous écouter ? Est-ce que cela serait équitable ? »

La deuxième étape – la recherche de la troisième solution – émergea spontanément de leurs efforts pour se comprendre l'un l'autre. Ils se sentirent motivés pour résoudre leur différend. Et non seulement ils se mirent d'accord sur un arrangement qui les satisfaisait pleinement tous les deux, mais ils décidèrent de rétablir leur relation client/fournisseur. Il ne leur restait plus qu'à trouver le moyen de faire admettre cette décision à leurs deux conseils polarisés sur la dispute et l'opposition.

La conclusion de cet épisode est que des opposants peuvent faire ce travail par eux-mêmes, sans l'aide d'un tiers. L'un d'eux doit être apte à être en même temps un participant et un observateur jouant le rôle du tiers chargé de conduire la discussion. Cela requiert beaucoup de discipline mentale et émotionnelle, mais si vous avez foi dans les principes et suffisamment de courage et d'intégrité, vous pouvez y arriver.

Parfois la troisième solution prend la forme d'un compromis – l'un des participants ou les deux cédant un peu de terrain. Mais très souvent, il apparaît que la question débattue n'était pas la question clé : ce qui devient alors le plus important est la qualité de la relation, le niveau de compréhension réciproque ou l'évolution des motivations. Voici l'histoire dont m'a fait part l'un de mes collègues au sujet de ses parents, et qui illustre parfaitement ce point :

Mon père avait été un excellent dentiste pendant trente ans, lorsqu'on lui diagnostiqua une amyloïdose, une maladie rare semblable au cancer. Le médecin ne lui donnait plus que six mois à vivre. Compte tenu des effets de la maladie, il lui fallut abandonner son cabinet dentaire. Il se retrouvait donc, lui qui avait toujours été extrêmement actif, à n'avoir rien d'autre à faire que penser à sa maladie mortelle.

Il décida qu'il voulait se changer les idées en plaçant une serre dans son jardin, où il pourrait faire pousser ses plantes favorites. Ce n'aurait pas été une serre élégante comme celles que l'on voit à l'arrière-plan de maisons victoriennes. Il voulait une serre en kit avec un toit en matière plastique ondulée et des parois noires dans le même matériau. Ma mère ne voulait pas de cette monstruosité dans son jardin. Elle dit qu'elle en mourrait si les voisins voyaient cela. L'affaire en arriva au point où ils ne pouvaient plus en parler calmement. Je pense que ce thème s'était substitué à la maladie, véritable objet de leur colère.

Un jour ma maman me dit qu'elle voulait vraiment comprendre le point de vue de mon père. Elle voulait une solution qui les rendrait heureux l'un et l'autre. Elle savait qu'elle ne voulait pas de serre dans son jardin. Elle aurait préféré voir des liserons envahir toutes ses plates-bandes plutôt que cette serre. Mais elle voulait aussi que mon père soit heureux et productif. Elle décida de céder et de le laisser faire. Elle avait décidé que le bonheur de mon papa comptait plus pour elle que le jardin ou les voisins.

Le résultat fut que la serre prolongea les jours de mon père bien au-delà des prévisions des médecins. Il a vécu encore deux ans et demi. La nuit, quand il ne pouvait pas dormir à cause de la chimiothérapie, il allait à la serre voir comment se portaient ses plantes. Le matin, l'arrosage des plantes lui donnait une raison pour se lever. Sa serre lui donnait un travail à faire, une chose sur laquelle se concentrer tandis que son corps dépérissait. Je me souviens d'avoir entendu ma mère dire que satisfaire le désir de mon père de construire cette serre avait été l'une des choses les plus sages qu'elle avait jamais faites.

La serre avait représenté initialement pour la mère de mon collègue une « défaite », jusqu'au moment où elle avait subordonné sa position initiale au bonheur et à la santé de son mari. La leçon de cette histoire est que lorsque vous comprenez quelqu'un, vous pouvez redéfinir ce qu'est gagnant/gagnant. Toutefois, si le respect qu'elle éprouvait pour son mari ne l'avait pas incitée à le comprendre, elle n'aurait pas changé sa position.

Notez que la synergie résultante n'était pas véritablement une troisième *solution*, mais une troisième *attitude*. La première possibilité était de ne pas avoir de serre. La deuxième possibilité était de le laisser de mauvaise grâce construire sa serre. La troisième possibilité était de vraiment le comprendre, et de trouver son propre bonheur à elle dans la satisfaction qu'il éprouverait en ayant la serre.

C'est souvent de cette façon qu'opère la synergie. Un observateur extérieur aurait dit qu'elle avait accepté un compromis, mais si vous aviez parlé avec cette femme, elle aurait certainement nié qu'il s'agissait d'un compromis. Elle avait trouvé son bonheur dans le bien-être de son mari. Une telle synergie au niveau des attitudes est la plus haute expression d'un amour mature.

La plupart des différends finissent en compromis, en gagnant/perdant ou perdant/gagnant. Mais les conclusions en forme de troisième solution – portant sur la substance, l'esprit ou simplement faites de compréhension et de respect mutuels sans aucun accord – comportent toujours une transformation. Les personnes ont été changées, leur cœur et leur esprit se sont ouverts, elles ont appris et écouté, elles voient les choses autrement, dans toute leur fraîcheur – elles ont été transformées. Le diagramme de la figure 10.7 souligne le contraste entre les solutions transactionnelles et les solutions transformationnelles.

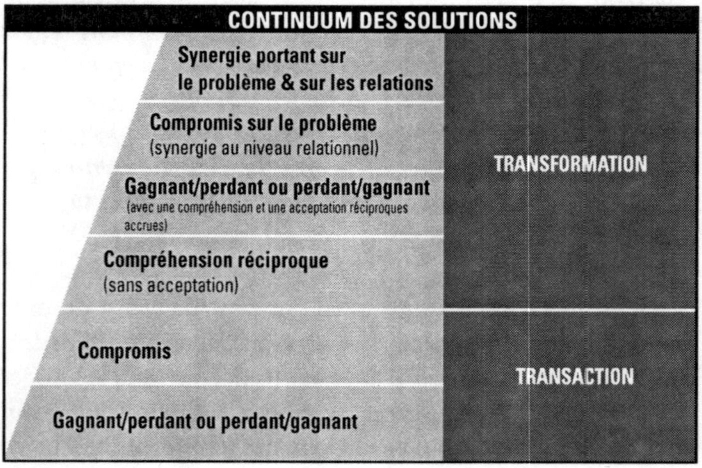

Figure 10.7

Je suis convaincu que la plupart des différends pourraient être prévenus et résolus par une communication de type synergétique dans le style de la troisième solution. Le procès et « la loi » ne devraient être utilisés que comme le dernier recours, non comme le premier. Une culture litigieuse est malsaine pour la société, elle détruit la confiance, donne un exemple abominable et dans le meilleur des cas aboutit au compromis. J'espère un jour me joindre à un consultant pour grandes entreprises et à un juge fédéral, qui l'un et l'autre mettent ces idées en pratique avec de remarquables résultats, pour écrire avec eux un livre destiné aux avocats et à ceux qui les forment et les utilisent, ainsi qu'à ceux qui veulent résoudre des problèmes apparemment insolubles sans l'aide des avocats. Le titre en serait *Bénis soient les pacificateurs*, et le sous-titre *Synergie dans la prévention et le règlement des différends*.

CONSTRUCTION D'UNE ÉQUIPE COMPLÉMENTAIRE PAR LA COMMUNICATION DE TROISIÈME SOLUTION

Donner l'exemple d'une communication sur le mode de la troisième solution est également indispensable pour construire ces équipes complémentaires dont nous avons parlé plus haut. Le lieu où il importe le plus que cet exemple soit donné est l'équipe de direction. Les leaders formels ayant une autorité *formelle*, ils ont besoin par-dessus tout de manifester l'autorité *morale* inhérente à cette forme de communication. Une autre raison est que les dirigeants sont extrêmement visibles et construisent constamment des équipes complémentaires entre différents services, à l'intérieur des services et dans toute l'organisation.

La communication sur le mode de la troisième solution au sein d'une équipe complémentaire peut cependant commencer à se pratiquer à n'importe quel échelon d'une organisation. Les bons résultats pragmatiques des échelons inférieurs peuvent convertir les cyniques de plus haut rang – prouvant que le *leadership*, non seulement d'un individu mais aussi d'une équipe entière, est un choix, non une position.

Où commencer ? Commencez par une communication ouverte entre tous les membres de votre équipe, de votre service, et entre des équipes et des services interdépendants. Au fur et à mesure que vous mettez en œuvre les techniques de la communication sur le mode de la troisième solution, les gens se connaîtront progressivement de mieux en mieux, s'apprécieront davantage et deviendront plus ouverts, authentiques et objectifs. Le respect mutuel prévaudra, et ils s'efforceront de prendre en compte les points forts des autres et d'en compenser les faiblesses, de manière à ce que les points forts soient productifs. L'harmonie régnera, comme dans un groupe musical ou une équipe sportive.

> Lorsque nous regardons à travers la lentille des faiblesses des autres, nous rendons leurs forces inopérantes et nous rendons leurs faiblesses plus nocives.

QUESTIONS ET RÉPONSES

Q : Que pouvez-vous nous dire sur le cycle de vie des organisations ? Existe-t-il une troisième solution évitant la décrépitude et la mort ?

R : Je pense qu'il y a quatre « triangles des Bermudes » pouvant entraîner la décrépitude, le désastre et la mort. Le *premier* se produit au niveau des idées, lorsqu'une bonne idée est simplement étouffée par l'énergie négative, le doute de soi et la peur. Le *deuxième* se manifeste au stade de la production, quand une excellente idée n'est pas appliquée correctement. C'est la cause la plus fréquente d'échec – plus de 90 % des nouveautés se soldent par un échec en deux ans. Il y a tant d'espace de la coupe aux lèvres – entre une excellente idée et sa réalisation. Le *troisième* concerne le management. Le passage à l'échelle supérieure a été institutionnalisé, de sorte qu'une entreprise peut être dupliquée, par exemple en s'étendant pour créer un autre bon restaurant, mais alors le producteur ou bien essaie de faire tout lui-même ou bien il essaie de se cloner. On oublie de créer des systèmes formels pour assurer le contrôle sur les choses, comme par exemple le *cash-flow*. Le *quatrième* apparaît au stade du changement, quand l'organisation doit se réinventer pour s'adapter à l'évolution du marché ou à de nouvelles opportunités, mais se trouve tellement empêtrée dans sa propre vie, ses règles et ses habitudes qu'elle ne peut plus anticiper et satisfaire les besoins des clients visés.

De bonnes équipes de management doivent comporter des gens ayant les qualités correspondant aux besoins de ces quatre phases. Mais le plus important est que l'équipe doit avoir un esprit de respect mutuel de sorte que les points forts de chacun soient reconnus et utilisés, et que les faiblesses soient rendues inopérantes grâce aux points forts des autres. Vous avez besoin d'un *entrepreneur* (la personne à idées), d'un *producteur*, d'un *manager*, et d'un *leader/bâtisseur d'équipe*, qui fait adopter la norme du respect mutuel et qui crée une équipe complémentaire ayant le pouvoir de se réinventer et de faire passer l'organisation à travers de nouveaux cycles de vie.

Q : Comment faire lorsque vous êtes impliqué dans une opération de fusion et acquisition et que vous essayez de mettre ensemble des gens de différentes sociétés ayant des cultures différentes ? Y a-t-il un bouton magique de troisième solution que l'on pourrait enfoncer pour obtenir l'interdépendance dans une société d'envergure mondiale ?

R : La raison pour laquelle la plupart des fusions et acquisitions échouent est que les responsables veulent réaliser l'opération en force. C'est un peu comme fusionner des ADN différentes. Avez-vous jamais vu une famille multiraciale ? Pour qu'elle marche, ne faut-il pas surmonter beaucoup d'obstacles ? Il faut du temps, de la patience, et une communication à base de « bâton de parole » à la recherche de troisièmes solutions. À défaut, vous voyez se développer les métastases des cinq cancers que sont les disputes, les comparaisons, la compétition, la critique et les plaintes. En matière de rapports humains comme de cultures, il convient de se hâter lentement. Il n'en va pas de même des choses, pour lesquelles un traitement rapide est généralement préférable. Mais dans le cas des personnes, l'efficacité et la vitesse peuvent être contre-productives. J'en ai fait personnellement la dure expérience, ce qui a renforcé ma conviction : une communication ouverte, réciproque et respectueuse de la valeur des différentes approches est indispensable au développement d'une culture de troisième solution. Cela implique souvent la mise en place d'un nouveau *leadership* formel. Je me souviens d'avoir travaillé au Canada avec une grande société dont la culture était très mature et responsabilisante. Comme les dirigeants du siège aux États-Unis ouvraient des établissements dans des pays très différents, ils désiraient mettre en place certaines règles édictées centralement. Mais ces règles étaient faites pour des cultures beaucoup moins développées et matures que celle de la filiale canadienne. Le management canadien m'a demandé si je pouvais l'aider à maintenir sa relative indépendance et sa culture de responsabilisation, lui éviter d'évoluer vers des rôles et des politiques adaptés à des cultures immatures et aux maillons les plus faibles de la chaîne de valeur. Je me fis un plaisir de les aider. Lorsque les responsables américains se rendirent compte qu'ils pouvaient utiliser le Canada comme un modèle de ce qui était possible, que la culture plus mature du Canada était plus productive, moins coûteuse et plus profitable grâce à une responsabilisation poussée, à moins de bureaucratie et à moins de paperasse, ils commencèrent à montrer la filiale canadienne comme l'organisation modèle que les cultures moins développées devraient imiter.

La conclusion est qu'il ne faut pas forcer l'interdépendance – elle doit se manifester naturellement à mesure que les gens se connaissent, se comprennent et se font confiance. Ils peuvent ensuite devenir créatifs. En attendant, l'interdépendance est vécue comme une dépendance.

Chapitre 11

Une voix – trouver ensemble le chemin vers une vision, des valeurs et une stratégie communes

Alice arriva un jour à un croisement sur la route et vit un chat du Cheshire dans un arbre. « Quelle route dois-je prendre ? » demanda-t-elle.
Sa réponse fut une question : « Où veux-tu aller ? »
« Je ne sais pas », répondit Alice.
« Alors, dit le chat, c'est sans importance. »

LEWIS CARROLL, *Alice au pays des merveilles*

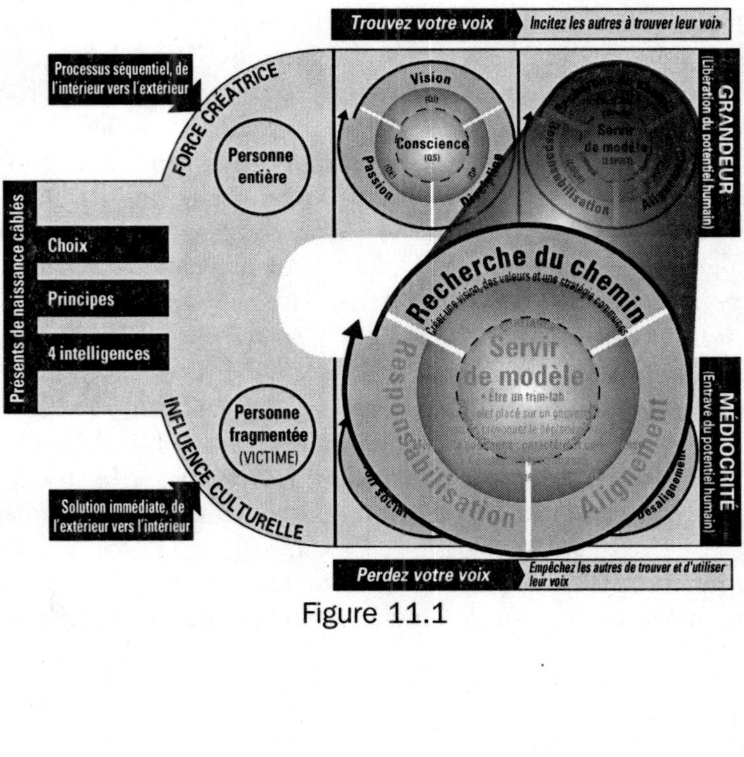

Figure 11.1

L'acquisition de la 8e habitude est un processus qui se déroule de l'intérieur vers l'extérieur, dans un certain ordre. Comme toute habitude, la 8e est une combinaison d'ATTITUDE, de FACULTÉ et de SAVOIR. Nous avons évoqué l'ATTITUDE de l'*initiative sur le mode* trim-tab. Nous avons traité des FACULTÉS permettant d'*établir la confiance et de rechercher les troisièmes solutions.* Les quatre rôles du *leadership* concourent à un *leadership* et une influence de *troisième solution.* Ce sont eux qui vous donnent la CONNAISSANCE des principes du *leadership* de transformation.

RAPPELONS que l'influence commence par l'*exemple donné* de la confiance méritée. Mais comme vous le savez, il ne suffit pas que vous soyez digne de confiance. Les bonnes intentions ne peuvent remédier à un mauvais jugement. Les gens ont besoin d'un modèle pour voir comment travailler et diriger d'une autre manière – d'une manière différente de celle dont ils ont l'habitude, différente de la culture de l'organisation dans laquelle ils travaillent, différente des traditions de contrôle et de transaction de l'âge industriel. L'exemple le plus important que vous donnerez sera de montrer aux autres comment une personne qui a trouvé sa voix agit dans le cadre des trois autres rôles d'un leader – *trouver le chemin, aligner* et *responsabiliser.*

Pour vous aider à donner l'exemple de ces trois rôles, je commencerai les chapitres consacrés à chaque rôle 1) en distinguant le mythe et la réalité associés à ce rôle, 2) en décrivant trois approches possibles très différentes pour chaque rôle. Dans tout défi, la clé est toujours de rechercher la troisième solution, de type supérieur.

Dans le présent chapitre, nous nous attaquons au défi qui consiste à unifier dans une même voix, vers un même but commun, des personnes diverses par leurs forces respectives et leurs manières de voir le monde. C'est le rôle consistant à *trouver le chemin conduisant à une vision, des valeurs et des priorités stratégiques communes.* Commençons par examiner les mythes, la réalité et les approches relatives à cette recherche du chemin (figure 11.2).

La *première solution* dans votre rôle de leader à la recherche du chemin consiste à annoncer la vision, les valeurs et la stratégie à votre équipe ou votre organisation sans réellement les impliquer.

La *deuxième solution* consiste à les impliquer à l'excès et à s'embourber jusqu'à la paralysie dans les analyses, les comités et la réunionite ; à organiser de longues et incessantes discussions dans des réunions à l'extérieur de l'organisation, au point de sous-entendre que la stratégie n'a pas à être appliquée et qu'il n'y a pas lieu de responsabiliser les collaborateurs.

MYTHE	Les déclarations de mission et les priorités stratégiques sont développées par ceux qui savent mieux que les autres – les gens d'en haut (ancien paradigme).
RÉALITÉ	Les déclarations de mission et les priorités stratégiques développées à la hâte par ceux d'en haut puis annoncées sont oubliées. Sans participation, ou à défaut une forte identification, il n'y a pas d'engagement (nouveau paradigme).

Figure 11.2

La *troisième solution* est non seulement d'impliquer les gens dans le processus de développement de la vision, de la mission et de la stratégie, mais aussi de reconnaître que si vous construisez une forte culture de confiance, et si vous êtes vous-même digne de confiance, la force de l'identification qui en résultera sera comparable à celle de la participation.

Permettez-moi d'illustrer par un exemple cette troisième solution.

J'ai longtemps été surpris par le niveau de service constant et réellement extraordinaire que j'ai toujours observé lors de mes séjours dans des hôtels du groupe Ritz-Carlton. Ayant eu l'occasion au fil des ans de faire plus amplement connaissance avec Horst Schulze, qui pendant de longues années a été le président-directeur général de la chaîne hôtelière, j'ai finalement compris comment sa remarquable culture avait pris naissance. Sous la direction de Horst Schulze, la Ritz-Carlton Company a gagné, à deux reprises, le prix Malcom Baldrige National Quality Award dans la catégorie Service.

J'ai interviewé un jour Horst Schulze en vue d'un article à publier dans divers périodiques internationaux. Je lui ai demandé : « Comment définiriez-vous le *leadership* ? » Voici sa réponse :

Le leadership *consiste à créer un environnement dans lequel les gens veulent faire partie de l'organisation et pas seulement travailler pour l'organisation. Le* leadership *crée un environnement qui pousse les gens à vouloir, et non à devoir, y travailler. Cette création est un impératif économique. Elle donne un but, pas seulement un travail et une fonction. En tant que businessman, j'ai l'obligation de créer un environnement où les gens sentent qu'ils font partie de quelque chose, se sentent accomplis, et ont un but. C'est le but – c'est la valeur dans leur vie – qui pousse les gens à donner vraiment d'eux-mêmes. Dès lors, vous tirez d'eux le maximum, et vous leur donnez un maximum. Tout autre comportement est irresponsable à l'égard de l'organisation et exige davantage d'efforts de l'individu.*

Si vous voyez les gens simplement sous l'angle de leur fonction, vous les traitez comme des choses, comme la chaise sur laquelle vous êtes assis. Je ne pense pas qu'en tant qu'êtres humains nous ayons le droit de faire ça. Aucun de nous n'a envie d'être simplement une chose placée dans un coin. Nous avons constaté que la plus grande satisfaction pour un employé est de sentir qu'il fait partie de quelque chose et de sentir qu'on lui fait confiance pour prendre des décisions et contribuer.

Chacun est un ouvrier du savoir dans son propre domaine, et sans conteste le plongeur a plus de savoir que moi sur sa situation de laveur de vaisselle. Donc ce plongeur peut contribuer à l'amélioration de l'environnement, des conditions de travail, de la productivité, à la réduction des bris de vaisselle, etc. Il peut apporter une contribution considérable grâce à ses connaissances dans son domaine.

J'ai eu un jeune homme de Nairobi qui m'a rejoint dans l'hôtel comme plongeur il y a environ seize ans. Il ne savait pas parler correctement l'anglais, mais c'était un jeune homme très travailleur. Après quelque temps, on lui a offert un job au room-service, *puis comme responsable du* room-service, *puis comme employé du* lobby, *puis comme barman, et il est alors devenu assistant du manager du* lobby *; il est maintenant directeur pour la nourriture et les boissons. C'est le numéro deux de l'hôtel, et il a commencé comme plongeur.*

Quand j'avais seize ans, ma mère m'a amené à l'hôtel avec ma petite valise pour y débuter mon apprentissage. Il y avait tous ces clients importants et je pensais qu'ils m'étaient tous tellement supé-

rieurs. Mais j'ai eu la chance de travailler comme apprenti pour un remarquable maître d'hôtel de soixante-dix ans. Quand il entrait dans la pièce, vous saviez qu'il était présent, il était excellent, et nous l'admirions. Il recherchait toujours l'excellence dans son apparence, dans ce qu'il disait, et dans ce qu'il faisait. Je vis dans ce maître d'hôtel que si vous faites les choses d'une manière exceptionnelle, vous êtes tout aussi important que les autres. Je compris que je pouvais aussi être important en faisant bien ce que je faisais, quoi que ce soit. En fait, cette idée est devenue la devise de Ritz-Carlton : « Nous sommes des ladies et des gentlemen qui servent des ladies et des gentlemen. »

Au cours des vingt-deux années écoulées, nous avons enquêté auprès de cinq millions de personnes, cherchant à comprendre les caractéristiques et les compétences des leaders et des managers efficaces. L'une des découvertes les plus frappantes qui en est ressortie est ceci : les managers ont typiquement des notes élevées en matière d'éthique professionnelle (l'exemple donné), mais basses en ce qui concerne leur aptitude à fournir la focalisation et la direction à suivre (trouver le chemin). La conséquence est que les gens n'ont pas d'idée claire sur les priorités essentielles, n'ont pas de compte à rendre à leur égard, et que les organisations dans leur ensemble ne parviennent pas à exécuter les tâches correspondantes. Déconnectés de ces priorités, ils travaillent plus dur que jamais, mais faute de clarté et de vision, ils n'avancent guère. Ce qu'ils font revient à pousser sur une corde... de toutes leurs forces.

Tandis que le fait de donner l'exemple inspire la confiance, *la recherche du chemin crée l'ordre sans avoir à l'exiger*. Dès que les gens concernés sont d'accord sur ce qui compte le plus pour l'organisation, ils acceptent les critères applicables à toutes les décisions qui vont suivre. Cette communication clarificatrice donne la focalisation. Elle crée l'ordre. Elle crée la stabilité. Elle permet aussi l'agilité, dont nous parlerons à propos du rôle de responsabilisation.

> *L'essence véritable du* leadership *est d'avoir une vision ;*
> *il ne sert à rien de souffler au hasard dans une trompette*[1].
> THEODORE M. HESBURGH, président, Notre-Dame

La *vision* du niveau personnel a comme équivalent la *recherche du chemin* au niveau d'une organisation. Alors qu'en tant qu'individu vous identifiez ce que vous voyez comme étant important, votre défi et votre rôle deviennent de créer une vision *commune* de ce qui est important, de ce qui compte le plus. Voici deux questions que vous pourriez vous poser au sujet de vos employés :

1. Les gens comprennent-ils clairement les buts de l'organisation ?
2. Se sentent-ils engagés ?

Pour que les gens puissent comprendre clairement les objectifs essentiels et se sentent engagés à leur égard, il convient de les impliquer dans les prises de décision correspondantes. Ensemble, vous déterminez la destination de l'organisation (vision et mission). Chaque membre de l'organisation prend alors possession du chemin qui conduit à la destination (valeurs et plan stratégique).

Lorsque vous déterminez ensemble ce qui est le plus important pour une organisation ou une équipe, vous devez pleinement prendre en compte les réalités auxquelles vous êtes confronté. Lorsqu'elles sont comprises, vous pouvez élaborer une vision et un système de valeurs communs matérialisés par une déclaration de mission et un plan stratégique. À propos de la nécessité de tenir le plus grand compte des réalités de base, voici ce qu'a écrit l'auteur Clayton M. Christensen :

> « Toute société, quel que soit son secteur d'activité, travaille sous l'empire de certaines forces – les lois de la nature des organisations – qui définissent ce qu'une société peut faire et ce qu'elle ne peut pas faire. Les managers confrontés à des technologies de rupture manquent à leurs devoirs envers leur société s'ils laissent ces forces les dominer.
>
> De façon analogue, les Anciens qui tentaient de voler avec à leurs bras des ailes couvertes de plumes, qu'ils agitaient de toutes leurs forces en sautant d'un lieu élevé, échouaient invariablement. Leurs rêves et leur travail forcené ne pouvaient avoir raison des forces considérables de la nature.
>
> Personne ne pouvait être assez fort physiquement pour remporter cette bataille. Le vol n'est devenu possible que lorsqu'on a compris les lois naturelles applicables : la loi de la gravité, le principe de Bernoulli, les concepts de portance, de traînée, de résistance. Lorsqu'on a conçu

des systèmes volants qui reconnaissaient ou exploitaient la puissance de ces lois et de ces principes au lieu de les combattre, il devint possible de voler à des hauteurs et des distances inimaginables auparavant[2]. »

Vous devez vous mesurer à quatre réalités – *réalités du marché, compétences de base, besoins et souhaits des personnes impliquées*, et *valeurs* – avant de comprendre et d'être en mesure de jouer le rôle du découvreur de chemin.

- **Réalités du marché.** Comment les membres de votre organisation ou de votre équipe perçoivent-ils le marché ? Quel en est le contexte plus étendu aux plans politique, économique et technologique ? Quelles sont les forces de la concurrence ? Quelles sont les tendances et les caractéristiques de la branche d'activité ? Y a-t-il des technologies de rupture ou des modèles économiques révolutionnaires susceptibles de rendre obsolète toute la branche d'activité ou d'en remettre en cause les traditions essentielles ?
- **Compétences de base.** Quels sont les points forts qui vous distinguent de tous les autres ? Je suis très admiratif de l'approche de Jim Collins en matière de recherche du chemin. Dans son livre *Good to Great*, il présente trois cercles qui se recouvrent, représentant vos forces principales. Il appelle cela le concept du hérisson. Ces cercles répondent à trois questions : Que savez-vous faire très bien – et peut-être même mieux que personne d'autre au monde ? Deuxièmement, qu'est-ce qui vous passionne vraiment ? Et troisièmement, qu'est-ce que les gens acceptent de payer ? Autrement dit, quels sont les besoins dont la satisfaction fait tourner votre moteur économique ? C'est sur les réponses à ces trois questions que doivent se fonder les valeurs de votre organisation.

En posant une question supplémentaire – que conseille votre conscience ? – nous retrouverions l'approche de la personne entière (*corps* – moteur économique ; *mental* – être les meilleurs ; *cœur* – passion ; et *esprit* – conscience). C'est par le recouvrement de ces quatre domaines que vous pouvez trouver votre voix (voir figure 11.3), qu'il s'agisse de votre voix en tant qu'individu, ou de la voix d'une organisation.

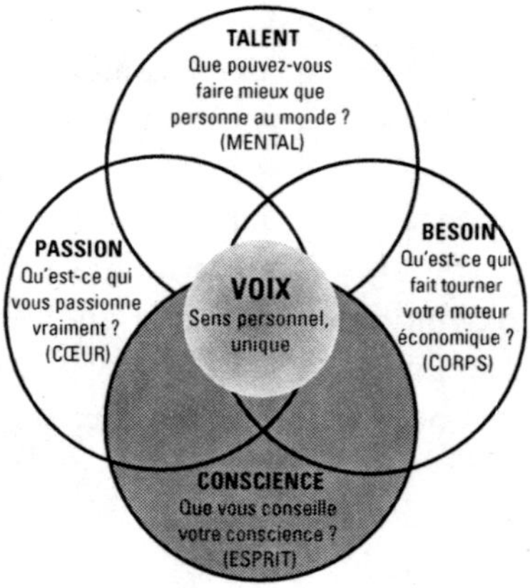

Figure 11.3

– **Besoins et souhaits des personnes impliquées**. Pensez à toutes les personnes impliquées – d'abord et avant tout, aux clients visés. Que souhaitent-ils réellement et de quoi ont-ils réellement besoin ? Quels sont leurs questions, leurs problèmes et leurs soucis ? Quels sont les souhaits et les besoins de *leurs* clients ? Quelle est la réalité des marchés sur lesquels ils opèrent ? Quels nouveautés technologiques ou modèles économiques peuvent éventuellement les menacer ou les rendre obsolètes ? Quels sont les besoins et les souhaits des propriétaires de l'organisation, ses actionnaires, ceux qui ont fourni les capitaux ou payé les impôts ? Quels sont les besoins et les souhaits des associés, des employés, de vos collègues ? Pensez également à tous les fournisseurs, aux distributeurs et aux concessionnaires – à toute la chaîne des fournitures. Et n'oubliez pas la communauté dans laquelle vit l'entreprise, ni son environnement naturel.
– **Valeurs**. Quelles sont les valeurs des gens ? Quelles sont vos valeurs ? Quel est l'objectif majeur de l'organisation, sa raison d'être ? Quelle est sa stratégie principale pour atteindre cet objectif ? Pour quelle tâche avez-vous été embauché ? Quelles sont les valeurs qui doivent vous servir de principes directeurs ? Quelles priorités prévoyez-vous d'établir entre elles pour mieux traverser des périodes difficiles ? La plupart des gens n'ont même pas décidé ce qui a le plus d'importance pour eux. Ils n'ont pas développé les critères qui doivent sous-

tendre et gouverner toutes leurs autres décisions, et malgré cela nous devons faire cet effort pour la totalité du groupe, de l'équipe ou de l'organisation. C'est une tâche extraordinairement complexe, soumise à de nombreuses interdépendances – un véritable défi.

Tels sont les questions et les thèmes qui doivent être *clarifiés* pour que vous puissiez vous *focaliser*. C'est pourquoi cette tâche requiert tant de caractère, de compétence, de vision, de discipline et de passion gouvernés par la conscience.

La recherche du chemin est la tâche la plus difficile de toutes parce que vous avez affaire à une telle diversité de personnalités, d'intentions personnelles, de perceptions des réalités, de degrés de confiance et d'ego. D'où l'importance absolument primordiale de l'exemple donné, le rôle central de toute fonction de direction. Si l'on ne peut avoir confiance dans la personne et/ou l'équipe qui enclenche le processus de recherche du chemin, il n'y aura pas d'identification, et la participation comportera de nombreux dysfonctionnements.

Il fallut le caractère exemplaire et la compétence d'un George Washington pour intégrer et harmoniser les qualités brillantes et les différences d'un Thomas Jefferson, d'un John Adams, d'un Benjamin Franklin, d'un Alexander Hamilton, et des autres pères fondateurs de la République américaine, jusqu'à ce que finalement la Déclaration d'indépendance et la Constitution des États-Unis avec ses dix premiers amendements, appelés *Bill of Rights* (Loi des droits), puissent voir le jour. Trouver le chemin fut la plus ardue de toutes les tâches accomplies pour créer les États-Unis d'Amérique. Mais ces documents visionnaires ont guidé les États-Unis et leur ont permis de survivre à des traumatismes majeurs – la guerre civile, les grandes guerres mondiales, la guerre du Vietnam, Watergate, les scandales présidentiels, et les élections présidentielles.

ABOUTIR À UNE VISION ET DES VALEURS COMMUNES

On parle souvent du chant selon la même partition pour décrire une vision et des valeurs communes. C'est une excellente analogie parce qu'elle suggère qu'il y a un accord sur ce qui importe le plus dans la vision, les valeurs et la stratégie de l'organisation ; de sorte que ses membres peuvent joindre leurs voix en une chorale harmonieuse.

La mise en commun, ou le partage, est une démarche intéressante. Si je *partage* quelque chose avec vous, je vous donne ce que j'ai. Si vous vous identifiez à moi, si vous croyez dans ce que je représente et si vous avez confiance en moi, alors je peux simplement partager avec vous ma vision. Vous adopterez alors cette vision encore plus volontiers que si vous l'aviez développée vous-même, parce que vous vous fiez davantage à mon expérience qu'à votre expérience propre. Si en revanche vous vous sentez compétent, si vous désirez être impliqué et si je vous annonce simplement *mon* plan comme étant *notre* plan, vous n'éprouverez alors aucun engagement émotionnel. Il ne sera pas partagé. Vous aurez l'impression que la mission et la déclaration des valeurs vous ont été imposées. Nous n'utilisons plus alors la même partition.

En clair, la déclaration de mission et le plan stratégique sont une chose, mais faire en sorte que tous utilisent la même partition est une autre chose d'*égale* importance. C'est un projet majeur dans lequel l'exemple donné en tant que leader joue un rôle essentiel. Si les gens n'utilisent pas la même partition, ils ne peuvent s'aligner sur une stratégie commune, et en aval tout déraille. La seule chose qui puisse alors vous sauver est le pur instinct de conservation des individus. Si la concurrence se débat dans des difficultés similaires, vous survivrez peut-être. Mais si vos principaux concurrents ont des plans cohérents bénéficiant des synergies que permet l'harmonie interne, et surtout s'ils ont la classe internationale, votre compte est bon.

LES OUTILS POUR TROUVER LE CHEMIN (ET LE SUIVRE) – LA DÉCLARATION DE MISSION ET LE PLAN STRATÉGIQUE

Trouver le chemin est pour une organisation ou une équipe ce qu'est l'exemple donné pour un individu. C'est décider ce sur quoi il convient de se *focaliser* dans une organisation, une équipe ou une famille. Vous posez les mêmes types de questions sur les valeurs et les objectifs, mais maintenant c'est le groupe qui les pose collectivement à propos de sa mission spécifique. Un processus interactif aboutit à la rédaction d'une déclaration de mission et d'un plan stratégique (valeurs proposées et objectifs). La déclaration de mission doit mentionner votre *objectif* au sens le plus élevé, c'est-à-dire votre raison d'*être*, votre *vision* et vos *valeurs*.

Le plan stratégique est une description concise de la *manière* dont vous allez apporter de la valeur à vos clients et aux autres personnes impliquées ; c'est votre proposition de valeurs. C'est votre *focalisation*. C'est la « voix » de l'organisation. Pour préparer votre plan stratégique, vous devez savoir qui sont vos clients et les autres personnes impliquées, qui vous voulez qu'ils soient, vous devez connaître le produit ou le service proposé et sa valeur, et définir le plan, avec des délais, grâce auquel vous allez conquérir et conserver des clients. Pour une famille, un plan stratégique est simplement votre plan d'action pour la réalisation de votre vision et de vos valeurs dans la vie de tous les jours.

DÉCLARATIONS DE MISSION RESPONSABILISANTES

D'après mon expérience, les déclarations de mission sont communes et responsabilisantes quand il y a 1) suffisamment de gens, 2) totalement informés, 3) interagissant librement et en synergie, 4) dans un environnement de grande confiance. En fait, la plupart des déclarations de mission créées dans de telles conditions se réfèrent aux mêmes idées et aux mêmes valeurs de base. Les termes peuvent varier, mais ils évoquent habituellement les quatre dimensions et les quatre besoins de la vie – physique, mental, émotionnel et spirituel.

La puissance de l'extraordinaire culture de service du Ritz-Carlton vient de sa vision fondamentale des personnes, qu'il s'agisse du personnel ou des clients. « Nous sommes des ladies et des gentlemen et nous servons des ladies et des gentlemen. » Au cœur du *leadership* de Horst Schulze se trouve sa vision de la dignité de la personne entière et de son besoin de sens.

Seuls ceux qui sont mis en état de puiser dans les besoins et les motivations des quatre éléments de leur nature trouveront leur voix et donneront le meilleur d'eux-mêmes. Pour le corps, le besoin et la motivation sont la *survie* – la prospérité économique ; pour le mental, *la croissance* et *le développement* ; pour le cœur, *l'amour* et *les relations* ; et pour l'esprit, *le sens*, *l'intégrité* et *la contribution*.

L'organisation a les mêmes besoins :

1. Survie – santé financière (CORPS) ;
2. Croissance et développement – croissance économique, augmentation du nombre de clients, introduction de nouveaux produits et services, croissance des compétences professionnelles et institutionnelles (MENTAL) ;
3. Relations – force des synergies, des réseaux externes et des partenariats, travail en équipe, confiance, intérêt pour les autres, pour leurs différences (CŒUR) ;
4. Sens, intégrité et contribution – servir et contribuer aux progrès de tous ceux qui sont impliqués : les clients, les fournisseurs, les employés et leur famille, les communautés, la société – pour faire une différence dans le monde (ESPRIT).

La clé permettant de libérer la puissance du personnel est ce que j'appelle le *comissionnement*. Elle consiste à clarifier la mission, la vision et les valeurs de l'organisation d'une manière telle que les quatre besoins des individus se recouvrent avec les quatre besoins de l'organisation. Le travail de chaque personne dans l'organisation devrait être comissionné pour satisfaire explicitement les quatre besoins à la fois de la personne et de l'organisation. Une déclaration de mission universelle pourrait être un texte du genre : « Améliorer le bien-être économique et la qualité de vie de *toutes* les personnes impliquées. » La déclaration de mission de *votre* organisation, service, équipe, ou famille ne devrait pas seulement incarner l'esprit de la déclaration de mission universelle, elle devrait aussi indiquer la manière *unique* dont vous le faites – votre don, votre capacité, votre niche spécifique – votre voix.

PAS DE MARGE, PAS DE MISSION

J'ai toujours été animé par un sens de la mission, du but à atteindre. Mais dès les premières années du démarrage de ma propre société, j'ai appris à mes dépens cette dure réalité : pas de marge, pas de mission. Autrement dit, si vous ne faites pas marcher une entreprise de façon qu'elle produise des profits réguliers dans la durée, vous finissez par ne plus avoir la possibilité d'accomplir votre mission.

La plupart des entreprises, en revanche, sont tellement focalisées sur la marge et sur la nécessité de « faire » les chiffres chaque trimestre qu'elles en oublient la vision qui les a poussées à se lancer dans leur activité. Elles perdent de vue leur personnel, leurs familles et les communautés au sein desquelles elles opèrent. Elles oublient à quel point elles sont interdépendantes à l'égard de *toutes* les personnes touchées par leur activité. Elles perdent le sens de la mission et de la contribution. Les problèmes causés par cette attitude ont motivé une bonne part de mon travail auprès des organisations au cours des quarante dernières années. D'importantes conséquences négatives résultent aussi bien de l'approche mission/pas de marge que de l'approche marge/pas de mission (voir figure 11.4). Aucune de ces deux approches n'est durable – surtout pas dans l'économie mondiale actuelle. La clé est de rechercher l'une et l'autre, l'équilibre.

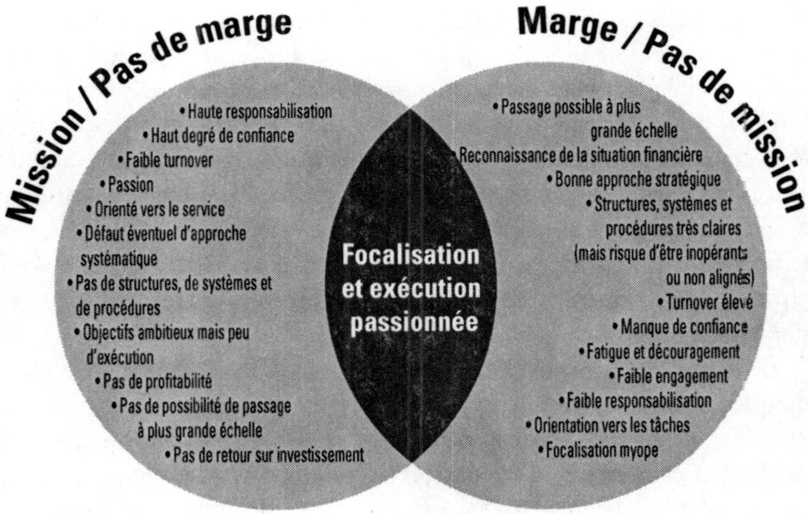

Figure 11.4

EXÉCUTION DU PLAN STRATÉGIQUE

Un plan stratégique commence à l'évidence par le client. Au sens le plus strict, *il n'y a que deux rôles dans une organisation : clients et fournisseurs.* Tout le monde fonctionne simultanément dans les deux rôles, soit à l'intérieur, soit à l'extérieur de l'organisation. *Tout le monde* englobe tous les individus impliqués dans la chaîne de fournitures aboutissant au produit final de votre organisation – ceux qui fournissent les fonds, ceux qui fournissent les idées et le travail, ceux qui fournissent les matériaux, ces familles qui supportent les employés, ainsi que la communauté et l'environnement qui permettent l'existence de toute la chaîne de fournitures et l'alimentent.

L'essence d'une entreprise saine, par suite, est la *qualité de la relation* entre client et fournisseur. À tous ces clients extrêmement divers, vous, le fournisseur, vendez bien plus que des biens et services. Vous leur vendez, en fait, des solutions à leurs problèmes (des travaux qu'ils vous confient sous la forme d'un achat de vos biens ou services). Pour résoudre vraiment leurs problèmes, et pas seulement faire semblant, vous devez vraiment comprendre les besoins et les souhaits de toutes les personnes concernées par votre activité. Vous devez payer un prix, qui consiste à apprendre ce qui compte le plus pour ces gens, de manière à faire votre planification stratégique d'une manière sensée. Les valeurs deviennent prioritaires dans ce processus de planification, parce que dans la mesure où elles sont basées sur des principes, elles sont stables. Les clients changent et la stratégie doit s'adapter, mais si vos valeurs sont reliées à des principes immuables, vous disposez alors d'une attache centrale à laquelle vous pouvez vous ancrer pour survivre à tous les changements inévitables.

Le test d'une bonne déclaration de mission et d'un bon plan stratégique, c'est de pouvoir approcher toute personne à tout niveau d'une organisation et de constater qu'elle peut dire pourquoi ce qu'elle fait contribue à l'exécution du plan stratégique et est en harmonie avec les valeurs qui le sous-tendent. Tous doivent savoir où se trouve le nord, et comment leurs rôles font bouger l'organisation dans la bonne direction.

Dès lors que chaque membre de l'organisation a fait siens la déclaration de mission et le plan stratégique, soit par l'identification, soit par l'implication, la bataille est à moitié gagnée, grâce à la création qui s'est déroulée aux niveaux mental, émotionnel et spirituel. La création physique peut alors suivre. Il ne s'agit plus seulement que d'*exécuter la stratégie* – faire que les choses se réalisent : agir, produire, aligner, responsabiliser. Vous devez mettre en place la structure, placer les *bonnes* personnes aux *bons* postes avec les *bons* outils et le support nécessaire, puis vous en aller pour les laisser opérer et les aider si elles le demandent.

Toute subdivision de l'organisation, qu'il s'agisse d'un comité, d'un bureau, d'une division, d'un service, d'un projet ou d'une équipe, devrait être soumise à un processus similaire de double création : mentale, puis physique ; le plan, puis la construction ; l'écriture de la partition, puis l'exécution de la musique. La découverte du chemin est la première création. Elle définit le plan stratégique visant à rendre les choses physiques/effectives/réelles.

Si le processus est bien exécuté et si les intéressés s'y investissent émotionnellement à cause de l'identification et de la participation qui l'ont précédé, vous pourrez réaliser en cas de besoin des opérations de réduction des coûts de grande ampleur dans toute l'organisation. Comme un individu, une organisation peut se trouver immergée dans des occupations urgentes mais non importantes. La culture acquiert une vie propre. C'est pourquoi il est nécessaire de revenir constamment aux objectifs, aux valeurs et au plan stratégique global, qui doivent piloter et maintenir focalisées *toutes les décisions ultérieures* que vous prendrez. Cela vous donnera la vigilance et le courage de rester à l'écart des « hobbies », des éléments qui ne sont pas au cœur de l'activité professionnelle.

L'un des plus grands challenges que rencontrent les dirigeants d'entreprise est de faire retomber en cascade et de TRADUIRE la vision perçue à 10 000 mètres d'altitude en ligne de mire pilotant les comportements des employés aux prises avec les réalités du terrain, en vue d'atteindre les objectifs cruciaux. Même s'ils ont été impliqués dans le développement de la déclaration de mission et du plan stratégique, il est difficile de les transposer au niveau des actions concrètes. Mais pensez aux gains de productivité réalisables en ayant les bonnes personnes travaillant au bon moment sur les choses appropriées – les quelques projets et objectifs vitaux.

Mais c'est généralement ici que le bât blesse. Trop souvent nos plans stratégiques sont grandioses mais vagues, et les dirigeants ne parviennent pas à traduire la stratégie en ces quelques objectifs cruciaux qui doivent être atteints dans un avenir rapproché. Ou encore, et c'est tout aussi problématique, les stratégies sont traduites en huit, onze ou même quinze nouveaux objectifs cruciaux, soit un nombre trop important de priorités pour pouvoir réellement se focaliser sur elles. Si vous avez trop de hautes priorités, vous n'avez en fait pas de haute priorité. Les objectifs stratégiques doivent être peu nombreux, classés selon leur priorité, ils doivent être mesurables et figurer sur un *tableau motivant des résultats obtenus*, ou *tableau des scores*, comme ceux qui s'affichent sur les stades, permettant à chacun de savoir exactement quels sont les résultats et comment ils sont atteints. Les chapitres suivants contiennent d'autres indications sur la manière de focaliser votre équipe et votre organisation sur les quelques « objectifs extraordinairement importants » et sur le rôle fondamental d'un tableau des scores visant à entretenir la focalisation sur les objectifs.

La création d'un environnement de focalisation et de travail en équipe du haut en bas exige que les employés sachent quelles sont les priorités les plus élevées, les adoptent, les traduisent en actions spécifiques, aient la discipline de maintenir le cap, et aient confiance les uns dans les autres pour coopérer efficacement. Malheureusement, la plupart des gens ne savent pas sur quoi focaliser leur temps et leur énergie parce que les priorités les plus hautes n'ont pas été clairement identifiées, transmises, puis rappelées et mesurées sur un tableau des scores motivant. Si elles l'ont été, mais si les employés ne s'en sentent pas propriétaires, s'ils sont en désaccord avec la stratégie, si on leur donne des priorités contradictoires ou s'ils sont incapables de voir le lien entre leurs tâches et la vision de l'entreprise, leur aptitude à concrétiser cette vision est compromise. Le travail en équipe est alors mis en cause par le manque de confiance, des réactions négatives, des systèmes et des procédures défectueux ou un trop grand nombre d'obstacles s'opposant à l'action.

Les organisations qui réussissent à créer un sens commun de *mission* tel que chaque personne connaisse le POURQUOI et le QUI avec sa tête comme avec son cœur, et à développer une *stratégie en ligne de mire* (le COMMENT et le QUAND), de sorte que les services, les équipes et les individus soient constamment focalisés sur leurs objectifs, et que les gens rendent des comptes en relation avec les quelques priorités majeures de l'organisation, trouvent leur voix et produisent une culture puissante, centrée sur des principes (voir figure 11.5). Tel est le but essentiel du rôle de la recherche du chemin.

Figure 11.5

QUESTIONS ET RÉPONSES

Q : J'ai quatre générations d'employés. Comment peut-on unir des gens dans une vision et des valeurs communes quand ils sont tellement différents ?

R : Un modèle centré sur des principes est le seul qui puisse s'appliquer. Que vous ayez affaire à des anciens, des baby-boomers, la génération X ou la génération Y – qui ont tous des systèmes de valeurs différents et qui regardent le monde à travers des lentilles différentes – il n'y a qu'une chose qui les réunit tous : les principes éternels et universels qui peuvent servir de base pour développer une vision et un système de valeurs communs.

Je sais que ma présentation rend la chose plus simple en apparence qu'elle ne l'est réellement. Toutefois, en montrant du respect pour chaque génération de travailleurs et en l'impliquant dans une communication synergétique, je suis convaincu qu'il est possible de parvenir à une « troisième solution ». Tenez-vous-en à ce principe – impliquez les gens dans le problème et cherchez-en la solution avec eux. Ils seront alors émotionnellement impliqués dans la solution. S'ils comprennent vraiment la profondeur du problème et le voient en transcendant leurs lentilles générationnelles, ils peuvent finalement parvenir à une certaine homogénéité sociale.

Q : Vous essayez constamment de distinguer entre les principes et les valeurs. C'est pour moi une source de confusion ; j'ai l'impression qu'il s'agit de la même chose.

R : La raison principale pour laquelle vous pensez ainsi est que la plupart des valeurs bien développées sont effectivement des principes ou des lois naturelles. En fait, si vous impliquez suffisamment de personnes dans la formulation des valeurs, si elles sont informées et travaillent dans une atmosphère de grande confiance, si elles communiquent librement et en synergie les unes avec les autres, les valeurs communes qui émergent sont basées sur des principes. Vous constaterez aussi que tout groupe développant des valeurs dans de telles conditions arrive aux mêmes valeurs, bien que les mots puissent être différents. Les pratiques culturelles peuvent varier selon l'endroit du monde où vous vous trouvez, mais mes expériences dans le monde entier m'ont montré qu'indépendamment du type d'organisation ou du niveau dans une organisation, lorsque des formulations de valeurs sont préparées de cette manière, elles portent sur les quatre éléments de notre nature – corps, mental, cœur et esprit – et sur nos quatre besoins fondamentaux – vivre, aimer, apprendre et laisser un héritage. Cela s'applique aux individus comme aux organisations. Mais si les valeurs sont développées et annoncées unilatéralement, elles ne peuvent pas être basées sur des principes. Après tout, même les criminels ont des valeurs.

Q : Est-il nécessaire de préparer des déclarations de mission ou de faire des sessions de planification stratégique en se réunissant dans un lieu extérieur à l'organisation ?

R : Cela dépend. Si le produit d'un travail extérieur à l'organisation se base sur des contributions et points de vue divers et doit servir d'*input* dans toute l'organisation, cette procédure peut s'avérer très efficace. Mais si l'opération produit une déclaration de mission et un plan stratégique qui sont simplement annoncés, ce sera l'échec. La clé est qu'il doit y avoir des connexions au niveau émotionnel ; sinon, les critères développés ne seront pas utilisés pour aligner les structures, les systèmes, les procédures et les cultures. Les déclarations de mission qui sont préparées à la hâte et annoncées sont vite oubliées, ce ne sont que des déclarations de relation publique. C'est souvent le cas de produits préparés sur un site extérieur à l'organisation.

S'agissant de l'établissement d'un rapport émotionnel au produit, le mode d'élaboration est tout aussi important que le produit lui-même. Ce rapport émotionnel résulte d'une combinaison d'implication et d'identification – sachant que pour s'identifier à la vision d'un autre, les intéressés doivent avoir davantage confiance dans cette vision que dans leur propre vision.

Mais un processus de communication, de *feedback*, d'ouverture et de participation est toujours nécessaire pour créer l'indispensable connexion émotionnelle. En diverses occasions, j'ai pu voir l'utilisation heureuse de la technologie pour produire une itération après l'autre. Un comité de deux ou trois personnes produit un modèle initial. Puis graduellement, par le *feedback* – par la communication et par l'écoute – le modèle s'améliore et reflète plus profondément les nombreux intérêts divers, jusqu'au moment où s'établit une véritable connexion culturelle.

Exécution

ALIGNEMENT ET RESPONSABILISATION

Chapitre 12

La voix et la discipline d'exécution – Aligner les objectifs et les systèmes en vue des résultats

Un cheval ne va nulle part s'il n'est harnaché.
La vapeur et le gaz ne font rien avancer sans être comprimés.
Le Niagara ne peut être transformé en lumière et en puissance sans être mis dans une conduite forcée.
La vie ne peut devenir grande sans être focalisée, dédiée et disciplinée[1].

HENRY EMERSON FOSDICK

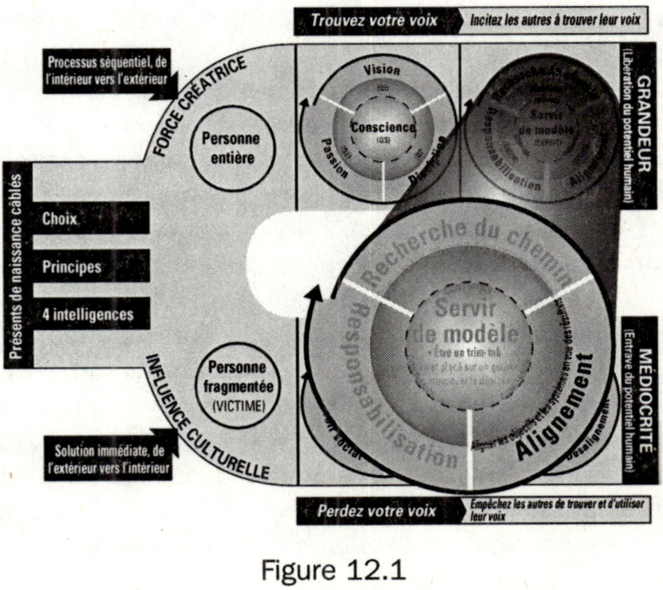

Figure 12.1

MYTHE	Vous pouvez enseigner et récompenser l'indépendance et vous attendre à ce que les gens agissent en coopération et de manière interactive (ancien paradigme).
RÉALITÉ	C'est comme vouloir jouer au tennis avec un club de golf ou avoir un comportement analogique dans un monde numérique. Les structures organisationnelles et les systèmes qui encouragent l'indépendance et la compétition produisent une culture indépendante. Arrosez ce que vous voulez voir pousser ; si vous enseignez et si vous récompensez la coopération et l'interdépendance, vous obtiendrez un comportement interdépendant (nouveau paradigme).

Figure 12.2

La *première solution* pour assumer le rôle d'alignement inhérent au *leadership* consiste à supposer qu'il suffit de l'exemple d'un individu pour maintenir une organisation sur le chemin de la croissance saine.

La *deuxième solution* consiste à croire qu'une communication constante de la vision et de la stratégie que vous avez soigneusement développées suffira pour que l'organisation atteigne ses objectifs, et à penser que la structure et les systèmes n'ont qu'une importance secondaire.

La *troisième solution* est de 1) utiliser à la fois l'autorité morale et l'autorité formelle pour créer des systèmes et des procédures pour *formaliser* ou *institutionnaliser* votre stratégie et les principes inhérents à votre vision et à vos valeurs communes, 2) créer des objectifs en cascade dans toute l'organisation, qui soient alignés avec votre vision, vos valeurs et vos priorités stratégiques communes, et 3) ajuster et aligner ces éléments en tenant compte d'un *feedback* régulier émanant du marché et de l'organisation sur le succès avec lequel vous satisfaites les besoins et vous fournissez de la valeur (ce *feedback* étant l'un des systèmes mis en place). Si vous dites que vous attachez de la valeur à la coopération, vous récompensez la coopération, non la compétition. Si vous dites que vous attachez de la valeur à toutes les personnes concernées par les activités de l'organisation, vous rassemblez régulièrement des informations sur *toutes ces personnes* et vous les utilisez pour un réalignement. Arrosez ce que vous voulez voir croître.

Donner l'exemple d'une vie et d'un *leadership* centrés sur des principes suscite la confiance. La recherche du chemin crée une vision et un ordre communs sans avoir à les imposer. Mais alors surgit la question cruciale, comment pouvons-nous de manière constante être fidèles à nos valeurs et en même temps appliquer la stratégie sans compter sur la présence continue du leader pour maintenir tout le monde dans la bonne direction ? La réponse est l'alignement – qui consiste à *concevoir et mettre en œuvre des systèmes et des structures qui renforcent* les valeurs centrales et les priorités stratégiques de l'organisation (sélectionnées lors du processus de recherche du chemin).

Passez en revue les structures, les systèmes et les procédures de votre organisation. Mettent-ils les gens en mesure d'exécuter les tâches correspondant à vos plus hautes priorités ou placent-ils des barrages les en empêchant ? Sont-ils compatibles avec les valeurs adoptées par l'organisation ? C'est la responsabilité du *leadership* de lever les obstacles – non d'en créer. Mais le processus d'alignement exige un examen approfondi et humble de soi-même et de mainte structure ou procédure dotée du statut de « vache sacrée » organisationnelle.

CONFIANCE MÉRITÉE PAR L'ORGANISATION

Après les personnes, l'organisation est en elle-même une importante source de confiance. Lorsque des gens dignes de confiance travaillent dans le cadre de structures et de procédures qui ne sont pas alignées avec les valeurs épousées par l'organisation, les procédures non dignes de confiance l'emporteront régulièrement. Il n'y aura tout simplement plus de confiance. Du fait des traditions et des attentes culturelles, ces systèmes et ces procédures sont implantés si profondément dans l'organisation qu'ils sont beaucoup plus difficiles à changer que les comportements individuels.

> Les données de xQ confirment que les organisations souffrent d'un grave manque de confiance. Seulement 48 % des personnes qui ont répondu reconnaissent que leurs organisations se comportent conformément aux valeurs de l'organisation.

Par exemple, presque toutes les organisations reconnaissent l'importance du travail en équipe et de la coopération, mais elles utilisent des systèmes profondément implantés qui récompensent la compétition interne. Je raconte souvent l'histoire de ce que j'ai observé un jour dans une société qui n'avait aucun esprit de coopération. Le directeur général n'arrivait pas à comprendre pourquoi ses employés ne voulaient pas coopérer. Il prêchait la coopération, formait les gens pour qu'ils coopèrent, les encourageait à coopérer. Mais toujours pas de coopération.

Pendant que nous parlions, je jetais un coup d'œil derrière le bureau du DG et je vis un rideau qui avait été tiré accidentellement. Derrière ce rideau, on pouvait voir la représentation d'une course de chevaux. Les chevaux étaient alignés sur le côté gauche. Une image ovale de la tête de chaque manager était collée devant chaque cheval. Sur le côté droit se trouvait une affiche proposant un voyage aux Bermudes et montrant un couple d'amoureux marchant la main dans la main sur une plage couverte de sable blanc.

Imaginez le défaut d'alignement. « Allons. Travaillons ensemble. Coopérons. Vous gagnerez davantage. Vous réussirez mieux. Vous serez plus heureux. Vous y prendrez plus de plaisir. » Puis, tirez le rideau... « Lequel d'entre vous gagnera le voyage aux Bermudes ? »

Il me demanda encore : « Pourquoi ne coopèrent-ils pas ? »

Les systèmes l'emportent à tous les coups sur la rhétorique.

L'un des éclairages les plus remarquables fournis pas Edwards Deming a été de découvrir que 90 % de tous les problèmes organisationnels sont systémiques. Les problèmes surviennent à cause de systèmes ou de structures. Ils ne sont pas provoqués par des « causes particulières » ni par des personnes. Cependant, en dernière analyse, puisque ce sont des personnes qui créent les procédures, ce sont des personnes qui en sont responsables. Les systèmes et les structures sont des choses, ce sont des programmes. Ils n'ont pas la possibilité de choisir. Les gens conçoivent les procédures, et les organisations obtiennent des résultats alignés sur leurs structures et leurs procédures.

De nombreuses personnes animées de bonnes intentions sont incompétentes pour concevoir des procédures organisationnelles. Par ailleurs, certaines personnes compétentes ne sont pas honnêtes ni dignes de confiance. Mais pour qu'une organisation soit digne de confiance, elle doit posséder *à la fois* le caractère organisationnel, et la compétence organisationnelle. Autrement dit, *l'alignement est l'institutionnalisation de la confiance méritée*. Ce qui signifie que les principes qui sous-tendent le système de valeurs des gens sont la base sur laquelle doivent se construire les structures, les procédures et les processus. Même si l'environnement, les conditions du marché et les gens changent, les principes ne changent pas. La même idée peut s'exprimer dans le langage des architectes : *la forme suit la fonction*. Ou encore, la structure suit le but. L'alignement suit la recherche du chemin. La discipline doit se manifester tant au niveau personnel qu'au niveau de l'organisation. Dans le contexte organisationnel, la discipline s'appelle alignement parce que vous alignez vos structures, vos systèmes, vos processus et votre culture pour permettre la réalisation de la vision.

Attention à ne pas faire suivre une prise de décision synergétique d'une exécution non alignée.

Si le système de valeurs se focalise sur le long terme en même temps que sur le court terme, alors le système d'informations doit se focaliser à la fois sur le long et sur le court terme. Si le système de valeurs porte au pinacle la coopération et la synergie, alors le système de rémunération doit récompenser la coopération et la synergie. Cette approche ne doit pas se substituer à la reconnaissance et à la récompense de l'effort et de la performance individuels. Par exemple, l'ampleur de la rémunération peut être basée sur la coopération et la synergie, mais la part de ce gâteau affectée à un individu particulier pourrait être basée sur ses efforts au sein de l'équipe complémentaire, ce qui encourage alors à la fois l'interdépendance et l'indépendance.

De nombreuses organisations tombent dans le piège consistant à ne récompenser que l'effort individuel aux dépens de l'effort collectif. La valeur de la coopération n'est alors reconnue qu'en paroles, et n'est pas intégrée dans le système de reconnaissance et de rémunération. Chacun étant soucieux de ses intérêts, les gens se conforment aux systèmes de rémunération qui récompensent l'effort individuel. Même si un service au client optimal requiert le travail en équipe, ce travail en équipe ne sera pas fourni, et la conséquence en sera l'échec sur le marché. Ce n'est pas que les gens ne veulent pas coopérer, c'est que le système récompense l'effort individuel ou la compétition interne. Les systèmes ont toujours une influence bien plus considérable que la rhétorique ou les bonnes intentions.

« N'AVIEZ-VOUS PAS EMBAUCHÉ TOUS CES GENS POUR EN FAIRE DES GAGNANTS ? »

J'ai eu l'occasion de mettre en évidence un autre exemple assez courant de système non aligné en parlant à un groupe d'environ huit cents personnes lors de sa convention annuelle. Dans leur système, seuls trente sur huit cents recevaient des récompenses – trente sur huit cents ! Je me suis tourné vers le président et lui ai dit : « N'aviez-vous pas embauché tous ces gens pour en faire des gagnants ?

– Oui.

– Avez-vous embauché des perdants ?

– Non.

– Vous avez ce soir sept cent soixante-dix perdants.

– Eh bien, ils n'ont pas gagné le concours.

– Ce sont des perdants.

– Pourquoi ?

– À cause de la façon dont vous pensez ! C'est gagnant/perdant.

– Que peut-on faire d'autre ?

– Faites en sorte qu'ils soient tous gagnants. Où avez-vous pris l'idée que vous êtes obligé de prévoir des concours ? N'avez-vous pas suffisamment de compétition sur le marché ?

– Eh bien, la vie est faite comme ça.

– Vraiment. À quoi ressemble votre relation avec votre épouse ? Qui gagne ?

– Certains jours elle gagne. D'autres jours je gagne. »

Je lui dis : « Est-ce le genre d'exemple que vous voulez donner à vos enfants pour leur avenir ? Allons donc ! »

Il dit : « Comment puis-je faire pour les rémunérations ? »

Je lui dis : « Mettez en place un accord sur les performances du type gagnant/gagnant, pour chaque personne et pour chaque équipe. S'ils atteignent les résultats désirés, ils gagnent. »

Un an après, j'ai été invité à nouveau après l'aboutissement de nombreux efforts de recherche du chemin et d'alignement. Plus de mille personnes participaient à la réunion annuelle. Et sur les mille, devinez combien avaient gagné ? Huit cents. Les deux cents qui n'avaient pas gagné, avaient choisi de ne pas gagner. C'était leur choix. Il n'y avait pas de comparaison. Et qu'avaient produit les huit cents ? Ils avaient eu la même production que les trente de l'année précédente – par personne. Toute la culture avait été changée. Toute la culture était passée d'une mentalité de pénurie à une mentalité d'abondance. Huit cents personnes se retrouvaient au niveau des trente de l'année d'avant.

Pourquoi ?

La réponse peut être trouvée en rapprochant cette histoire de celle du voyage aux Bermudes. Au lieu que chacun pense : « Lequel de nous va aux Bermudes ? » chacun pensait : « Je veux que tu ailles aux Bermudes avec ton épouse. Je veux que nous y allions tous. Je roule pour toi. » Imaginez la façon dont un tel mode de pensée peut révolutionner une organisation modelée sur la compétition interne !

Dans les deux cas, les présidents étaient des hommes capables d'inspirer la confiance. Ils avaient du caractère, et même une mentalité d'abondance ; il leur manquait simplement le jeu d'attitudes et de facultés nécessaires pour créer des systèmes de rémunération alignés ; ils ne disposaient pas d'un système d'informations suffisamment complet, à la manière du pilote d'un avion dont le tableau de bord ne comporterait plus qu'un seul cadran en état de marche ! Mais ils comprirent immédiatement le concept. Leur problème ne se situait pas au niveau du caractère, mais au niveau des compétences. Ils n'avaient jamais appris les facultés nécessaires, et s'étaient retrouvés pris dans un système traditionnel néfaste, orienté vers la pénurie, et qui ne pouvait que continuer de nuire tant qu'ils n'auraient pas acquis les compétences nécessaires.

L'ALIGNEMENT EXIGE UNE VIGILANCE CONSTANTE

Le travail d'alignement n'est jamais fini. Il demande constamment des efforts et des ajustements, simplement parce que vous êtes confronté à de très nombreuses réalités changeantes. Les systèmes, les structures et les processus doivent rester souples pour pouvoir être ajustés à ces réalités changeantes. Ils doivent toutefois être basés sur des principes immuables. Cette combinaison d'*immuabilité flexible* vous permet de créer une organisation à la fois stable et agile.

> Les principes représentent le puits le plus profond. Ce puits très profond alimente tous les autres puits moins profonds et les structures racines que sont la responsabilisation, la qualité, l'aptitude à produire plus pour moins, l'aptitude au changement d'échelle, la pérennité et l'agilité.

Pour lubrifier les mécanismes visant à aligner votre organisation en permanence, comparez ses composantes à celles dont les performances sont supérieures pour des *fonctions* semblables dans votre propre organisation et dans toutes les industries ou professions du monde entier. Cette démarche incite les gens à prendre conscience des définitions de qualité internationales au lieu de considérer seulement le passé ou d'extrapoler simplement les tendances observées dans leur propre branche d'activité ou chez leurs concurrents actuels. Recherchez les organisations qui ont les meilleures pratiques et sont réputées pour leurs performances – non qu'elles soient parfaites ni même qu'elles puissent demeurer supérieures – mais recherchez ce qui se fait de mieux aujourd'hui et tirez-en les leçons.

L'observation, le bon sens et des recherches sérieuses montrent que les organisations qui réussissent ne sont pas le produit d'actes individuels ou de traits individuels de leurs dirigeants formels. Les organisations qui réussissent sont le produit de traits organisationnels. Elles ne dépendent pas de personnalités. Elles dépendent de systèmes et de cultures. (Nous évoquerons les cultures plus à fond lorsque nous en serons au rôle de la responsabilisation.)

General Electric est l'exemple d'une société qui a fait la transition de l'âge industriel à l'âge de l'ouvrier du savoir dans un grand nombre de ses divisions. Une priorité centrale de Jack Welch, qui en a longtemps été le directeur général, et du Dr Noel Tichy, responsable chez GE de la formation au management, a été d'implanter le développement du *leadership* dans les gènes de GE et de former ses leaders.

« La grande idée de Mr Welch, non encore largement admise dans les entreprises de l'époque, était que le *leadership* n'était pas seulement le domaine du directeur général et de l'équipe de direction, mais devait être institutionnalisé dans toute la société. Du fait de la mondialisation de l'économie, le milieu des entreprises, longtemps caractérisé par la stabilité, l'autocratie et la stricte délimitation de ses processus, devait désormais embrasser les changements, ce qui requérait le développement de leaders agiles et adaptables d'un bout à l'autre de la hiérarchie. Il fallait dès lors mettre en place les moyens de formation pour enseigner à des hommes et à des femmes, non seulement comment gérer le changement, mais aussi comment le susciter[2]. »

INSTITUTIONNALISER L'AUTORITÉ MORALE

Les organisations et les institutions réellement centrées sur des principes ont *institutionnalisé l'autorité morale*. Cette institutionnalisation met l'institution en mesure d'avoir de manière constante des relations de qualité, basées sur la confiance, avec les diverses entités ou personnes concernées par son activité, et de se focaliser en permanence sur l'efficacité, la rapidité, la flexibilité et la convivialité au sein du marché. Certains individus peuvent de temps à autre compromettre cette autorité morale, mais l'institution y met rapidement bon ordre.

Nous rencontrons cette autorité morale institutionnalisée régulièrement dans des pays qui ont des Constitutions soutenues par leur culture, écrites ou non écrites. Les leaders peuvent ne pas toujours agir en respectant la Constitution, mais ces pays sont capables de s'appuyer sur les points forts des responsables individuels et de faire confiance aux autres membres du gouvernement pour que les manquements observés n'aient pas de conséquences. Il n'en est pas ainsi dans le cas de dictatures ou de démocraties encore fragiles, de développement récent, encore sous l'emprise d'une corruption codépendante, acceptée au plan culturel.

Il est vrai que des leaders corrompus, dictatoriaux ou poussés par leur ego peuvent faire un mal considérable, même en présence d'une forte autorité morale institutionnalisée. Mais en général, l'organisation ou l'institution reprend le dessus. Fondamentalement, le pouvoir réside dans le système, non dans les élus ou les fonctionnaires mis en place. Le système l'emporte sur les faiblesses des participants. C'est pour cette raison que la Marriott Corporation enseigne que si le diable est dans les détails, *le succès réside dans les systèmes.*

J'ai récemment rendu visite à J. W. « Bill » Marriott, président directeur général de Marriott International, la plus grande chaîne d'hôtels du monde. Bill Marriott et son père avant lui ont créé l'une des plus remarquables organisations du monde, et ils y sont parvenus en partie grâce à la création d'un *système de communication* qui tire parti du génie de leur personnel.

« La plus grande leçon que j'aie apprise au fil des années, c'est qu'il faut écouter les gens, me dit-il. Je me suis aperçu que si vous avez des seniors managers qui rassemblent vraiment leurs gens autour d'eux, accueillent leurs idées et écoutent ce qu'ils disent, puis si vous vous asseyez autour d'une table avec ces managers et écoutez ce qu'ils disent, vous prenez de bien meilleures décisions. »

Bill Marriott me dit qu'il avait eu très tôt dans sa vie l'occasion d'apprendre cette leçon, lors d'une rencontre avec l'un des leaders les plus renommés au monde, le président Dwight David Eisenhower.

« J'étais à la fin de mes études universitaires, j'avais été dans la marine pendant six mois et j'avais quitté l'école d'intendance pour passer Noël à la maison, dit-il. Le ministre de l'Agriculture Ezra Taft Benson visitait notre ferme avec le général Eisenhower. Eisenhower était président, et j'étais enseigne dans la marine. Il faisait terriblement froid dehors, dit Marriott : mais mon père avait mis en place des cibles pour faire du tir. Il demanda au président Eisenhower : "Voulez-vous que nous sortions pour tirer ou préférez-vous rester près du feu ?" Il s'est tourné vers moi et m'a demandé : "Qu'en pensez-vous, enseigne ?" »

Même aujourd'hui, en racontant cette histoire, Marriott semblait abasourdi.

« Je me dis : Tiens, c'est comme ça qu'il opérait, quand il traitait avec de Gaulle, Churchill, Marshall, Roosevelt, Staline, Montgomery, Bradley et Patton, il posait cette question en or : qu'en pensez-vous ? Alors je dis : "Monsieur le Président, il fait trop froid dehors, restez ici auprès du feu." »

Jusqu'à ce jour, cette leçon était restée gravée dans sa mémoire.

« Ce fut un moment crucial pour moi, me dit-il. Je me souviens d'avoir pensé ensuite : Si jamais je suis dans les affaires, je poserai cette question. Et si je le fais, je parie que j'obtiendrai des informations plutôt bonnes. »

C'est la raison pour laquelle Bill Marriott a structuré sa chaîne hôtelière comme il l'a fait, en créant une culture qui encourage les communications à la fois dans le sens montant et dans le sens descendant. Il sait que cette simple question « Qu'en pensez-vous ? » peut transformer même des gens considérés comme des « travailleurs manuels » en « ouvriers du savoir », car elle permet de les écouter en respectant leur expérience et leur sagesse.

Il cita une autre anecdote pour finir : « Mon fils John travaillait à New York avec une division d'une société dont nous avions fait l'acquisition. Alors qu'il était dans la cuisine, il alla voir l'un des ouvriers et lui dit : "Nous avons ce problème – Que pensez-vous que nous devons faire ?" Les larmes sont venues aux yeux de cet ouvrier tandis qu'il répondait : "J'ai travaillé avec cette vieille société pendant vingt ans, et personne ne m'a jamais demandé mon opinion sur quoi que ce soit." »

L'OUTIL D'ALIGNEMENT : LES SYSTÈMES DE FEEDBACK

Trois des rôles du *leadership* et les outils qui leur sont associés traitent d'une même question de base : Qu'est-ce qui a le plus d'importance ? Le troisième rôle, le rôle d'alignement, traite de la question : Touchons-nous la cible ? Sommes-nous sur le chemin de ce qui a le plus d'importance ?

En vérité, nous nous écartons *tous* du chemin la plus grande partie du temps, tous autant que nous sommes – chaque individu, famille, organisation ou le vol international pour Rome. Le fait de s'en rendre compte est déjà un pas important dans la bonne direction. Mais pour beaucoup d'entre nous, le sentiment de ne plus être sur le chemin entraîne le découragement, voire le désespoir. Cette réaction n'est pas justifiée. Savoir que nous ne sommes plus sur le chemin est simplement une invitation à nous réaligner avec le vrai nord (les principes) et à nous engager à nouveau vers notre destination.

Notre voyage en tant qu'individu, équipe ou organisation est comparable au vol d'un avion. Avant le décollage, les pilotes remplissent un plan de vol. Ils savent exactement où ils vont. Mais au cours du vol, le vent, la pluie, des turbulences, le trafic aérien, des erreurs humaines et d'autres facteurs agissent sur l'avion. Ils font dévier l'avion légèrement dans différentes directions de sorte que, la plupart du temps, il ne suit pas le chemin prescrit pour son vol. Mais sauf difficulté majeure, l'avion parvient quand même à sa destination.

Comment est-ce possible ? Au cours du vol, les pilotes reçoivent un *feedback* constant. Ils reçoivent des informations des instruments qui lisent l'environnement, les tours de contrôle, les autres avions – même parfois des étoiles. Et sur la base de ce *feedback*, ils font des ajustements pour revenir à chaque fois au plan original.

Le vol d'un avion représente à mon avis la métaphore idéale pour ces quatre rôles. Donner l'exemple, trouver le chemin et responsabiliser nous permet de déterminer pour nos familles, nos organisations, nos jobs et nous-mêmes ce qui a le plus d'importance. Ce sont nos plans de vol. Le *feedback* constant que nous recevons, comme les pilotes, représente la possibilité que nous avons de vérifier notre progression et de nous *réaligner* conformément aux critères de guidage originaux. La combinaison de ces rôles et de ces outils nous aide à parvenir à la destination envisagée.

L'ÉQUILIBRE ENTRE L'OBTENTION DES RÉSULTATS ET LE DÉVELOPPEMENT DES CAPACITÉS

La clé du principe d'alignement est de toujours commencer par les résultats. Quels sont les résultats que vous obtenez sur le marché ? Vos actionnaires sont-ils satisfaits du retour sur leur investissement ? Et vos employés ? Sont-ils satisfaits du retour sur leur investissement mental, physique, spirituel et émotionnel ? Et vos fournisseurs ? Et la communauté ? Avez-vous un sens de votre responsabilité sociale envers les enfants, les écoles, les rues, l'air et l'eau, et vis-à-vis du contexte dans lequel vos employés travaillent et élèvent leurs enfants ? Et la satisfaction des clients ? Où en êtes-vous à l'égard de toutes ces personnes concernées par vos activités ? Quels sont vos résultats dans tous ces domaines et comment se comparent-ils à des standards internationaux ? Vous devez étudier tous ces résultats puis déterminer l'écart entre ces résultats et votre stratégie.

L'efficacité est l'équilibre entre la *production des résultats désirés* (P) et la *capacité de production* (CP). Autrement dit, nous avons besoin aussi bien de la poule qui pond les œufs d'or que des œufs d'or eux-mêmes. Nous parlons parfois de l'équilibre P/CP. Cet équilibre permet d'obtenir les résultats voulus de manière à obtenir encore plus de ces résultats dans l'avenir.

Au cours des dix dernières années, différentes approches ont été développées pour mesurer l'équilibre P/CP. Par exemple, le *feedback* sur 360 degrés, les premiers 90 degrés représentant la comptabilité financière, et les 270 degrés restant représentant des informations recueillies scientifiquement sur les perceptions des principales personnes concernées par l'activité de l'organisation, et mesurant la force de leurs sentiments à l'égard de ces perceptions.

Ce type de *feedback* peut comporter bien des noms différents. L'un des mouvements récents les plus vigoureux s'appelle *The balanced Scorecard* (la carte de notes équilibrée). Parfois j'appelle cette approche la comptabilité à deux lignes du bas. La comptabilité traditionnelle s'est toujours focalisée sur une seule ligne du bas, celle des résultats financiers (les œufs d'or). La comptabilité à deux lignes du bas montre aussi du respect pour la « poule », et quantifie la santé de la « poule » en mesurant la qualité des relations de l'organisation avec tous ceux qui sont affectés par son activité – clients, fournisseurs, associés et leurs familles, gouvernement, communauté, etc. Imaginez l'intérêt d'un résumé sur deux pages de la santé et de la puissance actuelle et future de votre organisation – une page consacrée aux résultats financiers (les fruits actuels des efforts antérieurs), et une autre page donnant des indications sur vos relations avec les entités concernées par vos activités, et qui produiront tous vos résultats futurs.

> Presque personne ne mesure les progrès vers les objectifs les plus importants. Seuls 10 % des répondants à l'enquête xQ indiquent qu'ils disposent d'un tableau des scores clair, exact et visible leur procurant un véritable *feedback*. Il est impératif de disposer d'*informations propices à l'action pour la prise de décision sur le terrain.*

Le plus important est d'établir ce que nous appellerons un *tableau des scores* motivant. Les personnes concernées, qui seront évaluées, doivent participer à l'établissement d'un tableau des scores motivant reflétant les critères qui sous-tendent la mission, les valeurs et la stratégie de l'organisation, de telle sorte qu'elles puissent demeurer constamment alignées avec le processus prévu, s'en sentent responsables et puissent rendre des comptes à son égard. Il faut qu'elles soient émotionnellement connectées à ce tableau, se considèrent comme ses propriétaires. Il en va de même pour les individus, équipes, services ou toute personne responsable de l'exécution d'une tâche ou d'un projet. Tous doivent être impliqués dans la préparation du tableau et, par la suite, rendre des comptes sur son contenu. Le chapitre 14 contient des indications pratiques en vue de la création d'un tel tableau.

Voici une anecdote illustrant l'idée du *feedback* au moyen d'un tableau des scores, et relative à une organisation confrontée à ces questions de diagnostic.

Je devais parler devant une association nationale d'éditeurs de journaux et de rédacteurs, réunie en une grande conférence. Pour préparer cet événement, j'avais rassemblé des données provenant d'audits culturels effectués auprès de diverses organisations publiant des journaux. Elles mesuraient les niveaux de confiance, l'accord sur les valeurs et objectifs communs, les défauts d'alignement systémiques, et la déresponsabilisation résultante dans cette branche d'activité.

Avant de présenter les données en question, je décidai d'essayer une approche différente : me promener dans l'immense hall avec un microphone et poser les questions : « Quel est le rôle essentiel des journaux dans la société ? Quel est votre but central ? »

Au fur et à mesure que je passais le microphone d'une personne à une autre, toutes répondaient sans hésiter sur le rôle absolument vital que jouent les producteurs de journaux dans notre société. Elles pensaient qu'une analyse plus profonde dans les médias écrits contribue à maintenir l'honnêteté des administrations et des personnes publiques, à les rendre visibles et redevables de comptes envers le public. Une formulation synthétique évoquait le service rendu à notre pays et nos communautés en préservant nos valeurs les plus fondamentales : la liberté, un gouvernement ayant des comptes à rendre à son peuple, le maintien des contrôles et des équilibres du pouvoir inscrits dans la Constitution, l'information du public pour préserver les idéaux de notre système de république démocratique et de libre entreprise.

Puis je suis passé à un autre groupe de questions : « Croyez-vous vraiment à ces différents buts ? Les ressentez-vous dans votre cœur ? » Et je me suis promené dans la salle en sollicitant la réponse. La réponse unanime était « oui ». La question suivante était plus corsée. « Comment savez-vous si une personne croit réellement à des valeurs particulières ? » Confronté à diverses réponses, je proposai l'idée que l'un des tests était que la personne essaie de vivre ses valeurs. Je suggérai que l'intégrité à l'égard des valeurs indiquait une véritable croyance. Ils étaient d'accord.

J'en arrivai alors à la question clé : « Combien de vos organisations de presse possèdent une fonction similaire à la fonction que vous fournissez à la société et au pays ? » Comme ils étaient perplexes, je précisai : « Combien parmi vous ont une fonction à l'intérieur de leur organisation et/ou de leur culture pour assurer que vos gens sont alignés avec vos idéaux et vos valeurs les plus fondamentaux, et puissent rendre compte de la façon dont ils les respectent ? » Seulement environ 5 % levèrent la main. Je leur ai communiqué ensuite les données provenant des audits culturels. Je leur ai montré les niveaux extrêmes de méfiance, de conflits interpersonnels, de rivalités interservices, l'absence d'alignement et la grave déresponsabilisation des gens.

Je leur ai ensuite parlé de l'idée des quatre rôles – consistant à commencer par soi-même, puis à amorcer le processus d'implication des autres pour clarifier les objectifs, et à mettre en place des systèmes d'information, de renforcement et de récompense pour créer un environnement optimal de responsabilisation. Un grand nombre de ces éditeurs et de ces rédacteurs sont repartis avec un paradigme du *leadership* entièrement différent de celui qu'ils avaient en arrivant à la réunion, qui fut pour nous tous une expérience lumineuse et enrichissante.

Ce genre de *feedback* s'applique non seulement à une organisation, mais aussi aux individus qui y travaillent.

J'ai eu l'occasion d'organiser une formation pour les généraux commandant l'aviation d'un pays ayant un passé de difficultés et de conflits. Je parlais de l'importance du *feedback* émanant des principales entités intéressées par leur activité, et je remarquais que les généraux hochaient la tête pour signifier leur accord. Je me tournai alors vers le général responsable et lui dis : « Cela signifie-t-il que vous utilisez un tel système de *feedback* et de mesure ? »

Il répondit : « C'est de cette façon que nous formons les gens. Ce sont des pilotes de haut niveau, non des managers de formation. Chacun reçoit un document imprimé sur les perceptions de tous ceux avec qui ils interagissent, et sur la force de ces perceptions. Ils s'en servent comme base de leur développement personnel et professionnel, et personne n'est promu sans avoir obtenu des notes élevées, y compris émanant de leurs subordonnés. »

Je remarquai : « Vous n'avez pas idée combien il est difficile de faire adopter ce même concept à de nombreuses organisations dans mon pays. Comment faites-vous pour que le procédé ne dégénère pas en concours de popularité ? »

Me regardant avec dédain, il répondit : « Stephen, la survie de notre pays dépend de ces gens et ils le savent. Croyez-vous vraiment que nous pourrions nous permettre de participer à des concours de popularité ? En fait, parfois ceux d'entre nous qui sont les moins populaires obtiennent des notes élevées, à cause de leurs performances. »

Aligner les structures et les systèmes avec les valeurs et la stratégie est l'un des challenges les plus ardus du *leadership* et du management, simplement parce que les structures et les systèmes représentent le passé – la tradition, les attentes et les suppositions. Beaucoup de gens tirent leur sécurité de la prévisibilité et de la certitude que leur apportent ces structures et ces systèmes. Ce sont de véritables « vaches sacrées », de sorte qu'on ne peut se permettre de les ignorer ou de les malmener, à moins d'une adhésion profonde et émotionnelle aux critères qui sous-tendent le chemin et la stratégie envisagés.

Le tableau 5 oppose les structures et les systèmes de l'ancien modèle de contrôle de l'âge industriel avec ceux du nouvel âge de l'ouvrier du savoir, conforme au modèle de libération et de responsabilisation. Cette opposition facilite la compréhension, mais le monde réel se présente comme un continuum allant de l'ancien modèle au nouveau. Ces deux listes contrastées représentent en fait les extrémités du continuum et mettent en lumière l'effet de levier considérable obtenu en alignant les cultures, les structures et les systèmes avec les critères de la recherche du chemin.

THÈME	ANCIEN MODÈLE DE CONTRÔLE DE L'ÂGE INDUSTRIEL	NOUVEAU MODÈLE DE CONTRÔLE DE L'ÂGE DE L'OUVRIER DU SAVOIR : LIBÉRATION ET RESPONSABILISATION
Leadership Management	Une position (autorité formelle) Contrôler les choses et les personnes	Un choix (autorité morale) Contrôler les choses, libérer (responsabiliser) les personnes
Structure	Hiérarchique, bureaucratique	Plus plate, sans frontières, flexible
Motivation	Externe, la carotte et le bâton	Interne – la personne entière
Évaluation des performances	Externe	Autoévaluation par un feedback à 360 degrés
Information	Principalement des rapports financiers à court terme	Tableau des scores équilibré (long et court terme)
Communication Culture	Principalement du haut vers le bas Règles sociales / mœurs du lieu de travail	Ouverte : vers le haut / le bas /le côté Valeurs centrées sur des principes et règles économiques du marché
Budget	Principalement du haut vers le bas	Ouvert, flexible, synergétique
Formation et développement	Accessoire, orienté vers les facultés, non indispensable	Maintenance, stratégique, personne entière, valeurs
Personnes	Dépense sur le compte d'exploitation, reconnu seulement en paroles comme un actif	Un investissement avec le plus grand effet de levier
Voix	Généralement sans importance pour la plupart	Stratégique pour tous, complémentarité, équipe.

QUESTIONS ET RÉPONSES

Q : Que faire au sein d'une organisation ayant des systèmes tellement focalisés sur le court terme, la compétition interne et les systèmes de classement selon la force et les chiffres, qu'elle a produit une culture qui se nourrit d'elle-même ?

R : Si une telle organisation est liée aux forces concurrentielles du marché, vous pouvez utiliser votre liberté de choix en vous plaçant dans le rôle du *trim-tab*, élargir votre cercle d'influence. Si elle n'est pas liée aux forces du marché, vous pouvez utiliser la philosophie grecque – l'ethos, le pathos et le logos, jusqu'à ce que d'autres finissent par convenir que leurs objectifs seront plus facilement atteints en acceptant vos recommandations. Ou encore, si vous avez constamment payé le prix en développement personnel et professionnel, jusqu'au point où votre sécurité réside dans votre capacité à produire des solutions à des problèmes et à satisfaire des besoins humains, vous disposez alors d'innombrables possibilités de faire d'autres choses. En pareil cas, vous pouvez alors faire exactement cela – choisir d'aller ailleurs et d'y faire d'autres choses.

Q : Quelle est l'activité la plus cruciale pour toute équipe de management ou de *leadership*, en dehors de celle qui consiste à engager le processus de recherche du chemin stratégique ?

R : C'est à mon avis recruter, sélectionner et mettre en place des gens. Pour le dire avec les mots de Jim Collins, vous devez vous assurer que vous avez les *bonnes* personnes sur les bons sièges dans le bon autobus. Je dirais même que recruter, sélectionner et mettre en place les gens a plus d'importance que la formation et le développement. Le problème est que la plupart des organisations, dans une économie qui bouge rapidement, ont un besoin de personnel tellement urgent qu'elles en viennent à des pratiques de recrutement de crise. Souvenez-vous que l'on croit très facilement à ce que l'on désire fortement. Mais alors il faut vivre en aval avec de véritables désastres. C'est pourquoi il faut procéder à un recrutement stratégique, consistant à bien en établir les critères, à les communiquer, et à payer le prix consistant à examiner à fond le passé des différents candidats. Donnez-vous le mal d'établir une relation avec les candidats jusqu'au point où ils sont authentiques et transparents pour vous, et prenez le temps de décider si leur propre vision, leur valeur et leur voix sont alignées avec les critères stratégiques de leur travail futur. Après quoi, l'essentiel est l'exécution.

Q : D'après votre expérience, quelle est la meilleure question à poser à l'embauche ?

R : D'après mon expérience, la meilleure question est : « En remontant à vos souvenirs les plus anciens, qu'est-ce que vous avez vraiment aimé faire et que vous faisiez bien ? » Puis continuez à poser cette question en passant par l'école primaire, le collège, les études supérieures et les occupations professionnelles, jusqu'à ce que vous ayez un schéma des véritables talents et points forts du candidat – que vous sachiez où se trouve sa véritable voix. Vous découvrirez aussi des schémas de dépendance, d'indépendance ou d'interdépendance, ainsi que des schémas de travail avec des choses, des gens ou simplement des idées. Vous devez aussi décrire les critères utilisés dans votre approche de recrutement stratégique pour les rôles que vous voulez confier aux personnes recrutées.

Q : Que se passe-t-il quand la codépendance (la passivité et l'obéissance) est récompensée ?

R : Elle n'est récompensée que temporairement – le marché y mettra bon ordre ; cette approche ne peut pas réussir parce qu'une personne passive, codépendante, ne peut pas servir des clients avec la créativité, l'ingénuité et l'anticipation requises. À long terme, si le marché présente une bonne transparence et apporte son *feedback*, ni les individus ni les cultures codépendants ne peuvent survivre. Des cultures sveltes, responsabilisées, agiles, créatives et innovantes sont ce que réclame l'économie mondialisée d'aujourd'hui, surtout si vos concurrents sont mondiaux plutôt que locaux.

Q : Que pouvez-vous dire sur le processus de construction d'une équipe ?

R : La construction d'une équipe est un point fondamental, et il convient de construire des équipes dotées d'une complémentarité interne – de sorte que les faiblesses de certains membres soient compensées par les points forts des autres – et unifiées par une vision et un système de valeurs communs. Mais on ne peut y parvenir qu'avec l'aide de structures et de systèmes alignés en vue de favoriser la construction de bonnes équipes. Si vous dites à une fleur « pousse », mais si vous en arrosez une autre, cette fleur ne poussera pas. Si vous dites « travaillons en équipe », mais si vous pensez ensuite indépendamment et de manière autoritaire, et prenez nombre de décisions unilatérales et arbitraires, vous ne construirez pas une équipe. La construction d'une équipe est une activité extrêmement importante et nécessaire, et c'est pourquoi elle doit être renforcée par des principes qui la favorisent au sein des structures, des systèmes et des processus de l'organisation. Sinon elle ne sera qu'une expression à la mode, un faux-semblant, un spectacle marginal qui ne se produira jamais sur la scène principale.

Q : Comment parvenez-vous à une culture unie, cohésive, en dépit de toutes les différentes visions et de tous les différents objectifs d'une organisation ?

R : Provoquez la douleur. Tant que les gens sont satisfaits et heureux, ils ne se donneront pas beaucoup de mal. Vous ne voulez pas attendre que le marché provoque la douleur et donc vous devez la provoquer par d'autres façons. C'est ce qu'un tableau des scores équilibré peut réaliser, surtout si les gens doivent rendre des comptes en relation avec son contenu et s'il sert de base à l'établissement des récompenses.

Chapitre 13

La voix de la responsabilisation – libérer la passion et le talent

La meilleure façon d'inspirer les gens et de les inciter à une performance supérieure, c'est de les convaincre par tout ce que vous faites et par votre attitude constante, que vous les soutenez sans réserve.

HAROLD GENEEN, ancien président de ITT

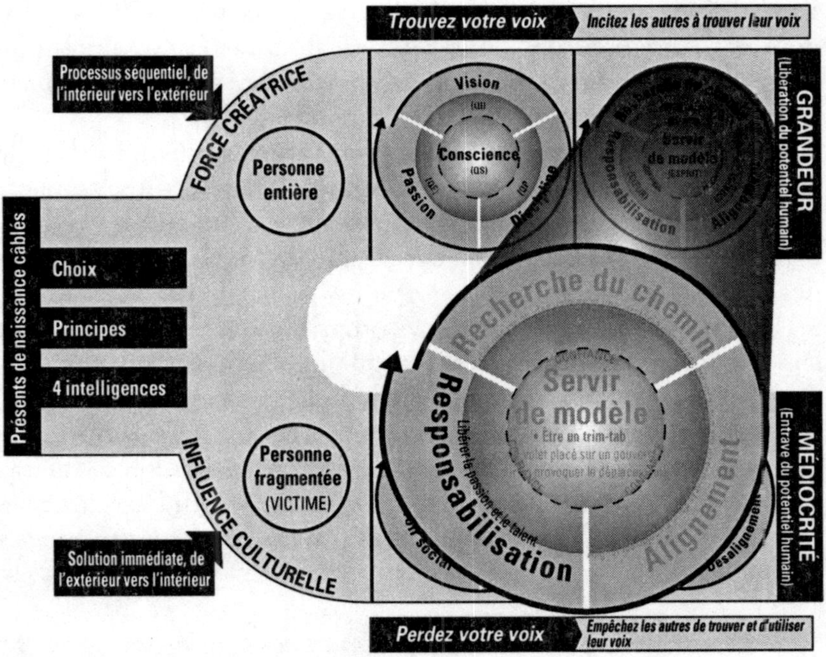

Figure 13.1

MYTHE	« La carotte et le bâton » est la meilleure forme de motivation (ancien paradigme).
RÉALITÉ	« La carotte et le bâton » est de la psychologie pour animaux. Les personnes ont le pouvoir de choisir. Vous pouvez acheter le dos de quelqu'un, mais non son cœur et son intelligence. Vous pouvez lier ses mains, mais non son esprit (nouveau paradigme).

Figure 13.2

La *première solution* pour jouer le rôle de responsabilisation du *leadership* consiste à essayer d'obtenir des résultats en contrôlant les gens.

La *deuxième solution* consiste à les livrer à eux-mêmes, à les abandonner. Autrement dit, vous prêchez alors la responsabilisation mais, en fait, vous abdiquez votre responsabilité et vous ne les mettez pas en état d'avoir à rendre des comptes.

La *troisième solution* est à la fois plus sévère et plus aimable ; elle consiste en une autonomie subordonnée à des accords gagnant/gagnant portant sur des objectifs situés sur la ligne de mire, dérivés en cascade des objectifs globaux, et permettant de rendre compte des résultats.

La plupart des organisations, y compris nos familles, sont en fait sur-managées et sous-dirigées. Puisque les frictions dans nos relations avec nos enfants nous rappellent désagréablement cette réalité, tout comme la rébellion qui en résulte assez souvent, je commencerai cette discussion du challenge que représente la responsabilisation par l'histoire véridique d'un collègue et ami qui s'est donné le mal de surmonter un problème posé par le comportement de ses enfants.

Remarquant le « nuage sombre » qui s'était formé au-dessus de mon épouse, je lui demandai : « Qu'y a-t-il ? » « Je suis tellement découragée, répondit-elle. Les matins avec les enfants avant leur départ pour l'école sont terribles. Je pense que si je n'étais pas là pour leur dire tout ce qu'ils doivent faire, ils ne bougeraient pas. Ils ne pourraient jamais aller à l'école. Ils ne sortiraient jamais du lit ! Je ne sais pas comment faire. »

Je décidai donc d'observer les choses le matin suivant. Elle alla dans chaque chambre en commençant à 6 h 15, secouant gentiment chacun d'eux et disant : « Chéri(e), c'est l'heure de te lever. Réveille-toi. » Elle y est retournée deux ou trois fois jusqu'à ce qu'ils soient tous sortis du lit. Puis elle a fait couler la douche pour celle qui a le plus de mal à se lever. Pendant les dix minutes suivantes ma femme est retournée à plusieurs reprises à la douche, tapant trois fois sur la porte de la douche pour dire : « Il est temps de sortir. » « Je vais sortir ! » est la réponse donnée sur un ton défensif. Notre fille a finalement arrêté la douche, s'est séchée, est allée à sa chambre, s'est pelotonnée sur le sol et s'est recouverte avec la serviette de bain pour se tenir au chaud.

Dix minutes plus tard : « Chérie, il faut t'habiller. Allons ! »

« Je n'ai rien à me mettre ! »

« Mets ceci. »

« Je n'aime pas ces vêtements. Ils sont laids ! »

« Que veux-tu mettre ? »

« Mon jean – mais il est sale. »

Ce scénario émotionnel a continué jusqu'à ce que les trois enfants soient appelés à descendre, à 6 h 45. Ma femme a continué de bousculer les enfants pour les faire passer d'une opération à la suivante, les prévenant que la voiture du pool *allait arriver d'un instant à l'autre. Ils sont finalement sortis de la maison avec une étreinte et un baiser, et leur maman était épuisée. J'étais épuisé d'avoir assisté à ses efforts pendant tout le début de la matinée.*

Je me dis : « Pas étonnant qu'elle soit malheureuse. Ces enfants ne savent pas qu'ils sont capables de quelque chose par eux-mêmes, parce que nous leur rappelons constamment ce qu'ils doivent faire. » Ces coups sur la porte de la douche sont devenus un symbole de la façon dont nous avions l'un et l'autre involontairement suscité leur irresponsabilité.

J'ai donc réuni la famille un soir et suggéré une nouvelle approche. « J'ai remarqué que nos matins nous donnent beaucoup de mal. » Tout le monde s'est mis à rire avec un air entendu. J'ai dit : « Qui aime la façon dont les choses se passent ? » Personne n'a levé la main. Alors je dis : « Je veux vous dire une chose à laquelle je veux que vous réfléchissiez bien. La voici : vous avez en vous le pouvoir de faire des choix. Vous pouvez être responsables. »

J'ai abordé ensuite toute une série de questions. « Qui de vous peut régler un réveil soi-même, et se lever tout seul chaque matin ? » Ils me regardèrent avec l'air de dire : « Papa, où veux-tu en venir ? » Je dis : « Non, vraiment combien êtes-vous à pouvoir faire ça ? » Chacun leva la main. « Combien êtes-vous à être suffisamment conscient du temps pour vous rendre compte du temps que vous pouvez rester sous la douche et pouvoir arrêter l'eau vous-même ? » Ils levèrent tous la main. « Combien êtes-vous à pouvoir aller dans votre chambre, choisir les vêtements que vous voulez et vous habiller ? » Cela commençait à les amuser parce qu'ils pensaient tous : « Je peux faire ça. » « Si vous n'avez pas les vêtements que vous voulez, combien êtes-vous à être capable de vérifier les vêtements que vous aviez le soir précédent, et si ces vêtements sont sales, de les mettre dans le lave-linge et le sèche-linge ? » « Je peux faire ça. » « Combien êtes-vous à avoir le pouvoir de faire votre lit et de ranger votre chambre sans qu'il soit nécessaire de vous le demander ou de vous le rappeler ? » Tous levèrent la main. « Combien êtes-vous à pouvoir être en bas à 6 h 45 pour passer un peu de temps en famille pendant le petit déjeuner ? » Tous levèrent la main.

Nous avons continué ainsi pour chaque chose en particulier. Dans chaque cas ils reconnaissaient : « J'ai le pouvoir et la capacité de faire ça. » Alors je dis : « O.K. Nous allons mettre tout cela par écrit. Nous allons créer un plan pour le matin et nous mettre d'accord à son sujet. »

Ils ont écrit toutes les choses qu'ils voulaient faire et ont établi un programme. Notre fille avec qui nous avions le plus de difficultés était la plus enthousiaste. Elle a rédigé un programme détaillé à la minute près. Nous sommes devenus une source d'aide pour certaines choses. Il y avait quelques principes directeurs. Nous avons décidé comment et quand ils seraient tenus pour responsables et quelles en seraient les conséquences. Les conséquences positives étaient que tout le monde serait beaucoup plus heureux le matin – spécialement leur maman. Et nous savions tous qu'une maman heureuse veut dire une famille heureuse ! La conséquence négative de ne pas se lever à l'heure et d'assumer eux-mêmes toutes leurs responsabilités serait qu'ils devraient se coucher une demi-heure plus tôt pendant quelques jours. La chose paraissait équitable, parce que le manque de sommeil fait qu'il est plus difficile de se lever. Chacun des enfants a signé son accord, mangé une glace, et est allé se coucher. Nous pensions : « O.K., nous verrons bien. »

Le matin à six heures ma femme et moi étions couchés. Nous avons entendu une alarme se déclencher et vu la lumière s'allumer dans la chambre de l'un des enfants. Aussitôt nous avons entendu notre fille, avec qui nous avions le plus de difficultés, courir jusqu'à la douche, ouvrir l'eau et se mettre dessous. Ma femme et moi nous souriions l'un à l'autre en étant légèrement surpris. Nous espérions vraiment que les choses marcheraient avec elle – mais avec quinze minutes d'avance ? En l'espace de quinze à vingt minutes, elle avait terminé ce qui lui prenait d'habitude une heure et demie, et elle eut même du temps pour faire son exercice de piano. Ce fut un matin merveilleux. Les autres enfants firent de même.

Une fois les enfants partis, ma femme dit : « Je suis au paradis. Mais le véritable test, c'est : est-ce que cela va durer ? Je les vois tout excités le premier matin, mais quid *des suivants ? »*

Eh bien, cela fait plus d'un an maintenant. Bien que nous n'ayons pas observé un enthousiasme comparable à celui de ce premier matin, à quelques exceptions près (suivies d'un coucher plus précoce pendant quelques jours), ils se sont régulièrement levés et ont fait par eux-mêmes tout ce qu'ils devaient faire. Nous avons aussi trouvé pratique de nous rassembler tous les mois environ pour faire le point et renouveler nos engagements.

Nous avons trouvé merveilleux de voir nos enfants acquérir ce sens de « Je peux faire ça. J'en ai le pouvoir. Je suis responsable. » Nous essayons de ne pas leur rappeler ce qu'ils doivent faire. Cette expérience nous a appris une grande leçon, et a totalement changé la nature de notre vie de famille du matin.

Vous pouvez voir que les parents avaient au départ un état d'esprit qui leur faisait dire que *leurs enfants* devaient changer, puis ont graduellement pris conscience qu'ils devaient changer. Leur état d'esprit initial était que les enfants avaient besoin qu'on leur rappelle ce qu'ils doivent faire. Il fallait vérifier, surveiller, et suivre. Peut-être avez-vous déjà *travaillé* pour quelqu'un ayant cette mentalité classique du management et du contrôle.

Puis les parents ont réfléchi à la valeur et au potentiel de leurs enfants – surtout à leur potentiel. Ils savaient que leurs enfants avaient une valeur extraordinaire, et ils les aimaient d'un amour inconditionnel, mais ils étaient tombés dans le piège qui consiste à les voir à travers les lentilles de leur mauvais comportement. Ils avaient aussi omis de parler clairement à leurs enfants de leur potentiel. Ils le firent en leur posant des questions simples pour savoir s'ils se croyaient capables de se lever, de faire ce qu'ils devaient faire et de se préparer pour aller à l'école. Grâce à l'identification émotionnelle des enfants avec leurs parents, cette communication a porté ses fruits. Des engagements ont été pris et tenus ; le potentiel a été libéré ; la responsabilité a été assumée ; les enfants ont grandi ; la confiance mutuelle s'est consolidée ; avec pour conséquence, des esprits et un foyer en paix. C'est un magnifique exemple de responsabilisation.

Bien qu'il ne s'agisse que d'un petit problème familial, la plupart des gens peuvent s'identifier à lui. Il arrive que dans les organisations, comme dans les familles, l'on croie au potentiel des autres mais non à leur valeur, et ils ne sont pas considérés dignes de la patience, de la persévérance et de la confiance ainsi que des souffrances prolongées et des sacrifices qu'il faudrait consentir pour développer leur potentiel. On pense que cela ne vaut pas la peine ; la question se ramène à une analyse coût/bénéfice, et l'on pense que le coût est trop important. En fait, à moins que les gens n'aient un sens aigu de leur propre valeur personnelle, il leur est difficile de percevoir la valeur des autres et de la leur communiquer.

Un comportement digne de confiance, *servant d'exemple* et centré sur des principes, inspire la confiance sans avoir à la demander. La *recherche du chemin* crée l'ordre sans avoir à le demander. L'*alignement* nourrit la vision et la responsabilisation sans les proclamer. Et la *responsabilisation* est le fruit des trois autres. Elle est le résultat naturel de la confiance méritée tant par le leader que par l'organisation, qui permet l'identification et la libération du potentiel. La responsabilisation engendre l'autocontrôle, l'automanagement et l'autoorganisation. Ce comissionnement, qui assure un recouvrement entre les besoins fondamentaux de l'organisation et des personnes, et qui intervient aussi au niveau de l'équipe, du projet, de la tâche ou du job, met en œuvre la passion, l'énergie et le dynamisme – la voix.

La passion est le feu, l'enthousiasme et le courage que ressent un individu faisant une chose qu'il aime faire tout en travaillant à un objectif méritoire qui satisfait ses besoins les plus profonds. Le mot *enthousiasme* veut dire « Dieu en toi ». La responsabilisation est exactement la même chose, mais intervenant dans le contexte *organisationnel* d'employés faisant un travail qu'ils aiment, et le faisant d'une façon qui satisfait leurs besoins les plus profonds ainsi que les besoins essentiels de l'organisation. Leurs voix se mêlent.

Dans le livre *Now Discover Your Strengths*, les auteurs Marcus Buckingham et Donald O. Clifton mentionnent cette observation clé de la Gallup Organization : « Une excellente organisation ne doit pas seulement tenir compte du fait que chaque employé est différent ; elle doit tirer parti de ces différences. » Les auteurs évoquent également des résultats d'enquête autour de la question suivante posée à 198 000 employés travaillant dans 7 939 établissements au sein de 36 sociétés :

> « Au travail, avez-vous l'occasion de faire chaque jour ce que vous faites le mieux ? Nous avons ensuite comparé les réponses aux performances des établissements et découvert ce qui suit : quand les employés répondaient "entièrement d'accord" à cette question, il y avait 50 % de chances qu'ils travaillent dans un établissement ayant un plus faible *turnover*, 38 % de chances qu'ils travaillent dans un établissement plus productif, et 44 % de chances qu'ils travaillent dans un établissement ayant des notes plus élevées sur la satisfaction des clients. Et sur la durée, les établissements qui augmentaient le nombre d'employés répondant "entièrement d'accord" observaient une augmentation de la productivité, de la loyauté des clients et de la rétention des employés[2]. »

Pensez à votre cas personnel. Quel genre de travail aimez-vous ? Quel type de supervision ? Qu'est-ce qui suscite le plus votre passion ? N'aimeriez-vous pas un travail qui suscite votre passion et dans lequel vos leaders deviendraient vos serviteurs – où ils seraient là spontanément ou systématiquement pour vous aider à faire votre travail ? N'aimeriez-vous pas que les structures et les systèmes vous assistent, visent à mettre en œuvre, à libérer votre potentiel ? N'aimeriez-vous pas être continuellement reconnu et récompensé, et surtout, éprouver la satisfaction de contribuer de manière significative à une cause que vous considérez digne d'un engagement si authentique ?

RESPONSABILISATION DE L'OUVRIER DU SAVOIR

Nous vivons à l'âge de l'ouvrier du savoir, où le capital intellectuel règne en maître. Le coût des produits se répartissait autrefois entre 80 % de matériaux et 20 % de savoir ; la répartition est maintenant 70/30, dans l'autre sens[3]. Stuart Crainer, dans son livre *The Management Century*, écrit : « L'âge de l'information accorde une prime au travail intellectuel. On se rend compte de plus en plus que recruter, conserver et faire progresser des gens talentueux est crucial pour la compétitivité[4]. »

Peter Drucker, dans son livre *Managing for the Future : The 1990's and Beyond*, écrit : « À partir de maintenant, la clé est le savoir. Le monde n'est pas désormais fait surtout de travail, ni de matière, ni d'énergie, il est fait surtout de savoir[5]. »

Le *leadership* est le sujet actuellement le plus en vogue. La nouvelle économie est basée sur le travail du savoir, au point que travail du savoir est un autre mot pour désigner les personnes. 80 % de la valeur ajoutée aux produits et aux services vient aujourd'hui du travail du savoir. Notre économie est une économie de travailleurs du savoir ; la création de richesse n'émane plus de l'argent et des choses, mais des personnes.

Notre plus important investissement financier est l'ouvrier du savoir. Pensez à ce qui a été investi dans les ouvriers du savoir de votre organisation sous forme de salaires, d'avantages divers, éventuellement de stock-options, et ce qu'il vous en a coûté de les recruter et de les former. Ces coûts représentent souvent des centaines de milliers de dollars par an et par personne !

Le travail du savoir de qualité a une telle valeur que la libération de son potentiel offre aux organisations une extraordinaire opportunité de création de valeur. Le travail du savoir a un effet de levier sur tous les autres investissements antérieurs d'une organisation. En fait, les ouvriers du savoir sont le lien vers tous les autres investissements organisationnels. Ils apportent la focalisation, la créativité et l'effet de levier lors de l'utilisation de ces investissements pour mieux atteindre les objectifs de l'organisation.

Il est essentiel que la responsabilisation des personnes (l'alignement des voix) soit vue comme le *fruit* de l'exemple donné, de l'alignement et de la recherche commune du chemin. Autrement, les organisations peuvent bien proclamer la responsabilisation, mais elles sont incapables de faire ce qu'elles disent. Elles n'ont pas de vision, de discipline et surtout pas de passion communes.

La responsabilisation n'est pas une idée nouvelle. Elle a provoqué beaucoup de paroles et de mouvements dans les milieux du management au cours des années 90. Mais à vrai dire, ce mouvement de la responsabilisation a entraîné beaucoup de cynisme et de colère – tant parmi les managers que parmi les employés. Pourquoi ? Répétons-le, parce que responsabiliser les gens est le *fruit* des trois autres rôles, non la racine.

Nous avons enquêté auprès de 3 500 managers et professionnels dans des organisations clientes et posé la question : « Qu'est-ce qui fait obstacle à la responsabilisation » (voir figure 13.3). Notez que leurs réponses soulignent l'importance de la confiance méritée, tant par les personnes que par l'organisation (caractère et compétence).

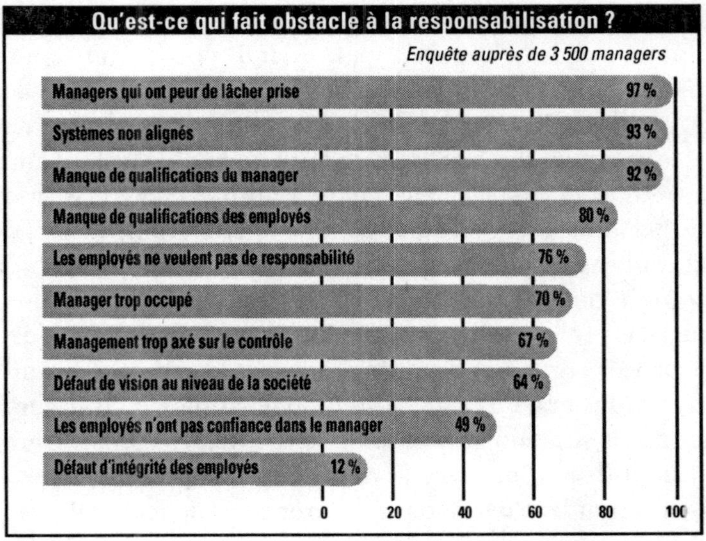

Figure 13.3

Le paradigme du *leadership* basé sur la personne entière et les quatre rôles permet de mieux comprendre la frustration qu'entraînent les efforts de responsabilisation non précédés de l'exemple donné, de la recherche du chemin et de l'alignement.

LE DILEMME DU MANAGER : DOIS-JE RENONCER AU CONTRÔLE ?

Je me souviens d'avoir interviewé il y a quelques années le directeur général d'une société qui venait de recevoir le prix prestigieux qu'est le Malcolm Baldrige National Quality Award. Je lui demandai : « Quel a été votre plus grand challenge en tant que DG pour arriver à ce niveau de qualité dans votre organisation ? » Après seulement un moment de réflexion, il sourit et dit : « Abandonner le contrôle. »

La responsabilisation sera *toujours* une platitude entraînant le cynisme si elle n'est pas solidement enracinée dans l'exemple donné, la recherche du chemin et l'alignement. Les quatre rôles du *leadership* brisent le dilemme du manager coincé entre le *contrôle* et la *crainte de perdre le contrôle*. Si vous créez vraiment les conditions de la responsabilisation, le contrôle n'est pas perdu : il est simplement transformé en *autocontrôle*.

L'autocontrôle n'apparaît pas quand vous vous contentez d'abandonner les gens au nom de la « responsabilisation » ; il apparaît quand ils ont en tête un objectif commun bien compris, quand il y a des principes directeurs ayant fait l'objet d'un accord ainsi que des structures et des systèmes adaptés au but recherché, et quand chaque personne est considérée comme une personne entière dédiée à un travail entier. Une formation théorique et pratique est fournie à ceux qui n'ont pas la compétence requise pour qu'on puisse leur accorder en toute confiance une plus grande liberté d'action. Des performances régulières dûment constatées leur vaut une confiance de plus en plus grande et une plus grande latitude dans le choix des méthodes. Ils sont ainsi en mesure de rendre des comptes sur leurs résultats, et disposent, dans le cadre de principes directeurs, de la liberté d'action leur permettant de tirer parti de leurs talents particuliers.

J'appelle cela l'*autonomie orientée*. Le rôle du manager passe du contrôle à la mise en position de faire – consistant à comissionner les gens, supprimer les obstacles et devenir une source d'aide et de soutien. C'est une mutation considérable.

Lorsque nous avons introduit le concept du manager opérant dans le mode *trim-tab*, et qui disposait de vision, de discipline, de passion et de conscience, il s'agissait d'autoresponsabilisation.

Maintenant, dans un contexte plus étendu, nous examinons la façon de créer une philosophie officielle, institutionnalisée, formalisée de la responsabilisation. L'idéal est la responsabilisation réalisée tant au niveau personnel qu'au niveau de l'organisation : l'individu n'a plus alors à lutter à contre-courant contre des forces organisationnelles visant à le déresponsabiliser.

L'OUTIL DE RESPONSABILISATION : LE PROCESSUS D'ACCORD GAGNANT/GAGNANT

Je vous propose d'examiner le processus gagnant/gagnant engagé par deux volontaires qui se comissionnent mutuellement – l'un représentant l'organisation et l'autre représentant les personnes concernées par l'activité de l'organisation, l'équipe ou l'individu. Max DePree, brillant auteur du livre *Leadership Is an Art*, décrit l'esprit de volontaires qui travaillent ensemble :

> « Les meilleures personnes travaillant pour les organisations sont les volontaires. Comme ils pourraient probablement trouver facilement des postes dans un nombre important de groupes, ils choisissent de travailler quelque part pour des raisons moins tangibles que le salaire ou la position. Les volontaires n'ont pas besoin de contrat, ils ont besoin d'une convention... Les relations fondées sur une convention engendrent la liberté, non la paralysie. Une relation de cet ordre repose sur un engagement commun envers des idées, des problèmes, des valeurs, des objectifs, et des processus de management. Des mots tels que l'amour, la chaleur, les atomes crochus s'appliquent à de telles relations. Ces relations satisfont des besoins profonds et elles permettent au travail d'avoir un sens et d'être pleinement satisfaisant[6]. »

Un accord gagnant/gagnant n'est pas une description de fonctions formelle, ni un contrat de travail. C'est un contrat psychologique/social ouvert, qui définit explicitement les attentes. Il est d'abord inscrit dans les cœurs et dans les têtes des gens, puis mis par écrit « au crayon » plutôt qu'à l'encre pour « faciliter l'effacement » quand les deux parties s'aperçoivent que c'est opportun de le faire. Vous pouvez le discuter et le renégocier à volonté, si les circonstances le veulent. Que les gens parlent ou non explicitement d'« accords gagnant/gagnant », ils existent dès lors qu'il y a une compréhension commune et un engagement commun relatif aux priorités mutuelles les plus hautes.

Les accords gagnant/gagnant sont beaucoup plus souples, adaptables et créatifs que les descriptions de fonctions, qui se focalisent surtout sur les étapes et les méthodes. Un accord gagnant/gagnant doit envisager la situation, la maturité, le caractère et la compétence des membres d'une équipe et des leaders formels, ainsi que d'autres éléments du contexte, telles que la présence de structures, de systèmes et de processus alignés.

Après le développement d'un accord gagnant/gagnant, la réponse à la question « Quelle est ma/notre plus haute priorité ? » est parfaitement claire. Les responsabilités sont décrites. Les attentes mutuelles sont explicitées. Les comptes à rendre concernant ces attentes sont présentés sous la forme d'un tableau des scores équilibré. Les gens sont libres de faire tout ce qu'ils ont besoin de faire pour atteindre les objectifs dans le contexte des principes directeurs. Ils se managent simplement eux-mêmes. Ils sont responsabilisés. Au chapitre 14, La 8e habitude et le « sweet spot », nous décrirons plus en détail des procédés motivants pour qu'une équipe se sente davantage tenue de rendre compte de son efficacité.

RESPONSABILISATION GAGNANT/GAGNANT : DE L'ÂGE INDUSTRIEL À L'ÂGE DE L'OUVRIER DU SAVOIR

Ne courons-nous pas maintenant le risque d'oublier tout ce que nous avons appris sur la personne entière ? De perdre de vue le feu qui s'allume à l'intérieur des individus et des organisations quand ils trouvent leur voix et inspirent d'autres pour qu'ils trouvent leur voix, et de continuer à travailler selon les « lentilles » et les traditions de notre âge industriel ? Voyez-vous comme il serait facile d'appliquer le processus d'accord gagnant/gagnant dans le style classique du manager orienté vers le contrôle ? En dépit de tous les efforts, le fruit de la responsabilisation ne mûrirait jamais.

Le succès de la responsabilisation repose sur l'engagement de travailler avec les membres d'une équipe sur la base d'un « accord gagnant/gagnant ». Dans une organisation : « gagnant/gagnant » veut dire qu'il y a un recouvrement explicite des quatre besoins de l'organisation (santé financière, croissance et développement, relations synergétiques avec les principales entités concernées par l'activité de l'organisation, et sens/contribution) avec les quatre besoins de l'individu (physique – économique ; mental – croissance et développement ; social/émotionnel – relations ; et spirituel – sens et contribution).

Si quelqu'un viole l'esprit de l'accord et persiste à le faire en dépit d'efforts sincères pour remédier à ce manquement, les individus peuvent alors choisir l'option *pas d'accord*. Vous convenez qu'il n'y a pas d'accord. Des gens s'en vont. Des embauches ne se réalisent pas.

Il existe une approche du non-accord qui est explicitement prévue dans les forces armées des États-Unis. C'est la doctrine dite du *stubborn refusal* (refus têtu). J'ai découvert cette doctrine lors de mes discussions avec des officiers de marine. Si vous savez qu'une chose est mauvaise et entraînerait de graves conséquences pour l'ensemble de la mission et les valeurs de l'organisation, vous pouvez alors respectueusement vous y opposer, quels que soient votre position ou votre rang. Vous devez alors vous manifester et vous déclarer en opposition avec une décision dont vous êtes absolument convaincu qu'elle est complètement erronée. Ce qui revient à vivre selon votre conscience – à permettre à votre voix ou votre lumière intérieure de guider vos actions au lieu de vous incliner sous l'influence de la pression de vos pairs.

Il importe que les personnes occupant des postes élevés reconnaissent officiellement la doctrine du refus têtu. Ils légitimeront ainsi le droit de s'opposer, de déclarer mauvais ce qui est mauvais, et stupide ce qui est stupide.

RESPONSABILISATION ET ÉVALUATION DES PERFORMANCES

Qui selon vous devrait estimer les progrès et les réalisations d'une personne ? Cette personne devrait faire cette estimation elle-même. L'évaluation de performances traditionnelle est sans conteste l'une des pratiques managériales actuelles, aussi dommageable que la saignée des médecins d'autrefois. Au cours de cette opération, le responsable reçoit son employé et le traite selon la technique du sandwich – quelques mots aimables pour commencer, puis il enfonce le couteau, le tourne plusieurs fois – mentionne à l'intéressé « les aspects à améliorer » – puis le laisse partir. Dans le contexte d'une culture de grande confiance, dotée de systèmes efficaces, et des gens qui utilisent la même partition, les intéressés sont dans une position qui leur permet bien plus facilement de s'évaluer eux-mêmes, notamment s'ils disposent de données de *feedback* à 360 degrés émanant des sources qui les entourent. On en trouve la preuve en examinant les données du profil des sept habitudes (voir figure 13.4), concernant plus d'un demi-million de personnes qui pratiquent le *feedback* à 360 degrés.

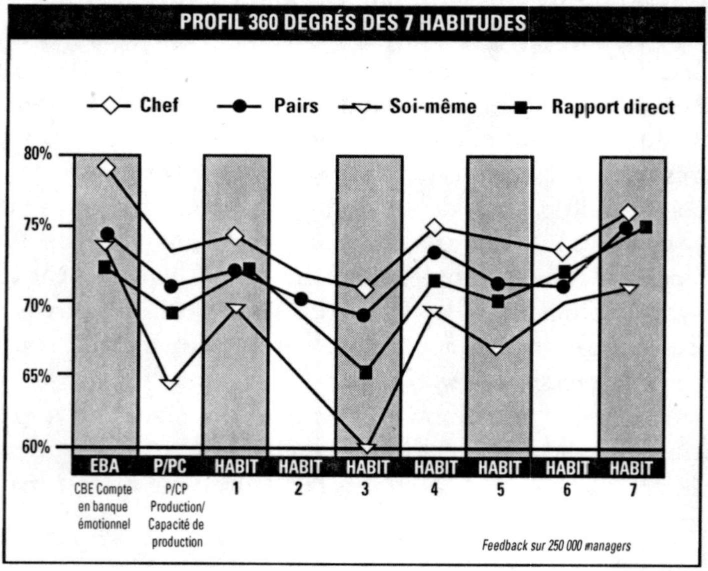

Figure 13.4

Vous pouvez voir que dans presque tous les cas, l'autoévaluation est plus sévère que l'évaluation par qui que ce soit d'autre. Lors des évaluations du type classique, les chefs sont ceux qui en savent le moins – ils se situent le plus loin de l'intéressé. Entourés d'employés codépendants qui leur disent ce qu'ils aiment entendre, ils n'ont pas conscience de ce qui se passe effectivement. Les subordonnés sont mieux informés, et les pairs le sont encore mieux.

Il serait déplacé de penser qu'après avoir responsabilisé les gens et fait honneur à leur pouvoir de choisir de poursuivre les buts de plus haute priorité, vous pourriez soudainement permettre à un soi-disant grand patron d'être le juge et évaluateur suprême.

Le soi-disant grand patron devrait être l'humble leader serviteur qui « court à côté », et pose des questions telles que celles de la figure 13.5.

LEADER SERVITEUR

(Tableau de résultat, données)

❶ **Comment vont les choses ?** (Tableau de résultat, données)

❷ **Qu'apprenez-vous ?**

❸ **Quels sont vos objectifs ?**

❹ **En quoi puis-je vous aider ?**

❺ **Comment jugez-vous l'efficacité de mon aide ?**

Figure 13.5

Tout d'abord : « *Comment vont les choses ?* » L'employé sait beaucoup mieux que son chef comment vont les choses dont il s'occupe, surtout si des systèmes de *feedback* ont été mis en place, prenant en compte non seulement le *feedback* du patron, mais aussi celui émanant de toutes les autres personnes influencées par le travail de l'intéressé. L'intéressé répond lui-même à partir des éléments du tableau des scores motivant avec lequel il s'est déclaré en accord et à partir d'autres informations émanant des différentes entités touchées par son travail.

La deuxième question est : « *Qu'apprenez-vous ?* » À ce niveau, une personne peut révéler des données nouvelles ou son ignorance, mais l'essentiel est qu'elle en est responsable.

La troisième question est : « *Quels sont vos objectifs ?* » ou « *Qu'essayez-vous de réaliser ?* » Elle fait apparaître le lien entre la vision et la réalité. Elle conduit naturellement à la quatrième question : « *En quoi puis-je vous aider ?* » qui transmet clairement le message : « *Je suis ici pour vous aider, pour vous permettre de donner toute votre mesure. Je suis à votre service.* » Le leader serviteur peut alors examiner sa propre expérience et voir s'il est nécessaire d'en faire bénéficier son interlocuteur. La clé d'un tel échange est l'authenticité, la communication selon le principe du bâton de parole indien. On ne joue pas. On ne prend pas d'attitude politique. On ne cherche pas à se défendre. On ne pratique pas le lèche-bottes. On ne dit pas à l'autre ce qu'il a envie d'entendre. La question « *Comment jugez-vous l'efficacité de mon aide ?* » sous-entend le respect mutuel et le fait que chaque partie a des comptes à rendre à l'autre.

Il est parfois difficile de confronter la réalité, surtout quand elle vous vient des autres. Mais nous rabaissons et nous insultons les autres quand nous les traitons autrement que comme des individus capables de rendre des comptes, responsables, libres de choisir. Si, pour être aimable et gentil, nous commençons à les protéger, nous amorçons le processus de la codépendance et de la conspiration du silence conduisant au plus bas niveau d'initiative : « Attendre qu'on vous dise. »

C'est quand l'esprit du leader serviteur se manifeste dans une équipe, et entre un manager ou une équipe et un associé, que la troisième forme de confiance mentionnée au chapitre 9 peut s'épanouir pleinement. Il s'agit de la confiance qu'une personne ou une équipe choisit consciemment de donner à une autre – un acte qui me conduit à sentir votre croyance que je peux ajouter de la valeur. Vous me donnez la confiance et je vous la rends. Le substantif confiance s'utilise alors avec le verbe faire et avec le verbe avoir. La confiance est mutuelle. C'est ainsi qu'une personne peut devenir le leader de son patron : elle mérite la confiance en la donnant. La confiance que l'on a est liée à la confiance méritée de celui en qui on a confiance. Le quatrième rôle – la responsabilisation – met en œuvre la confiance utilisée avec le verbe faire.

LE CAS DES MANŒUVRES-BALAIS (TRANSFORMER DES OUVRIERS MANUELS EN OUVRIERS DU SAVOIR)

Voici l'histoire véridique d'une personne entière dans un travail entier. Elle illustre ce qui peut arriver dans un travail qui, bien qu'honorable, est par nature plus modeste, ne demande pas de qualification, et est peu payé : le nettoyage. L'idée est que si vous pouvez trouver une personne entière dans un travail entier consistant à vider des poubelles, à balayer et à nettoyer les sols, et à laver les murs et les objets qui y sont fixés, etc., vous pouvez trouver une personne entière faisant n'importe quel travail.

Un instructeur de développement des capacités managériales formait un groupe de superviseurs de premier niveau à l'art d'enrichir un travail en vue de motiver les employés. L'un des contremaîtres, qui supervisait des manœuvres chargés du nettoyage (dits manœuvres-balais), opposait une résistance considérable à la théorie. Elle lui semblait trop idéaliste et sans rapport avec la plupart des travaux d'un manœuvre-balai – en tout cas ceux qu'il supervisait. Tous les superviseurs en formation reconnaissaient qu'il y avait un problème avec l'équipe de nettoyage, que la plupart de ses membres étaient sans éducation, qu'ils ne persévéraient pas dans leur fonction, et qu'ils faisaient ce travail faute de mieux. Leur seul désir était de pointer en venant au travail et en en sortant. Certains même étaient alcooliques.

Comme l'instructeur savait que le contremaître chargé du nettoyage était sincère en affirmant que la théorie de la motivation et de la responsabilisation ne lui serait d'aucun secours à l'égard de ses manœuvres-balais, il abandonna la discussion qu'il avait préparée et commença à s'occuper directement du problème du nettoyage.

Il plaça trois mots sur le tableau : Planifier, Faire, Évaluer – trois éléments essentiels de l'enrichissement des tâches. Il demanda ensuite au responsable du nettoyage et aux autres superviseurs de lister les tâches d'entretien et les activités associées à ces trois mots. Certains aspects de la partie « Planifier » étaient : établir des programmes pour l'entretien, sélectionner et acheter des cires et les produits pour faire briller, et déterminer quels manœuvres-balais devaient traiter telle ou telle partie de l'usine. Au cours de la discussion, le contremaître du nettoyage dit qu'il était sur le point d'acheter diverses nouvelles machines pour polir et nettoyer les sols. Toutes ces activités de planification étaient assurées par le contremaître en charge du nettoyage.

La section « Faire » comportait les activités normales des manœuvres-balais : balayer, laver, cirer et enlever les ordures et les déchets. La partie « Évaluer » incluait des activités telles que des contrôles quotidiens de routine sur la propreté de l'usine par le contremaître chargé du nettoyage, l'évaluation de l'efficacité des différents savons ou cires, une réflexion sur les essais de produits, la recherche de méthodes d'amélioration, et veiller au respect des programmes de nettoyage. En outre, le contremaître contactait les fournisseurs pour déterminer le type de nouvelles machines qu'il pourrait acheter.

Une fois les diverses activités listées, l'instructeur demanda : « Lesquelles de ces activités peuvent être confiées aux manœuvres-balais ? Par exemple, pourquoi est-ce vous, le contremaître, qui déterminez les savons à acheter ? Pourquoi ne pas laisser vos manœuvres-balais en décider ? Pourquoi ne pas demander aux vendeurs de faire la démonstration de la nouvelle machine devant les manœuvres-balais et les laisser décider laquelle de ces machines est la meilleure ? Et pourquoi ne pas laisser les manœuvres-balais décider quelle partie du travail ils seraient intéressés d'assurer eux-mêmes ? » (En réalité, les propos de l'instructeur n'étaient pas aussi directs, mais le groupe de contremaîtres participa à la discussion des aspects de la planification et de l'évaluation susceptibles d'être confiés aux manœuvres-balais.)

Au cours des cinq mois suivants, le cas des manœuvres-balais a été évoqué, au moins brièvement, à chaque session de formation tenue par l'instructeur. Pendant ce temps, le superviseur du nettoyage impliquait régulièrement le cœur et la tête des manœuvres-balais dans leur travail en leur donnant de plus en plus de responsabilités dans la planification et l'évaluation de leur travail. Ils firent des tests des nouvelles machines et donnèrent les recommandations finales pour leur achat. Ils essayèrent diverses sortes de cires pour voir lesquelles convenaient le mieux dans les conditions habituelles. Ils commencèrent à examiner le programme de nettoyage pour déterminer l'attention à accorder à chaque zone particulière. Par exemple, une zone qui avait été lavée chaque jour, ne fut plus lavée que si nécessaire après une inspection visuelle. Les manœuvres-balais développèrent leurs propres critères pour déterminer la propreté de l'usine et se mirent à exercer une pression en tant que pairs auprès des manœuvres-balais qui ne respectaient pas les normes.

Petit à petit, ces manœuvres-balais prirent en charge les trois types de tâche, qui ensemble les sollicitaient pleinement – corps, cœur, mental et esprit. Le résultat final, à la surprise de tous, fut que la qualité s'améliora, que le *turnover* et les problèmes de discipline diminuèrent considérablement, que des normes sociales se mirent en place en ce qui concerne l'initiative, la coopération, la rapidité et la qualité, et que la satisfaction du travail augmenta de manière très sensible. Ils bénéficiaient d'une autonomie orientée. Les manœuvres-balais n'avaient plus besoin de supervision ou de management, parce qu'ils se supervisaient et se manageaient eux-mêmes selon des critères qu'ils avaient contribué à développer.

Mieux encore, les autres contremaîtres commencèrent à réfléchir à la façon d'appliquer les mêmes principes dans leurs propres domaines, d'autant plus sérieusement qu'ils pouvaient mesurer les résultats du travail que le contremaître de l'entretien avait fait avec ses manœuvres-balais.

Service et sens

La figure 13.6 représente le modèle du *leadership* de la personne entière contenant l'idée du « Planifier, Faire, Évaluer ».

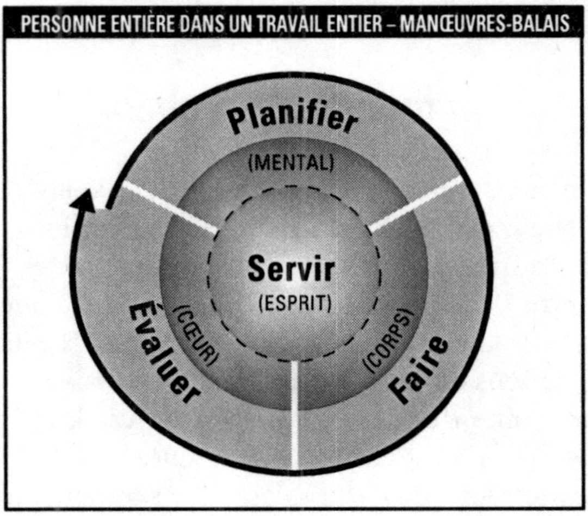

Figure 13.6

Le quatrième élément : « Servir », a été ajouté au centre pour tenir compte du besoin de sens et de contribution éprouvé par l'esprit. Vous pouvez voir que même les manœuvres-balais commençaient à attribuer à leur travail une grande signification. Ils étaient devenus fiers de leur activité, et cette fierté commença à élever le niveau de qualité dans toute l'usine. Ils avaient trouvé leur voix. Notez encore la flèche de la figure 13.6. Elle indique qu'il s'agit d'un processus, d'un cycle. Après l'évaluation du travail, de nouveaux plans sont élaborés, incorporant les derniers enseignements ; ces plans sont exécutés ; et le cycle d'amélioration se répète.

Vous pourriez demander : « Eh bien, si vous responsabilisez les gens à ce point, pourquoi avez-vous encore besoin de contremaîtres ? » La réponse est que leur rôle consiste alors à fixer les *conditions de responsabilisation* puis à se retirer, et devenir une source d'aide à la demande. Tel est le *leadership* serviteur. Après tout, vous n'êtes pas ici pour que l'on satisfasse votre ego, mais pour que le travail soit fait.

> Seulement 45 % des personnes ayant répondu à l'enquête xQ disent qu'elles se rendent compte que leurs contributions sont reconnues et appréciées.

RETOUR SUR LES CHOIX

Le cas des manœuvres-balais nous rappelle que les gens font des choix dans leur travail en fonction de la façon dont les quatre éléments de leur nature sont respectés et impliqués. Comme le montre la figure 13.7, chaque choix est la réaction à une motivation plus profonde qui peut être la colère, la crainte, la recherche de la récompense, le sens du devoir, l'amour et le sens.

Le devoir, l'amour et le sens sont les sources les plus nobles de motivation et elles produisent toujours les réalisations les plus remarquables et les plus durables. En revanche, manager les humains comme des choses les abaisse au niveau de leurs plus bas instincts. C'est l'équivalent de la saignée, pratiqué par le management d'aujourd'hui.

Cette histoire illustre aussi un autre point extrêmement important : c'est *la philosophie et le style du manager*, non la nature du travail ou le secteur économique, qui définit si une personne est ou non un ouvrier du savoir. S'il n'est pas perçu comme un ouvrier du savoir, s'il n'est pas perçu comme l'expert local en matière de nettoyage, le manœuvre-balai est seulement un travailleur manuel, et non plus un ouvrier du savoir.

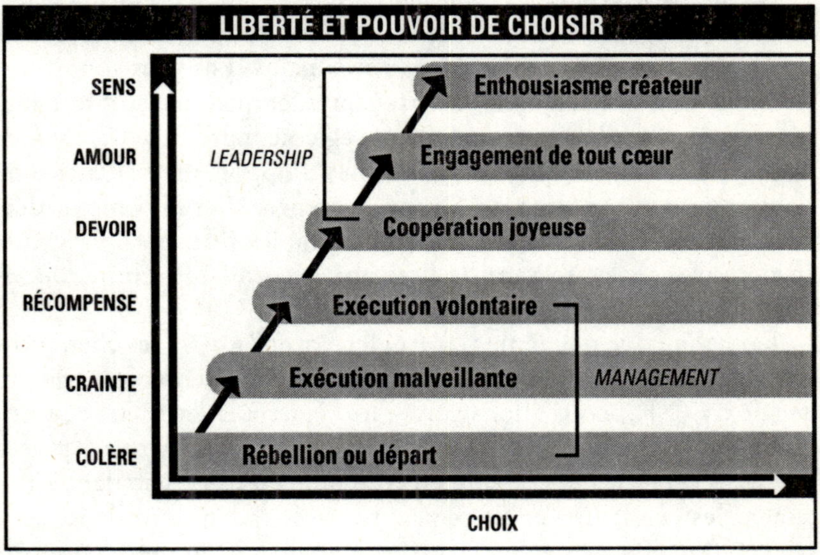

Figure 13.7

QUESTIONS ET RÉPONSES

Q : Vous parlez d'équipe complémentaire. Je suis un solitaire sans employés ni supérieur et je dois porter tous les chapeaux – comment puis-je développer une équipe complémentaire pour compenser toutes mes faiblesses ?

R : Tant qu'il n'y a pas des gens à qui vous pouvez déléguer, de sorte que vos points forts puissent être rendus productifs et que vos points faibles soient rendus inopérants grâce à leurs points forts, vous devrez atteindre un seuil minimal de compétences dans vos zones de faiblesse ou sous-traiter à des conseillers ou des fournisseurs qui peuvent y remédier.

Q : Comment responsabilisez-vous des employés dans un environnement extrêmement réglementé, avec l'intrusion constante de nouveaux mandats, de nouvelles orientations et réglementations ?

R : Je me tournerais vers les employés et leur poserais la question : que suggérez-vous ; quelle est votre opinion ? J'insiste, je mettrais la question directement dans leurs mains. Les gens sont d'une créativité et d'une résistance surprenantes, et quel que soit le caractère oppressant d'un environnement réglementaire, si le travail a un sens, vous trouverez toujours des zones d'opportunité créatrice où les gens peuvent exercer leur propre jugement. Les règlements doivent naturellement être considérés comme les principes directeurs et même les règles servant de base aux accords de responsabilisation.

J'ai habité quelque temps en Angleterre et j'y ai vu les cheminots être dégoûtés par le caractère extrême des réglementations. Ils ont décidé : « O.K., nous allons suivre les règles à la lettre », et ils ont littéralement paralysé l'Angleterre. Aucun train n'arrivait plus à l'heure. C'était le chaos, simplement parce qu'ils observaient strictement les *check-lists* et les règles. La seule façon dont ils réussissaient à être efficaces auparavant avait été de faire appel à leur créativité, leur initiative et leur inventivité. Lorsque ce fait est devenu évident, les administrateurs ont commencé à attacher plus de valeur au jugement des hommes qu'aux règles, et le système s'est remis en marche.

Vous devez pouvoir mettre en place un programme pilote ou expérimental qui produira de meilleurs résultats à un coût moindre et sans violer aucune règle impérative. Le risque encouru est alors moindre et le potentiel d'apprentissage est considérable. Et vous pouvez alors commencer à distinguer entre les règles qui sont impératives et celles qui sont périphériques ou ne sont que des vestiges culturels.

J'ai eu l'occasion de travailler dans l'industrie nucléaire, qui est fortement réglementée. Le degré de coopération et de communication, même entre concurrents, y était surprenant, car chacun savait qu'un autre incident du type « Three Mile Island » pourrait arrêter tout le nucléaire. D'eux-mêmes, ils signalaient tout incident ou toute situation représentant un risque ou une violation des règles de sécurité. Les autorités de régulation n'auraient pas pu rendre les règlements plus contraignants et atteindre une sécurité plus haute que celle résultant des précautions prises spontanément par ces sociétés concurrentes.

Q : Comment imposez-vous la nécessité de rendre des comptes d'une manière gagnant/gagnant ? L'esprit gagnant/gagnant ne conduit-il pas à atténuer la possibilité de rendre des comptes ?

R : Absolument pas. La clé est d'établir le principe des comptes-rendus en fonction de résultats désirés ayant fait l'objet d'un accord mutuel. Utilisez un tableau des scores équilibré auquel vous associez des conséquences logiques et naturelles selon que les résultats sont ou non atteints. Sans un tableau des scores équilibré et ayant fait l'objet d'un accord quant aux résultats souhaités et à leurs conséquences, on se trouve dans un système gagnant/perdant qui se transforme en perdant/gagnant et à long terme en perdant/perdant.

Q : Comment traitez-vous l'employé très indépendant, qui semble se cabrer à l'égard de toute décision et qui fait son travail à sa façon ?

R : De nombreux progrès significatifs sont dus à des gens très indépendants. Il doit toujours y avoir une place pour des personnes qui pensent différemment et dont les processus mentaux sont créatifs et originaux. Apprenez à apprécier les points forts spécifiques de chaque personne, mais si l'esprit d'indépendance de l'une d'elles en arrive au point où il est malsain, négatif et critique, alors je dirai : mettez en place un système de *feedback* qui lui apporte le *feedback* nécessaire. Laissez-la baigner dans les perceptions et les sentiments authentiques des autres à son égard, jusqu'à ce qu'elle décide vraiment ce qu'elle veut faire. Si cette personne appartient à la catégorie déviante qui prend un malin plaisir à violer les normes sociales, et si elle n'apporte pas de valeur supplémentaire sous forme de contributions créatives et innovatrices, vous pouvez être amené à l'aider à chercher fortune ailleurs. Il y a beaucoup de gens qui sont indépendants – ils ne sont pas interdépendants, mais ils ne sont pas non plus déviants, et ils peuvent jouer un rôle très important dans des types de jobs indépendants. La clé est de créer une culture qui embrasse la diversité dans un contexte unifié de valeurs et d'objectifs. Comme le dit Émile Durkheim : « lorsque les mœurs suffisent, les lois sont superflues ; quand les mœurs sont insuffisantes, les lois sont inapplicables ».

Q : J'éprouve personnellement un grand besoin d'avoir le contrôle, et cette idée de relâcher le contrôle m'effraie, bien que j'en reconnaisse le bien-fondé. Puis-je changer ?

R : Absolument. Vous n'êtes pas un animal. Bien qu'influencé *par* votre nature et votre environnement, vous n'êtes pas *produit* par eux. Vous êtes le produit de vos choix, mais vous devez commencer par changer au niveau personnel en usant de vos trois capacités humaines fondamentales : le pouvoir du choix, les principes et vos quatre intelligences. Par la patience et la persévérance, vous surmonterez ces besoins de contrôle, et à mesure que vous prendrez confiance dans ne serait-ce que quelques personnes de votre entourage immédiat, chez vous ou au travail, vous constaterez que l'on obtient une productivité bien plus élevée et une plus grande tranquillité d'esprit en enseignant des principes par la parole et l'exemple, ainsi qu'en laissant les autres se gouverner eux-mêmes. Finalement, vous apprendrez à institutionnaliser cette sorte d'autorité morale dans des systèmes, des structures et des processus.

L'ÂGE DE LA SAGESSE

Chapitre 14

La 8e habitude et le « sweet spot »

> *La différence entre ce que nous faisons et ce que nous sommes capables de faire résoudrait la plupart des problèmes du monde.*
>
> MAHATMA GANDHI

La 8e habitude – Trouvez votre voix et inspirez les autres pour qu'ils trouvent la leur – est une idée dont le temps est venu. « Dont le temps est venu » sont les mots empruntés à une phrase de Victor Hugo citée précédemment : « Il n'est rien de plus fort qu'une idée dont le temps est venu. »

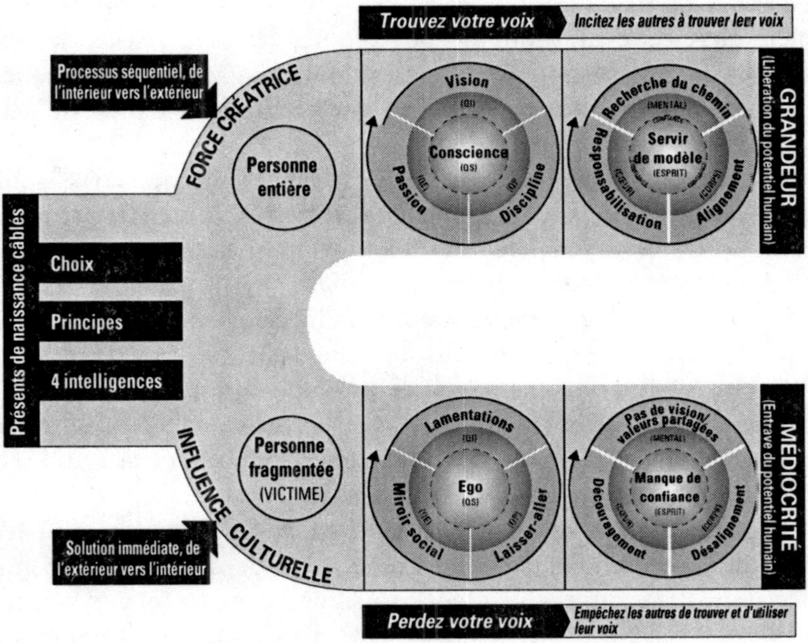

Figure 14.1

LA RAISON pour laquelle la 8e habitude est une idée de cette nature est qu'elle implique la compréhension de la personne entière – cette compréhension qui donne le pouvoir de libérer le potentiel illimité de l'économie de l'ouvrier du savoir. Comme on peut le voir sur le chemin inférieur représenté sur la figure 14.1, l'économie du travailleur manuel de l'âge industriel reposait sur un paradigme de la personne fragmentée. Dans le monde d'aujourd'hui, ce chemin inférieur conduit dans le meilleur des cas à la médiocrité. Il entrave le potentiel humain. Les organisations empêtrées dans l'état d'esprit de l'âge industriel continuent de faire prendre toutes les décisions importantes par les responsables au sommet, tous les autres n'ayant qu'à « tourner les boulons ». Quel énorme gâchis !

Rappelons les paroles de l'auteur John Gardner : « La plupart des organisations malades ont développé un aveuglement fonctionnel à leurs propres dysfonctionnements. Elles ne souffrent pas de ne pas pouvoir résoudre leurs problèmes, mais de ne pas pouvoir voir leurs problèmes. » C'est exactement ce qui s'est produit.

La 8e habitude vous donne un état d'esprit et un jeu d'outils vous permettant de rechercher constamment le potentiel des personnes. Ce type de *leadership* communique aux autres leur valeur et leur potentiel de manière si claire qu'ils peuvent les percevoir en eux-mêmes. À cette fin, nous devons écouter les gens. Nous devons constamment les impliquer et constamment susciter la conscience de leur valeur par nos paroles ainsi que par les quatre rôles du *leadership*.

Voici une méthode succincte pour se rappeler ce que fait chaque rôle. Notez comment chaque rôle, directement ou indirectement, affirme la valeur des personnes en tant que personnes entières et contribue à la libération de leur potentiel.

Tout d'abord, *l'exemple donné* (individuellement ou par une équipe). L'exemple donné inspire la confiance sans l'attendre. Lorsque les gens vivent selon les principes de la 8e habitude, la confiance, qui est le ciment de la vie, ne peut que s'épanouir ; la confiance ne peut être que le fruit de la confiance méritée. En bref, l'exemple donné produit *l'autorité morale personnelle*.

Deuxièmement, *la recherche du chemin*. La recherche du chemin crée l'ordre sans l'exiger. Lorsque les gens s'identifient aux décisions stratégiques qu'ils ont contribué à prendre, et aux valeurs ainsi qu'aux objectifs de haute priorité, ils s'y rattachent émotionnellement ; la recherche du chemin engendre *l'autorité morale visionnaire*.

Troisièmement, *l'alignement*. Aligner les structures, les systèmes et les processus renforce la confiance, la vision et la responsabilisation. Aligner engendre *l'autorité morale institutionnelle*.

Quatrièmement, *la responsabilisation*. La responsabilisation est le fruit des trois autres rôles – l'exemple donné, la recherche du chemin et l'alignement. Elle libère le potentiel humain sans mettre en jeu de motivation extérieure. La responsabilisation engendre *l'autorité morale culturelle* (voir figure 14.2).

Figure 14.2

Souvenez-vous que l'exemple donné le plus déterminant est celui qui consiste à donner l'exemple des trois autres rôles. La recherche du chemin consiste à donner l'exemple du *courage* de déterminer un chemin et de l'*humilité* consistant à faire participer les autres au choix de ce qui a le plus d'importance. L'alignement consiste à donner l'exemple d'être prêt à mettre en place des structures, des systèmes et des processus en phase avec les décisions stratégiques « qui ont le plus d'importance », pour que l'organisation reste constamment focalisée sur ses objectifs de plus haute priorité. La responsabilisation consiste à donner l'exemple d'une croyance ferme et dure dans l'aptitude des autres à choisir et dans les quatre éléments de leur nature, à travers des processus de comissionnement.

FOCALISATION ET EXÉCUTION

Je prétends que tout ce que nous avons vu peut être résumé en deux mots : focalisation et exécution. Ces deux mots nous apportent « la simplicité à l'autre extrémité de la complexité ». La *focalisation* souligne ce qui a le plus d'importance, et l'*exécution* consiste à faire que ce qui importe se produise. Le best-seller d'avant-garde sur le management de Ram Charan et Larry Bossidy appelé *Execution : The Discipline of Getting Things Done* a guidé mes pensées vers ce résumé en deux mots.

> *Le leadership sans la discipline de l'exécution est incomplet et inefficace. Sans l'aptitude à l'exécution, les autres attributs du leadership sont vides de sens.*
> *Aucune société ne peut tenir ses engagements ou s'adapter correctement aux changements si tous ses leaders ne pratiquent pas à tous les niveaux la discipline de l'exécution. L'exécution doit faire partie de la stratégie d'une société au même titre que ses objectifs. Elle est le chaînon manquant entre les aspirations et les résultats*[1].
>
> RAM CHARAN et LARRY BOSSIDY

Les deux premiers rôles du *leadership – l'exemple donné et la recherche du chemin* – peuvent se résumer en un mot : *focalisation*. Les deux autres rôles du *leadership – alignement* et *responsabilisation* – peuvent se résumer en un mot : exécution. Voici pourquoi. La recherche du chemin est essentiellement un travail stratégique ; elle consiste à décider quels sont les objectifs de plus haute priorité – quelles valeurs doivent servir de principes directeurs pour atteindre durablement ces objectifs. Elle exige néanmoins une compréhension claire de la culture qui permettra d'atteindre ces objectifs ainsi que l'engagement d'y souscrire. Un tel engagement est basé sur la confiance donnée, la confiance méritée et la synergie – l'essence de l'exemple donné. L'exemple donné au niveau personnel et interpersonnel implique le respect mutuel, la compréhension réciproque et la coopération créative (habitudes nos 4, 5 et 6) qui engendrent un choix et un engagement sur des objectifs de haute priorité (habitude n° 2, sachez dès le départ où vous voulez aller). Cette confiance méritée au niveau personnel et interpersonnel est à son tour basée sur le fait que les gens vivent de manière fidèle à leurs valeurs et à leurs objectifs – en d'autres termes, focalisation et exécution à titre personnel. C'est l'habitude n° 3 : donnez la priorité aux priorités.

Les deux rôles suivants du *leadership*, *l'alignement* et *la responsabilisation*, représentent l'*exécution*. Des structures, des systèmes et des processus sont créés (alignement) dans le but de permettre aux individus et aux équipes de traduire les objectifs stratégiques visés par l'organisation ou ses priorités cruciales en travaux au jour le jour et en objectifs au niveau des équipes. En somme, ces rôles consistent à donner aux gens le *pouvoir* de faire le travail.

La focalisation et l'exécution sont inséparables. Si les gens ne sont pas en phase, l'exécution ne sera pas cohérente. Si vous utilisez le modèle de transaction « ordre donné et contrôle » de l'âge industriel pour obtenir la focalisation, vous ne pourrez pas bénéficier du modèle de transformation de l'âge de l'ouvrier du savoir pour obtenir l'exécution – simplement parce que sans implication et/ou identification, il n'y aura pas d'engagement émotionnel sur la focalisation. L'exécution ne se produira pas. De même, si vous utilisez une approche du type implication des employés/responsabilisation pour réaliser une focalisation commune, suivie d'une approche du type « ordre donné et contrôle » de l'âge industriel pour l'exécution, vous ne maintiendrez pas la focalisation parce que les gens percevront un manque de sincérité et d'intégrité.

En revanche, si vous utilisez le modèle de l'âge du savoir, tant au niveau de la focalisation (exemple donné, recherche du chemin) que de l'exécution (alignement, responsabilisation), vous générerez une culture organisationnelle d'intégrité et de confiance méritée. L'organisation non seulement trouvera sa voix, mais encore elle l'utilisera pour atteindre magnifiquement ses objectifs tout en servant au mieux les intérêts de tous ceux qui sont concernés par son activité.

LA GRANDE LACUNE D'EXÉCUTION

Le livre comportait à ses débuts la remarque « Savoir et ne pas faire, c'est ne pas savoir ». C'est une profonde vérité. Les principes sous-jacents de la 8e habitude n'ont pas grande valeur tant qu'ils ne font pas partie, par la pratique et l'exécution, de notre caractère et de nos facultés – tant qu'ils ne sont pas devenus une habitude.

L'exécution est aujourd'hui la grande question non résolue dans la plupart des organisations.

> « Je suis votre compagnon constant. Votre meilleur assistant et votre plus lourd fardeau. Je vous aiguillonne pour vous faire avancer ou vous tire vers l'échec. Je suis à votre entière disposition. Vous pouvez me confier sans hésiter la moitié de tout ce que vous faites, et je le ferai correctement, rapidement. Je suis facile à manager – vous devez simplement être ferme avec moi. Montrez-moi exactement comment vous voulez que je fasse quelque chose, et après quelques leçons je le ferai automatiquement. Je suis le serviteur de tous les grands, et hélas, de tous les ratés. Ceux qui sont des ratés, c'est moi qui en ai fait des ratés. Je ne suis pas une machine, bien que je puisse travailler avec la précision d'une machine dotée de l'intelligence d'un être humain. Vous pouvez me faire marcher pour votre fortune ou votre ruine – cela m'est indifférent. Prenez-moi, formez-moi, soyez ferme avec moi, et je mettrai le monde à vos pieds. Soyez laxiste envers moi et je vous détruirai.
> **Qui suis-je ? Je suis l'habitude.** »
>
> Anonyme

C'est une chose que d'avoir une stratégie claire ; c'en est une autre que de la mettre effectivement en œuvre et de l'appliquer, d'exécuter. En fait, la plupart des leaders sont d'accord pour reconnaître qu'il vaut mieux avoir une stratégie moyenne avec une superbe exécution qu'une stratégie superbe avec une exécution médiocre. Ceux qui exécutent bien ont toujours le dessus. Comme l'a dit Louis V. Gerstner Jr : « Toutes les excellentes entreprises du monde surpassent leurs concurrents par l'exécution jour après jour sur le marché, dans leurs usines de fabrication, dans leur logistique, dans la rotation de leurs stocks – et dans à peu près tout ce qu'elles font. Il est rare que les excellentes sociétés aient une position exclusive qui les isole du corps à corps constant avec la concurrence[66]. »

De nombreuses choses influencent l'exécution, mais notre recherche xQ montre qu'il existe six facteurs essentiels de l'exécution dans une organisation : la *clarté*, l'*engagement*, la *traduction*, la *mise en état d'agir*, la *synergie*, et les *comptes à rendre*. Par suite, les pannes d'exécution se produisent typiquement en cas d'échec d'un ou plusieurs de ces six facteurs. Nous les appelons des *lacunes d'exécution* :

- Clarté : les gens ne savent pas clairement ce que sont les objectifs ou les priorités de leur équipe ou de leur organisation ;
- Engagement : les gens ne souscrivent pas aux objectifs ;
- Traduction : les gens ne savent pas ce qu'ils ont à faire en tant qu'individus pour aider l'équipe ou l'organisation à atteindre ses objectifs ;
- Mise en état d'agir : les gens ne disposent pas d'une structure, de systèmes ou d'une liberté adéquats pour pouvoir bien faire leur travail ;
- Synergie : les gens ne s'entendent pas bien ou ne travaillent pas bien ensemble ;
- Comptes à rendre : les gens ne se rendent pas mutuellement des comptes.

> *Tant de choses que nous appelons management consistent à rendre le travail des gens plus difficile.*
> PETER DRUCKER

Le tableau 6 présente ces six lacunes d'exécution et les facteurs correspondants, avec une explication très simplifiée de la manière dont la mentalité de l'âge industriel provoque littéralement ces lacunes et de la façon dont le modèle de l'âge de l'ouvrier du savoir, calqué sur la personne entière et conforme à la 8e habitude, peut combler ces lacunes.

LACUNES D'EXÉCUTION	CAUSE DE L'ÂGE INDUSTRIEL	SOLUTION DE L'ÂGE DE L'OUVRIER DU SAVOIR
Clarté	Annonce	Identification et/ou implication
Engagement	Vente	Personne entière dans un travail entier
Traduction	Description de fonction	Alignement des objectifs en vue des résultats
Mise en état d'agir	Carotte et bâton (les personnes en tant que dépense)	Alignement des structures et de la culture
Synergie	« Coopérez ! »	Communication de troisième solution
Comptes à rendre	Évaluation de performances selon la méthode du sandwich	Comptes rendus réciproques fréquents, ouverts, sur la base d'un tableau des scores motivant

Tableau 6

1. **Clarté :** l'approche du travailleur manuel de l'âge industriel consiste à annoncer simplement quels sont la mission, la vision, les valeurs et les objectifs à haute priorité. Nous avons vu que ces éléments sont souvent élaborés au cours de séminaires tenus hors du site, après quoi les décisions stratégiques sont annoncées en langage élégant comme devant piloter toutes les autres décisions de l'organisation. Après quelque temps, ces énoncés de mission ne sont plus rien d'autre que des annonces de relation publique, du fait qu'ils ne reflètent aucune participation ; ils ne provoquent aucunement l'identification qui est caractéristique de l'âge de l'ouvrier du savoir. L'identification peut résulter de l'autorité morale du leader, et n'est pas nécessairement liée à l'implication dans la prise des décisions stratégiques.
2. **Engagement :** l'approche de l'âge industriel pour obtenir l'engagement consiste à vendre – communiquez constamment et fréquemment, expliquez, et tentez de montrer que tout cela a un sens. Vendez, vendez, vendez ! Mais les résultats d'enquête montrent que seule une personne sur cinq se sent passionnément engagée envers les objectifs prioritaires de son équipe ou de son organisation. L'approche de la 8e habitude et de l'âge de l'ouvrier du savoir consiste à placer dans un travail entier une personne entière – corps, mental, cœur et esprit. Payez-moi équitablement, traitez-moi aimablement et respectueusement, utilisez ma tête de façon créative pour faire un travail qui ait une réelle valeur ajoutée et soit fait selon des

principes. Cela ne consiste pas seulement à croire à la théorie selon laquelle il suffit de jeter de l'argent aux employés. En fait, des études sérieuses ont montré que l'approche de l'ouvrier du savoir conduit les employés à placer l'argent en quatrième position derrière la confiance, le respect et la fierté. Pourquoi ? Parce que quand les gens éprouvent une satisfaction intrinsèque en travaillant, les facteurs extrinsèques ont moins d'importance. Mais s'il n'y a pas de satisfaction intrinsèque, l'argent devient très important. Pourquoi ? Parce que l'argent peut acheter des satisfactions en dehors du travail. La 8e habitude prend en compte la personne entière et déclenche des motivations *intrinsèques*.

Les lacunes d'exécution en matière de clarté et d'engagement sont aussi la source principale des problèmes de gestion du temps. Pour la simple raison que la façon dont les gens définissent les objectifs de haute priorité, ainsi que la mission et les valeurs, pilote toutes les autres décisions. Faute de clarté et d'engagement, la plus grande confusion règne à propos de ce qui est vraiment important. En définitive, c'est l'urgence qui définit l'importance. Ce qui est populaire, pressant, proche et plaisant – autrement dit, ce qui est urgent – devient important. Au bout du compte, tout le monde se met à lire dans le marc de café, détermine au doigt mouillé la direction d'où souffle le vent, et lèche les bottes de la hiérarchie. La confusion s'étend alors à toute l'organisation avec des intérêts composés. Tant que les gens n'ont pas des idées et un engagement clairs à l'égard de la mission, de la vision et des valeurs de l'organisation, aucune dose de formation au management n'aura un effet durable, sauf sur la vie personnelle des intéressés. Comme l'a dit Charles Hummel :

« La tâche importante doit rarement être faite aujourd'hui même, ni même cette semaine… Mais le travail urgent demande une action immédiate… L'attraction momentanée de ces tâches semble irrésistible et importante, et elles dévorent votre énergie. Mais dans la perspective du temps, leur prééminence trompeuse s'estompe ; avec regret, nous nous rappelons les tâches importantes que nous avons laissées de côté. Nous nous rendons compte que nous avons été esclaves de la tyrannie de l'urgent[3]. »

3. **Traduction :** l'approche de l'âge industriel est la description de fonctions. À l'âge de l'ouvrier du savoir, vous contribuez à aligner les travaux des employés avec leurs voix (talents et passion), et leurs jobs sont en phase avec la réalisation des objectifs de haute priorité de l'équipe et de l'organisation.
4. **Mise en état d'agir :** de bien des façons, la mise en état d'agir est la lacune d'exécution la plus difficile à combler, parce qu'elle requiert l'élimination de tous les dysfonctionnements structurels ou systémiques et de toutes les autres barrières culturelles évoquées dans ce livre. Ces structures et systèmes favorables ou défavorables à l'action efficace – relatives au recrutement, à la sélection et au développement, à la rémunération, la communication, l'information, etc. – sont précisément ce qui procure à beaucoup de gens un sentiment de sécurité et une vision à long terme dans leur travail. À défaut d'une implication authentique dans le processus de décision stratégique, notamment en ce qui concerne les valeurs et les objectifs prioritaires, l'attachement émotionnel, la confiance et la motivation intérieure seront insuffisants pour permettre la mise en place de structures et de systèmes alignés sur ces valeurs et ces objectifs.

Dans l'âge industriel, les personnes sont une dépense, et les choses, comme l'équipement et la technologie, sont des investissements. Les personnes…, une dépense ; les choses, un investissement ! C'est le système d'information du résultat sur la dernière ligne. Il s'agit d'une aberration comparable à la saignée des médecins d'antan. Avec la 8e habitude et l'approche de l'âge de l'ouvrier du savoir, les personnes sont impliquées dans la mise en place d'un tableau des scores motivant, visuel, en temps réel, montrant à la fois les résultats et les capacités, et reflétant la manière dont les systèmes et les structures sont alignés en vue d'atteindre les objectifs clés.

5. **Synergie :** l'âge industriel est au mieux l'approche du compromis, au pire, du gagnant/perdant ou du perdant/gagnant. La synergie de l'âge de l'ouvrier du savoir permet la création de troisièmes solutions. Il s'agit du mode de communication de la 8e habitude, où les voix des individus sont identifiées et alignées avec la voix de l'organisation de telle sorte que les voix des différentes équipes ou services se mêlent en un tout harmonieux.

6. **Comptes à rendre :** la pratique de la motivation par la carotte et le bâton et de l'évaluation des performances par le système du sandwich est remplacée par le compte-rendu mutuel et le partage ouvert d'informations au sujet des objectifs de haute priorité que tout le monde comprend. Les choses se passent un peu comme sur un stade où le score et d'autres informations sont affichés en permanence, permettant à chacun de savoir exactement ce qui se passe.

LE « SWEET SPOT »

Réunissons tous les éléments. Au début du livre, j'ai émis l'idée que chacun choisit entre deux chemins dans sa vie – l'un qui est le chemin très fréquenté de la médiocrité, l'autre le chemin vers la grandeur. Nous avons vu comment le chemin de la médiocrité entrave le potentiel humain et comment celui de la grandeur libère et réalise le potentiel humain. La 8e habitude est le chemin de la grandeur, laquelle consiste à trouver sa voix et à inspirer les autres pour qu'ils trouvent la leur.

Nous avons exploré ensemble trois types de grandeur : la grandeur personnelle, la grandeur du *leadership*, et la grandeur *organisationnelle*.

La *grandeur personnelle* est trouvée quand nous découvrons nos trois cadeaux de naissance – choix, principes et les quatre intelligences humaines. En développant ces dons et ces intelligences, nous finissons par posséder un caractère magnifique empreint de vision, de discipline et de passion, guidé par la conscience – un caractère à la fois courageux et bienveillant. Un tel caractère est poussé à des contributions significatives qui non seulement servent l'humanité entière, mais aussi sont focalisées sur l'individu. Je désigne un tel caractère par le terme de *grandeur primaire*, tandis que la grandeur secondaire inclurait des éléments tels que le talent, la réputation, le prestige, la fortune et la reconnaissance.

La *grandeur du leadership* est obtenue par les gens qui, quelle que soit leur position, choisissent d'inspirer les autres pour qu'ils trouvent leur voix. Elle s'obtient en vivant les quatre rôles du *leadership*.

La *grandeur organisationnelle* se réalise quand l'organisation relève le défi consistant à traduire les rôles et les activités du *leader-*

ship (y compris la mission, la vision et les valeurs) en principes et en moteurs d'exécution dans une organisation – clarté, engagement, traduction, mise en état d'agir, synergie et comptes à rendre. Ces moteurs sont aussi des principes universels, éternels et évidents – pour les organisations.

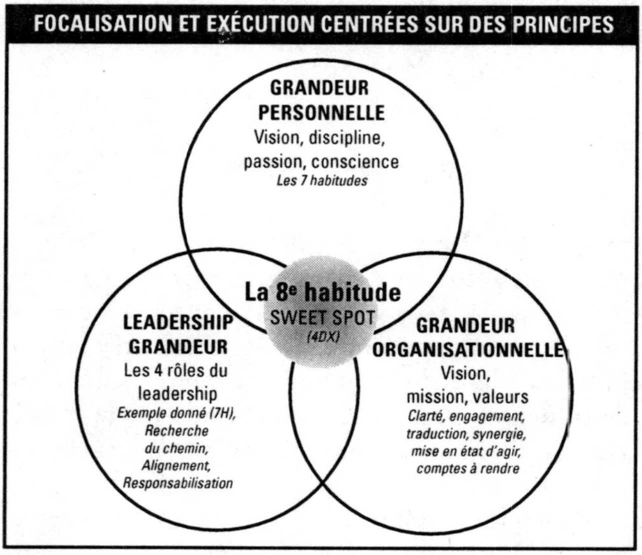

Figure 14.3

La figure 14.3 résume la relation entre la grandeur personnelle, la grandeur du *leadership* et la grandeur organisationnelle. Les organisations qui se gouvernent et se disciplinent au moyen de ces trois grandeurs parviennent à ce que l'on pourrait appeler le *sweet spot*. Le *sweet spot* est la partie du club de golf qui frappe la balle avec la plus grande efficacité. On utilise aussi ce terme en anglais pour désigner le centre d'une raquette de tennis, qui provoque le rebond le plus fort. Dans le cas d'une organisation, le *sweet spot* est l'endroit où ces trois types de grandeur se conjuguent pour lui permettre d'atteindre le summum de son potentiel et de sa puissance. Si vous frappez la balle avec le *sweet spot* d'une raquette en jouant au tennis, ou celui du club de golf, vous savez que vous avez trouvé le *sweet spot*. Un effort pas plus important que d'habitude, dès lors que s'est établie la connexion avec le centre, produit une explosion de puissance, et la balle est renvoyée bien plus loin et bien plus rapidement. Un phénomène analogue de libération de puissance se produit lorsque vous « trouvez votre voix » en tant qu'individu, équipe ou organisation.

LES 4 DISCIPLINES D'EXÉCUTION (4DX)

Quatre disciplines, suivies régulièrement, peuvent combler ces lacunes d'exécution et améliorer considérablement l'aptitude des équipes et des organisations à se focaliser sur leurs priorités les plus hautes et à exécuter les tâches correspondantes. Nous les appelons *les quatre disciplines d'exécution*. Bien sûr, il existe des douzaines de facteurs influençant l'exécution. Cependant, nos recherches montrent que ces quatre disciplines correspondent aux 20 % des activités qui produisent 80 % des résultats, car elles visent à la régularité d'une exécution exemplaire dans le domaine des plus hautes priorités. Vous remarquerez que ces quatre disciplines sont en phase avec les trois types de grandeur, dont elles découlent. Elles correspondent au *sweet spot* (voir figure 14.3), ce point de contact libérant la puissance. Il s'agit de pratiques conduisant à l'action immédiate et focalisée, qui permettent à une équipe et une organisation d'obtenir régulièrement des résultats.

DISCIPLINE N° 1 : FOCALISEZ-VOUS SUR CE QUI EST EXTRÊMEMENT IMPORTANT

Voici un principe clé que beaucoup de gens ont du mal à comprendre dans une organisation : **les gens sont naturellement câblés pour se focaliser en étant excellents sur une seule chose (ou très peu de choses) à la fois.**

Supposons que vous ayez 80 % de chances d'atteindre un objectif particulier d'excellente façon. Ajoutez un deuxième objectif au premier, et nos recherches montrent que vos chances d'atteindre les deux objectifs tombent à 64 %. Continuez d'ajouter des objectifs et la probabilité de les atteindre plonge profondément. Jonglez par exemple avec cinq objectifs, et vous n'aurez plus que 33 % de chances d'obtenir d'excellents résultats pour chacun d'eux.

C'est pourquoi il est vital de se focaliser intensément sur seulement quelques objectifs cruciaux.

Certains objectifs sont clairement plus critiques que d'autres. Nous devons apprendre à distinguer ce qui est « seulement important » et ce qui est « extrêmement important ». « Un objectif extrêmement important » est associé à des conséquences graves. Si un tel objectif n'est pas atteint, le fait d'atteindre ou non les autres n'a plus beaucoup d'importance.

Considérez la situation du contrôleur de trafic aérien. À tout moment, des centaines d'avions sont en l'air, et tous sont importants – spécialement si vous êtes dans l'un d'eux ! Mais le contrôleur ne peut pas se focaliser sur tous en même temps. Son travail consiste à en *faire atterrir un à la fois*, et à le faire sans la moindre erreur. Chaque organisation est dans une situation similaire. Peu d'organisations peuvent s'offrir le luxe d'une « attention divisée » ; certains objectifs doivent atterrir tout de suite.

Dès lors, comment savons-nous quels objectifs sont « extrêmement importants » et contribueront le plus à l'exécution de notre plan stratégique ? Parfois, la chose est immédiatement claire et évidente. Dans d'autres cas, une analyse s'impose. L'écran d'importance est un précieux outil de planification stratégique. Il vous aide à classer les priorités de vos objectifs en les situant d'abord sur des écrans économiques, stratégiques, et sur ceux relatifs aux entités concernées directement ou non par vos activités. Cette analyse s'apparente à la recherche du chemin, pratiquée au niveau des activités immédiates (voir figure 14.4).

Écran des entités touchées par l'activité. Quelles sont les choses les plus importantes que vous devriez faire pour satisfaire les besoins de ces entités ? Les clients, les employés, les fournisseurs, et les investisseurs et d'autres entités sont tous concernés par vos objectifs. Considérez la façon dont les objectifs potentiels :
- augmentent la loyauté des clients ;
- allument la passion et l'énergie de vos employés ;
- ont une incidence favorable sur les fournisseurs, les partenaires, les investisseurs.

L'écran stratégique. Considérez la manière dont les objectifs potentiels affectent la stratégie de l'organisation, et demandez-vous si l'objectif :
- vise directement les objectifs de l'organisation ;
- démultiplie les compétences du cœur de métier ;

– renforce la position sur le marché ;
– augmente un avantage concurrentiel.

L'ÉCRAN D'IMPORTANCE				
Instructions	Écran des entités touchées par l'activité	Écran stratégique	Écran économique	
1 Listez les objectifs potentiels de votre équipe. 2 Pour chaque écran notez chacun sur une échelle de 1 à 4 où : 4 = IMPACT POSITIF ÉLEVÉ 0 = PAS D'IMPACT -1 = IMPACT NÉGATIF 3. Totalisez le score. 4. Procédez à une vérification intuitive. « Sommes-nous confrontés à la réalité brutale ? » 5. En utilisant les totaux des scores et votre vérification intuitive, cachez les objectifs qui sont véritablement les plus importants.	*Échelle de -1 à 4* Critères à envisager – Augmente la loyauté des clients – Allume la passion et l'énergie de nos employés – A une incidence favorable sur les fournisseurs, les partenaires, les investisseurs – Critères relatifs à d'autres entités concernées	*Échelle de -1 à 4* Critères stratégiques à envisager – Vise directement les objectifs de l'organisation – Démultiplie les compétences du cœur de métier – Renforce la position sur le marché – Augmente un avantage concurrentiel	*Échelle de -1 à 4* Critères économiques à envisager – Augmente le chiffre d'affaires – Réduit les coûts – Améliore le cash-flow – Améliore la rentabilité – Autres critères économiques	
Objectifs potentiels				**Score total**

Figure 14.4

Demandez-vous : que pourrions-nous faire qui pourrait avoir les plus grandes conséquences positives à l'égard de notre stratégie ?

Écran économique. Un objectif extrêmement important doit contribuer directement ou indirectement à la santé économique globale de l'organisation. Demandez-vous : de tous nos objectifs potentiels, quels sont ceux qui nous apportent les plus grands avantages économiques ? Prenez en compte les aspects suivants :

– augmentation du chiffre d'affaires ;
– réduction des coûts ;
– amélioration du *cash-flow* ;
– amélioration de la rentabilité.

Même dans une organisation à but non lucratif, les aspects économiques sont toujours cruciaux, car toute organisation a besoin de *cash-flow* pour survivre.

Le passage des objectifs par les écrans des entités touchées par l'activité, de la stratégie et de l'économie permet de déterminer le « pourquoi » derrière le « quoi » de chaque objectif.

J'estime qu'un plan stratégique reste vague et éthéré tant qu'il n'est pas décomposé en deux ou trois priorités très élevées ou objectifs « extrêmement importants ». Les entités concernées à tous les niveaux de l'organisation doivent être impliquées dans la détermination de ces objectifs cruciaux, afin qu'elles se sentent engagées à les atteindre et comprennent les raisons qui les sous-tendent.

Pour atteindre ces résultats dans d'excellentes conditions, vous devez vous focaliser sur deux ou trois objectifs extrêmement importants et laisser de côté ceux qui sont seulement importants. Les êtres humains étant câblés pour faire seulement une chose à la fois de façon excellente (ou au mieux quelques-unes), nous devons apprendre à restreindre notre focalisation. En réalité, un trop grand nombre d'entre nous s'efforcent de faire beaucoup trop de choses. Comme un contrôleur aérien, nous devons apprendre à ne faire atterrir qu'un avion à la fois – à faire moins de choses de manière excellente plutôt que beaucoup de choses de façon médiocre.

Pour pratiquer cette discipline, vous devez clairement déterminer les deux ou trois objectifs « extrêmement importants » de votre équipe, et veiller à ce qu'ils soient strictement alignés sur les plus hautes priorités de l'organisation.

DISCIPLINE N° 2 : CRÉEZ UN TABLEAU DES SCORES MOTIVANT

Un tableau des scores vous permet de tirer parti d'un principe fondamental : **les gens jouent différemment quand ils notent les points qu'ils ont marqués.**

Avez-vous jamais observé un sport d'équipe – basket-ball, hockey, football – où les joueurs ne marquent pas les points ? Les joueurs font ce qui leur passe par la tête, la partie s'arrête pour échanger quelques blagues, et le jeu n'est pas très focalisé. Mais dès qu'ils commencent à jouer en notant les points, les choses changent. Le jeu devient plus intense. Des mêlées se forment. Des phases de jeu s'improvisent. Les joueurs s'adaptent rapidement à chaque nouveau challenge. La vitesse et le rythme du jeu s'accélèrent de manière spectaculaire.

Le même phénomène se produit au travail. Sans mesure limpide de la réussite, les gens ne savent pas très bien quel est le véritable but. Sans mesures, le même objectif est compris par cent personnes différentes de cent manières différentes. La conséquence est que les membres de l'équipe s'écartent de la piste pour accomplir des tâches qui sont peut-être urgentes mais moins importantes. Ils travaillent à un rythme incertain. La motivation fléchit.

C'est pourquoi il importe de disposer d'un tableau des scores motivant, visible, accessible, relatif à votre plan stratégique et à vos objectifs cruciaux. La plupart des groupes de travail n'ont pas de mesure claire du succès, et n'ont pas le moyen de savoir quel est leur score à l'égard de leurs priorités clés.

Selon nos études xQ, un employé sur trois seulement peut se référer à des mesures claires et exactes de ses progrès ou de sa réussite par rapport aux objectifs clés. Et seulement trois sur dix croient que les récompenses et les conséquences ont un lien quelconque avec les performances relatives aux objectifs mesurables. Il est évident que peu d'employés disposent du système de *feedback* qui leur permettrait d'exécuter leurs travaux avec précision.

Pensez au formidable pouvoir motivant d'un tableau des scores. C'est le reflet incontestable de la réalité. Il est une condition de la réussite stratégique. Les plans doivent s'adapter à ce que dit son contenu. Le *timing* doit tenir compte des renseignements qu'il fournit. Tant que vous ne pouvez pas voir le score, vos stratégies et vos plans demeurent de pures abstractions. Vous devez donc construire un tableau des scores motivant et le mettre à jour en permanence. Il représente une combinaison de la recherche du chemin et de l'alignement au cœur de l'action.

MODALITÉS DE CRÉATION D'UN TABLEAU DES SCORES MOTIVANT

Par l'implication et la synergie (selon les 7 habitudes), déterminez les mesures clés relatives aux objectifs des équipes et de l'organisation et créez-en une représentation visuelle. Le tableau des scores doit rendre trois choses parfaitement claires : *Depuis quoi ? Jusqu'à quoi ? Jusqu'à quand ?*

1. Listez vos priorités supérieures ou vos « objectifs extrêmement importants » – ceux que votre équipe doit atteindre.

2. Créez un tableau des scores pour chacun avec les éléments suivants :
   – le résultat actuel (où nous en sommes maintenant) ;
   – le résultat visé (où nous devons arriver) ;
   – le délai (d'ici à quand).

   Le tableau des scores peut prendre la forme d'un graphique à barres, d'une ligne de tendances, d'un diagramme circulaire ou d'un diagramme de Gantt. Ou il peut ressembler à un thermomètre ou à une échelle. À vous d'en décider, mais il doit être visible, dynamique et accessible. Et comme les fins sont implicitement comprises dans les moyens, vous pourriez aussi prévoir d'inclure dans votre tableau des scores des mesures relatives aux valeurs centrées sur des principes.

3. Mettez le tableau des scores en place et demandez aux gens de le réviser chaque jour ou chaque semaine, selon le cas. Faites des réunions à son sujet, discutez-en, et résolvez les questions au fur et à mesure qu'elles surgissent (voir figure 14.5).

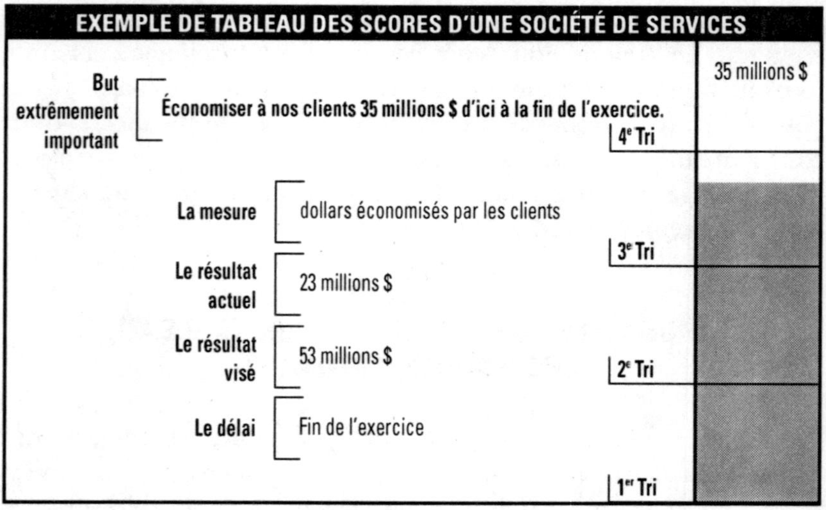

Figure 14.5

Il doit être possible à tous les membres de l'équipe de voir le tableau des scores et d'observer son évolution d'une période à l'autre, jour après jour ou semaine après semaine. Ils devraient en discuter en permanence et l'avoir constamment à l'esprit. Le tableau des scores a le même effet qu'un tableau des scores dans un sport d'équipe. Tout d'un coup, le rythme change. Les gens travaillent plus vite, les conversations changent, les gens s'adaptent rapidement à de nouvelles difficultés. Et vous atteignez l'objectif de manière plus précise, plus rapidement.

DISCIPLINE N° 3 : TRADUISEZ LES OBJECTIFS DE HAUT NIVEAU EN ACTIONS SPÉCIFIQUES

C'est une chose que de formuler une nouvelle stratégie ou un nouvel objectif. C'en est une autre que de traduire cet objectif en actions, de le décomposer en nouveaux comportements et en nouvelles activités à tous les niveaux, y compris sur la ligne de front. Il existe une immense différence entre la stratégie énoncée et la stratégie réelle. La stratégie énoncée est ce qui est communiqué ; la stratégie réelle est ce que font les gens chaque jour. Pour atteindre des objectifs que vous n'avez jamais atteints, vous devez commencer à faire des choses que vous n'avez jamais faites. Le fait que les leaders sachent ce que sont les objectifs ne veut pas dire que les gens qui se trouvent sur la ligne de front, où se passe l'action véritable, savent quoi faire. Les objectifs ne seront jamais atteints tant que chaque membre d'une équipe ne saura pas exactement *ce qu'il doit faire* à leur sujet. En dernière analyse, c'est la ligne de front qui produit ce qu'il y a sur la ligne des résultats financiers. C'est à son niveau que se trouvent les ouvriers créatifs du savoir. Le *leadership*, rappelons-le, n'est pas une position, mais un choix ; il peut être distribué partout – à tous les niveaux d'une organisation. Rappelons aussi que vous ne pouvez pas tenir les gens responsables des résultats si vous supervisez leurs méthodes. *Vous* devenez alors responsable des résultats, et des règles remplacent alors le jugement, la créativité et la responsabilité des hommes et des femmes.

Pour pratiquer cette discipline, votre équipe doit être créative, elle soit identifier les comportements *nouveaux* et *meilleurs* nécessaires pour atteindre vos objectifs, puis les traduire en tâches hebdomadaires ou quotidiennes à tous les niveaux de l'organisation. C'est la *responsabilisation* au cœur de l'action.

DISCIPLINE N° 4 : TENEZ-VOUS RÉCIPROQUEMENT RESPONSABLES – EN PERMANENCE

Dans les équipes les plus efficaces, les gens se réunissent fréquemment – mensuellement, hebdomadairement, voire quotidiennement – pour rendre compte de leurs engagements, examiner le tableau des scores, résoudre les questions et décider comment s'entraider. Si chaque membre de l'équipe ne tient pas tous les autres responsables – *à tout moment* – le processus n'aboutira nulle part. Le maire Rudolph Giuliani, largement crédité de la renaissance de la ville de New York, tenait régulièrement des « réunions du matin » avec son équipe. L'idée était de relever chaque jour les progrès réalisés à l'égard de chaque objectif essentiel. Renouveler l'engagement à une fréquence moindre aurait pu permettre à l'équipe de s'écarter du cap et de perdre sa focalisation.

Une équipe autoresponsabilisée se focalise et se refocalise au cours de sessions de compte-rendu fréquentes. De telles réunions ne sont pas comparables aux réunions classiques, où les gens parlent de tout et de rien et sont impatients de retourner à leur véritable travail. Le but d'une session de compte-rendu efficace est de faire avancer les objectifs clés.

Trois pratiques clés sont caractéristiques des sessions de compte-rendu efficaces :

- Reporting selon le concept du triage
- Découverte de troisièmes solutions
- Dégagement du chemin

Reporting selon le concept du triage. Dans la salle des urgences d'un hôpital, vous verrez souvent un avertissement affiché sur un tableau, dont la teneur est à peu près : LES PATIENTS SONT TRAITÉS DANS L'ORDRE DE LA GRAVITÉ DE LEUR CONDITION, NON DANS L'ORDRE D'ARRIVÉE. L'équipe médicale se livre à une opération de « triage », consistant à sérier les cas pour les traiter selon la gravité de leur état. C'est pourquoi votre bras cassé doit attendre que les médecins aient fini de s'occuper d'un patient dont le cerveau est atteint, même si vous êtes arrivé avant lui.

Dans le reporting selon le concept du triage, chacun rend compte rapidement sur les quelques questions vitales, laissant les autres questions de côté pour une autre occasion. Il se focalise sur les résultats clés, les problèmes majeurs et les questions de haut niveau. Cela ne veut pas dire qu'on ne mentionne que les affaires « urgentes ». Cela veut dire que seules les questions « importantes » sont discutées, même si certaines d'entre elles ne sont pas « urgentes ». Le tableau 7 oppose la réunion de service typique à une session efficace de compte-rendu :

SESSIONS DE COMPTE-RENDU EFFICACE (REPORTING SELON LE CONCEPT DU TRIAGE)	RÉUNIONS DE SERVICE TYPIQUES
Compte rendu rapide sur les quelques questions vitales	Prise de parole à tour de rôle, tandis que les autres, impatients de s'exprimer, ne prêtent guère d'attention à ce qui se dit.
Révision du tableau des scores Suivi des questions	Pas de mesure des progrès réalisés Pas de suivi
Comptes à rendre réciproques	Seul le manager attend des comptes des autres
Les gens mentionnent les difficultés et les échecs	Les gens masquent les difficultés et les échecs
Célébration des succès	Focalisation seulement sur les problèmes

Tableau 7

Découverte de troisièmes solutions : une session de compte-rendu efficace est focalisée intensément sur la façon d'atteindre les objectifs clés. Le principe en usage dans ce contexte est que pour atteindre un objectif qui n'a jamais été atteint auparavant, il est nécessaire de faire des choses que nous n'avons jamais faites auparavant. Ce qui veut dire que nous recherchons constamment des comportements nouveaux et meilleurs qui nous permettront d'arriver au but. C'est pourquoi nous devons trouver des « troisièmes solutions » – des modalités d'action meilleures que *ta* façon de faire ou *ma* façon de faire, mais qui sont le produit de *notre* réflexion optimale. Nous parvenons à la synergie en honorant la diversité ou les différences – les différences individuelles dans le contexte de l'*unité* autour de la mission, des valeurs, de la vision et des objectifs extrêmement importants.

De telles sessions comportent un *brainstorming* intense, des tranches de temps consacrées à des dialogues créatifs. Le tableau 8 oppose à cet égard la réunion de service typique à une session de compte-rendu efficace :

SESSIONS DE COMPTE-RENDU EFFICACES (RECHERCHE DE TROISIÈMES SOLUTIONS)	RÉUNIONS DE SERVICE TYPIQUES
Recherche vigoureuse et synergétique de solution aux problèmes	Tout le monde parle, pas d'action
Des idées nouvelles et meilleures sont créées (1+1 = 3, 10, 100 ou plus)	Pas de temps ni de contexte favorable au dialogue constructif ; consensus forcé et compromis
Sagesse du groupe	Le « génie solitaire »

Tableau 8

Dégagement du chemin : dans une large mesure, le *leadership* efficace consiste à dégager les obstacles du chemin et à aligner les objectifs et les systèmes pour permettre aux autres d'atteindre leurs objectifs. Dans un processus gagnant/gagnant authentique, le manager s'engage à dégager le chemin, et à faire ce que lui seul est en mesure de faire pour que l'employé puisse agir efficacement. Ce n'est bien sûr pas seulement le manager qui dégage le chemin. C'est le travail de tout un chacun.

C'est pourquoi, dans une session de compte-rendu efficace, vous entendrez dire : « Comment puis-je te dégager la route ? », « J'ai du mal avec ce problème et j'ai besoin d'aide » ou « Que pouvons-nous faire pour t'aider à le réaliser ? » Le tableau 9 oppose une réunion de service typique à une session de compte-rendu efficace :

SESSIONS DE COMPTE-RENDU EFFICACES EFFICACES (DÉGAGEMENT DU CHEMIN)	RÉUNIONS DE SERVICE TYPIQUES
D'un trait de plume, je peux vous épargner des heures de travail	Se trouver bloqué par des obstacles que vous ne pouvez pas écarter vous-même
Nous sommes solidaires dans cette affaire	C'est votre problème
Vous admettez que vous avez besoin d'aide et vous la demandez	Avoir peur d'admettre le besoin d'aide

Tableau 9

INSTITUTIONNALISER L'EXÉCUTION

Les quatre disciplines évoquées plus haut représentent une méthodologie pour obtenir que ce qui est considéré comme le comportement exceptionnel d'individus d'une grande habileté professionnelle – l'exécution régulière – devienne une chose prévisible, enseignable et reproductible. Par la recherche et par l'expérience, nous avons appris que lorsque ces quatre disciplines sont pratiquées par des équipes ou des organisations, elles leur permettent d'exécuter les tâches correspondant à leurs priorités les plus hautes, encore et encore*. L'exécution est alors institutionnalisée et ne dépend plus de l'influence de quelques leaders importants. En outre, la clé de l'institutionnalisation d'une culture d'exécution consiste à en prendre régulièrement les mesures.

LE QUOTIENT D'EXÉCUTION

Les organisations ont besoin d'une nouvelle façon de mesurer leur aptitude collective à « focaliser et exécuter ». C'est ce que nous appelons xQ, le « quotient d'exécution ». De même que le QI permet de détecter des lacunes d'intelligence, une évaluation du xQ permet de mesurer « l'écart d'exécution » – l'écart entre la fixation d'un objectif et sa réalisation. Le score xQ est un indicateur majeur de l'aptitude d'une organisation à atteindre ses objectifs les plus importants. Il n'est plus nécessaire d'attendre les indicateurs de décalage pour savoir si vous avez réussi ou non. En posant aux employés vingt-sept questions soigneusement formulées dont les réponses ne demandent au total que quinze minutes, vous accédez à cet indicateur majeur.

Pouvez-vous imaginer l'intérêt d'un test xQ réalisé tous les trois ou six mois et qui vous donne une image exacte du degré de focalisation et d'exécution de l'organisation ? Ce test peut être effectué de manière formelle ou informelle. En fait, plus la culture devient mature, plus la différence devient faible entre la collecte formelle et la collecte informelle des informations. Sur la base des réponses au questionnaire, il est possible de donner un élan culturel pour aligner les objectifs des services et des divisions, et faire en sorte que les priorités stratégiques critiques fassent constamment l'objet de focalisation et d'exécution. Une telle évolution correspond au passage de l'âge de l'ouvrier du savoir à l'âge de la sagesse.

À ce stade, le thème volontairement flou de la 8e habitude – Trouvez votre voix et inspirez les autres pour qu'ils trouvent la leur – prend des contours beaucoup plus précis et vous pouvez lui substituer des incitations à des actes concrets : « Utilisez le modèle de l'ouvrier du savoir responsabilisé, de la personne entière. Appliquez à ce modèle les sept habitudes (grandeur personnelle), les quatre rôles du *leadership* (grandeur du *leadership*) et les six principes ou moteurs de l'exécution (grandeur organisationnelle). »

Nous arrivons maintenant au pinacle de la 8e habitude : Utilisons sagement nos voix pour servir les autres.

QUESTIONS ET RÉPONSES

Q : Quelle est la différence entre ce que vous avez traditionnellement enseigné comme étant les cinq éléments d'un bon accord gagnant/gagnant, et les quatre disciplines d'exécution ?

R : Au niveau des principes de base, il n'y a pas de différence. La différence est d'ordre sémantique, et porte aussi sur le contexte dans lequel se situent les quatre disciplines. Les cinq éléments d'un bon accord gagnant/gagnant sont :

1. Résultats désirés
2. Principes directeurs
3. Ressources
4. Possibilité de rendre des comptes
5. Conséquences

Les *résultats désirés* et les *principes directeurs* sont impliqués par les deux premières disciplines d'exécution – établir des objectifs extrêmement importants et un tableau des scores motivant. Nous avons vu plus haut que les fins et les moyens sont inséparables, et pour cette raison les résultats désirés et les objectifs les plus importants sont étroitement liés quand on les atteint par des procédés centrés sur des principes.

Le troisième élément d'un accord gagnant/gagnant, les *ressources*, est implicitement contenu dans la troisième discipline d'exécution – traduire les objectifs de haut niveau en actions spécifiques. Les quatrième et cinquième éléments d'un accord de performance gagnant/gagnant – *la possibilité de rendre des comptes* et *les conséquences* – sont contenus dans la quatrième discipline : vous êtes réciproquement tenus de rendre des comptes, en permanence.

Comme les conséquences sont le résultat naturel des comptes qui sont rendus, ces conséquences sont aussi implicitement incluses dans la quatrième discipline.

Chapitre 15

Utilisons sagement nos voix pour servir les autres

Je ne suis plus un jeune homme plein d'énergie et de vitalité. Je m'adonne à la méditation et à la prière. J'aimerais être assis dans un fauteuil à bascule, avalant des médicaments, écoutant de la musique douce et contemplant les choses de l'univers. Mais un tel comportement ne présente pas de challenge et n'apporte aucune contribution. J'ai envie d'être debout et actif. D'aborder chaque jour avec résolution et avec un but. Je souhaite utiliser chaque heure de veille pour donner des encouragements, pour bénir ceux dont les fardeaux sont lourds, pour encourager la foi et la force du témoignage. C'est la présence de personnes merveilleuses qui stimule l'adrénaline. C'est le regard d'amour dans leurs yeux qui me donne l'énergie[1].

GORDON B. HINCKLEY, âgé de 92 ans

Je dormais et j'ai rêvé que la vie était la joie.
Je me suis éveillé et j'ai vu que la vie était le service.
J'ai agi, et alors, le service était la joie.

RABINDRANATH TAGORE

Je pense que rendre un service utile est le devoir commun de l'humanité et que c'est seulement dans le feu purificateur du sacrifice que l'écume de l'égoïsme peut être consumée, libérant la grandeur de l'âme humaine[2].

JOHN D. ROCKEFELLER, JR

Le besoin intérieur de 1) Trouver votre voix, et 2) Inspirer les autres pour qu'ils trouvent la leur, est entretenu par un seul but qui domine tous les autres : servir des besoins humains. C'est aussi le moyen de faire d'une pierre deux coups : sans nous tourner vers les autres pour satisfaire des besoins humains, nous n'étendons pas au même degré notre liberté de choisir. Nous nous grandissons en nous donnant aux autres. Nos rapports aux autres s'améliorent et s'approfondissent quand avec les autres nous cherchons à servir notre famille, une autre famille, une organisation, une communauté ou quelque autre besoin humain.

Dans un premier temps, en tant qu'étudiant, je voulais la liberté seulement pour moi-même, la liberté transitoire d'être en mesure de sortir tard le soir, de lire ce que je voulais, et d'aller où je voulais. Plus tard, en tant que jeune homme à Johannesburg, j'ai eu soif des libertés fondamentales et honorables de réaliser mon potentiel, de gagner ma vie, de me marier et d'avoir des enfants – la liberté de ne pas rencontrer d'obstacles dans une vie conforme aux lois. Mais alors, j'ai compris peu à peu que non seulement je n'étais pas libre, mais que mes frères et mes sœurs n'étaient pas libres… et c'est alors que la faim que j'avais de ma propre liberté est devenue cette plus grande faim de liberté pour mon peuple.
C'est ce désir de voir mon peuple libre de vivre sa vie avec dignité, et dans le respect de soi, qui a animé ma vie, qui a rendu audacieux un jeune homme craintif, qui a poussé un avocat respectueux des lois à devenir un criminel, qui a fait d'un mari aimant sa famille un homme sans foyer… Je ne suis pas plus vertueux que n'importe qui, mais j'ai compris que je ne pourrais même pas apprécier les quelques pauvres libertés réduites qui m'étaient accordées, si je savais que mon peuple n'était pas libre[3].

NELSON MANDELA

LES ORGANISATIONS sont établies pour servir des besoins humains. Il n'y a pas d'autre raison à leur existence. Robert Greenleaf a écrit un remarquable essai, *The Institution As Servant*, qui applique le concept de service à une organisation.

Le service est le loyer que nous payons pour vivre dans ce monde qui est le nôtre[4].
NATHAN ELDON TANNER

Willis Harmon, le fondateur de la World Business Academy, a exprimé en ces termes ses convictions sur l'institution des entreprises en tant que telle :

> « L'entreprise est devenue l'institution la plus puissante de la planète. Dans n'importe quelle société, l'institution dominante doit prendre la responsabilité de l'ensemble. Mais l'entreprise n'a pas connu une telle tradition dans le passé. C'est un rôle nouveau, ni bien compris ni accepté. En nous basant sur le concept du capitalisme et de la libre entreprise, nous avons supposé depuis le début que les actions de multiples entreprises individuelles, répondant aux forces du marché, et guidées par la "main invisible" d'Adam Smith, produiraient d'une façon ou d'une autre les résultats désirés. Mais dans la dernière décennie du XXe siècle, il est devenu clair que la "main invisible" est aujourd'hui défaillante. Elle dépendait de significations et de valeurs qui ne sont plus présentes. C'est pourquoi les entreprises doivent adopter une tradition qu'elles n'ont jamais connue dans toute l'histoire du capitalisme : partager la responsabilité de l'ensemble. Chaque décision qui est prise, chaque action qui est menée, doivent être examinées à la lumière de cette responsabilité. »

L'ÂGE DE LA SAGESSE

Je pense que le millénaire actuel *deviendra* l'âge de la sagesse. Il s'établira soit par la force de circonstances qui abattront l'orgueil des gens, soit par la force de la conscience – ou peut-être par les deux.

Rappelons les cinq âges de la voix de la civilisation. La technologie du chasseur-cueilleur est symbolisée par l'arc et les flèches ; celle de l'âge agricole, par l'équipement de la ferme ; celle de l'âge industriel, par l'usine ; celle de l'âge de l'ouvrier du savoir, par un être humain ; celle de l'âge de la sagesse sera symbolisé par la boussole, qui représente notre pouvoir de choisir notre direction et notre but et d'obéir aux lois et principes naturels (le nord magnétique) qui sont immuables, universels, éternels et évidents.

Souvenez-vous qu'à chaque bouleversement de l'infrastructure, 90 % des gens perdent finalement leur emploi. Je pense que ce phénomène est en train de se produire au cours du passage de l'âge industriel à l'âge de l'ouvrier du savoir. Les gens perdent leur emploi ou sont progressivement transformés par les nouvelles exigences de leurs nouveaux jobs. Je crois personnellement que plus de 20 % des emplois actuels sont obsolètes, et que d'ici à quelques années, si ceux qui les occupent ne se réinventent pas pour se consacrer à d'autres activités, nous verrons de nouveau 20 % des emplois devenir obsolètes.

L'âge de l'information se transforme si rapidement en âge de l'ouvrier de la connaissance qu'il faudra investir continuellement dans l'éducation et la formation pour nous maintenir à niveau. Une grande partie de cet apprentissage se fera sous la forme de chocs brutaux, mais les personnes qui voient ce qui se passe et qui sont disciplinées continueront leur formation jusqu'à ce qu'elles aient acquis l'état d'esprit et le jeu de facultés nécessaires pour prendre en compte les réalités de l'âge nouveau. Mon espoir est que nous passerons progressivement à l'âge de la sagesse lorsque l'information et le savoir seront imprégnés de sens et de principes.

OÙ EST LA SAGESSE ?

Nous savons que l'information n'est pas la sagesse. Nous savons aussi que le savoir n'est pas la sagesse.

Il y a de nombreuses années, alors que j'enseignais dans une université et que je travaillais à mon doctorat, je suis allé voir un ami qui était aussi mon professeur principal. Je lui dis : « J'aimerais faire une dissertation sur le sujet de la motivation et du *leadership* – un document philosophique plutôt qu'une étude empirique. »

Il me répondit en substance : « Stephen, tu ne sais pas suffisamment de choses pour pouvoir seulement poser les bonnes questions. » En d'autres termes, mes connaissances étaient à un certain niveau, mais elles devaient aller bien au-delà pour traiter les types de questions auxquelles j'aurais eu affaire. J'en ai éprouvé un grand choc émotionnel, car mon cœur et ma tête tenaient bien plus à cette approche philosophique qu'à l'approche scientifique que j'ai finalement prise. Je pensais que la formation philosophique informelle reçue au cours de mes études de licence, combinée à la formation économique de mes études de doctorat pourrait suffire. Je ne me suis rendu compte que bien des années plus tard à quel point il avait raison. J'étais mortifié.

Cette leçon d'humilité est à la source de multiples enseignements et de précieux éclairages dont j'ai bénéficié au cours des années suivantes. Finalement, nous apprenons que *plus nous en savons, plus nous savons que nous ne savons pas*. C'est ce qu'illustrent les figures 15.1 et 15.2. Elles représentent notre savoir par la surface d'un cercle. Notre ignorance est autour du périmètre du cercle.

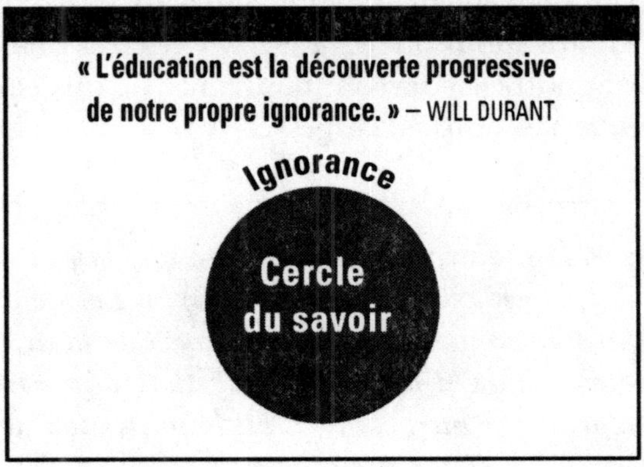

Figure 15.1

Figure 15.2

Quand votre savoir augmente, qu'arrive-t-il à votre ignorance ? Elle devient évidemment plus grande, ou du moins votre conscience de votre ignorance devient plus grande (figure 15.2). Et donc plus vous savez de choses, plus vous vous rendez compte que vous ne savez pas. Qu'arrive-t-il quand vous tentez de servir des buts plus vastes que votre savoir – extérieurs à votre zone de confort ? Une telle tentative peut engendrer une véritable humilité et un désir de faire appel à l'aide des autres – dans un partenariat ou une équipe. Coopérer et réussir avec d'autres rend productifs notre savoir et nos facultés, mais cela suppose la création d'équipes complémentaires, dont chaque membre possède des savoirs et des facultés qui compensent les éventuelles zones d'ignorance ou de faiblesse des autres.

Cette prise de conscience devrait augmenter notre engagement à apprendre continuellement, notamment dans des domaines aussi cruciaux que les relations ou le *leadership*. Je crois que, lorsque nos informations et notre savoir sont imprégnés de fins et de principes méritoires, nous accédons à la sagesse.

> *En un sens, le savoir rétrécit à mesure que croît la sagesse, les détails étant avalés par les principes. Les détails du savoir, qui sont importants, sont retrouvés à la demande à chaque tournant de la vie, mais l'habitude d'une utilisation active de principes bien compris est la possession définitive de la sagesse*[5].
>
> ALFRED NORTH WHITEHEAD

La sagesse est aussi l'enfant de l'intégrité, qui elle-même est l'enfant de l'humilité et du courage. L'humilité est en fait la mère de toutes les vertus car elle permet de reconnaître qu'il existe des lois naturelles et des principes qui gouvernent l'univers. Ces lois et ces principes décident, et pas nous. L'orgueil nous enseigne que nous sommes en mesure de décider. L'humilité nous apprend à comprendre les principes et à les respecter, parce qu'ils gouvernent en définitive les conséquences de nos actes. Alors que l'humilité est la mère de la sagesse, le courage en est le père. Car il faut énormément de courage pour vivre vraiment selon ces principes universels lorsqu'ils sont contraires aux mœurs, aux normes et aux valeurs sociales.

Le courage n'est pas ignorer la peur, mais savoir qu'une autre chose a plus d'importance que la peur.
AMBROSE REDMOON

La figure 15.3 décrit ces trois générations – ainsi que leurs opposés.

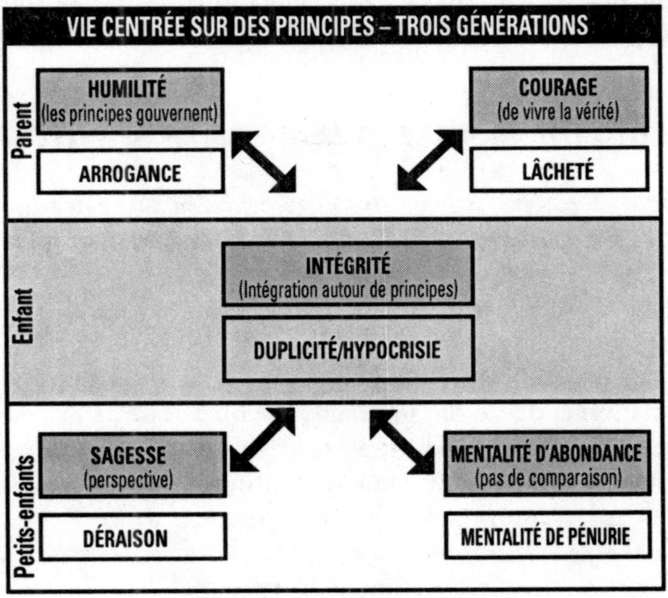

Figure 15.3

L'intégrité a deux enfants – la sagesse et la mentalité d'abondance. La sagesse vient à ceux qui éduquent leur conscience et lui obéissent. La mentalité d'abondance se développe grâce au sentiment de sécurité produit par l'intégrité. Celui pour qui le sens de sa valeur personnelle ne dépend pas de jugements extérieurs ni de comparaisons peut être authentiquement heureux du succès des autres. Ceux dont l'identité se base sur la comparaison ne peuvent pas se réjouir de la réussite des autres, car ils souffrent d'un déficit émotionnel. La sagesse et la mentalité d'abondance produisent les paradigmes développés dans ce livre – la croyance dans la valeur et le potentiel des autres, qu'il convient de renforcer et de libérer, au lieu de chercher à contrôler les autres. Cette combinaison de sagesse et de mentalité d'abondance respecte la capacité de choisir des autres, elle tient compte du caractère interne de la motivation. Les véritables leaders inspirent et n'exigent pas. Ils contrôlent les choses, mais ils conduisent (ils responsabilisent) les personnes. Ils ne pratiquent pas un jeu à somme nulle ; ils recherchent les troisièmes solutions. Ils sont remplis de gratitude, de révérence et de respect pour tous les autres. Ils perçoivent la vie comme une corne d'abondance de ressources – notamment de ressources humaines, d'opportunités et de croissance continuelle.

AUTORITÉ MORALE ET LEADERSHIP SERVITEUR

Vous n'avez pas fait assez, vous n'avez jamais fait assez tant qu'il est encore possible que vous ayez une chose de valeur à laquelle contribuer[6].

DAG HAMMARSKJÖLD

La sagesse est l'usage bénéfique du savoir ; la sagesse, c'est de l'information et du savoir, imprégnés de buts et de principes élevés. La sagesse nous apprend à respecter les personnes, à célébrer leurs différences, à être guidé par une seule éthique – *le service placé au-dessus de soi*. L'autorité morale est la *grandeur primaire* (les forces du caractère) ; l'autorité formelle est la *grandeur secondaire* (position, fortune, talent, réputation, popularité).

Quand je regarde aujourd'hui mon passé, ce que je fais de temps en temps, ce qui me frappe le plus, c'est que ce qui me semblait à l'époque important et séduisant me semble aujourd'hui extrêmement futile et absurde. Par exemple, le succès sous toutes ses formes ; être connu et être loué ; les plaisirs ostensibles, comme gagner de l'argent ou séduire des femmes, voyager, aller et venir dans le monde et de haut en bas à la manière de Satan, expliquer et vivre tout ce que la foire aux vanités peut nous offrir. Rétrospectivement, tous ces exercices d'autogratification me semblent une pure fantaisie, ce que Pascal appelait « lécher la terre »[7].

MALCOLM MUGGERIDGE

L'autorité morale a un caractère paradoxal. Les dictionnaires définissent l'autorité en termes de commandement, de contrôle, de pouvoir, de règle, de suprématie, de domination, de force, de puissance. Les antonymes de ces termes sont la civilité, la servitude, la faiblesse, la docilité. L'autorité morale obtient l'influence en suivant des principes. La domination morale est obtenue par le service, et par la contribution. Le pouvoir et la suprématie morale émergent de l'humilité, lorsque le plus grand devient le serviteur de tous. L'autorité morale, c'est-à-dire la grandeur primaire, est acquise par le sacrifice. Robert K. Greenleaf, fondateur moderne du mouvement du *leadership* serviteur exprime la même idée en ces termes :

> « Un nouveau principe moral s'impose, qui est que la seule autorité méritant l'allégeance est celle qui est librement et sciemment accordée au leader par ceux qu'il conduit, et qui est proportionnée à sa stature de serviteur. Ceux qui choisissent de suivre ce principe n'acceptent pas facilement l'autorité des institutions existantes. Ils répondent seulement à des individus choisis comme leaders parce qu'ils ont fait leurs preuves en tant que serviteurs et méritent à ce titre la confiance. Dans la mesure où ce principe prévaudra dans l'avenir, les seules institutions effectivement viables seront celles qui sont principalement dirigées par des serviteurs[8]. »

J'ai en général pu constater que les personnes à la tête des organisations véritablement excellentes sont des leaders serviteurs. Ces personnes sont en général les plus humbles, les plus courtoises, les plus ouvertes, les plus réceptives aux enseignements, les plus attentives aux autres. Jim Collins, l'un des auteurs d'un livre qui a eu la plus grande influence, *Built to Last*, et auteur de l'ouvrage plus récent *Good to Great*, a conduit un projet de recherche sur cinq ans portant sur la question. Qu'est-ce qui catapulte une organisation du niveau bon au niveau excellent ? Sa conclusion éclairante devrait changer notre façon de penser à propos du *leadership*. Voici comment il décrit le « Niveau 5 du *leadership* » :

> « Les responsables les plus aptes à provoquer des transformations possèdent un mélange paradoxal d'humilité personnelle et de volonté professionnelle. Ils sont humbles et féroces. Timides et sans crainte. Ils sont rares – et rien ne les arrête... Les transformations de bon à excel-

lent ne se produisent pas sans leaders de niveau 5 à la barre, elles ne le peuvent pas[9]. » (voir figure 15.4).

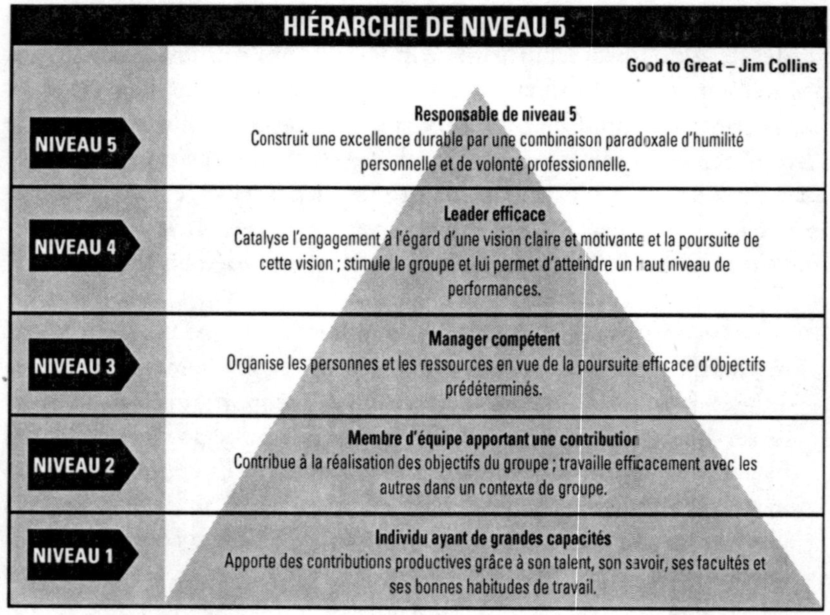

Figure 15.4[10]

Lorsque les gens disposant de l'autorité formelle ou d'une position de force (grandeur secondaire) refusent d'utiliser cette autorité et cette force si ce n'est en dernier ressort, leur autorité morale croît parce qu'il est évident qu'ils ont fait passer au second plan leur ego et leur position de force, et utilisent le raisonnement, la persuasion, l'amabilité, l'empathie et, en bref, la confiance méritée. Dans le livre *Leading beyond the Walls*, Jim Collins place ce principe dans le contexte de l'environnement organisationnel étendu :

« En premier lieu, les responsables doivent définir l'intérieur et l'extérieur de l'organisation en faisant référence à des valeurs et des objectifs fondamentaux, et non à des frontières traditionnelles. Deuxièmement, ils doivent construire des mécanismes de connexion et d'engagement enracinés dans la liberté de choix, au lieu de se fier à des systèmes coercitifs ou de contrôle. Troisièmement, ils doivent accepter le fait que l'exercice du véritable *leadership* est inversement proportionnel à l'exercice du pouvoir. Quatrièmement, ils doivent embrasser cette réalité qui est que les murs traditionnels sont en train de se dissoudre et que cette tendance va s'accélérer[11]. »

Il y a des périodes de grand chaos, de confusion et péril où il est nécessaire d'utiliser la force de l'autorité formelle pour remettre les choses sur les rails, jusqu'à un nouveau niveau d'ordre et de stabilité ou jusqu'à une nouvelle vision. Cependant, dans la plupart des cas où les gens utilisent très tôt leur autorité formelle, leur autorité morale s'en trouve diminuée. Lorsque vous empruntez la force de votre position, vous engendrez la faiblesse à trois endroits : en vous-même, parce que vous ne développez pas votre autorité morale ; chez les autres, parce qu'ils deviennent codépendants avec votre usage de l'autorité formelle ; et dans la qualité des relations, parce qu'une ouverture et une confiance authentiques ne peuvent plus se développer.

La façon la plus sûre de révéler son caractère n'est pas de les traiter en adversaires, mais de leur donner du pouvoir.
ABRAHAM LINCOLN

En général, on constate que ceux qui sont dotés d'une haute autorité morale finissent par *recevoir* une autorité formelle – comme Mandela, le père de l'Afrique du Sud nouvelle. Mais pas toujours – comme ce fut le cas pour Gandhi, le père de l'Inde nouvelle.

Vous constaterez aussi, presque toujours, que ceux qui ont l'autorité formelle et l'utilisent d'une manière centrée sur des principes voient leur influence croître de façon exponentielle – comme George Washington, le père des États-Unis d'Amérique.

Pourquoi l'autorité morale augmente-t-elle pareillement l'efficacité de l'autorité et du pouvoir formels ? Les gens qui sont en situation de dépendance sont extrêmement sensibles à la moindre manifestation soit du pouvoir exercé pour lui-même, soit de l'usage de la patience, de l'amabilité, de l'empathie et de la persuasion bienveillante. Une telle force de caractère active la conscience des autres et entraîne l'identification avec le leader et la cause ou les principes qu'il représente ou défend. En pareil cas, lorsque l'autorité formelle ou la puissance associée à la position est elle aussi utilisée, les gens suivent pour les bonnes raisons, poussés par un engagement authentique et non par la crainte. C'est une autre forme de troisième solution (voir figure 15.5).

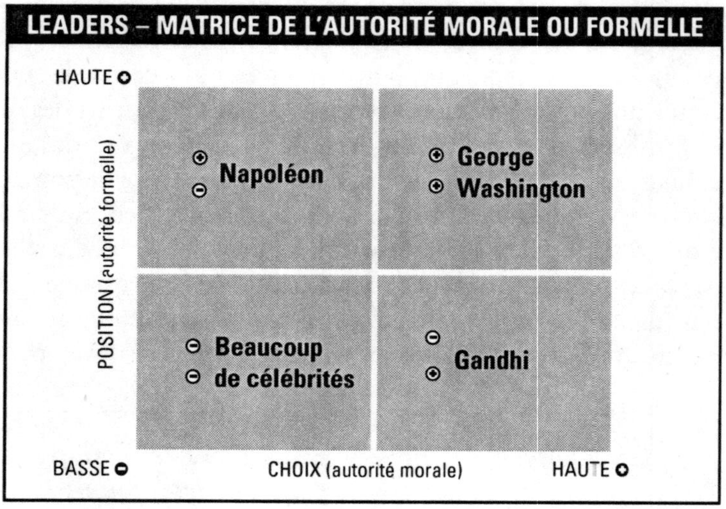

Figure 15.5

C'est aussi la clé du rôle de parent, peut-être même la plus haute responsabilité de notre « voix » – qui consiste à combiner des standards élevés et des valeurs fortes ainsi qu'une discipline régulière avec l'amour inconditionnel, une profonde empathie et beaucoup d'amusement. C'est pourquoi le meilleur test de la réussite en tant que parent – et la clé du développement d'une culture familiale saine et enrichissante – est la façon dont nous traitons nos enfants les plus difficiles.

Dans les périodes économiques difficiles et troublées, la tendance naturelle est de revenir au modèle de commande et de contrôle de l'âge industriel, parce que les gens craignent pour leur sécurité économique. Ce modèle paraît plus sûr. Les gens ont aussi tendance à devenir plus dépendants et à réagir au style de commande et de contrôle. C'est cependant à de tels moments que le modèle de l'ouvrier du savoir produit les effets les plus désirables – car c'est dans les périodes difficiles que nous devons produire plus pour moins.

L'aptitude à produire plus pour moins s'obtient en libérant le potentiel humain au sein de l'organisation *entière*, non en tombant dans le piège traditionnel de la prise de toutes les décisions importantes au plus haut niveau, qui laisse aux échelons inférieurs le soin de continuer à tourner les boulons. Cette approche ne marche tout simplement plus dans les temps difficiles que nous traversons.

En bref, en période de difficultés économiques, nous pouvons revenir au système de la carotte et du bâton, à la théorie de la motivation par la récompense et la crainte, parce qu'elle marche. Mais bien qu'elle puisse assurer la survie, elle ne peut optimiser les résultats.

Le tableau 10 oppose le *leadership* en tant que position (autorité formelle) au *leadership* en tant que choix (autorité morale).

LEADERSHIP EN TANT QUE...	
POSITION (autorité formelle)	**CHOIX** (autorité morale)
La force prime le droit	Le droit fait la force
Loyauté au-dessus de l'intégrité	L'intégrité est la véritable loyauté
Pour avancer, marcher avec	Refus têtu
Le « mal » c'est de se faire prendre	Le « mal » c'est de faire le mal
Les gens du haut n'en veulent pas	Ethos, pathos, logos
Les gens du haut ne vivent pas ainsi	Sois un modèle, non un critique
Tout est dans l'image	« Être au lieu de paraître »
« Personne ne me l'a dit »	Demander ; recommander
J'ai fait ce que vous m'avez dit de faire ; ça n'a pas marché	Et maintenant ? « J'ai l'intention de... »
C'est tout ce qu'il y a	Il y en a assez et bien plus

Tableau 10

Examinons maintenant des illustrations de la manière dont des communautés et des individus – certains *sans* autorité formelle, certains avec seulement l'autorité morale, et d'autres avec *à la fois* l'autorité morale et l'autorité formelle, y compris un grand leader militaire et divers leaders mondiaux et chefs d'État – ont sagement utilisé leurs « voix » pour servir des besoins humains.

MAINTIEN DE L'ORDRE DANS UNE VILLE

Un peu partout aux États-Unis, et dans d'autres pays du monde, de nombreuses villes ont réduit la criminalité de 60 % par l'intervention de la société civile – la troisième solution. La première solution consiste à faire respecter la loi par la police. La deuxième solution consiste à réduire le niveau des standards de comportement et de vivre avec « l'affaiblissement de la fibre morale de la société ». La troisième solution consiste à utiliser l'autorité morale pour rendre les citoyens (la société civile) plus audacieux et responsables, de sorte qu'ils prennent une part active dans la prévention du crime et dans la recherche des délinquants et leur mise à disposition de la justice. Qui fournit ce type de *leadership* ? L'agent de police du quartier. Si ces agents de police n'étaient pas « à l'évidence de bonnes personnes » (c'est de cette façon que le shérif Baca du comté de Los Angeles décrit les critères de recrutement les plus importants), pourquoi des voisins, des pères, des mères, des enseignants et d'autres citoyens ordinaires s'associeraient-ils à la police pour *prévenir* les crimes et identifier les délinquants ? Comment pourriez-vous obtenir les normes sociales et les mœurs appropriées dans les ghettos pour approcher la tolérance zéro d'infractions (y compris celles consistant à traverser la rue sans se soucier des passages pour piétons ni des feux), si les gens n'éprouvaient pas une sympathie et une confiance sans réserve pour les braves flics de leur quartier ? Souvenez-vous de la remarque du grand sociologue Émile Durkheim : « Quand les mœurs suffisent, les lois sont superflues. Quand les mœurs sont insuffisantes, les lois sont inapplicables. »

L'un de mes collègues qui fait à plein temps de la formation au respect des lois demande souvent à son public, composé principalement d'éléments du *leadership* formel (des agents et des officiers de police), quels sont les véritables leaders du maintien de l'ordre dans une ville. De toute évidence, ce sont les agents de police responsables de chaque quartier. Ce sont eux qui doivent établir des relations de confiance avec les familles pour prévenir les infractions et « tirer le signal d'alarme » – souvent en s'exposant eux-mêmes à de graves dangers – dans les quartiers infestés par les gangs, les drogués et les trafiquants de drogue, et qui sont souvent le siège de violences. Dans de telles situations, l'autorité formelle ne marche pas – elle a même pour effet de polariser les tensions et s'avère contre-productive. Seule l'autorité morale engendre la prévention et l'établissement de normes pour la détection des infractions. Comme le berger de la parabole, ils doivent connaître les moutons et les moutons doivent les connaître (communication authentique). Les bergers tiennent tellement à leurs moutons qu'ils sont prêts à mettre leur vie en danger pour les moutons. C'est pourquoi ils marchent devant, suivis des moutons. Des bergers occasionnels, payés pour faire ce travail, prétendront qu'ils tiennent aux moutons mais qu'ils ne sont là que pour ce que leur rapporte le travail, et ils abandonnent les moutons à l'arrivée du « loup ». C'est pourquoi ils ne marchent pas devant le troupeau mais derrière, utilisant la carotte et le bâton.

Les leaders formels de la police sont en fait des managers ou, mieux encore, des leaders serviteurs. Ils peuvent utiliser les moyens électroniques de communication ou diverses technologies informatiques pour identifier d'éventuels problèmes et permettre aux véritables leaders – les agents de police sur le terrain – d'intervenir sans délai pour régler ces problèmes avant qu'ils ne s'aggravent.

Ce concept bouleverse les illusions de ceux qui pensent que la position confère le *leadership* ! Il fait des simples agents de police pourvus d'autorité morale les véritables leaders, et de leurs supérieurs hiérarchiques des managers de systèmes « alignés », des leaders serviteurs de ceux qui sont en bas de la hiérarchie. Il représente une illustration d'autant plus saisissante du changement de paradigme qu'elle concerne un domaine traditionnellement hiérarchique, adonné aux principes d'ordre et de contrôle. Ce changement de paradigme peut et doit s'appliquer dans tous les domaines de l'activité humaine : il donne la prééminence à ceux qui opèrent sur le terrain, auprès des clients ou de tout tiers directement concerné par l'activité. Ce sont eux qui exercent le véritable *leadership* en créant des relations de confiance et en utilisant leur créativité pour résoudre effectivement les problèmes.

> *La mission première de la police est de* PRÉVENIR *les infractions et le désordre.*
> *Le public est la police et la police est le public, et ils ont ensemble la responsabilité de la sécurité publique*[12].
>
> SIR ROBERT PEEL,
> rénovateur de la police britannique

JOSHUA LAWRENCE CHAMBERLAIN

Les annales militaires ne comportent pas d'histoire méritant de nous inspirer autant que celles d'un homme brillant par son autorité morale, le héros de la guerre civile Joshua Lawrence Chamberlain, commandant des volontaires de la 20e compagnie du Maine. Chamberlain, professeur à l'université Bowdoin, avait sollicité un congé sabbatique de son poste d'enseignant à la suite de l'appel lancé par Abraham Lincoln à de nouveaux volontaires pour renforcer les armées de l'Union. C'était un homme de caractère ayant de profondes convictions, sa lettre au gouverneur du Maine avait été acceptée, et il s'était aussitôt engagé. Il n'avait guère de connaissances militaires, mais il avait rapidement gravi les échelons de la hiérarchie.

Chamberlain est probablement surtout connu pour sa bravoure et son *leadership* au cours de l'engagement du « Little Round Top » pendant la bataille de Gettysburg. Ses ordres étaient d'ancrer au terrain l'extrême gauche de l'aile de la ligne de front de l'Union, et d'empêcher les forces attaquantes des Confédérés de la contourner. Lui et ses troupes avaient tenu la position jusqu'au moment où il ne leur resta plus de munitions. Refusant de céder du terrain, il ordonna aux régiments de mettre « la baïonnette au canon ». Voici ce qu'il rapporte :

> « Confronté à ce drame, j'ordonnai la baïonnette. Le mot suffit. Il courut comme un feu le long de la ligne de front, d'un homme à l'autre, et s'éleva en un grand cri, avec lequel nos troupes s'élancèrent sur l'ennemi, qui désormais n'était plus qu'à trente mètres. L'effet fut surprenant ; la plupart des soldats de la première ligne ennemie jetèrent leurs armes et se rendirent. Un officier tira d'une main vers ma tête avec son pistolet, tandis qu'il me tendait son épée de l'autre. Tenant bon sur notre droite, et lançant vers l'avant notre aile gauche, nous fîmes un mouvement tournant accentué vers la droite, devant lequel la seconde ligne de l'ennemi se brisa et recula, combattant d'un arbre à l'autre, tandis que nous faisions de nombreux prisonniers, jusqu'au moment où nous avions traversé la vallée et dégagé le passage devant la quasi-totalité de notre brigade[13]. »

Nombreux sont ceux qui pensent que cette victoire du courage à l'état brut au Little Round Top a déterminé l'issue de la bataille de Gettysburg et de la guerre civile. Chamberlain eut l'honneur de recevoir les armes de la première unité des Confédérés qui s'est rendue à Appomattox. À la fin de la guerre, il fut promu général et reçut plus tard la médaille d'honneur du Congrès pour son exploit à Little Round Top.

Des années plus tard, à titre de reconnaissance pour tout ce qu'il avait fait, des amis et d'anciens compagnons d'armes lui offrirent un présent : un magnifique étalon gris, tacheté de blanc. Il accepta le cadeau avec une humilité caractéristique, en ajoutant : « Aucun de mes sacrifices ou services n'a besoin d'autre récompense que celle qu'accorde sa conscience à tout homme qui fait son devoir[14]. »

LE PRÉSIDENT KIM DAE-JUNG

J'ai eu le privilège de donner des cours à l'ancien président de la Corée du Sud et à certains de ses conseillers de la Maison-Bleue à Séoul, en Corée. Vers la fin, le président Kim me demanda : « Dr Covey, croyez-vous vraiment aux choses que vous enseignez ? » Je fus décontenancé par cette question. Après une courte pause, je répondis : « Oui, j'y crois. » Il me demanda alors : « Comment savez-vous que vous y croyez ? » Je répondis : « J'essaie de vivre selon ces enseignements. Je sais que je n'y parviens pas vraiment, que j'ai de nombreuses défaillances, mais je crois fermement à ces principes, ils m'inspirent et je reviens à eux constamment. »

Il répondit : « Ce n'est pas suffisant pour moi. » Je dis : « Il vaut mieux que je vous écoute. » Il demanda : «Êtes-vous prêt à mourir pour eux ? » Je dis : « Je comprends que vous essayez de me dire quelque chose. » C'était bien cela. Il continua pour me raconter son histoire de longues, longues années de bannissement, d'exil, d'emprisonnement et de multiples tentatives d'assassinat, y compris d'avoir été mis dans un sac lesté par des pierres, jeté dans la mer de Chine et sauvé par un hélicoptère de la CIA. Il me parla de la pression à laquelle il avait été soumis pour le faire coopérer avec la junte militaire du Nord. On lui avait même offert la présidence mais il avait refusé, sachant qu'il finirait par devenir la marionnette d'une dictature. Ses interlocuteurs menacèrent de le tuer s'il ne coopérait pas avec eux. Il leur dit : « Alors tuez-moi, parce que si vous me tuez je mourrai une fois, mais si je coopère avec vous, je mourrai cent fois pendant le reste de ma vie. »

> *Je sais maintenant ceci. Chaque homme donne sa vie à ce en quoi il croit. Chaque femme donne sa vie pour ce qu'elle croit. Parfois les gens croient en peu de choses ou en rien, et alors ils donnent leur vie pour peu de choses ou pour rien…*[15]
>
> JEANNE D'ARC

Il me raconta l'histoire de la fidélité et du support de sa famille au cours de ses longues et dures épreuves, et de sa foi de chrétien converti, ainsi que de sa profonde croyance dans les gens et dans la puissance magnifique de la démocratie. Il me fit part de sa foi dans la valeur et le potentiel de chaque personne, et dans le droit de chacun à s'exprimer en toute liberté. Il me remit un livre privé composé de lettres écrites à ses proches depuis la prison, relatant ses croyances et ses engagements les plus profonds.

L'AUTORITÉ MORALE EN TANT QU'ÉCOSYSTÈME

J'ai eu l'occasion de travailler avec le président d'une nation du tiers-monde aux prises avec la corruption, la violence, la révolte et une guerre qui avait ravagé le pays pendant des années et des années. Ce nouveau président était une personne d'une grande fortitude. Il se faisait audacieusement le champion du respect des lois et de la Constitution, et avait montré son courage en refusant de négocier avec les terroristes et les organisations terroristes. Il inspirait de plus en plus confiance et devenait très populaire. Je lui demandai quel héritage il voulait laisser pour que son travail puisse se poursuivre et être institutionnalisé. À mesure que nous parlions, il devenait de plus en plus clair pour lui que l'autorité morale personnelle ne pouvait suffire. Il reconnaissait le besoin fondamental à la fois d'une autorité morale *visionnaire* et d'une autorité morale *institutionnalisée*, telles que son peuple puisse s'identifier à sa vision de paix par le respect des lois et par la prospérité, grâce à une communication synergétique sur le mode de la troisième solution, et à l'implantation des principes correspondants dans les structures et les systèmes de gouvernement. Une société civile pourrait alors graduellement se développer, comportant sa propre autorité morale *culturelle*, et répondre aux besoins d'éducation et de subsistance de toute la population. Il comprenait désormais le modèle de la 8e habitude consistant à trouver sa voix et à inspirer les autres pour qu'ils trouvent la leur, et ses rapports avec les quatre formes d'autorité morale.

L'autorité morale culturelle ne se développe que très, très lentement, comme cela a été le cas partout dans le monde, et notamment aux États-Unis. Cependant il faut bien voir que les quatre types d'autorité morale représentent un écosystème, ils sont tous les quatre étroitement liés et interdépendants. L'essence de la sagesse est de voir la façon dont toutes les choses sont interconnectées.

LES CADEAUX DE NAISSANCE, LES SUPERSTRUCTURES CULTURELLES ET LA SAGESSE

Le fil conducteur de ce livre sur l'art de trouver sa propre voix et d'inspirer les autres pour qu'ils trouvent la leur révèle comment, petit à petit, en dépit de nos dons reçus à la naissance, une couche culturelle s'insère en nous, à la manière des logiciels d'un ordinateur. De même qu'un ordinateur ne peut fonctionner sans son logiciel, les individus, les organisations et les sociétés ne peuvent fonctionner en dehors de leur mœurs, de leurs normes et de leurs croyances culturelles – à moins que vous ne soyez un Muhammad Yunus (voir chapitre 1), dont la vision des personnes, la discipline et la passion ont été informées et portées par sa conscience jusqu'à ce qu'elles remplacent l'ancien logiciel – non seulement dans les têtes individuelles, mais aussi dans la conscience collective des familles, des institutions et de la société. Cette histoire est une magnifique victoire remportée sur les préjugés et les idées préconçues. L'humilité et le courage de Yunus sont les parents de son intégrité et les grands-parents de sa sagesse et de sa mentalité d'abondance.

Vous pouvez, vous aussi, faire de même. Vous pouvez faire du précepte : « Trouvez votre voix et inspirez les autres pour qu'ils trouvent la leur » une habitude profondément implantée dans vos SAVOIRS, VOS ATTITUDES et VOS FACULTÉS. Écoutez seulement votre propre conscience, votre propre source de sagesse, et voyez comment vous pouvez apercevoir, à travers la couche néfaste de logiciel culturel, les divers niveaux de besoins humains décrits ci-après. Chacun d'eux se présente sous la forme d'un dilemme.

Au niveau personnel, admettez-vous que *les gens veulent la tranquillité d'esprit et de bonnes relations*, mais aussi que *les gens veulent conserver leurs habitudes et leur style de vie* ? Que peut dire à ce sujet la conscience, éclairée par la sagesse ? Reconnaissez-vous qu'une personne, d'une manière ou d'une autre, doit remporter une victoire privée en sacrifiant ce qu'elle veut au profit d'un objectif plus important, au profit du bien ?

Élevons ce dilemme au niveau des relations. Admettez-vous que les relations sont *construites sur la confiance* ? Mais reconnaissez-vous aussi que *la plupart des individus pensent davantage en termes de « moi »* – mes désirs, mes besoins, mes droits ? Que dicterait la sagesse – ne nous engagerait-elle pas à nous focaliser sur des principes générateurs de confiance et à sacrifier « moi » à « nous » ?

Examinons maintenant deux dilemmes au niveau d'une organisation. N'est-il pas courant que *le management veut plus pour moins*, c'est-à-dire plus de productivité à un coût moindre, et que *les employés veulent plus d'argent ou d'autres avantages pour moins de temps et d'efforts* ? Que dicterait la sagesse ? Elle recommanderait le comissionnement, c'est-à-dire le développement d'accords de performance du type gagnant/gagnant sur le mode de la troisième solution, en sacrifiant le contrôle pour lui substituer la responsabilisation, qui permet au management et aux employés d'être en phase pour libérer le potentiel humain et produire plus pour moins ?

Voici un autre dilemme organisationnel très courant. *Les entreprises ne sont-elles pas régies par les règles économiques du marché ?* Mais n'est-il pas également vrai que *les organisations sont régies par les règles culturelles du lieu de travail* ? En d'autres termes, deux jeux de règles différents opèrent simultanément : les règles économiques et les règles culturelles. Que dicterait la *sagesse* ? Ne convient-il pas d'importer le marché dans la culture du lieu de travail de sorte que chaque personne et chaque équipe, sur la base de critères basés sur des principes, accèdent à des informations à

360 degrés et/ou aux informations de tableaux des scores équilibrés ? Ces informations, combinées à des rémunérations *aussi bien* intrinsèques qu'extrinsèques, ne les inciteraient-elles pas naturellement à se concentrer complètement sur la satisfaction des besoins du marché et des besoins de toutes les entités concernées directement ou non par leur activité ?

Rien n'empêche d'appliquer ce mode de pensée axé sur la sagesse à la résolution des dilemmes fondamentaux de la société elle-même. Reconnaissez-vous qu'*une société opère selon ses valeurs sociales dominantes* ? Mais n'est-il pas vrai également qu'*une société doit vivre avec les conséquences découlant de façon inéluctable des lois et des principes naturels* ? Pourquoi ne pourrait-on pas aligner les valeurs sociales, les mœurs et les lois avec les principes en sacrifiant les intérêts particuliers au bien-être général ?

Voyez-vous comment la *sagesse* mise au service des besoins humains résout les dilemmes de cet ordre, et pourquoi le sacrifice est un impératif ? Le sacrifice revient à abandonner quelque chose de bon pour quelque chose de meilleur, de sorte qu'en réalité, lorsque vous avez une vision forte relative à la satisfaction d'un besoin particulier, vous ne dites pas qu'elle vous impose un sacrifice, même si un observateur extérieur le pense. Les sacrifices consentis de tout cœur sont l'essence de l'autorité morale.

RÉSOLUTION DES PROBLÈMES SUR LA BASE D'UN MODÈLE CENTRÉ SUR DES PRINCIPES

J'ai affirmé plus haut dans ce livre que, si le paradigme de la nature humaine basé sur la personne entière est exact, il doit vous donner une aptitude remarquable à expliquer, prédire et diagnostiquer les problèmes les plus importants de votre organisation. Je maintiens cette affirmation. Je crois vraiment que le modèle simple de la personne entière et que le processus simple du développement qui lui est associé *sont* effectivement la simplicité même au bord opposé de la complexité.

Au fil des années, j'ai demandé à des milliers de personnes partout dans le monde de m'indiquer leur plus grand défi *personnel* – du genre de ceux qui vous empêchent de dormir. Je leur ai demandé ensuite de m'indiquer leur plus grand problème *professionnel* ou *organisationnel*. Le tableau 11 donne un résumé des réponses les plus fréquentes (relevez la similarité avec les souffrances et les défis mentionnés au début du livre) :

DÉFIS PERSONNELS	DÉFIS PROFESSIONNELS/ ORGANISATIONNELS
1. Finances, argent	1. Charge de travail, délais – impossibilité d'atteindre les objectifs
2. Équilibre de vie, manque de temps	2. Manque de temps et de ressources
3. Santé	3. Survie financière
4. Relations – conjoint, enfants, ami	4. Manque de confiance
5. Élever et discipliner les enfants	5. Déresponsabilisation
6. Doute de soi	6. Changement et incertitude
7. Incertitude, changement	7. Se tenir au courant des nouveautés technologiques
8. Manque de savoir-faire, éducation	8. Confusion – manque de vision et de valeurs communes
9. Manque de sens	9. Satisfaction du travail – n'aime pas son travail
10. Pas de paix	10. Manque d'intégrité du patron / du top management

Tableau 11

Je suis certain que, confronté à l'un quelconque de ces défis personnels ou organisationnels, vous sauriez, dans le cadre des principes sous-jacents aux trois modèles de grandeur décrits dans ce livre, comment commencer à surmonter ce défi. Pensez à ce que vous pourriez faire pour surmonter n'importe quel défi personnel grâce à *la vision, la discipline, la passion, la conscience*, ainsi que grâce aux *7 habitudes*, et ce que *l'exemple donné, la recherche du chemin, l'alignement* et *la responsabilisation* vous permettraient de faire en tant que leader, et ce dont une organisation pourrait bénéficier en termes de *mission*, de *vision* et de *valeurs*, par la *clarté*, l'*engagement*, la *traduction*, la *mise en état d'agir* et la *possibilité de rendre compte*. Nous avons vu que les quatre dimensions de l'autorité morale sont dans une relation d'ordre séquentiel et écologique, mais il en va de même des modèles de grandeur et de leurs divers éléments que vous mettrez en œuvre pour surmonter vos défis. Examinez à nouveau sur la figure 15.6 le modèle de focalisation et d'exécution centré sur des principes.

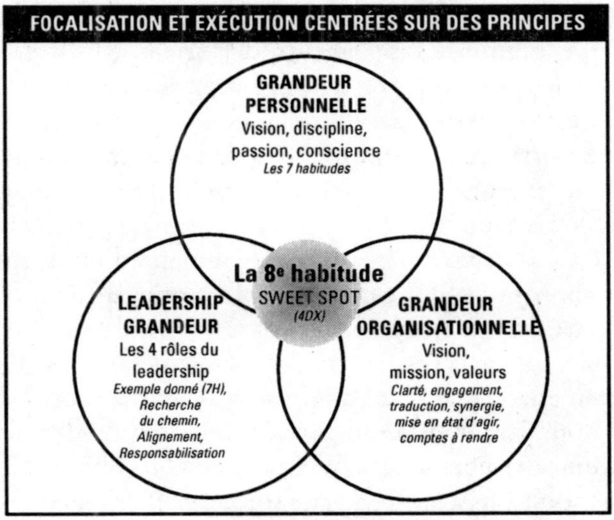

Figure 15.6

Considérez aussi la puissance du modèle de la personne entière (corps, mental, cœur, esprit). Il fait appel aux quatre intelligences/capacités – QI, QE, QP et QS – pour répondre aux quatre motivations ou besoins de base de la vie : vivre, aimer, apprendre et laisser un héritage, et il représente les quatre attributs du *leadership* personnel : vision, discipline, passion, gouvernées par la conscience. Enfin il représente ces quatre attributs en les étendant aux organisations (y compris les familles) sous la forme des quatre rôles : l'exemple donné, la recherche du chemin, l'alignement, et la responsabilisation (voir figure 15.7).

	4 INTELLIGENCES	4 ATTRIBUTS	4 RÔLES	
CORPS (VIVRE)	Intelligence physique	Vision exemple donné	Focalisation	FOCALISATION
MENTAL (APPRENDRE)	Intelligence mentale	Discipline	Recherche du chemin	
CŒUR (AIMER)	Intelligence émotionnelle	Passion	Alignement	EXÉCUTION
ESPRIT (LAISSER UN HERITAGE) à	Intelligence spirituelle	Conscience	Responsabilisation	

Figure 15.7

Trouver sa voix est un concept synergétique de l'être entier, plus grand que la somme de ses éléments, de sorte que lorsque vous respectez, développez, intégrez et équilibrez les quatre éléments de votre nature, vous parvenez à réaliser pleinement votre potentiel.

Ouvrez votre cœur. L'approche de la personne entière – corps, mental, cœur et esprit – vous permet de mesurer pleinement la force de l'expression « ouvrez votre cœur ». *Physiquement*, assurez la propreté de vos artères par une saine alimentation et une activité physique appropriée, qui gardera à votre cœur la force et la santé. Ouvrez votre cœur *émotionnellement* en ayant la volonté d'impliquer les autres dans la résolution des problèmes, de les écouter sincèrement en cherchant à les comprendre. Ouvrez votre cœur *mentalement* pour être constamment en train d'apprendre, de voir les autres comme des personnes entières, et de vous libérer du mode de pensée des solutions à la va-vite, de sorte que le *leadership* devienne vraiment *votre* choix. Ouvrez votre cœur *spirituellement* de sorte que votre vie soit conduite par une sagesse d'ordre supérieur, par une conscience divine dont l'éthique consiste à vous retrouver en vous abandonnant au service des autres – vous irez bien en faisant le bien.

Rassemblez toute votre intelligence et votre volonté, et travaillez dans l'esprit de Winston Churchill : « Tout homme connaît un moment dans sa vie où le destin lui tape figurativement sur l'épaule et lui offre une chance de faire une chose très spéciale, qui lui est propre et correspond à ses talents. Quelle tragédie si ce moment le trouve non préparé ou non qualifié pour le travail qui serait son heure la plus merveilleuse ! »

CONCLUSION

Ce livre a principalement cherché à enseigner un paradigme fondamental : que les gens sont *des personnes entières* – corps, mental, cœur et esprit. Quand une personne s'engage dans le processus séquentiel de la 8e habitude consistant à trouver sa propre voix, à faire le choix d'étendre son influence en inspirant les autres pour qu'ils trouvent leur voix, elle augmente sa liberté et son pouvoir de choisir de surmonter ses plus grands défis et de servir des besoins humains ; elle apprend comment le *leadership peut finalement devenir un choix* et non une position, comment le *leadership*, un art de mettre en état d'agir, peut être largement distribué dans les organisations et dans la société, et elle apprend aussi que si l'on manage ou contrôle des choses, on conduit (on responsabilise) les personnes.

Le paradigme relatif aux personnes nous apprend que chaque être humain est précieux en lui-même et est doué d'un potentiel et de capacités presque infinis. Nous avons appris que, pour étendre nos propres capacités, nous devons renforcer nos dons et nos talents actuels. Puis, à la manière des boutons de fleur qui surgissent et s'épanouissent au printemps, d'autres dons et talents nous seront donnés ou s'épanouiront, et nos capacités intrinsèques dans les quatre domaines seront libérées en vue d'une vie équilibrée, intégrée, et forte. Inversement, si nous négligeons nos dons et nos talents, ils s'atrophieront et se relâcheront à la manière d'un muscle que l'on ne contracte jamais.

Nous avons aussi appris que la culture dans laquelle nous vivons et travaillons nous a incités à la médiocrité, à la manière d'un logiciel qui n'utiliserait qu'une infime fraction de notre potentiel intrinsèque. Non traités comme des personnes entières, nous devenons des choses, qui sont contrôlées et managées. Le logiciel de l'ordre donné et du contrôle est celui de l'âge industriel ; il a conduit le lieu de travail à croire que la principale source de richesse est le capital et l'équipement, non les personnes. Nous avons aussi appris que nous avons en nous le pouvoir de réécrire ce logiciel, et que ce pouvoir nous inspire à *conduire* (responsabiliser) les personnes, qui ont le pouvoir du choix, et à *manager* les choses, qui n'ont pas ce pouvoir.

Le paradigme du processus de développement répond aux questions « comment ? » et « quand ? », et nous enseigne qu'il faut nous conquérir nous-même en subordonnant ce que nous voulons *maintenant* à ce que nous voulons *plus tard*. Ce processus est de plus en plus fascinant, parce qu'il contribue à étendre de plus en plus nos choix et nos capacités. Si nous suivons des principes (symbolisés par une boussole qui pointe toujours vers le nord), nous développons graduellement notre autorité morale ; les personnes nous font confiance, et si nous les respectons vraiment, nous élaborons une vision commune. Si, grâce à notre autorité morale (grandeur primaire), nous nous voyons conférer une autorité ou une position formelle (grandeur secondaire), nous pouvons alors institutionnaliser ces principes de sorte que le corps et l'esprit soient constamment nourris, ce qui nous conduira à des niveaux incroyables de liberté et de force pour rendre des services encore meilleurs. Le type de *leadership* qui entraîne le plus grand nombre d'adeptes est celui qui place le service au-dessus de lui-même.

Les organisations, qu'elles soient publiques ou privées, apprennent qu'elles ne sont durables que lorsqu'elles servent des besoins humains. Ici encore, le service doit être placé au-dessus de soi. Ce précepte est le véritable ADN de la réussite. La question à poser n'est pas : « Qu'est-ce qu'il y a là-dedans pour moi ? » mais : « À quoi puis-je contribuer ? »

J'ai cherché mon Dieu, et mon Dieu je ne l'ai pas trouvé.
J'ai cherché mon âme et mon âme était introuvable.
J'ai cherché mon frère pour le servir dans son besoin,
et j'ai trouvé les trois – mon Dieu, mon âme et toi.
Anonyme

QUELQUES MOTS POUR FINIR

À vous mon lecteur, j'affirme votre valeur et votre potentiel. Mon espoir sincère est que les principes énoncés dans ce livre l'ont été de manière suffisamment claire pour que non seulement vous reconnaissiez la valeur et le potentiel qui sont en vous, mais qu'aussi vous trouviez votre voix et viviez une vie de grandeur en inspirant de nombreuses autres personnes, organisations et communautés pour qu'elles trouvent la leur.

Même si vous vivez dans des circonstances horribles, c'est précisément ces circonstances qui seront pour vous l'occasion de choisir votre propre réponse. C'est alors que « la vie nous appelle » à servir ceux qui nous entourent et dont nous percevons les besoins. C'est ainsi que nous trouvons notre véritable « voix » dans la vie. Haddon Klingberg Jr, auteur de la biographie éclairante de Viktor et Elly Frankl, *When Life Calls out to us* (l'un des deux projets sur lesquels il a travaillé avant de disparaître), présentait ainsi ce thème central de la vie de Frankl :

« Pour Frankl, l'essence de la spiritualité étant la transcendance de soi, elle apporte la liberté. Mais ce n'est pas tant une liberté de ne plus subir une contrainte qu'une liberté d'agir. Nous ne sommes pas libres de notre nature biologique, qu'il s'agisse de nos impulsions instinctives, de notre héritage génétique ou des fonctions et des dysfonctionnements de notre cerveau et de notre corps. Nous ne sommes pas non plus libres de l'emprise des influences sociales et environnementales. Mais nous sommes libres de prendre position envers tous ces facteurs et même de nous opposer à eux. Nous sommes libres de faire ce que nous voulons des cartes qui nous ont été distribuées, de choisir notre réponse à ce qui nous arrive, de décider à quelle cause ou personne nous accorderons notre dévotion.

Et cette *liberté* de faire implique une *obligation* de. Chacun de nous est responsable de quelque chose, à l'égard de quelqu'un. En utilisant notre liberté d'agir de manière responsable dans le monde, nous découvrons un sens à notre vie. Ce n'est que lorsque notre besoin de sens est insatisfait que nous nous rabattons sur la poursuite du plaisir personnel (Freud) ou sur la réussite financière et sociale (Adler).

Quand une personne exerce sa liberté et sa responsabilité spirituelle, elle en tire de nombreux bienfaits : tranquillité d'esprit, bonne conscience et satisfaction. Ces bienfaits surviennent naturellement, comme sous-produits, pour ainsi dire. Mais Frankl dit que, recherchés directement pour eux-mêmes, ils nous échappent le plus souvent. Rien de tel pour nous rendre nerveux que de nous efforcer de trouver la tranquillité d'esprit. Concentrer ses efforts sur l'obtention d'une bonne conscience peut entraîner l'hypocrisie, un sentiment de culpabilité – ou les deux. Faire de la santé son but principal peut entraîner un état voisin de l'hypocondrie. Pour Frankl, ces bienfaits ne sont pas à poursuivre pour eux-mêmes ni même pour son propre bien-être. En revanche, ils sont accordés naturellement aux personnes qui vivent pour autre chose, pour quelque chose de plus grand[16]. »

Avec la plus profonde conviction, je vous affirme en reprenant les paroles du général Joshua Lawrence Chamberlain :

« L'inspiration d'une noble cause impliquant des intérêts humains de grande ampleur permet aux hommes de faire des choses dont ils n'avaient jamais rêvé auparavant qu'ils en étaient capables, et dont ils n'étaient pas capables seuls. La conscience d'appartenir, de manière vitale, à une chose qui dépasse l'individualité ; de faire partie d'une personnalité qui peut aller nous ne savons pas jusqu'où dans l'espace et le temps, grandit le cœur jusqu'à la limite de l'idéal de l'âme, et permet d'atteindre le summum du caractère. »

Mon grand-père, Stephen L Richards, fut l'un de mes mentors les plus influents. L'amour et le respect que j'éprouve à son égard sont sans limites. Sa vie a été entièrement dédiée au service des autres. Ceux qui l'ont connu le considéraient comme l'une des personnes les plus sages qu'ils aient jamais connues. Je termine ce livre en exprimant ma gratitude pour la devise de vie qu'il m'a laissée :

> « La vie est une mission, non une carrière, et le but de toute notre éducation et de tout notre savoir est de nous permettre de mieux Le représenter et de mieux servir cette mission de vie en Son nom, et en vue de Ses buts. »

QUESTIONS & RÉPONSES

Q : Pourquoi le sacrifice est-il aussi central en matière d'autorité morale ?

R : Le sacrifice veut dire abandonner quelque chose de bon pour quelque chose de meilleur. Il représente un relèvement du niveau. Quand une personne a une vision qui la transcende, quand elle se focalise sur une cause ou un projet importants qui lui tiennent à cœur, alors la voie de moindre résistance est celle qui consiste à mettre le service au-dessus de soi. Pour une personne dans cette situation, ce n'est pas un sacrifice. Pour un observateur extérieur, ce comportement est vu comme un sacrifice, parce que la personne renonce à un bienfait actuel. Le bonheur est essentiellement un sous-produit de la subordination de ce que nous voulons maintenant à ce que nous voulons en fin de compte. Au lieu d'être la voie offrant le plus de résistance, le sacrifice est l'itinéraire de moindre résistance pour qui est profondément, spirituellement et émotionnellement voué à une cause, à l'appel ou au service d'un autre. Placer le service au-dessus de soi-même est l'éthique de toutes les grandes religions et de toutes les philosophies qui ont perduré.

Albert Schweitzer disait : « Je ne sais pas quelle sera votre destinée, mais il y a une chose que je sais : les seuls parmi vous qui seront vraiment heureux sont ceux qui auront cherché comment servir et qui auront trouvé. »

Q : On a fait grand cas du management de la qualité totale ; puis on a parlé de responsabilisation ; la nouvelle mode est maintenant l'innovation. De quoi parlera-t-on demain ?

R : Je pense que ce sera de la sagesse. À moins qu'il n'y ait des principes au centre du cœur et de l'âme d'une personne ainsi que dans les relations et la culture d'une organisation, on ne peut parvenir à un haut niveau de confiance. Sans un grand niveau de confiance, il ne peut pas y avoir de responsabilisation. Quand les règles prennent la place du jugement humain, il n'est pas possible de créer un climat d'innovation et de créativité ; ce que l'on crée alors est une culture du lèche-bottes. Sans une grande confiance ainsi que des structures et des systèmes basés sur un paradigme d'abondance, il ne peut y avoir de gestion de la qualité totale. L'âge de la sagesse, à mon avis, suivra obligatoirement l'âge de l'information, et dès lors l'essence du *leadership* sera d'être un leader serviteur.

Q : J'aime bien le concept d'une organisation centrée sur des principes. Peut-on l'appliquer à une communauté ?

R : Absolument. Si vous pouvez rassembler un nombre suffisant de gens bien intentionnés qui sont les leaders naturels et formels dans les domaines de l'éducation, de l'entreprise, de l'administration et dans d'autres professions, et même des gens sans autorité formelle mais avec beaucoup d'autorité morale et fortement motivés, et si vous les impliquez dans le processus d'enseignement des 7 habitudes et des 4 rôles à des organisations et des familles dans toute la communauté, il en résultera des bienfaits considérables. C'est ce que nous avons fait dans de très nombreuses communautés du monde entier.

VINGT QUESTIONS LES PLUS COURAMMENT POSÉES

Q1 : Je constate qu'il m'est presque impossible de changer mes habitudes. Est-ce réaliste ? Suis-je unique ?

R : Vous n'êtes pas le seul. Voici pourquoi.

Peut-être vous rappelez-vous – ou peut-être en avez-vous vu une vidéo récente – les clips montrant le voyage lunaire d'Apollo XI. Ceux de nous qui l'ont vu étaient absolument stupéfaits. Nous pouvions à peine croire nos yeux en voyant des hommes marcher sur la Lune.

Où pensez-vous qu'il a fallu dépenser le plus d'énergie pour ce voyage dans l'espace ? Pour couvrir le quart de million de miles de la Terre à la Lune ? Pour revenir sur Terre ? Pour tourner en orbite autour de la Lune ? Pour séparer et raccrocher le module de commande et le module lunaire ? Pour décoller de la Lune ?

Non, pour aucune de ces opérations. Ni même pour toutes ces opérations ensemble. C'est pour décoller de la Terre. On a dépensé plus d'énergie pendant les premières minutes du décollage de la Terre – au cours des quelques premiers miles du voyage – qu'on en a dépensé pendant plusieurs jours sur un voyage d'un demi-million de miles.

La force de gravité au cours de ces premiers miles était énorme. Il a fallu une poussée plus forte que la force de gravité et la résistance de l'atmosphère pour finalement parvenir en orbite. Mais une fois en orbite, il n'a presque pas fallu d'énergie pour faire toutes les autres choses. En fait, quand on a demandé à l'un des astronautes combien de puissance avait été dépensée quand le module lunaire s'est séparé du module de commande pour descendre et observer la Lune, il a répondu : « Moins que le souffle d'un bébé. »

Ce voyage lunaire nous offre une puissante métaphore pour décrire ce qu'il en coûte de briser nos anciennes habitudes et d'en acquérir de nouvelles. La force de gravité de la Terre pourrait être comparée à des habitudes profondément ancrées, des tendances programmées par les gènes, l'environnement, les parents et d'autres personnages importants. Le poids de l'atmosphère terrestre pourrait être comparé aux cultures sociales et organisationnelles dont nous faisons partie. Ces deux forces sont très puissantes et vous devez avoir une volonté interne supérieure à ces deux forces pour que le décollage puisse s'effectuer.

Mais une fois que vous avez décollé, vous serez surpris de la liberté que vous éprouverez. Au cours du décollage, les astronautes ont très peu de liberté ou de force ; tout ce qu'ils peuvent faire est d'exécuter le programme. Mais dès qu'ils se sont détachés de la gravité de la Terre et de son atmosphère, ils éprouvent une sensation incroyable de liberté. Et ils disposent alors d'un nombre très élevé d'options.

Si vous commencez simplement par vous engager sur le chemin consistant à trouver votre voix et à inspirer les autres pour qu'ils trouvent la leur, et si vous persévérez, vous prendrez conscience de la force de cette nouvelle habitude qui vous aide à grandir et à changer dans le monde d'aujourd'hui, fait de défis, de complexité et d'opportunités.

Q2 : Je suis très intéressé et intrigué par vos enseignements. Mais je me demande si je peux vraiment faire ce qu'ils impliquent.

R : Vous êtes très honnête, mais je vous suggère de vous poser d'abord deux autres questions avant d'aborder la question de votre compétence. La première est *dois-je* le faire ? La seconde : est-ce que je veux le faire ? C'est une question de motivation, liée à ce qu'il y a d'unique dans votre voix et votre passion. Si vous pouvez répondre oui à ces deux questions, posez-vous alors la question : puis-je le faire ? C'est une question de compétence, relevant de moyens de formation appropriés. Ne confondez pas ces trois questions. N'essayez pas de répondre à une question de valeur par une réponse de formation, à une question de motivation par une réponse de valeur, à une question de compétence par une réponse de motivation. Pensez clairement et attentivement à ces trois questions : Puis-je le faire ? Est-ce que je veux le faire ? Dois-je le faire ? Séparez-les bien pour pouvoir reconnaître le meilleur point de départ.

Q3 : Pourquoi le *leadership* est-il aujourd'hui un sujet tellement en vogue ?

R : La nouvelle économie est basée principalement sur un travail de savoir. Ce qui veut dire que la richesse a migré de l'argent et des objets vers les personnes – le capital intellectuel et le capital relationnel. En fait, notre investissement financier le plus important est notre investissement dans les ouvriers du savoir. Le potentiel du travail du savoir est passé d'une progression arithmétique à une progression géométrique et même exponentielle, de sorte que le capital intellectuel et le capital relationnel ont un effet de levier assurant l'optimisation de tous les autres investissements. Par ailleurs, le style de management à base de contrôle de l'âge industriel, avec ses systèmes traitant les personnes comme des dépenses, devient obsolète et provoque des dysfonctionnements, sous l'effet des forces concurrentielles qui s'exercent sur le marché. On se rend compte de plus en plus que la dimension humaine et surtout le niveau de confiance sont à la racine de tous les problèmes et de toutes les solutions. Ce qui était considéré autrefois comme un élément mou, dont on peut à la rigueur se dispenser, devient crucial et fondamental, et tout le monde finit par s'en apercevoir. C'est pourquoi le *leadership* est le plus élevé de tous les arts ; c'est l'art qui conditionne la mise en œuvre de tous les autres.

Q4 : Tout cela me semble très idéaliste et très moral. Les circonstances étant ce qu'elles sont, je me demande si rien de tout cela est vraiment réalisable.

R : La question la plus importante que vous devriez poser est : y a-t-il un espace entre le stimulus et la réponse ? En d'autres termes, avons-nous vraiment un pouvoir de choisir quelles que soient les circonstances ? Si vous pouvez honnêtement répondre oui à cette question, vous en arriverez à conclure que l'idéalisme est du réalisme. Vous ne pouvez pas « voir » les merveilles électroniques d'aujourd'hui, et pourtant vous vous fiez à elles et vous savez qu'elles sont réelles. Avant qu'elles ne soient découvertes ou inventées, elles n'étaient pas « réelles », elles étaient seulement idéalistes. Quand vous dites que ces choses sont trop morales, cela met en jeu le bien et le mal. Au fond de votre cœur, vous savez qu'il y a une différence entre le bien et le mal, et que si vous choisissez le bien, les conséquences seront autres que si vous choisissez le mal. C'est pourquoi ces idées sont idéalistes et morales, et de ce fait en même temps très réalistes.

Q5 : Vous dites que l'autorité morale culturelle est la forme la plus avancée d'autorité morale – qu'entendez-vous par là ?

R : Prenez, par exemple, la Déclaration d'indépendance des États-Unis. Les sentiments exprimés dans ce document représentent l'autorité morale visionnaire. La Constitution a tenté d'*institutionnaliser* des valeurs telles que : « tous les hommes sont créés égaux » et « sont dotés par leur Créateur de certains droits inaliénables parmi lesquels le droit à la vie, à la liberté et à la poursuite du bonheur ».

La Constitution était alignée sur la vision et les valeurs de la Déclaration d'indépendance. La Déclaration disait « tous » les hommes, et pourtant : les femmes n'ont pas eu le droit de vote pendant encore des décennies ; nombreux étaient les fondateurs qui possédaient des esclaves ; la proclamation d'émancipation n'a été adoptée que quatre-vingts ans plus tard ; et il y a encore aujourd'hui des zones importantes de préjugé racial. L'autorité morale *culturelle* se développe toujours plus lentement que l'autorité morale institutionnalisée ou visionnaire. Mais, en définitive, elle est la clé du développement d'une société harmonieuse. La clé n'est pas dans les mains du gouvernement, qui représente la force ou la loi, ni dans celles des individus ou des entreprises, qui représentent la liberté. La clé est l'adoption par des individus et des groupes de significations et de valeurs communes vraiment ressenties dans les cœurs et dans les têtes. C'est ce type de volontariat qui crée une société *civile*, une troisième solution de type supérieur à la loi et à la liberté. Il est l'hypothèse sous-jacente à la pensée et aux écrits d'Adam Smith, l'auteur de *La Richesse des nations*. Longtemps avant d'écrire ce classique, il a écrit un livre appelé *La Théorie des sentiments moraux*. Cet ouvrage, qui représente le fondement de ses ouvrages ultérieurs, dont *La Richesse des nations*, était basé sur l'idée que les intentions vertueuses et la bonne volonté sont le fondement tant du système économique de la libre entreprise que d'un système politique de démocratie parlementaire. Il reconnaissait qu'en cas de détérioration de la vertu individuelle, ni le libre marché ni la démocratie ne pourraient survivre.

Q6 : Vous dites que l'un de nos problèmes majeurs est que nous utilisons le modèle de l'âge industriel à l'âge de l'ouvrier du savoir, mais ne sommes-nous pas encore une nation industrialisée ? Partout où nous regardons, nous voyons de l'industrie.

R : C'est vrai, mais la nature du travail *ajoutant de la valeur* qui s'effectue dans ces diverses industries est de plus en plus du travail fait par des ouvriers du savoir, et non par des travailleurs manuels. Et donc nous ne parlons pas d'éliminer les industries. Nous parlons d'utiliser un paradigme différent de *leadership* au sein de ces industries. En fait, ce paradigme peut remonter jusqu'à l'ère de l'agriculture. En dehors des villes, il y a des fermes partout. Elles ajoutent de plus en plus de valeur grâce aux apports de l'âge industriel et de l'âge de l'information. Nous parlons davantage d'un cadre mental que d'un environnement physique.

Q7 : Comment les cultures autoritaires créent-elles la codépendance ?

R : Si vous avez un leader autoritaire qui contrôle, que font ses subordonnés ? La plupart obéissent passivement ; ils attendent qu'on leur demande de faire et font ce qu'on leur a demandé. Ce comportement renforce la perception du leader autoritaire qu'il doit continuer de donner des ordres et de contrôler, ce qui justifie la passivité des subordonnés. Autrement dit, la prophétie engendre sa réalisation. Ce mécanisme prive les gens de l'exercice de leurs capacités et de leur intelligence. Il les sous-utilise. Il transforme les personnes en choses qui doivent être managées et contrôlées. Le cycle de codépendance conduit à une culture du lèche-bottes où le bien est défini par l'obéissance et la loyauté, et le mal par le fait de se faire prendre.

Cette dynamique entraîne aussi un type d'accord qui fonctionne de travers, parce que les gens disent oui quand, en réalité, ils veulent dire non. Ce genre d'accord élimine la possibilité d'un conflit qui serait sain, et engendre le ressentiment, la colère, l'obéissance malintentionnée, le manque de confiance, la qualité et la performance médiocres. Ces sentiments non exprimés ne meurent pas – ils sont enterrés vivants et ressurgissent plus tard sous des formes hideuses.

Le patron autoritaire a donc la responsabilité des résultats et, par suite, il se concentre sur l'efficacité – c'est-à-dire sur les méthodes, les processus et les actions séquentielles, de sorte que les règles commencent à se substituer au jugement des personnes. Tout cela renforce le *leadership* en tant que position, non en tant que choix ; et il devient inhérent à l'ADN de la culture. Peu à peu se vérifie l'observation de Lord Acton, à savoir que « le pouvoir corrompt et [que] le pouvoir absolu corrompt absolument ». Chacun ne se soucie plus que de son propre intérêt et subordonne son intégrité à la nécessité de faire plaisir au patron.

Le problème est que, dans la nouvelle économie, les cultures codépendantes institutionnalisées ne peuvent survivre que si l'on ignore le marché, que par des subventions, par la terreur ou par des traditions qui ne peuvent durer que dans la mesure où les concurrents sont eux aussi codépendants.

Ce cycle néfaste peut être brisé par une personne qui voit le *leadership* comme un choix, qui commence à appliquer le principe du *trim-tab* pour étendre son cercle d'influence, et qui se fie aux aspects pratiques du marché pour interrompre la spirale de la décadence. Ce *leadership* représente l'autorité morale, qui résulte du choix de vivre selon des principes, et qui implique toujours une forme ou une autre de sacrifice. Mais, dans une économie de marché libre, il finit toujours par l'emporter, simplement parce qu'il est pragmatique – il marche ; il produit plus pour moins.

Q8 : Comment tout cela peut-il s'appliquer dans une mauvaise économie ou disons plutôt, dans une bonne économie mais dans une industrie en déclin ?

R : Cela s'applique encore plus, simplement parce que la plus grande ressource est la capacité créative des gens qui, dans les temps difficiles, élaborent des troisièmes solutions. Cependant, la tendance naturelle consiste pour les gens à revenir au modèle transactionnel de commande et de contrôle, qui n'est pas viable à terme. Dans le cas d'une crise de court terme, où la culture accepte le but commun de la survie, l'approche autoritaire peut permettre de passer un cap. Comme l'a dit un jour Eisenhower : « vous ne parlez pas de démocratie à un fantassin dans son trou ». Mais tôt ou tard vous avez besoin d'impliquer entièrement chacun pour faire des changements importants et durables. Ce qui exige un *leadership* reposant sur la confiance et l'autorité morale.

Q9 : Comment les 7 habitudes sont-elles reliées aux quatre rôles du leadership ? Nous avons investi beaucoup de temps et d'argent dans la formation aux 7 habitudes.

R : Les 7 habitudes sont basées sur des principes. Les 7 habitudes sont des principes de formation du caractère, qui modèlent *qui vous êtes et ce que vous êtes* ; les quatre rôles sont *ce que vous faites* pour exercer l'influence du *leadership* dans une organisation. Quand vous situez les 7 habitudes dans le contexte des quatre rôles, elles représentent le rôle de l'exemple donné. Les 7 habitudes ont de ce fait une importance stratégique, car elles sont l'exemple que vous donnez quand vous jouez les trois autres rôles. Les principes sous-jacents aux 7 habitudes sont comme un puits ou une couche aquifère profonds alimentant tous les autres puits proches de la surface, comme la gestion de la qualité totale, la formation d'équipes et la responsabilisation, l'innovation, etc.

Q10 : Les scandales affectant les grandes entreprises rendent toutes les entreprises « coupables par association ». Ce qui met l'accent sur le sujet du caractère. Comment développer le caractère personnel et le caractère d'une culture ; comment éviter ce type de problème ?

R : J'ai eu l'occasion de travailler sur l'accident de Three Mile Island, sur les émeutes de Rodney King et sur la catastrophe de l'*Exxon Valdez*, et j'ai constaté que tous ces désastres étaient une manifestation aiguë d'un profond malaise culturel, le sommet de l'iceberg des gens qui font les choses de travers, masquent la réalité, détruisent les preuves, ignorent ce qui ne va pas, se font prendre, après quoi les médias se chargent d'informer tout le monde.

Je pense qu'il s'agit de leçons précieuses pour toutes les organisations. Demandez-vous de nouveau ce qui a le plus d'importance pour vous – quelle est votre vision et quel est votre système de valeurs. Réexaminez toutes vos procédures et pratiques, pour voir si elles ont institutionnalisé votre vision et vos valeurs. Le *feedback* prévu doit refléter le jugement honnête de conseillers, de fournisseurs, de clients et de toute la chaîne de valeurs. Vous ne pouvez pas vous débarrasser par des mots de problèmes qui résultent de votre comportement. Tôt ou tard, les conséquences se manifesteront. La loyauté ne doit pas avoir plus de valeur que l'intégrité ; en fait, seule l'intégrité est la véritable loyauté. Vous voulez que votre médecin vous dise la vérité même si vous ne voulez pas l'entendre. Vous voulez que le médecin dise vrai en tant que professionnel, parce que c'est ainsi qu'il vous dira au mieux la vérité. Il en va de même pour votre organisation – considérez-vous comme un professionnel dont la loyauté la plus importante est celle que vous devez à des principes moraux et professionnels, non à votre institution. C'est la façon la plus claire d'être loyal envers votre institution.

La meilleure approche que je connaisse pour développer le caractère dans une organisation ne consiste pas à le placer sur une quelconque *check-list* où des gens vont en juger d'autres, mais de tenir les gens responsables de résultats mesurés par un tableau des scores équilibré, ce qui requiert un niveau supérieur de développement du caractère. De cette façon vous n'avez pas à juger du caractère de quelqu'un ; vous lui donnez seulement une responsabilité qui exige le développement du caractère.

Q11 : Comment maintenir une culture positive, de grande confiance, après une réduction d'effectifs ?

R : Savez-vous pourquoi la culture se détériore après des licenciements ? Parce que les principes ne sont pas suivis, les gens ne sont pas impliqués, et ils se demandent quand la deuxième chaussure va tomber. Ils ne comprennent pas les critères des décisions qui vont être prises ; il se peut qu'ils n'aient pas une bonne compréhension des facteurs économiques qui gouvernent leur industrie, le marché et leur entreprise. J'ai vu personnellement de nombreuses organisations qui ont traversé des périodes extrêmement difficiles exigeant la prise de décisions radicales, mais gérées de façon remarquable en respectant des principes. Par une communication transparente et ouverte, une implication réelle dans les décisions, en adhérant à un ensemble de valeurs basées sur des principes et grâce à un effort substantiel pour prendre en compte l'intérêt du personnel, les gens victimes de ces mesures et leurs familles savaient que l'organisation avait fait tout ce qu'elle pouvait pour eux, au point que l'image de l'organisation dans sa région pouvait même devenir encore plus positive.

Q12 : Nous avons souvent des formations au *leadership*, des réunions en dehors de l'entreprise, des consultants extérieurs viennent nous voir. Toutes ces mesures sont utiles, elles nous remontent le moral et nous inspirent, mais au bout de quelques jours c'est la routine habituelle. Que recommandez-vous ?

R : Savoir et ne pas faire, c'est ne pas savoir. Vous pouvez être temporairement inspiré et rendu plus audacieux grâce à de nouvelles connaissances et de nouveaux savoir-faire, mais si vous ne les appliquez pas, vous ne les connaissez pas vraiment. Si les structures et les systèmes de l'environnement ne vous encouragent pas à les appliquer, vous ne les appliquerez pas et vous ne les connaîtrez pas. Au bout du compte, ces mesures sont néfastes et engendrent le cynisme dans toute la culture. Les tentatives de changement et tous les termes à la mode du management finissent par devenir comme de la barbe à papa, qui a bon goût pendant une seconde, après quoi il n'y a plus rien. Il faut prendre les éléments du *leadership*, les enseigner, les discuter, et essayer de les institutionnaliser en intégrant les principes fondamentaux dans les processus quotidiens, dans la façon dont s'effectue le travail de chacun et dont les gens sont rémunérés. Ils prendront racine. Il ne s'agira plus d'un spectacle subsidiaire, mais de ce qui se joue sur la scène principale.

Q13 : Et si cette approche tout simplement ne marche pas ?

R : Si les gens ne l'appliquent pas, elle ne marchera pas. Il n'y a pas de remède miracle. Il faut un engagement profond, de la patience et de la persévérance, surtout s'il s'agit du passage d'une mentalité et d'un jeu d'aptitudes à une autre mentalité et à un autre jeu d'aptitudes. Les outils fournis pour faciliter les transitions peuvent être d'un grand secours, mais en dernière analyse il faut que les gens s'engagent à faire le travail.

Q14 : Quelle est la meilleure façon d'initialiser ces changements, en supposant que vous les avez effectués en vous ?

R : Si vous conduisez une voiture en gardant le pied sur le frein, quelle sera la meilleure façon de la faire avancer : accélérer à fond ou relâcher le frein ? Évidemment, lâcher le frein. De même, dans les cultures et les organisations, il y a des forces motrices et des forces inhibitrices. Les forces motrices sont habituellement les réalités logiques, économiques, correspondant à l'appui sur la pédale d'accélérateur. Les forces inhibitrices sont généralement d'ordre culturel et jouent le rôle de la pédale de frein. Par les troisièmes solutions et par une communication synergétique, les forces inhibitrices peuvent être transformées en forces motrices. Non seulement vous pouvez alors faire d'importants progrès, mais en outre ils sont soutenus par la culture, grâce à l'implication et l'engagement. Cette réponse représente la substance de la théorie des champs de forces de Kurt Lewin.

Q15 : Tous ces éléments sont-ils nouveaux ? J'entends ces idées depuis ma jeunesse. Je les vois partout dans l'histoire de notre pays.

R : C'est vrai. En fait, pour abonder dans votre sens, c'est grâce à une Constitution centrée sur des principes et à un marché libre que nous voyons se produire la libération du potentiel humain à l'intérieur des États-Unis, où 4,5 % de la population du monde produisent près d'un tiers des biens du monde entier. La force de ces paradigmes et de ces principes engendre des résultats spectaculaires. Souvenez-vous que les principes sont universels et éternels. Ce sont probablement les *fermiers* qui apprennent le mieux ces principes, simplement parce qu'ils sont plus près de la nature et des lois ou principes naturels. Ils savent que vous ne pouvez pas pratiquer sur le sol des méthodes de gavage comme on tente de les pratiquer dans des institutions socialement organisées telles que les établissements d'enseignement. Les sports de compétition de haut niveau sont une autre excellente métaphore, parce que le gavage ne paie pas. Il faut payer le prix de l'effort pour pouvoir concourir.

Le sens commun ne se retrouve pas dans la pratique commune. C'est pourquoi il est nécessaire désormais de revenir à l'éthique du caractère et à un *leadership* centré sur des principes.

Q16 : Ces éléments sont-ils basés sur la recherche ?

R : Si vous entendez par là des études empiriques basées sur la pratique du double aveugle, non – à l'exception de nos études scientifiques sur le défaut d'exécution. Si vous entendez par là des analyses historiques, la revue des écrits et des recherches basées sur une pratique extensive, oui.

Q17 : Quelles organisations sont des modèles de ces sortes d'idées ?

R : Vous trouverez de tels modèles dans tous les domaines d'activité. Ils sont partout autour de vous : des organisations telles que l'École A. B. Combs et le sous-marin *Santa Fe* de la marine américaine se trouvent un peu partout. Le test décisif est : à quel point le personnel est-il responsabilisé ? Dans quelle mesure se concentre-t-il sur les plus hautes priorités de l'organisation et exécute-t-il les tâches permettant de les atteindre ? Les sociétés qui ont fait l'objet des recherches sur lesquelles se base le livre de Jim Collins *Good to Great* sont des organisations responsabilisées avec à leur tête des leaders humbles, férocement déterminés, et de hauts niveaux de responsabilisation. La responsabilisation, bien sûr, ne fait pas toute la réponse. La plupart des plus grandes organisations sont passées ou sont en train de mettre en place un système de reporting équilibré du style tableau des scores. L'alignement des opérations avec la stratégie, avec le marché, requiert un excellent jugement. Beaucoup d'organisations qui réussissaient très bien dans le passé connaissent le déclin. Il faut une vigilance constante pour attirer et développer les meilleures personnes, faire passer l'éthique du *leadership* dans l'ADN de la culture, ainsi que beaucoup d'autorité morale personnelle, visionnaire, institutionnelle et culturelle pour rester sur le chemin de la grandeur.

Q18 : Tout cet enseignement n'est-il pas, à la base, de nature religieuse ?

R : Les principes ont sans conteste un fondement moral et spirituel, mais ils ne sont pas propres à une quelconque religion particulière. J'ai enseigné partout dans le monde dans le contexte de religions différentes, en citant leurs textes religieux respectifs. Les principes sont véritablement universels et éternels. J'étais ébranlé au début, mais ne le suis plus désormais, en voyant ce qui arrive quand vous impliquez fortement des gens n'importe où dans le monde à n'importe quel niveau d'une organisation dans le développement de leur système de valeurs. S'il règne un climat d'ouverture et de synergie, et si les gens sont véritablement informés, toutes les valeurs sélectionnées deviennent essentiellement les mêmes. Des mots différents sont utilisés, des pratiques différentes correspondant à ces valeurs sont définies, mais le sens sous-jacent correspond toujours aux quatre dimensions mentionnées un peu partout dans mon enseignement – la dimension physique/économique, la dimension relationnelle ou sociale, la dimension mentale ou le développement du talent, et la dimension spirituelle, relative au sens et à l'intégrité. Je vous suggère de faire l'intéressante expérience suivante : étudiez les déclarations de mission de quelques organisations qui les ont élaborées par l'implication et l'identification. Elles utilisent des mots différents, mais vous constaterez qu'elles disent pratiquement les mêmes choses, y compris d'ailleurs quand elles ne vivent pas en harmonie avec elles.

Q19 : Je suis à la fois découragé et impatient. Est-il jamais trop tard pour que je change ?

R : Excellente question. En fait, j'ai constaté que le problème fondamental qu'ont les gens, quand ils doutent de la validité de ces idées, n'est pas au niveau des idées. Ce sont des idées qui ont un sens pour pratiquement tout le monde. Le problème est qu'ils doutent d'eux-mêmes. Tout ce que je peux dire, c'est commencez lentement et par petites étapes. Faites-vous à vous-même des promesses et tenez-les. Laissez votre conscience être votre guide en ce qui concerne le choix des promesses que vous vous faites. Une fois que vous les avez faites, même si elles sont minuscules, tenez-les. Petit à petit, votre sens de l'honneur prendra l'avantage sur vos humeurs. En acquérant une plus grande maîtrise de vous-même, plus de sécurité et de compétence, vous deviendrez capable de faire de plus grandes promesses et de les tenir, d'aborder de nouveaux domaines, de quitter votre zone de confort et de prendre davantage d'initiatives. Pensez à l'histoire du bambou chinois. Il existe une sorte de bambou chinois, qui lorsque vous le plantez, ne fait rien pendant quatre ans. Vous ne voyez qu'une petite pousse au-dessus du sol et c'est tout. Vous désherbez, vous l'arrosez, vous le nourrissez et faites tout ce qu'il faut pour qu'il se développe, mais vous ne voyez rien. La cinquième année, cette espèce particulière de bambou chinois croît d'une quinzaine de mètres. Dans ses phases initiales de développement, toute la croissance se passe dans le sol à l'intérieur des racines. Puis, une fois les racines en place, toute la croissance se passe au-dessus du sol et devient visible, prouvant aux sceptiques que la croissance n'avait jamais cessé. De manière analogue, le développement du caractère au niveau personnel précède toujours l'établissement de la confiance dans les relations interpersonnelles, lesquelles précèdent la création, au sein d'une organisation, d'une culture qui lui permet d'exécuter réellement les tâches correspondant à ses plus hautes priorités. Il n'est jamais trop tard. La vie est une mission, non une carrière.

Q20 : Comment savez-vous que tout cela marche ?

R : Vous ne le savez vraiment qu'en le mettant en œuvre. Savoir et ne pas faire, c'est ne pas savoir. Une autre preuve d'efficacité est donnée par les résultats pratiques rapportés par ceux que sert l'organisation – les clients, les propriétaires, les employés, les citoyens – et par un écho positif émanant de toute la chaîne de fourniture ainsi que de votre propre culture. En dernière analyse, j'ai davantage foi dans le *discernement* que permet la conscience, combiné avec l'*observation* et la *mesure*, que dans une simple observation et des mesures sans discernement. Je constate que la plupart des gens savent au fond d'eux-mêmes ce qu'ils devraient faire et beaucoup de choses qu'ils ne devraient pas faire. S'ils agissent simplement sur la base de ce savoir, leurs autres questions seront simplement des questions académiques. Tôt ou tard, ces autres questions trouveront leurs réponses, des réponses qui ne seront pas simplement apprises, mais qui auront été gagnées.

ANNEXES

Annexe 1

Développement des 4 intelligences – Guide d'actions pratiques

DÉVELOPPEMENT DE L'INTELLIGENCE PHYSIQUE – QP

Commençons par le corps (QP), qui est l'instrument du mental, du cœur et de l'esprit. Si nous pouvons subordonner le corps à l'esprit – c'est-à-dire subordonner nos appétits et nos passions à notre conscience – nous sommes alors maîtres de nous-mêmes. Les gens dont les vies sont fonction de leurs appétits et de leurs passions au lieu de leur conscience ne peuvent pas donner d'eux-mêmes. Leur espace entre le stimulus et la réponse s'en trouve réduit – ils perdent leur liberté personnelle, tout en pensant qu'ils l'exercent. Le corps est un bon serviteur mais un mauvais maître.

LE PRÉCEPTE GREC recommandant la maîtrise de soi – « connais-toi, contrôle-toi, donne-toi » – formule magnifiquement ces mêmes idées. Je pense qu'il y a trois façons de développer notre intelligence physique : *une saine alimentation, des exercices réguliers et équilibrés, un repos approprié et la relaxation couplée à une gestion du stress et à des mesures de prévention* (voir figure A1.1).

QP	DÉVELOPPEMENT DES TROIS PRINCIPALES COMPOSANTES DE L'INTELLIGENCE PHYSIQUE
	Saine alimentation
	Exercices réguliers et équilibrés
	Repos approprié, relaxation, gestion du stress et prévention

Figure A1.1

> *Les résultats de recherches montrent désormais clairement que l'inaptitude à se gérer soi-même provoque le vieillissement prématuré, la confusion mentale, et peut même bloquer l'accès à notre intelligence innée. Inversement, une augmentation de la cohérence intérieure entraîne une meilleure efficacité de tous les systèmes physiologiques, ainsi qu'une créativité, une adaptabilité et une souplesse supérieures.*
>
> DOC CHILDRE et BRUCE CRYER

Ces trois points d'hygiène de vie physique sont compris et acceptés par la plupart des gens du monde civilisé comme étant ce que nous dicte le bon sens. Mais ils ne sont pas couramment pratiqués.

Dans leur livre, *The Power of Full Engagement*, Jim Loehr et Tony Schwartz soulignent que la gestion de l'énergie, non celle du temps, est la clé d'une performance élevée et du renouvellement personnel. Ils reconnaissent l'intérêt de la gestion du temps, mais affirment que le critère le plus important de l'utilisation du temps est la gestion de l'énergie. Se basant sur les lois naturelles auxquelles sont soumis les humains, ils recommandent de respecter le cycle d'alternance entre l'activité ou la performance d'une part, le repos et le renouvellement d'autre part. Leur approche est celle de la personne entière : corps, mental, cœur et esprit. Ils soulignent l'importance des habitudes, qu'ils appellent des rituels, pour augmenter notre énergie et nos performances.

Saine alimentation

La plupart d'entre nous savent ce qu'ils devraient et ne devraient pas manger. L'important est l'équilibre. Bien que non-diététicien, je sais, comme vous aussi sans doute, que notre corps et notre système immunitaire sont renforcés quand nous mangeons des grains entiers, des légumes, des fruits et des sources de protéines non grasses, que la viande consommée (de préférence en faible quantité) devrait être maigre, et qu'il est recommandé de manger du poisson régulièrement. Vous savez aussi qu'il vaut mieux éviter les aliments riches en sucre et en acides gras saturés. Il faut aussi savoir s'arrêter de manger dès que la faim est satisfaite et surtout ne pas se goinfrer jusqu'à l'inconfort. Enfin, il convient de boire beaucoup d'eau – de six à dix verres par jour. L'absorption d'eau contribue au fonctionnement optimal de toutes les fonctions corporelles et est le complément indispensable d'une nutrition équilibrée et d'une activité physique régulière.

Je crois aussi pour ma part à l'efficacité du jeûne occasionnel, consistant à sauter un repas ou deux pour reposer le système digestif et le nettoyer. Dans mon cas, le principal bienfait du jeûne n'est d'ailleurs pas sur le plan physique, mais aux plans mental et spirituel. Le principe du jeûne est d'ailleurs enseigné par la plupart des grandes religions comme un moyen d'assurer une plus grande maîtrise de soi, ainsi qu'une conscience plus profonde de notre état de dépendance.

Je pense que si vous contrôlez convenablement vos appétits, vous serez mieux en mesure de contrôler aussi vos passions et de purifier vos désirs. Vous éprouverez alors un réel sentiment d'humilité, qui vous aidera à mesurer plus clairement ce qui est vraiment important dans la vie.

Les questions d'alimentation sont l'affaire personnelle de chacun, qui doit décider ce que doit être dans son cas une alimentation saine. Je crois cependant que nous pouvons tous retirer de grands avantages d'une victoire privée sur le corps. Une victoire à ce niveau nous met sur la voie de victoires publiques dans nos relations avec les autres et nous prépare à réorienter notre vie vers le service et la contribution.

Exercices réguliers et équilibrés

Des exercices réguliers – activant le système cardio-vasculaire, développant la force et la souplesse – améliorent substantiellement la qualité de la vie et la longévité. Dans ce domaine également, il convient de trouver un bon équilibre. Notre société nous pousse à une vie sédentaire, dépourvue d'activité physique, mais il existe d'innombrables façons d'exercer régulièrement notre corps. Commencez par des exercices faciles, qui ne demandent pas beaucoup d'efforts. Faites quelque chose chaque jour, ou au moins trois à quatre fois par semaine. Choisissez une activité qui vous plaît et qui convient à vos besoins et à vos possibilités personnels. Consultez à cet égard votre médecin. Variez les types d'exercices pour développer différentes parties de votre corps et éviter l'ennui provoqué par la répétition. Certains adorent marcher, vigoureusement si possible. D'autres courent, nagent, jardinent ou font du vélo. D'autres enfin utilisent l'équipement des salles de gym prévu pour développer ou entretenir le système cardio-vasculaire, comme les tapis de course, les vélos fixes, les rameurs, les elliptiques, etc.

L'haltérophilie, comme d'autres sports visant à développer les muscles, a de nombreux avantages pour des gens de tous âges. Cette activité peut non seulement améliorer la force, la posture, l'énergie, mais aussi stopper la détérioration des os et augmenter l'aptitude du corps à brûler des calories.

Je retire personnellement de grands avantages d'exercices réguliers et équilibrés. Dans mon cas, le plus grand avantage est d'ordre mental et spirituel, mais je sais que de nombreuses recherches ont mis en évidence les bienfaits physiques d'une pratique régulière. Les exercices d'aérobic, comportant l'usage des gros muscles des jambes pour renforcer le cœur et le système circulatoire, ont toujours constitué la base de mon programme d'exercices.

Mon exercice d'aérobic préféré est la course à pied, mais je me suis endommagé les genoux par la pratique de diverses activités sportives et je dois maintenant me contenter d'utiliser une bicyclette fixe. J'ai cependant constaté que quand je suis sur mon vélo, je peux faire d'autres choses. Je peux parler au téléphone et traiter mes affaires, même si je halète comme un cheval au galop. Je peux aussi regarder des émissions de télé pour me distraire ou me former. Je peux avoir des conversations intéressantes avec ma femme, mes enfants ou des amis qui s'exercent en même temps. Nous nous encourageons mutuellement et nous échangeons des idées sur ce qui marche ou non.

J'ai également découvert qu'il est important de tonifier les muscles et de faire des exercices pour entretenir la souplesse. J'ai le souvenir d'un moniteur qui est venu me conseiller au cours de l'exercice dit « *bench press* » (allongé sur le dos, vous soulevez une barre alourdie par des poids). Il me dit de continuer le plus longtemps possible, puis d'en faire encore un autre. Je lui ai demandé pourquoi, et il m'a répondu que la majeure partie des avantages de l'exercice se manifeste tout à la fin quand la fibre musculaire est épuisée et se rompt (causant la douleur), mais est reconstituée et renforcée au bout de quarante-huit heures. Ce fut pour moi une expérience fascinante et pleine d'enseignement, car je voulais m'arrêter, étant fatigué et ayant mal. Mais il se tenait au-dessus de moi et me dit : « Je tiendrai la barre dès que tu ne pourras plus aller plus loin. » C'est une excellente métaphore pour les trois autres dimensions de la vie. Si nous allons au bout de nos possibilités, notre capacité d'action s'accroît. Voici ce que dit Emerson à ce sujet : « Ce que nous persistons à faire devient plus facile, non que la nature de la chose ait changé, mais notre capacité de faire s'est augmentée. »

Je m'applique à faire des exercices d'aérobic cinq ou six jours par semaine, à tonifier mes muscles trois jours par semaine et à faire des exercices d'étirement tels que du yoga six fois par semaine. J'ai aussi pratiqué avec bonheur la méthode Pilates qui vise à l'amélioration du rendement musculaire. Chacun doit étudier sa situation particulière et décider ce qui est le plus approprié. Mais je suis convaincu que l'exercice augmente notre self-control, qu'il a des effets bénéfiques sur tous les aspects de notre vie et contribue notamment à étendre chez ses adeptes l'espace entre le stimulus et la réponse.

Lorsque j'enseignais des semestres complets à l'université, j'encourageais les étudiants à développer leurs propres objectifs à atteindre pour chaque semestre. Une grande majorité des étudiants sélectionnaient comme l'un de leurs objectifs de manger correctement et de faire régulièrement des exercices physiques. C'était ce que j'appellerais un accord « gagnant/gagnant », car une fois cet accord approuvé, ils en étaient responsables et devaient en rendre compte. Ils devaient aussi faire part aux autres de ce que ces expériences leur avaient appris, et se noter par rapport aux objectifs qu'ils avaient sélectionnés. Cette évaluation représentant une part importante de la note qui leur était attribuée pour le cours, ils étaient motivés tant de façon interne que de manière externe. Certains étudiants ne voulaient pas se préoccuper de cet aspect physique, ce qui était parfaitement admissible – ils choisissaient d'autres objectifs sur lesquels ils seraient notés et qu'ils pensaient devoir réaliser.

J'ai pu mesurer les bienfaits qu'ont retirés de leurs résolutions ceux qui ont vaincu leurs habitudes de consommation de sucre et de nourritures malsaines et se sont imposé un minimum de trente minutes d'exercice trois fois par semaine. Cultiver ces nouvelles habitudes et se défaire de leurs anciennes avait de telles répercussions que toutes leurs relations s'en trouvaient transformées. Ces changements affectaient leur énergie, leur vivacité mentale, et développaient leur maîtrise de soi. À la fin du semestre, ceux qui n'avaient pas choisi d'objectifs physiques le regrettaient en entendant les témoignages de ceux qui l'avaient fait et qui avaient atteint leurs objectifs.

Songez qu'il y a 168 heures dans une semaine. Si vous consacrez seulement deux ou trois heures sur ces 168 à aiguiser vos facultés physiques, vous améliorerez la qualité des 165 ou 166 heures restantes, par exemple la profondeur et l'efficacité de votre sommeil, et vos bonnes habitudes physiques auront aussi un effet positif sur votre bien-être et votre efficacité durant vos heures de veille.

Repos approprié, relaxation, gestion du stress et prévention

Le Dr Hans Selye, un pionnier et une autorité dans le domaine du stress, nous a appris qu'il y a deux sortes de stress : le stress négatif et le stress positif ou eustress. Le stress négatif se manifeste quand vous détestez votre travail, quand vous souffrez des multiples pressions de la vie, et pensez être une victime. L'eustress correspond à la tension entre le point où nous sommes et celui où nous voulons aller – un objectif, un projet ou une cause sensés qui nous stimulent et font appel à nos talents et à notre passion, pour tout dire, à notre voix. Sur la base de recherches empiriques, Hans Selye a montré que l'eustress galvanise le système immunitaire, augmente la longévité et le bonheur de vivre. Par conséquent, nous ne devons pas éviter la bonne sorte de stress, l'eustress ou stress positif. Il nous rend plus fort et augmente nos capacités. D'où la nécessité d'une gestion du stress, pour éliminer les causes de mauvais stress et prévoir des périodes de repos et de relaxation. Selye a dit que les femmes vivent environ sept ans de plus que les hommes pour des raisons d'ordre psychologique ou spirituel, non pour des raisons d'ordre physiologique. « Le travail d'une femme n'est jamais terminé. »

Les milieux médicaux s'accordent généralement sur le fait qu'au moins deux tiers de toutes les maladies sont causés par les choix de style de vie que font les gens. Ces choix peuvent être une mauvaise alimentation, le tabac, un manque de repos et de relaxation, la tentative de brûler la chandelle par les deux bouts, et bien d'autres mauvais traitements infligés au corps. Beaucoup de gens attribuent diverses maladies à des facteurs génétiques, mais comme nous l'avons dit et répété, il y a toujours un espace entre le stimulus et la réponse, et lorsque les gens sont au courant de cet espace et de leur propre capacité à faire des choix basés sur des principes, ils ne sont pas nécessairement victimes des maladies auxquelles leurs gènes les prédisposent. Même la plupart des cancers peuvent être guéris s'ils sont détectés précocement.

La médecine occidentale se concentre principalement sur le traitement et non sur la prévention, et le traitement est le plus souvent un traitement chimique ou chirurgical. J'aimerais que le paradigme médical s'élargisse, s'approfondisse, devienne plus complémentaire et comprenne des thérapies alternatives empiriquement validées.

Je pense qu'il importe de se soumettre à de fréquents check-up, au moins une fois par an. J'ai moi-même un docteur qui me soigne et un autre chargé de la prévention, et je respecte soigneusement leurs avis. J'ai appris que le principe le plus fondamental est de prendre la responsabilité de notre propre santé. Nous devons poser des questions, nous impliquer fortement, étudier, demander d'autres avis, examiner des formes de traitement alternatives, et non nous débarrasser de la responsabilité de notre santé et de notre bien-être sur une personne ou une institution extérieures.

NÉGLIGENCE DU DÉVELOPPEMENT ET DE LA SANTÉ DU CORPS

Dès lors que le corps est négligé, les trois autres éléments de notre personne en subissent les effets. Nous ne perdons pas seulement notre santé, mais nos facultés mentales s'affaiblissent, nous sommes moins concentrés, créatifs, endurants, résistants, courageux, notre capacité d'apprentissage diminue, nous retenons moins bien ce que nous avons appris. Si au contraire nous prenons de l'exercice, nous nous reposons et mangeons comme il se doit, nous conservons notre concentration mentale, notre résistance, ainsi que notre soif d'apprendre.

Qu'arrive-t-il à notre intelligence *émotionnelle*, à notre cœur, quand nous négligeons notre corps – quand nous cédons à nos appétits et à nos passions ? La patience, l'affection, la compréhension, l'empathie, l'aptitude à écouter et la compassion s'en trouvent affectées – ces vertus ne sont plus alors que des mots creux privés du sang et de la chair qui les font vivre.

J'ai appris pour ma part que si je prends un engagement envers moi-même en ce qui concerne mon régime alimentaire, l'exercice (ou n'importe quoi d'autre), et que je ne le tiens pas, je deviens clairement moins sensible aux besoins et aux sentiments des autres. Je suis furieux contre moi-même, et mon intégrité s'en ressent. Ce n'est que lorsque je me ressaisis, que je m'engage à nouveau et qu'ensuite je tiens mes promesses que je parviens de nouveau à m'oublier et à éprouver de l'empathie pour les autres.

> *Un homme qui cède à la tentation au bout de cinq minutes ne sait tout simplement pas ce qu'il aurait éprouvé une heure plus tard. C'est pourquoi les mauvaises gens, en un sens, savent très peu de choses sur le mal. Le fait qu'ils cèdent régulièrement leur permet de vivre à l'abri de la connaissance du mal.*
>
> C. S. LEWIS

Qu'arrive-t-il à notre *esprit*, à notre paix de l'âme ? Notre affaiblissement physique affecte notre désir de servir, de contribuer, nous sommes moins disposés à nous sacrifier, à nous subordonner à une cause plus élevée ; notre conscience s'émousse, nous cédons à presque n'importe quelle tentation. Toute perte d'intégrité personnelle me rend plus égocentrique, plus égoïste. Cependant, si je prends la résolution de vivre selon les principes et selon ma conscience, ma détermination de servir et de contribuer de façon significative se rétablit.

Le maintien et le développement de la maîtrise du corps ont une importance primordiale. Il s'agit d'ailleurs de choses très concrètes, se prêtant à des actions immédiates. Dès lors que nous maîtrisons les appétits du corps et renforçons son intelligence, nous voyons l'espace s'élargir entre le stimulus et la réponse, et nous pouvons en mesurer les effets bénéfiques sur les plans mental, émotionnel et spirituel.

La plupart des gens reconnaissent qu'ils s'écartent de temps à autre du chemin de la sagesse. Mais s'ils écoutent sincèrement le *feedback* que leur donnent leur corps, leur mental, leur cœur et leur esprit, et s'ils font les adaptations requises, ils se retrouvent sur la bonne voie. Ce processus s'apparente au vol d'un avion. La plupart des avions s'écartent en permanence du chemin prévu, mais comme le pilote reçoit constamment un *feedback* de tous les instruments de bord, il opère les rectifications nécessaires. C'est ce qui permet à presque tous les vols d'atteindre la destination prévue par leur plan de vol.

La conscience d'une personne, si elle l'écoute, lui indiquera le chemin dans les trois autres domaines. Et mieux elle le suivra, plus ce chemin deviendra aisé à suivre, plus elle pourra donner d'elle-même. En mangeant sainement, en prenant de l'exercice, en nous reposant et en nous relaxant, nous améliorons nos capacités et nous renforçons le système immunitaire du corps et son aptitude à se reconstruire ; plus encore, nous libérons les trois autres intelligences du mental, du cœur et de l'esprit.

DÉVELOPPEMENT DE L'INTELLIGENCE MENTALE – QI

Il y a trois façons de développer notre QI : tout d'abord, *l'étude et la formation systématiques et disciplinées*, y compris l'étude de sujets extérieurs à son propre domaine de compétences ; deuxièmement, *la culture de la conscience de soi*, qui nous permet de rendre explicites nos présupposés pour penser « en dehors de la boîte » et en dehors de notre zone de confort ; troisièmement, *apprendre en enseignant et en faisant* (figure A1.2).

(QI) DÉVELOPPEMENT DES TROIS PRINCIPALES COMPOSANTES DE L'INTELLIGENCE MENTALE (QI)
Étude et formation systématiques, disciplinées et continues
Culture de la conscience de soi (rendre les suppositions explicites)
Apprendre en enseignant et en faisant

Figure A1.2

Étude et formation systématiques, disciplinées et continues

Les personnes qui s'obligent à un apprentissage, à une amélioration continuelle de leurs facultés sont en mesure de changer, de s'adapter et d'évoluer au gré des réalités changeantes de la vie, disposant de l'équipement fondamental qui leur permet d'être productives dans n'importe quel aspect de leur vie. Notre seule véritable sécurité au plan économique réside dans notre aptitude à satisfaire des besoins humains. Plus les conditions deviennent mauvaises, plus les besoins humains deviennent évidents. Notre sécurité n'est pas assurée par nos organisations ou nos jobs ; des technologies révolutionnaires peuvent simplement les rendre obsolètes. Mais si nous avons des esprits solides, actifs, vifs, avides d'apprendre, nous serons toujours en mesure de rebondir et de retomber sur nos pieds. L'idée que le QI est un élément immuable est reléguée depuis longtemps au rang des absurdités dûment démontrées. Plus le mental est utilisé, plus il se renforce ; plus le mental se met en phase avec la conscience, plus il devient sage.

Je crois que nous devrions accorder à la télévision une place négligeable dans nos vies et revenir à la lecture – des lectures larges, profondes, extérieures à notre zone de confort et extérieures à nos domaines professionnels. Par exemple, parmi d'autres magazines, j'aime lire *Scientific American, The Economist, Psychology Today, Harvard Business Review, Fortune* et *Business Week*. Ma femme m'encourage constamment à lire des ouvrages de fiction, des biographies et des autobiographies, qui sont les ouvrages auxquels elle s'intéresse plus particulièrement. Je pense qu'il s'agit d'un précieux conseil. On m'adresse aussi de nombreux livres en me suggérant de les recommander, et je dois les lire rapidement en consultant la table des matières et en examinant le style de l'auteur, pour découvrir où les idées principales sont exprimées ou résumées. Je peux ainsi capter l'essence de nombreux livres en une journée environ.

Une autre approche intéressante et utile de la formation consiste à analyser le contenu des conférences auxquelles vous assistez et des livres que vous lisez pour en extraire quatre éléments : d'abord, *le but* ; ensuite, *le point essentiel* ; troisièmement, *la validation* – autrement dit, les preuves ; et quatrièmement, *l'application* – autrement dit, les exemples et les anecdotes. J'ai constaté qu'en s'habituant à penser selon ces critères en lisant ou en écoutant, il est possible de capter et de comprendre le contenu de façon immédiate et très complète, presque au point d'être en mesure de faire soi-même une présentation à laquelle on vient d'assister, comme si l'on avait passé plusieurs fois autant de temps à en acquérir la compréhension.

Mais en réalité, chacun doit choisir lui-même la meilleure manière d'assurer sa formation continue. À l'époque de l'ouvrier du savoir, la formation continue est vitale. Demandez-vous à quoi vous passez votre temps et combien de temps vous gaspillez, puis disciplinez-vous. Vous en retirerez des dividendes considérables. La plupart des gens disent qu'ils sont si occupés qu'ils n'ont pas beaucoup de temps pour lire – ni même du temps à consacrer à leurs enfants. En réalité, les gens passent environ la moitié de leur temps à faire des choses qui ne sont pas importantes, bien qu'urgentes. Plus une personne se discipline pour se focaliser sur les choses extrêmement importantes, mieux elle peut dire « oui » du fond du cœur aux activités correspondantes, plus il lui est facile de dire « non », en souriant, allègrement et avec bonne conscience, aux inévitables et nombreuses autres sollicitations qui tentent de détourner son attention.

Culture de la conscience de soi (rendre les suppositions explicites)

La conscience de soi met en jeu les quatre intelligences et est particulière aux humains. C'est en fait un autre mot pour désigner l'espace entre le stimulus et la réponse – l'intervalle de temps où vous marquez une pause pour faire un choix ou prendre une décision.

Cultiver notre conscience de soi en essayant de comprendre et de rendre explicites nos hypothèses sous-jacentes, nos théories et nos paradigmes est sans conteste l'une des activités les plus payantes. Comme nous faisons toujours des suppositions et comme elles sont très *implicites* (nous ne nous rendons pas compte que nous les faisons), en les rendant *explicites*, nous pouvons faire faire à notre intellect un véritable bond en avant. Nous pouvons apprendre à penser « en dehors de la boîte ».

Je vous propose d'illustrer ce propos par une expérience, appelée l'exercice des neuf points. Même si vous avez déjà fait cet exercice, je vous engage à le refaire, pour mieux vous persuader de l'intérêt qu'il y a à rendre vos suppositions explicites et à penser en dehors de la boîte.

En utilisant les neuf points de la figure A1.3 et sans lever le stylo ou le crayon de la feuille de papier, tracez quatre lignes droites contiguës passant par ces neuf points.

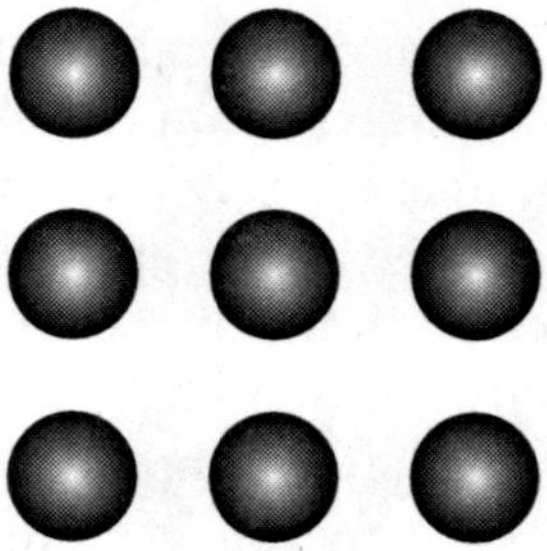

Figure A1-3

Vous n'y arrivez pas ? Dans ce cas, essayez de nouveau, mais pensez en dehors de la boîte définie par les points. (C'est de cet exercice que vient l'expression « penser en dehors de la boîte ».) Remarquez ce que vous êtes en train de faire maintenant. Vous pensez à la façon dont vous pensez. Aucun animal ne peut en faire autant. C'est pourquoi aucun animal ne peut se réinventer. Vous et moi le pouvons. Pourquoi ? Nous pouvons examiner nos suppositions. Maintenant essayez de nouveau.

Voyons ce qui se passe quand vous pensez en dehors de la boîte. Tracez la première ligne de telle sorte qu'elle quitte la boîte (figure A1.4).

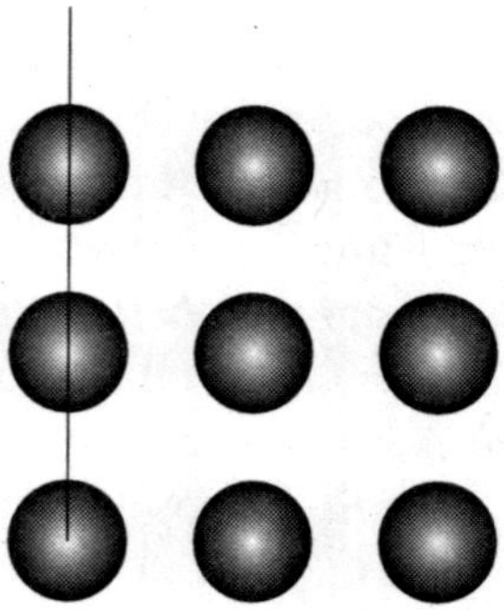

Figure A1-4

Puis la deuxième, la troisième et la quatrième ligne (figure A1.5).

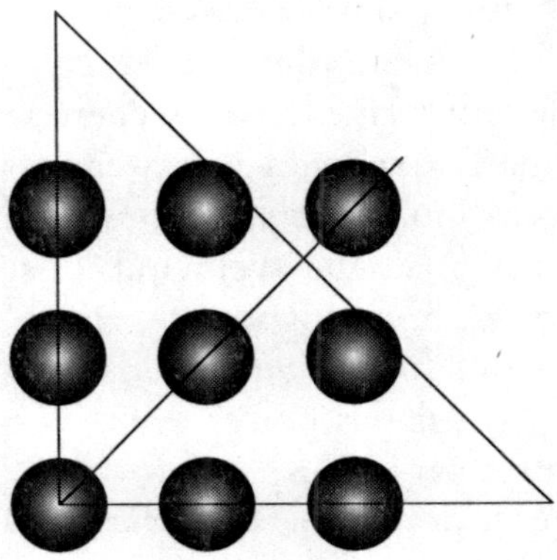

Figure A1-5

OK. Passons à un autre exercice avec cette même figure. Tracez maintenant une seule ligne droite passant par tous les neuf points. Que supposez-vous ? Une ligne droite qui passe par les mêmes neuf points. Vous ne pouvez pas déplacer les points. Que supposez-vous ?

L'épaisseur de la ligne (voir figure A1.6)

Il existe d'autres approches pour cultiver la conscience de soi. Ma fille, Colleen, tient probablement différents journaux remplis de ses pensées écrites seulement pour ses yeux. La tenue de journaux l'a rendue capable d'observer ce dans quoi elle s'est impliquée dans sa vie, et ainsi de faire des choix basés sur ces observations. Elle a développé la capacité à se réinventer en un instant, grâce à sa conscience de soi qui est particulièrement profonde et forte. Je l'ai vue prendre d'importantes décisions sous l'empire de sa conscience – c'est-à-dire son intelligence spirituelle – sans tenir compte de son QI ni de son QE, et constater ensuite que les trois étaient en harmonie.

Il est pénible de s'astreindre à mettre ses pensées par écrit, mais cette discipline clarifie la pensée et a de puissants effets. Un échec dont on apprend devient un succès. De sorte qu'il n'y a plus de véritables échecs, seulement des expériences dont les enseignements sont mis à profit plus tard dans la vie.

Une autre façon de développer la conscience de soi et des autres et de rendre les suppositions explicites consiste à solliciter le *feedback* des autres. Nous avons tous nos points aveugles. Certains nous paralysent littéralement. Mais si nous cultivons l'habitude, de manière informelle ou formelle, de rechercher le *feedback* des autres – de personnes auxquelles nous tenons ou avec qui nous vivons et travaillons – nous progresserons beaucoup plus rapidement. Ce processus est analogue à celui qui consiste à comparer une organisation avec ses homologues de classe mondiale, plutôt qu'avec ses concurrents locaux ou régionaux. Il nous donne souvent des informations sur des points aveugles qui sont également aveugles pour d'autres personnes.

Beaucoup de gens, dont moi, considèrent la prière sincère, la prière de réflexion, la prière d'écoute, comme un moyen de détecter la direction indiquée par la conscience et de voir la vie comme une mission, comme une occasion de servir comme gardien et contributeur. La prière peut aussi donner la force et le courage de prendre du recul, d'admettre ses fautes auprès des autres, de demander pardon, de renouveler ses engagements et de reprendre le droit chemin.

Apprendre en enseignant et en faisant

Ce point a été traité au chapitre 3, mais en voici la substance. Presque tout le monde reconnaît que la meilleure façon d'apprendre est d'enseigner ce que l'on veut apprendre, et que ce que l'on apprend n'est « internalisé » qu'en le pratiquant. Savoir et ne pas faire est en réalité ne pas savoir. Autrement dit, comprendre quelque chose mais ne pas l'appliquer est en réalité ne pas comprendre. C'est seulement en faisant, en appliquant, que le savoir et la compréhension sont « internalisés ».

Négligence du développement de l'intellect

Nous vivons dans un monde caractérisé par la complexité et la vitesse électronique. Les marchés et les technologies se mondialisent. Une nouvelle forme de terrorisme – avec d'éventuelles conséquences dévastatrices affectant le monde entier – engendre la crainte dans tous les cœurs. Des communautés entières voient leurs valeurs mises en cause dans la confusion et le vertige. Les familles sont soumises à un stress sans précédent. Le moteur dont nous disposons pour surmonter ces défis est notre intellect, notre aptitude à penser. Si nous le négligeons, le *corps* lui-même en souffrira. Comme l'a dit quelqu'un : « Si vous pensez que l'éducation coûte cher, essayez un peu l'ignorance. » L'impératif moral de la vie est de grandir ou de périr. Beaucoup de professions n'ont plus que quelques années devant elles. Si nous transférons la responsabilité de notre développement mental à l'organisation qui nous emploie, nous devenons alors de plus en plus codépendants et nous risquons de devenir professionnellement obsolètes. Négliger notre formation réduit notre aptitude à gagner notre vie ; nous pouvons perdre notre job. Notre corps se détériore plus rapidement ; nous mourons plus tôt.

Quelle est l'incidence sur le *cœur*, sur les relations, quand nous négligeons de développer constamment notre intellect ? Nous sommes alors gouvernés de plus en plus par l'ignorance, par les préjugés, les stéréotypes et l'étiquetage sommaire. Nous en arrivons à l'esprit de clocher et même au narcissisme ou à la paranoïa ; notre vision de l'existence devient myope, étroite et se focalise sur nous-mêmes.

Comment cesser d'apprendre affecte notre *esprit* ? La conscience devient moins sensible, elle s'émousse, puis nous la réduisons au silence, car elle nous dit constamment d'apprendre et de grandir. Nous perdons notre vision de la vie et nous renonçons aux efforts nécessaires pour trouver notre voix, alors que la vision et la voix sont les deux grandes sources de passion dans la vie. La littérature enseignant la sagesse nous paraît ennuyeuse, elle ne nous inspire pas, ne semble plus avoir d'importance.

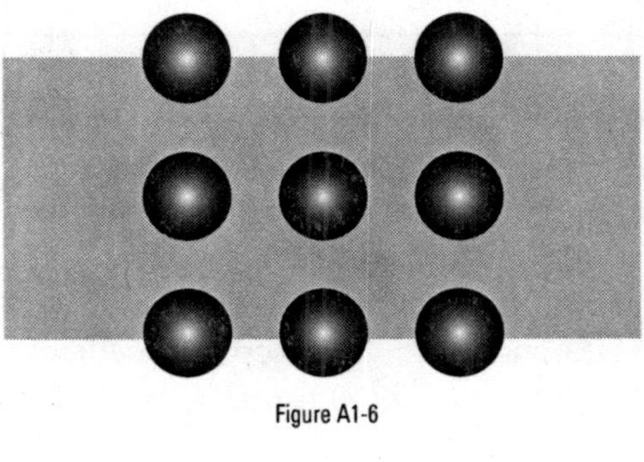

Figure A1-6

DÉVELOPPEMENT DE L'INTELLIGENCE ÉMOTIONNELLE – QE

L'étude de la littérature relative à l'intelligence émotionnelle nous révèle d'une part son importance pour l'efficacité à long terme, et d'autre part que le QE peut être développé. Cependant les ouvrages disent très peu de choses sur la façon de le développer.

Les cinq composantes principales de l'intelligence émotionnelle reconnues par la plupart des auteurs sont la *conscience de soi*, qui est l'aptitude à réfléchir sur sa propre vie, à se mieux connaître et tirer parti de cette connaissance pour progresser ou compenser ses faiblesses ; deuxièmement, la *motivation personnelle*, qui porte sur ce qui nous fait vraiment bouger – la vision, les valeurs, les objectifs, les espoirs, les désirs et les passions qui définissent nos priorités ; troisièmement l'*autorégulation*, qui consiste à nous manager nous-mêmes en vue d'accomplir notre vision et nos valeurs ; quatrièmement, l'*empathie*, ou aptitude à voir comment les autres voient, et à sentir ce qu'ils ressentent ; et cinquièmement, les *facultés sociales et de communication*, qui concernent la façon dont les gens parviennent à régler leurs désaccords, à résoudre ensemble des problèmes, à créer des solutions créatives et à interagir de façon optimale pour atteindre des objectifs communs (figure A1.7).

QE	LES CINQ PRINCIPALES COMPOSANTES DE L'INTELLIGENCE ÉMOTIONNELLE
	Conscience de soi
	Motivation personnelle
	Autorégulation
	Empathie
	Facultés de communication sociale

Figure A1.7

J'ai acquis la conviction que la façon la meilleure et la plus systématique de développer ces cinq dimensions du QE est la pratique des 7 habitudes de ceux qui réalisent tout ce qu'ils entreprennent. Les 7 habitudes ne peuvent être présentées ici de manière suffisante pour en tirer profit – comme le permet la lecture du livre correspondant –, mais la figure A1.8 donne un aperçu du principe essentiel de chacune d'elles, et vous pouvez aussi vous reporter au chapitre 8, qui en contient la description succincte.

PRINCIPES MIS EN ŒUVRE DANS LES 7 HABITUDES	
Habitude	**Principe**
❶ Soyez proactif	Responsabilité/initiative
❷ Sachez dès le départ où vous voulez aller	Vision/valeurs
❸ Donnez la priorité aux priorités	Intégrité/exécution
❹ Pensez gagnant/gagnant	Respect et bénéfice mutuel
❺ Cherchez d'abord à comprendre…	Compréhension mutuelle
❻ Profitez de la synergie	Coopération créative
❼ Aiguisez vos facultés	Renouvellement

Figure A1.8

Développer les quatre dimensions du QE par les 7 habitudes

Examinons les cinq éléments de l'intelligence émotionnelle en relation avec les 7 habitudes (figure A1.9) :

QE	DÉVELOPPEMENT DES CINQ COMPOSANTES DE L'INTELLIGENCE ÉMOTIONNELLE (QE) PAR LES 7 HABITUDES
Conscience de soi	**❶ Soyez proactif**
Motivation personnelle	**❷ Sachez dès le départ où vous voulez aller**
Autorégulation	**❸ Donnez la priorité aux priorités** **❼ Aiguisez vos facultés**
Empathie	**❺ Cherchez d'abord à comprendre, ensuite à être compris**
Facultés de communication sociale	**❹ Pensez gagnant/gagnant** **❺ Cherchez d'abord à comprendre, ensuite à être compris** **❻ Profitez de la synergie**

Figure A1-9

Conscience de soi

La *conscience de soi*, de notre liberté et de notre pouvoir de choisir est au cœur de l'habitude n° 1, « Soyez proactif » – en d'autres termes, vous êtes conscient de l'espace entre le stimulus et la réponse, vous êtes conscient de votre héritage génétique et biologique, de la façon dont vous avez été élevé et des forces qui vous entourent. Contrairement aux animaux, vous pouvez faire des choix relatifs à tous ces éléments. Vous êtes conscient que vous êtes ou que vous pouvez devenir la force créatrice de votre propre vie. C'est là votre décision la plus *fondamentale*.

Motivation personnelle

La *motivation personnelle* est la base de ces choix que vous faites – vous décidez quels sont vos plus hautes priorités, vos objectifs et vos valeurs ; c'est le domaine de l'habitude n° 2, « Sachez dès le départ où vous voulez aller ». Cette décision de conduire votre propre vie est votre décision *primaire*.

Autorégulation

L'*autorégulation* est une autre façon d'exprimer les habitudes n° 3, « Donnez la priorité aux priorités », et n° 7, « Aiguisez vos facultés ». En d'autres termes, une fois que vous avez décidé quelles sont vos priorités, vous pouvez vivre selon ces priorités ; c'est l'habitude de l'intégrité, de la maîtrise de soi, consistant à faire ce que vous avez l'intention de faire ; de vivre selon vos valeurs. Puis renouvelez-vous constamment. La réalisation des stratégies et les décisions tactiques sont vos décisions *secondaires*.

Empathie

L'*empathie* est la première moitié de l'habitude n° 5, « Cherchez d'abord à comprendre, puis à être compris ». Elle revient à transcender votre propre biographie pour pénétrer dans la tête et le cœur d'autres personnes. Elle consiste à être très sensible à une situation donnée avant de tenter d'être compris, d'influencer les autres, de prendre des décisions ou de porter des jugements.

Facultés de communication sociale

La combinaison des habitudes numéros 4, 5 et 6 représente les *facultés de communication sociale*. Vous prêtez attention au bénéfice mutuel et au respect mutuel (habitude n° 4 « Pensez gagnant/gagnant »), vous vous efforcer d'établir une compréhension mutuelle (habitude n° 5 « Cherchez d'abord à comprendre, puis à être compris »), en vue d'une coopération créative (habitude n° 6 « Profitez de la synergie »).

Je dois reconnaître que les liens entre les 7 habitudes et le développement des cinq dimensions de l'intelligence émotionnelle sont présentés ici de façon assez sommaire. Si vous désirez sincèrement développer une plus grande intelligence émotionnelle, je vous recommande vivement d'étudier et de vous efforcer de pratiquer les *7 habitudes de ceux qui réalisent tout ce qu'ils entreprennent*. Ne voyez nullement dans cette recommandation un désir de faire la promotion de mon propre ouvrage, mais seulement ma conviction de la puissance des principes universels, éternels et évidents qu'il contient – des principes dont je ne m'attribue pas le crédit, car ils appartiennent à toute l'humanité et se retrouvent dans chaque nation, société, religion ou communauté qui a perduré et prospéré.

Négligence de l'intelligence émotionnelle

Les auteurs Doc Childre et Bruce Cryer décrivent l'impact sur le *corps* d'une ignorance de la voix intelligente du cœur. « La capacité intellectuelle est diminuée quand la frustration, l'anxiété ou le trouble intérieur se manifestent. Ces états émotionnels provoquent l'incohérence du fonctionnement rythmique et électrique du cœur, et diminuent l'efficacité neurologique. C'est l'une des raisons qui poussent des gens intelligents à faire des choses stupides. Quand vous faites de la cohérence intérieure une priorité quotidienne, vous économisez du temps et de l'énergie. » Ils expliquent aussi ceci : « Notre système immunitaire est affaibli quand nous agissons à l'encontre de nos valeurs les plus profondes et de notre conscience, alors qu'il se renforce quand nous éprouvons ou exprimons un amour ou une amitié sincères. L'organisation HeartMath a démontré scientifiquement cette relation au niveau de l'immunité personnelle – n'êtes-vous jamais tombé malade à la suite d'une querelle majeure ou en apprenant l'annulation d'une initiative importante sur laquelle vous avez travaillé pendant des mois ? – et même au niveau organisationnel, auquel cas elle parle d'un virus émotionnel qui sape l'esprit, la vitalité et le moral des troupes. »

Si nous négligeons de développer notre intelligence émotionnelle, si nous ne parvenons pas à nous discipliner, à gagner les victoires privées qui conduisent à des victoires publiques, nous éprouverons des traumatismes émotionnels, nous souffrirons du stress et d'émotions destructrices telles que la colère, l'envie, la jalousie et des sentiments de culpabilité irrationnels. Quand une relation importante est tendue, brisée ou violée, elle a de l'impact sur le corps et affaiblit le système immunitaire. Les gens éprouvent des maux de tête et des maladies psychosomatiques diverses. Leur *intellect* en souffre, ils ont du mal à se concentrer, sont distraits, perdent la faculté de penser de manière abstraite, prudente, analytique ou créative. Leur *esprit* lui-même s'en trouve affecté, ils sont déprimés et découragés. C'est alors que les gens se considèrent comme des victimes et se désespèrent, parfois au point de devenir suicidaires. C'est pourquoi il est si important de nourrir des relations avec d'autres personnes et avec nous-mêmes.

DÉVELOPPEMENT DE L'INTELLIGENCE SPIRITUELLE – QS

Le but de l'éducation est de former des hommes complets, à la fois en compétence et en conscience. Car développer la puissance de la compétence sans créer en même temps le moyen d'en guider l'usage serait donner une mauvaise éducation. De plus, la compétence finirait par se détacher complètement de la conscience.

JOHN SLOAN DICKEY

Je propose trois moyens pour développer l'intelligence spirituelle : en premier, l'*intégrité* – qui consiste à être fidèle à ses valeurs les plus hautes, à ses convictions et à sa conscience, et à établir une relation avec l'Infini ; en second lieu, le *sens* – qui doit être une contribution à des personnes ou à des causes ; et troisièmement, la *voix* – qui revient à aligner notre travail avec nos talents ou nos dons propres.

QS DÉVELOPPEMENT DES TROIS PRINCIPALES COMPOSANTES DE L'INTELLIGENCE SPIRITUELLE (QI)
Intégrité
Compréhension
Voix

L'intégrité – faire et tenir des promesses

La meilleure façon de développer l'intégrité consiste à commencer petit, en faisant et en tenant des promesses. Des promesses qui sembleront petites et insignifiantes à d'autres mais qui vous demanderont de faire un effort sincère – dix minutes d'exercice, ne pas manger ce dessert, regarder la télévision une heure de moins par jour et lire à la place un chapitre d'un livre, exprimer en personne des remerciements, prier chaque jour, demander pardon ou lire des textes sacrés dix minutes par jour.

Quand vous faites une promesse et quand vous la tenez, votre capacité de faire et de tenir des promesses s'accroît. Continuez ainsi, et bientôt votre sens de l'honneur l'emportera sur vos humeurs. Vous développerez votre intégrité personnelle – vous serez intégré – qui sera une grande source de force intérieure. Cette approche revient à *allumer* en vous une petite flamme et à persévérer jusqu'à ce qu'elle devienne un feu de belles proportions.

L'intégrité – éduquer votre conscience et lui obéir

Une autre manière de développer l'intelligence spirituelle est d'éduquer la conscience et de lui obéir. Voici ce qu'écrivait Madame de Staël à ce sujet : « La voix de la conscience est si délicate qu'il est facile de l'étouffer, mais elle est si claire qu'il est impossible de ne pas la comprendre. » Si vous étudiez les ouvrages sur la sagesse que fournit votre propre tradition culturelle ou si vous étudiez les vies des personnes qui vous inspirent, vous entendrez la voix de votre conscience qui vous guide ; c'est une voix calme, et faible. Et il se produira ce que prédit C. S. Lewis : « Plus vous obéirez à votre conscience, plus votre conscience exigera de vous. » Elle ne se montre pas seulement plus exigeante, elle étend également vos capacités, vos intelligences et vos contributions. Vos talents deviennent deux fois plus nombreux quand vous utilisez ceux qui vous ont été donnés.

Trouver le sens et votre voix

Ce sujet est le thème essentiel de ce livre et en recouvre tout le contenu. Mais il existe un moyen simple pour trouver sa voix, il consiste à se demander simplement : « Qu'est-ce que la situation actuelle de ma vie me demande de faire maintenant ? Que dois-je faire eu égard à mes responsabilités, mes obligations actuelles ? Quelle action sage dois-je entreprendre ? » Si nous suivons les réponses que donne notre conscience, l'espace devient plus grand et notre conscience s'exprime avec plus de force.

L'objet de ma vie est d'unir
Ce qui me divertit et ma vocation
Comme les deux yeux de la vue.
Ce n'est que si l'amour et le besoin sont un
Et si le travail est un jeu sur terre
Que l'action est vraiment accomplie
Pour l'amour du ciel et de l'avenir
ROBERT FROST

Vous pouvez aussi trouver votre voix lors du choix d'une carrière, d'un travail ou d'une cause à laquelle vous voulez vous dévouer. Pensez à poser des questions de fond correspondant aux quatre intelligences – corps, mental, cœur et esprit. Qu'est-ce que j'aime vraiment faire et que je fais bien ? Dois-je le faire ? Puis-je en faire un gagne-pain ? Puis-je m'améliorer en le faisant ? Suis-je prêt à payer le prix de l'apprentissage ? Jim Collins, dans son ouvrage fascinant *Good to Great*, encourage les individus et les organisations à poser la question suivante : « En quoi puis-je être le meilleur du monde ? » Concernant cette question, je connais au moins une réponse correcte que devraient faire tous ceux d'entre nous qui sont des parents. Si nous le voulons, nous pouvons être les meilleurs du monde pour élever nos propres enfants. Personne n'y attache autant d'importance que nous.

> *D'ici à cent ans, cela n'aura plus d'importance de savoir quel type de voiture je conduisais, quel genre de maison j'habitais, combien d'argent j'avais à la banque, ni à quoi ressemblaient mes vêtements. Mais le monde pourra être un petit peu meilleur parce que j'étais important dans la vie d'un enfant.*
>
> Anonyme

Négliger, ignorer ou violer notre intelligence spirituelle

Qu'arrive-t-il au corps quand notre conscience et notre intégrité sont violées ? Vous pouvez le voir dans l'attitude des gens, dans leurs yeux. Généralement ils négligent leur corps ; ils sont souvent au bout du rouleau, s'ils ne sont pas déjà épuisés. Leur *mental* abonde en rationalisations, ce qui veut dire qu'ils se racontent des mensonges rationnels. Ils se sentent coupables, ce qui est une émotion très saine dans le cas d'une véritable violation de l'intégrité et de la conscience. Ils ne trouvent pas la paix ; leur jugement est faussé. L'université de Californie à Berkeley a un jour résumé des résultats de recherche par l'expression : « Aller bien en faisant le bien. »

Qu'arrive-t-il au *corps* ? Ces mêmes personnes perdent le contrôle de leurs émotions, leur aptitude à comprendre les autres, à éprouver de l'empathie. Leur aptitude à éprouver de la compassion et de l'amour pour les autres est sensiblement affaiblie.

Quand un homme devient meilleur, il comprend de plus en plus clairement le mal qui subsiste en lui. Quand un homme devient plus mauvais, il comprend de moins en moins le mal qui est en lui. Un homme modérément mauvais sait qu'il n'est pas très bon ; un homme complètement mauvais pense qu'il est très bien. C'est du bon sens à vrai dire. Vous comprenez le sommeil quand vous êtes éveillé, non quand vous dormez. Vous pouvez voir les erreurs d'arithmétique quand votre intellect fonctionne correctement ; en les faisant vous ne pouvez pas les voir. Les bonnes personnes connaissent le bien et le mal ; les mauvaises personnes ne connaissent ni l'un ni l'autre.

C. S. LEWIS

Annexe 2

Revue des théories du leadership dans la littérature

On peut reconnaître au XXe siècle cinq manières principales d'envisager le *leadership* ; les théories ont successivement insisté sur les traits de caractère, les comportements, l'influence associée au pouvoir, les facteurs environnementaux et l'intégration. Les théories du *leadership* antérieures à 1900, inspirées par la vie des grands hommes, ont suscité les premières théories du XXe siècle, qui mettaient l'accent sur le caractère. En réaction, d'autres théories mirent en avant la situation et les facteurs environnementaux. Puis des théories de l'intégration sont apparues, prenant en compte les personnes et les situations, la psychanalyse, les rôles, les changements, les objectifs et les événements imprévus. Les théories du *leadership* postérieures à 1970 s'articulent autour de ces théories fondamentales.

Théories du leadership : Revue de la littérature

Théorie	Auteurs représentatifs/Année	Résumé
Théories des grands hommes	Dowd (1936).	L'histoire et les institutions sociales sont modelées par les grands hommes ou femmes (par exemple, Moïse, Mohamed, Jeanne d'Arc, Washington, Gandhi, Churchill, etc.). Dowd (1936) affirmait : « Il n'y a pas de *leadership* par les masses. Les individus de chaque société possèdent différents degrés d'intelligence, d'énergie et de force morale, et quelle que soit la direction dans laquelle les masses se dirigent à la suite d'influences diverses, elles sont toujours dirigées par les quelques éléments supérieurs. »

Théories du leadership : Revue de la littérature (suite)

Théorie	Auteurs représentatifs/Année	Résumé
Théories des traits	L. L. Barnard (1926) ; Bingham (1927) ; Kilbourne (1935) ; Kirkpatrick & Locke (1991) ; Kohs & Irle (1920) ; Page (1935) ; Tead (1929).	Le leader est doté de traits supérieurs et de caractéristiques qui le différencient de ceux qui le suivent. Les recherches sur lesquelles reposent les théories des traits ont porté sur les deux questions suivantes : Quels traits distinguent les leaders des autres personnes ? Quelle est l'ampleur de ces différences ?
Théories des situations	Bogardus (1918) ; Hersey & Blanchard (1972) ; Hocking (1924) ; Person (1928) ; H. Spencer.	Le *leadership* résulte des exigences des situations : ce sont les facteurs caractérisant une situation, plutôt que l'héritage d'une personne, qui déterminent qui émergera comme leader. L'émergence d'un grand leader dépend de l'époque, du lieu et des circonstances.
Théories combinant les situations et les personnalités	Barnard (1938) ; Bass (1960) ; J. F. Brown (1936) ; Case (1933) ; C. A. Gibb (1947,1954) ; Jenkins (1947) ; Lapiere (1938) ; Murphy (1941) ; Westburgh (1931).	Les études en question combinent les traits affectifs, intellectuels, les modes d'action, avec les conditions dans lesquelles l'individu opère. Les conditions étudiées incluent : (1) les traits de personnalité, (2) la nature des groupes et de leurs membres et (3) les événements auxquels le groupe est confronté.
Théories psychanalytiques	Erikson (1964) ; Frank (1939) ; Freud (1913, 1922) ; Fromm (1941) ; H. Levison (1970) ; Wolman (1971).	Le leader opère selon le modèle du père : il est une source d'amour ou de crainte, il incarne le surmoi, la soupape émotionnelle pour les frustrations et l'agression destructive de ceux qui le suivent.
Théories humanistes	Argyris (1957, 1962, 1964) ; Blake & Mouton (1964, 1965) ; Hersey & Blanchard (1969, 1972) ; Likert (1961, 1967) ; Maslow (1965) ; McGregor (1960, 1966).	Les théories humanistes s'intéressent au développement de l'individu au sein d'organisations efficaces et cohésives. Les tenants de cette perspective théorique supposent que les êtres humains sont des êtres motivés par nature et que les organisations sont par nature structurées et contrôlées. Selon eux, le *leadership* doit modifier les contraintes organisationnelles pour permettre aux individus de réaliser pleinement leur potentiel et contribuer aux objectifs de l'organisation.
Théories du rôle du leader	Homans (1950) ; Kahn & Quinn (1970) ; Kerr & Jermier (1978) ; Mintzberg (1973) ; Osborn & Hunt (1975).	Les caractéristiques de l'individu et les exigences de la situation interagissent pour permettre à un ou quelques individus d'émerger en tant que leaders. Les groupes sont structurés sur la base des interactions entre les membres du groupe, et le groupe s'organise selon différents rôles et différentes positions. Le *leadership* est l'un de ces rôles différenciés, et la personne dans cette position doit se comporter différemment des autres membres du groupe. Les leaders se comportent selon la manière dont ils perçoivent leur

Théories du leadership : Revue de la littérature (suite)

Théorie	Auteurs représentatifs/Année	Résumé
		rôle et selon ce que les autres s'attendent à ce qu'ils fassent. Mintzberg a distingué les rôles de *leadership* suivants : figure de proue, homme de liaison, surveillant, disséminateur, porte-parole, entrepreneur, gestionnaire de perturbations, allocateur de ressources, et négociateur.
Théorie du chemin et des objectifs	M. G. Evans (1970) ; Georgopoulos, Mahoney & Jones (1957) ; House (1971) ; House & Dessler (1974).	Les leaders renforcent le changement des comportements de ceux qu'ils dirigent en leur montrant les comportements (les chemins) par lesquels des récompenses peuvent être obtenues. Ils clarifient aussi les objectifs de ceux qui les suivent et les encouragent à de bonnes performances. Des facteurs d'ordre situationnel déterminent la façon dont les leaders atteignent ces objectifs.
Théorie des contingences	Fiedler (1967) ; Fiedler, Chemers, & Mahar (1976).	L'efficacité d'un leader orienté vers les réalisations ou les relations dépend de la situation. Les programmes de formation au *leadership* modelés sur cette théorie l'aident à identifier sa propre orientation et à mieux s'adapter aux caractéristiques plus ou moins favorables de la situation.
Leadership cognitif : grand homme du XXe siècle	H. Gardner (1995) ; J. Collins (2001).	Les leaders sont « des personnes qui, par la parole ou l'exemple personnel, influencent sensiblement les comportements, les pensées et/ou les sentiments d'un nombre significatif de personnes ». Comprendre la nature du *leadership* suppose de comprendre le fonctionnement des esprits tant du leader que de ceux qui le suivent. Collins conclut ses recherches en disant que la différence entre les organisations qui produisent *durablement* d'excellents résultats et celles qui n'y parviennent pas est que les premières sont dirigées par ce qu'il appelle des leaders de niveau 5 – combinant de manière paradoxale l'humilité avec une résolution féroce.
Théories et modèles des processus interactifs : modèle des liens multiples, modèle de l'écran multiple, modèle de la dyade verticale, théories de l'échange, théories du comportement et théories de la communication	Davis & Luthans (1979) ; Fiedler & Leister (1977) ; Fulk & Wendler (1982) ; Graen (1976) ; Greene (1975) ; Yuki (1971).	Le *leadership* est un processus interactif. Ces théories incluent celles qui examinent la structure de mise en place du leader, les relations entre l'intelligence du leader et la performance de son groupe, la relation entre le leader et chaque individu plutôt que le groupe, et l'interaction sociale en tant qu'échange ou que contingence comportementale.

Théories du leadership : Revue de la littérature (suite)

Théorie	Auteurs représentatifs/Année	Résumé
Pouvoir et influence : *leadership* participatif, raisonnement et déduction	Coch & French (1948) ; J. Gardner (1990) ; Lewin, Lippitt & White (1939) ; Vroom & Yelton (1974).	L'approche du *leadership* basée sur le pouvoir et l'influence inclut le *leadership* participatif. La recherche examine combien de pouvoir possède le leader et la mesure dans laquelle il l'exerce, et elle sous-entend une causalité unidirectionnelle. Le *leadership* participatif traite du partage du pouvoir et de la responsabilisation de ceux qui suivent le leader. Vroom & Yelton proposent une théorie descriptive du *leadership* supposant que les leaders sont directifs et que les subordonnés sont passifs. Quand toutefois les subordonnés possèdent davantage de savoir, leur rôle doit devenir davantage participatif. Gardner pense que « le *leadership* est le processus de persuasion ou d'exemple par lequel un individu (ou une équipe de *leadership*) induit un groupe à poursuivre des objectifs propres au leader ou communs au leader et à ceux qui le suivent ». Il précise que le *leadership* est un rôle indispensable et que, pour cette raison, les leaders jouent un rôle qui fait partie intégrante du système qu'ils dirigent.
Attribution, traitement des informations et systèmes ouverts	Bryon & Kelley (1978) ; Katz & Kahn (1966) ; Lord (1976, 1985) ; Lord, Binning, Rush & Thomas (1978) ; Mitchell, Larsen & Green (1977) ; Newell & Simon (1972) ; H. M. Weiss (1977).	Le *leadership* est une réalité construite par la société. Selon Mitchell *et al.*, « les attributions de *leadership* par des observateurs et des membres du groupe sont biaisées par leurs réalités sociales individuelles ». Par ailleurs, des variables individuelles, processuelles, structurelles et environnementales engendrent des phénomènes causaux réciproques dans les études sur le *leadership* ; il est difficile de démêler les causes et les effets affectant ces variables.
Théories intégratives : transformationnelles, basées sur les valeurs	Bas ; Bennis (1984, 1992, 1993) ; Burns (1978) ; Downton (1973) ; Fairholm (1991) ; O'Toole (1995) ; DePree (1992) ; Tichy & Devanna ; Renesch.	Selon Burns, le *leadership* transformationnel est un processus par lequel « les leaders et leurs suiveurs se hissent mutuellement à des niveaux supérieurs de moralité et de motivation ». Les suiveurs sont censés transcender leurs intérêts propres pour le bien du groupe, envisager des objectifs à long terme et devenir conscients de ce qui est important. Selon Bennis, les leaders efficaces réalisent les trois fonctions : aligner, créer et responsabiliser. Les leaders transforment les organisations en alignant les ressources humaines et les autres ressources, en créant une culture organisationnelle qui promeut la libre expression des idées, et responsabilisent

Théories du leadership : Revue de la littérature (suite)

Théorie	Auteurs représentatifs/Année	Résumé
		les autres pour qu'ils contribuent aux objectifs de l'organisation. Bennis est connu pour la distinction qu'il fait entre le management et le *leadership* ; son point de vue, résumé au mieux en le citant, est que « les leaders sont des gens qui font les bonnes choses ; les managers sont des gens qui font bien les choses ».
Leadership charismatique	Conger & Kanungu (1987) ; House (1977) ; Ket de Vries (1988) ; J. Maswell (1999) ; Meindl (1990) ; Shamir, House & Arthur (1993) ; Weber (1947).	Le *leadership* charismatique suppose que les leaders sont perçus par leurs subordonnés comme possédant des qualités exceptionnelles. L'influence d'un leader n'est pas basée sur l'autorité ou la tradition mais sur les perceptions de ceux qui le suivent. Les explications du *leadership* charismatique incluent l'attribution, les observations objectives, la théorie de la conception de soi, l'explication psychanalytique et la contagion sociale.
Leadership basé sur les compétences	Bennis (1993) ; Boyatizis ; Cameron ; Quinn.	Il est possible d'apprendre et d'améliorer des compétences critiques qui peuvent faire la différence entre ceux qui ont des performances exceptionnelles (leaders) et ceux dont les performances sont moyennes.
Leadership des aspirations et de la vision	Burns ; Kouzes & Posner (1995) ; Peters ; Waterman (1990) ; Richards & Engle (1986).	Selon Kouzes et Posner, les leaders « allument » les passions des subordonnés et servent de boussole pour guider ceux qui les suivent. Ils définissent le *leadership* « comme l'art de mobiliser les autres pour les inciter à lutter en faveur d'aspirations communes ». Ces auteurs mettent l'accent sur le désir de contribuer du suiveur et sur l'aptitude du leader à inciter les autres à agir. Les leaders répondent aux besoins des clients, créent la vision, dynamisent les employés et réussissent pleinement dans des environnements « chaotiques » où la vitesse prime. Le *leadership* consiste à formuler des visions, à incarner des valeurs et à créer l'environnement au sein duquel les choses peuvent être réalisées.
Leadership managérial et *leadership* stratégique	Drucker (1999) ; Jacobs & Jaques (1990) ; Jaques & Clement (1999) ; Kotter (1998, 1999) ; Buckingham & Coffman (1999) ; Buckingham & Clifton (2001).	Le *leadership* représente l'intégration des partenariats internes et externes. Drucker souligne trois éléments de cette intégration : l'élément financier, la performance et l'élément personnel. Il pense que les leaders sont responsables de la performance de leur organisation et sont aussi responsables à l'égard de la communauté dans son ensemble. Les leaders remplissent des rôles et possèdent des caractéristiques spéciales. Selon Kotter, les leaders

Théories du leadership : Revue de la littérature (suite)

Théorie	Auteurs représentatifs/Année	Résumé
		communiquent une vision, alignent les gens, motivent, inspirent et dynamisent leurs suiveurs. En outre, les leaders sont des agents du changement et ils responsabilisent leurs subordonnés. Le *leadership* est le processus consistant à donner un sens (une direction significative) à un effort collectif et à provoquer un effort librement consenti pour atteindre l'objectif. De plus, le *leadership* managérial efficace engendre un travail managérial efficace. Ces auteurs marquent une préférence pour le *leadership* conforme aux circonstances, c'est-à-dire dont la nature et le style dépendent du temps et du lieu, des individus et des situations.
Leadership basé sur les résultats	Ulrich, Zenger, & Smallwood (1999) ; Nohria, Joycee & Robertson (2003).	Ulrich *et al.* proposent une forme de *leadership* qui « décrit les résultats précis que fournissent les leaders » et lie les résultats au caractère. Les leaders possèdent un caractère moral, l'intégrité et l'énergie, en plus des connaissances techniques et de leur mode de pensée stratégique. De plus, les leaders ont des comportements efficaces qui contribuent au succès de l'organisation. En outre, comme les résultats du *leadership* sont mesurables, ils peuvent aussi être enseignés et appris. Dans ce qu'ils appellent le projet Evergreen, Nohria *et al.* examinent plus de 200 pratiques de management sur une période de dix ans pour déterminer ce qui produit des résultats vraiment supérieurs. Les quatre pratiques primaires sont la stratégie, l'exécution, la culture et la structure. Les sociétés ayant des résultats supérieurs ont adopté en outre deux des pratiques secondaires suivantes : talent, innovation, *leadership* et fusions et acquisitions.
Leader en tant qu'enseignant	DePree (1992) ; Tichy (1998).	Les leaders sont des enseignants. Les leaders établissent « le point de vue enseignable ». Le *leadership* consiste à motiver les autres en leur apprenant des histoires. Tichy prétend que le *leadership* efficace se ramène à un enseignement efficace.
Leadership et représentation artistique	DePréé (1992) ; Mintzberg (1998) ; Vaill (1989).	Le *leadership* est souterrain en ce sens que les leaders n'exécutent pas visiblement des actions de *leadership* (par exemple, motiver, coacher, etc.), mais se livrent à des actes non spectaculaires rassemblant toutes les choses que fait un leader ou un manager. La métaphore du *leadership* compris de cette manière est celle des chefs d'orchestre et des ensembles de jazz.

Théories du leadership : Revue de la littérature (suite)

Théorie	Auteurs représentatifs/Année	Résumé
Leadership culturel et holistique	Fairholm (1994) ; Senge (1990) ; Schein (1992) ; Wheatley (1992).	Le *leadership* est l'aptitude à s'extraire de la culture pour déclencher des processus de changements par évolution et par adaptation. Le *leadership* doit inclure les entités les plus importantes concernées par l'activité, susciter des adeptes et responsabiliser les autres. L'approche holistique de Wheatley suppose que le *leadership* est contextuel et systémique. Les leaders créent des relations synergétiques entre les individus, les organisations et l'environnement. Les leaders incitent les membres d'une organisation à apprendre par l'adhésion aux cinq disciplines. Selon Senge, les leaders jouent trois rôles : concepteurs, guides et enseignants.
Leadership serviteur	Greenleaf (1996) ; Spears & Frick (1992).	La théorie du *leadership* serviteur est que les leaders conduisent principalement en servant les autres – les employés, les clients et la communauté. Les caractéristiques d'un leader serviteur sont l'écoute, l'empathie, la guérison, la conscience des réalités, la persuasion, la conceptualisation, la prévoyance, le rôle de guide, l'engagement en faveur de la progression d'autrui et la construction de la communauté.
Leadership spirituel	DePree (1989) ; Etzioni (1993) ; Fairholm (1997) ; Greenleaf (1977) ; Hawley (1993) ; Keifer (1992) ; J. Maxwell ; Vaill (1989).	Le *leadership* implique d'influencer l'âme des gens plutôt que de contrôler leurs actes. Fairholm pense que le *leadership* doit établir une connexion avec les autres. De plus, « les leaders s'obligeant à prendre soin de la personne entière, ils doivent inclure les aspects spirituels dans leur pratique du *leadership*... Les leaders du nouveau siècle doivent s'engager activement eux-mêmes et impliquer les autres dans l'établissement de ces connexions ». L'influence d'un leader vient de sa connaissance de la culture, des coutumes, des valeurs et des traditions de l'organisation.

Références consultées

Bass, B. M., *Bass and Stogdill's Handbook of Leadership : Theory, Research and Managerial Applications*, 3d ed. London : Collier Macmillan, 1990.

Bennis, W. G., *An Invented Life : Reflections on Leadership and Change*, Reading, Mass. : Addison-Wesley, 1993.

Buckingham, M., and Clifton D. O., *Discover Your Strengths*, New York : Free Press, 2001.

Buckingham, M., and Coffman C., *First, Break All the Rules : What the World's Greatest Managers Do Differently*, New York : Simon & Schuster, 1999.

Collins, J. C., *Good to Great : Why Some Companies Make the Leap... and Others Don't*, New York : HarperCollins Publishers, 2001.

Fairholm, G. W., *Capturing the Heart of Leadership : Spirituality and Community in the New American Workplace*, Westport, Conn. : Praeger, 1997.

Fairholm, G. W., *Perspectives on Leadership : From thee Science of Management to Its Spiritual Heart*, Westport, Conn. : Quorum Books, 1998.

Gadner, H., *Leading Minds : An Anatomy of Leadership*, New York : BasicBooks, 1995.

Gardner, J. W., *On Leadership*, New York : Collier Macmillan, 1990.

Jaques, E. and Clement S. D., *Excutive Leadership : A Practical Guide to Managing Complexity*. Arlington, Va : Cason Hall, 1991.

Kouzes, J. M. and Posner B. Z., *The Leadership Challenge : How to Keep Getting Extraordinatry Things Done in Organizations*, San Francisco : Jossey-Bass, 1995.

Renesch, J., ed, *Leadership in a New Era : Visionary Approaches to the Biggest Crisis of Our Time*, San Francisco : New Leaders Press, 1994.
Senge, P. M., *The Fifth Discipline : The Art and Practice of the Learning Organization*, New York : Currency Doubleday, 1990.

Ulrich, D., Zenger J., and Smallwood N., *Results-Based Leadership : How Leaders Build the Business and Improve the Bottom Line*, Boston : Harvard Business School Press, 1999.

Vaill, P. B., *Managing as a Performing Art: New Ideas for a World of Chaotic Change*, San Francisco : Jossey-Bass, 1989.

Wheatley, M. J., *Leadership and the New Science : Learning about Organization from an Orderly Universe*, San Francisco : Berrett-Koehler, 1992.

Wren, J. T., *Leader's Companion : Insights on Leadership through the Ages*, New York : The Free Press, 1995.

Yuki, G., *Leadership in Organizations,* 4th ed. Upper Saddle River, N. J. : Prentice-Hall, 1998.

Annexe 3

Énoncés représentatifs sur le leadership et le management

Auteurs et références	Énoncés : management par opposition au leadership
Warren Bennis Bennis, W. G. (1994), "Leading Change : The Leader as the Chief Transformation Officer." in J. Renesch (Ed.), *Leadership in a New Era : Visionary Approaches to the Biggest Crisis of Our Time* (p. 102-110) San Francisco : New Leader Press.	« Le management c'est amener les gens à faire ce qui doit être fait. Le *leadership* c'est amener les gens à vouloir faire ce qui doit être fait. Les managers poussent. Les leaders tirent. Les managers ordonnent. Les leaders communiquent. »
Bennis, W. G. (1993), *An Invented Life : Reflections on Leadership and Change*, Reading, MA : Addison-Wesley.	« Les leaders sont des gens qui font les bonnes choses. Les managers sont des gens qui font bien les choses. »
In Carter-Scott, C. (1994), "The Differences Between Management and Leadership.", *Manage*, 10+.	« Les leaders font la conquête du contexte – l'environnement volatile, turbulent, ambigu qui semble parfois conspirer contre nous et qui nous étouffera à coup sûr si nous le laissons faire – tandis que les managers se soumettent. Le manager administre ; le leader innove. Le manager est une copie ; le leader est un original ; le manager entretient ; le leader développe. Le manager se focalise sur les systèmes et les structures ; le leader se focalise sur les personnes. Le manager se fie au contrôle ; le leader inspire la confiance. Le manager a une vue à court terme ; le leader a une perspective à long terme. Le manager demande comment et quand ; le leader demande quoi et pourquoi. Le manager a les yeux sur le résultat opérationnel ; le leader a les yeux sur l'horizon. Le manager imite ; le leader innove. Le manager accepte le *statu quo* ; le leader défie le *statu quo*. Le manager est le bon soldat classique ; le leader est sa propre personne. Les managers font bien les choses ; les leaders font les bonnes choses. »

Auteurs et références	Énoncés : management par opposition au leadership
John W. Gardner Gardner, J. W. (1990), *On Leadership*, New York : Collier Macmillan.	« Les leaders et les leaders/managers se distinguent de la masse des managers courants dans au moins six domaines : 1. Ils pensent à plus long terme... 2. En pensant à l'unité qu'ils dirigent, ils en saisissent les relations avec de plus larges réalités... 3. Ils atteignent et influencent des éléments au-delà de leur juridiction, au-delà des frontières... 4. Ils attachent une énorme importance aux aspects subtils de la vision, des valeurs et de la motivation et comprennent intuitivement les éléments non rationnels et inconscients mis en jeu lors des interactions avec leurs suiveurs. 5. Ils ont l'habileté politique leur permettant de s'accommoder des exigences contradictoires des multiples entités auxquelles ils ont affaire. » « Le manager est plus étroitement lié à une organisation que le leader. En fait, le leader peut ne pas avoir d'organisation du tout. »
James Kouzes et Barry Posner Kouzes, J. M. & Posner, B. Z. (1995), *The Leadership Challenge : How to Keep Getting Extraordinary Things Done in Organizations*, San Francisco : Jossey-Bass.	« ... le mot lead, à la racine, veut dire "aller, voyager, conduire". Le *leadership* a une connotation cinétique, il suggère le mouvement... [Les leaders] amorcent une quête d'un nouvel ordre des choses. Ils s'aventurent en territoire non encore exploré et nous guident vers de nouvelles destinations. Par contraste, la racine du mot manage est le mot "main". Manager veut donc dire manipuler les choses, maintenir l'ordre, organiser et contrôler. La différence critique entre le management et le leadership se retrouve dans les significations des racines des deux mots – la différence entre manipuler des choses et aller à divers endroits. »
In Carter-Scott, C. (1994), "The Differences Between Management and Leadership.", *Manage*, 10+.	Kouzes : « Une différence majeure entre le management et le leadership peut se trouver au niveau des racines de ces deux mots, la différence entre manipuler des choses et aller à divers endroits. »
Abraham Zaleznik Zaleznik, A. (1977), "Managers and Leaders : Are They Different?" *Harvard Business Review*, 55(5), 67-78.	Les managers sont concernés par la façon de faire les choses et les leaders sont concernés par ce que les choses veulent dire pour les gens. « Les leaders et les managers diffèrent par leurs conceptions. Les managers tendent à voir leur travail comme un processus de mise en état d'agir impliquant l'interaction des personnes et des idées pour établir la stratégie et prendre des décisions. » « ... Tandis que les managers agissent pour limiter les choix, les leaders travaillent dans la direction opposée, pour développer de nouvelles approches relatives à des problèmes anciens et pour aborder des points relatifs à de nouvelles options... Les leaders créent l'exaltation dans le travail. »

Auteurs et références	Énoncés : management par opposition au leadership
John Kotter Kotter, J. (1990), "What Leaders Really Do.", *Harvard Business Review*, 68, 103+.	« Le management consiste à s'accommoder de la complexité. Ses pratiques et ses procédures sont dans une large mesure une réaction à l'un des développements les plus significatifs du XXe siècle : l'émergence des grandes organisations. Sans bon management, les entreprises complexes tendent à devenir chaotiques de façons qui menacent leur existence même. Un bon management crée un certain degré d'ordre et de cohérence dans des domaines clés tels que la qualité et la profitabilité des produits. » « Le leadership, en revanche, consiste à s'accommoder du changement. Une des raisons pour lesquelles il a pris tant d'importance ces dernières années est que le monde des entreprises est devenu plus concurrentiel et plus volatile. Un changement technologique plus rapide, une concurrence internationale plus importante, la dérégulation des marchés, la surcapacité dans des industries demandant des investissements lourds, un cartel du pétrole instable, des raiders avec des obligations pourries et les changements démographiques affectant la main-d'œuvre, font partie des nombreux facteurs entraînant cette évolution. Il en résulte que faire ce que l'on faisait hier ou le faire 5 % mieux, n'est plus une recette du succès. Des changements majeurs sont de plus en plus nécessaires pour survivre et concourir efficacement dans ce nouvel environnement. Plus de changement exige toujours plus de *leadership*. »
James M. Burns Burns, J. M. (1978), *Leadership*, New York : Harper and Row.	(Management) transactionnel par opposition à (*leadership*) trans formationnel. *Leadership* transactionnel : ce type de *leadership* se produit quand une personne prend l'initiative de s'adresser à d'autres dans le but d'échanger des choses de valeur. *Leadership* transformationnel : ce type de *leadership* se produit quand une ou plusieurs personnes s'adressent à d'autres de telle manière que les leaders et ceux qui les suivent se hissent mutuellement à des niveaux supérieurs de motivation et de moralité. Leurs objectifs, qui peuvent avoir été distincts au départ mais en rapport les uns avec les autres comme dans le cas du *leadership* transactionnel, sont désormais fusionnés.
Peter Drucker In *Galagan*, P. A. (1998), Peter Drucker : Training & Development, 52, 22-27.	« Le test qui distingue un leader n'est pas ce qu'il accomplit. C'est ce qui se passe quand il quitte la scène. C'est la succession qui est le test. Si l'entreprise s'écroule au moment où ces leaders merveilleux, charismatiques, s'en vont, ce n'est pas du *leadership*. C'est – dit crûment – de la tromperie. » « ... J'ai toujours souligné que le *leadership* est la responsabilité. Le *leadership* c'est pouvoir rendre des comptes. Le *leadership* c'est faire... » « ... [Pour ce qui est de] la séparation du management et du *leadership*, c'est un non-sens, au même titre que l'opposition entre le management et le rôle d'entrepreneur. Les deux font partie intégrante d'un même job. Ils sont différents bien sûr, mais seulement comme la main droite est différente de la main gauche ou comme le nez est différent de la bouche. Ils appartiennent au même corps. »

Auteurs et références	Énoncés : management par opposition au leadership
Richard Pascale In Johnson, M. (1996), "Taking the Lid Off Leadership", *Management Review*, 59-61.	« Le management est l'exercice de l'autorité et de l'influence pour atteindre des niveaux de performances compatibles avec des niveaux de performances atteints antérieurement... Le *leadership* consiste à faire que se produise ce qui ne pourrait aucunement se produire... et impliquera toujours de travailler à la limite de ce qui est acceptable. »
George Weathersby Weathersby, G. B. (1999), "Leadership versus Management", *Management Review*, 88, 5+.	« Le management est l'allocation de ressources rares en vue d'un objectif de l'organisation, la fixation de priorités, la conception du travail et l'obtention des résultats. Son aspect le plus important est le contrôle. Le *leadership*, en revanche, se focalise sur la création d'une vision commune. Il consiste à motiver les gens pour qu'ils contribuent à la réalisation de la vision et à les encourager à aligner leurs intérêts personnels avec ceux de l'organisation. Il consiste à persuader, non à commander. »
John Mariotti Mariotti, J. (1998), "Leadership Matters", *Industry Week*, 257, 70+.	« Les gens qui sont "bien" managés peuvent ne pas avoir tendance à produire le genre d'effort nécessaire au succès – à moins qu'ils n'aient de bons leaders. Les excellents leaders obtiennent des résultats extraordinaires de personnes ordinaires. Les excellents managers obtiennent simplement des résultats bien planifiés et parfois bien exécutés, mais rarement les succès immenses qui résultent de la passion et de l'engagement enthousiaste suscités par le véritable *leadership*. Les leaders sont les architectes. Les managers sont les constructeurs. Les deux sont nécessaires, mais sans l'architecte, il n'y a rien de spécial à construire. »
Rosabeth Moss Kanter Kanter, R. M. (1989), "The New Managerial Work", *Harvard Business Review*, 85+.	« Les bases anciennes de l'autorité managériale s'érodent, et de nouveaux outils du *leadership* prennent leur place. Les managers dont le pouvoir dérivait de la hiérarchie et qui étaient habitués à une zone limitée de contrôle personnel apprennent à déplacer leur perspective et à élargir leurs horizons. Le nouveau travail managérial consiste à regarder au-dehors d'une zone définie de responsabilité pour détecter des opportunités et y répondre en constituant, autour des projets correspondants, ces équipes tirées de toutes les sphères impliquées. Ce qui implique la communication et la collaboration entre les fonctions, entre les services et entre des sociétés dont les activités et les ressources se recouvrent. De sorte que le rang, le titre ou la description de fonction officielle deviennent des facteurs de succès moins importants du nouveau travail managérial que la possession du savoir, des facultés et de la sensibilité qui permettent de mobiliser les gens et de les motiver pour qu'ils donnent le meilleur d'eux-mêmes. »
Tom Peters Peters, T. (1994), *Thriving on Chaos*, New York : Alfred A. Knopf.	Peters s'appuie sur les conceptions du *leadership* et du management de Bennis, Kouzes et Posner esquissées plus haut. Peters pense que « développer une vision, et ce qui est encore plus important, la vivre intensément, sont des éléments essentiels du *leadership*... La vision occupe une place d'honneur d'égale importance dans le monde du contremaître ou celui du cadre moyen ».

Ce projet m'a rappelé que nous apprenons souvent le mieux en voyant des contrastes. Je vous propose d'examiner la figure A3.1 qui résume les différences entre le *leadership* et le management.

Leadership	Management
Personnes	Choses
Spontanéité	Structure
Libération, responsabilisation	Contrôle
Effectivité	Efficacité
Investissement	Dépense
Principes	Techniques
Transformations	Transactions
Pouvoir centré sur des principes	Utilité
Discernement	Mesure
Faire les bonnes choses	Faire bien les choses
Direction	Vitesse
Intitulé	Ligne du résultat
Objectifs	Méthodes
Principes	Pratiques
Sur les systèmes	Dans les systèmes
« L'échelle est-elle sur le bon mur ? »	Grimper rapidement à l'échelle

Figure A3.1

Annexe 4

Le coût élevé du manque de confiance

L'un de mes collègues, l'auteur et consultant Maham Khalsa, a conçu une approche particulièrement efficace pour amener une équipe de direction à réfléchir et à vouloir changer. Seule la force des circonstances peut acculer une organisation à la modestie, au point où elle devient capable d'amorcer et de réaliser effectivement des changements. Une série de questions permet de soumettre ses responsables à la force des circonstances et à préparer leurs esprits au changement.

LE PROCESSUS consiste à poser deux sortes de questions pour aller au cœur du problème : 1) *questions sur les réalités* (comment, quoi, où, lequel, qui, et quand... spécifiquement), qui produisent les faits nécessaires relatifs à une situation, même s'ils sont périphériques, et 2) *questions sur les incidences*, qui vont au cœur du sujet – l'une des plus puissantes questions de cet ordre étant : « Et alors, que se passe-t-il ? »

La conversation hypothétique suivante entre vous et un collègue manager ou responsable est un exemple de la façon d'utiliser cet outil de diagnostic pour déterminer le coût du manque de confiance (le même processus pourrait être utilisé par des gens à n'importe quel niveau, ayant accès aux informations nécessaires) :

Collègue : « Nos gens n'ont tout simplement pas confiance les uns dans les autres. »

À ce point, vous pourriez poser des questions permettant d'établir les faits plus complètement, comme : « Quelles personnes spécifiquement n'ont pas confiance les unes dans les autres ? Quand ce manque de confiance se manifeste-t-il ? Qu'est-ce qui te permet de savoir qu'elles ne se font pas confiance ? » Finalement, pour découvrir l'impact du manque de confiance dans l'organisation, vous devrez poser une question relative à l'impact.

Vous : « Et quand les gens n'ont pas confiance les uns dans les autres, que se passe-t-il ? »

Collègue : « Les gens ne partagent pas les informations. »

Vous pourriez poser d'autres questions relatives aux faits comme : « Quels sont ceux qui ne partagent pas les informations ? Quelles informations ne partagent-ils pas ? Comment sais-tu qu'ils ne partagent pas ces informations ? » Mais ensuite, vous voudrez cerner de plus près les incidences et vous demanderez :

Vous : « Et quand les gens ne partagent pas les informations, qu'arrive-t-il alors ? »

Collègue : « Leurs projets et leurs activités ne sont pas alignés avec les objectifs de la société. »

De nouveau, vous pourriez poser des questions relatives aux faits telles que : « Quels sont les objectifs particuliers avec lesquels ils ne sont pas alignés ? Quels projets et quelles activités sont touchés en particulier ? Qu'est-ce qui te permet de savoir qu'ils ne sont pas alignés ? » Puis vous posez une autre question sur les incidences :

Vous : « Et quand les gens ne sont pas alignés avec les objectifs économiques de la société, quelle en est la conséquence ? »

Collègue : « Le coût du développement des nouveaux produits est plus élevé. »

Cette fois votre collègue vous a fourni quelque chose que vous pouvez mesurer et qui découle du manque de confiance – l'élévation du coût de développement des nouveaux produits. Lorsque vous percevez un élément mesurable, vous posez cinq questions en or :

1. Comment peut-on le mesurer ?

2. De combien est-il actuellement ?
3. De combien voudrais-tu qu'il soit ?
4. Quelle est la valeur de la différence ?
5. Sur la durée (la base de temps appropriée pour le management) ?

Et donc, quand votre collègue dit que « le coût de développement de nouveaux produits est plus élevé », vous pouvez poser ces cinq questions :

Vous : « Comment mesures-tu le coût de développement de nouveaux produits ? »

Collègue : « Les dollars dépensés pour chaque nouveau produit lancé. »

Vous : « Quel est ce montant actuellement ? »

Collègue : « 500 000 dollars. »

Vous : « Combien voudrais-tu que ce soit ? »

Collègue : « Nous pensons que ce devrait être plus près de 350 000 dollars. »

Vous : « Donc une différence de 150 000 dollars. Combien de nouveaux produits produisez-vous par an ? »

Collègue : « Vingt. »

Vous : « Cela fait 150 000 dollars multipliés par 20 nouveaux produits... Ce qui fait environ 3 millions par an. Cela te semble exact ? »

Collègue : « Ce serait même sous-estimé. »

Vous : « Donc, en supposant que les coûts ne s'améliorent pas et qu'ils n'empirent pas, sur les trois prochaines années nous avons affaire à un problème dont l'ampleur est de plusieurs millions de dollars ? »

Collègue : « Je pense que c'est le cas. »

En posant des questions sur l'incidence, vous avez découvert qu'une seule dimension de « manque de confiance » peut effectivement coûter à la société 9 millions de dollars sur les trois prochaines années. Vous devez vous donner davantage de mal pour vérifier ce nombre, mais au moins vous disposez de quelque chose de mesurable, et votre regard peut se focaliser sur quelque chose de concret. Quand vos collègues verront le problème en termes de coûts exprimés en dollars, ils prendront conscience de la nécessité du changement.

Notez que vous posez un mélange de questions sur les faits et sur l'impact jusqu'à ce que ce processus de questionnement ait conduit les deux personnes impliquées au cœur du problème. C'est à ce stade qu'interviennent les questions sur l'incidence mesurable. Durant tout le processus, l'autre personne ou l'équipe concernées représentent la force productrice d'informations. Vous intervenez seulement comme un élément de guidage, un mentor. En fait, vous apportez à vos collègues une option de formation non menaçante, et ils continuent d'être la force centrale de l'opération. Il s'agit d'un jeu puissant de questions pénétrantes permettant aux gens de parvenir objectivement aux coûts personnels et organisationnels des graves anomalies organisationnelles qui vous préoccupent à juste titre.

Mieux encore, ce processus introduit une culture de franchise au sein de votre équipe et de votre organisation, et renforce les liens de confiance qui vous unissent.

Pour plus d'informations, consultez
www.franklincovey.com/letsgetreal.

Annexe 5

Mise en œuvre des quatre disciplines d'exécution

Les quatre disciplines d'exécution demandent une session d'un à trois jours de travail pour chaque personne d'une organisation. Ces sessions de travail peuvent être conduites avec des équipes de direction, des équipes opérationnelles, des managers ou des individus. Elles peuvent être assistées par des consultants de FranklinCovey, ou encore des clients peuvent être licenciés et certifiés pour conduire eux-mêmes les discussions. Dans ces sessions de travail, les participants sont guidés à travers un processus permettant de clarifier leurs objectifs supérieurs, d'élaborer des mesures ainsi qu'un tableau des scores relatif à ces objectifs, de décomposer les objectifs en nouvelles activités et nouveaux comportements, et d'apprendre un processus servant à rendre les gens comptables de leurs activités, visant à maintenir leur engagement à l'égard des objectifs. Nous assistons les organisations dans leurs efforts pour mettre en œuvre la stratégie, faire retomber les objectifs en cascade au sein de l'organisation, créer une meilleure compréhension des objectifs et stratégies clés et un engagement plus fort à leur égard. Nous aidons des organisations de toutes formes et de toutes tailles à appliquer cette méthodologie, et notamment des entreprises de la liste Fortune 100. Pour plus d'informations sur les quatre disciplines d'exécution, appelez 1-888-868-1776 ou 1-801-817-1776, ou visitez notre site Web sur www.franklincovey.com.

Annexe 6

Résultats de l'enquête XQ

Le test XQ mesure l'aptitude d'une organisation à exécuter les tâches permettant d'atteindre ses objectifs clés. De même que des tests de mesure du QI permettent de détecter des écarts en matière d'intelligence, une évaluation XQ mesure « l'écart d'exécution » – l'écart entre l'objectif fixé et sa réalisation. « XQ » est l'abréviation du terme « execution quotient ».

APRÈS AVOIR ENQUÊTÉ auprès de 2,5 millions de personnes sur l'efficacité de leurs managers, et en association avec Harris Interactive (qui est le créateur du Harris Poll – l'enquête Harris), FranklinCovey a développé une méthode pour mesurer l'aptitude à exécuter.

Les résultats de l'étude XQ sont frappants et troublants ; il existe en effet un sérieux écart d'exécution, comme le montrent les pourcentages du tableau 14.

Tableau 14

Question relative à l'exécution	**Pourcentage de ceux qui sont d'accord**
LIGNE DE MIRE ORGANISATIONNELLE : Tous les employés sont-ils focalisés sur les objectifs de l'organisation ?	22 %
QUALITÉ DES OBJECTIFS DE L'ÉQUIPE : Les équipes de travail ont-elles des objectifs clairs et mesurables ?	9 %
PLANNING DE L'ÉQUIPE : Les équipes de travail planifient-elles ensemble la façon d'atteindre leurs objectifs ?	16 %
COMMUNICATION ENTRE ÉQUIPES : Les équipes de travail ont-elles une compréhension mutuelle et des dialogues créatifs ?	17 %

Question relative à l'exécution	Pourcentage de ceux qui sont d'accord
CONFIANCE AU SEIN DES ÉQUIPES : Les équipes de travail fonctionnent-elles dans un environnement de travail sûr, « gagnant/gagnant » ?	15 %
RESPONSABILISATION DES ÉQUIPES : Les équipes ont-elles des ressources et une liberté adéquates pour faire le travail ?	15 %
POSSIBILITÉ DE RENDRE DES COMPTES : Les membres de l'équipe rendent-ils compte les uns aux autres de leur engagement ?	10 %
MESURES RELATIVES À UNE ÉQUIPE – QUALITÉ : Les mesures du succès sont-elles suivies exactement et ouvertement ?	10 %
OBJECTIFS DE TRAVAIL INDIVIDUELS : Les gens ont-ils des objectifs de travail clairs, mesurables, liés à des délais ?	10 %
ENGAGEMENT INDIVIDUEL : Les employés sont-ils motivés ? Se sentent-ils appréciés ?	22 %
PLANIFICATION INDIVIDUELLE : Les gens programment-ils systématiquement leurs priorités ?	8 %
INITIATIVE INDIVIDUELLE : Les gens prennent-ils des initiatives individuelles en assumant la responsabilité des résultats ?	13 %
ORIENTATION ORGANISATIONNELLE : La stratégie et les objectifs de l'organisation sont-ils compris avec précision par tout le monde ?	23 %
COLLABORATION AU SEIN DE L'ORGANISATION : Les équipes ayant différentes fonctions coopèrent-elles en douceur ?	13 %
CONFIANCE MÉRITÉE PAR L'ORGANISATION : L'organisation honore-t-elle ses valeurs et ses engagements ?	20 %
AMÉLIORATION DES PERFORMANCES DE L'ORGANISATION : Y a-t-il à cet égard une approche régulière, systématique ?	13 %
ENGAGEMENT INDIVIDUEL : Les personnes sont-elles engagées à l'égard des objectifs et de la stratégie de l'organisation ?	39 %

Question relative à l'exécution	Pourcentage de ceux qui sont d'accord
SUPPORT DE L'ORGANISATION : La haute direction supporte-t-elle activement les objectifs des équipes de travail ?	45 %
FOCALISATION DE L'ÉQUIPE : Mon groupe de travail est-il totalement et consciencieusement focalisé sur ses objectifs prioritaires ?	14 %
ALLOCATION DU TEMPS DES INDIVIDUS : Combien de temps nos employés passent-ils sur des objectifs clés ?	60 %

Explications sur l'enquête XQ de FranklinCovey

Résultats clés	Mode de calcul
Un tiers seulement disent qu'ils ont une compréhension claire de ce que leur organisation veut réaliser.	37 % ont sélectionné l'option : « Je comprends clairement les raisons de l'orientation stratégique de mon organisation. »
Seulement 1 sur 6 se focalise consciencieusement sur les objectifs les plus importants.	14 % ont sélectionné l'option : « Nous restons consciencieusement focalisés sur nos objectifs les plus importants. »
Les dirigeants communiquent-ils leurs objectifs les plus importants ?	44 % disent que leurs organisations ont clairement communiqué leurs objectifs les plus importants.
Les employés ont-ils une vision claire des liens entre leurs tâches et les objectifs de leur société ? Environ 1 sur 10 le pense.	22 % disent avoir une vision claire des liens entre leurs propres objectifs et ceux de l'organisation.
Les gens sont-ils dynamisés et engagés envers les objectifs de leur société ? Environ 1 sur 10 le dit.	9 % ont sélectionné l'option : « Très fortement dynamisés et engagés. »
Seulement 1 sur 3 a des objectifs de travail clairement définis.	33 % disent avoir des objectifs de travail qui sont « écrits ».
Les employés passent 1 heure sur 4 à des tâches urgentes mais sans rapport avec les objectifs essentiels.	Les répondants estiment que 23 % de leur temps est consacré à des tâches sans rapport avec les objectifs clés mais qui requièrent leur attention immédiate.

Résultats clés	Mode de calcul
Les employés gaspillent 1 heure sur 5 à s'occuper de politique et de bureaucratie.	Les répondants estiment que 17 % de leur temps est consacré à des activités contre-productives telles que s'occuper d'activités bureaucratiques internes, de querelles intestines, masquer des erreurs ou des ratés, etc.
Seulement la moitié des employés estiment que leur travail leur permet de donner tout ce dont ils sont capables.	48 % souscrivent à cette déclaration : « La majorité des gens dans mon organisation possèdent beaucoup plus de talents, de capacités intellectuelles et de créativité que n'en requiert leur job actuel ou même dont il permet l'usage. »
Seulement 3 sur 5 pensent qu'ils peuvent s'exprimer ouvertement au travail.	58 % souscrivent à cette déclaration : « Je me sens en mesure d'exprimer mes opinions ouvertement sans avoir à craindre des mesures de rétorsion. »
Seulement 2 sur 5 disent qu'ils travaillent dans une atmosphère « gagnant/gagnant ».	43 % reconnaissent que « nous vivons selon le principe que "ma réussite est ta réussite" ».
Moins de la moitié rencontrent leur manager au moins une fois par mois pour examiner leurs progrès à l'égard de leurs objectifs de travail.	48 % disent être dans ce cas.
Seulement la moitié disent être tenus de rendre des comptes sur leur budget.	50 % sont d'accord ou fortement d'accord avec cette déclaration : « Nous considérons avoir des comptes à rendre sur le respect du budget. »
Des charges de travail écrasantes, le manque de ressources et des priorités de travail ambiguës sont les trois plus importants obstacles à l'exécution.	En réponse à la question sur les trois obstacles à l'exécution, 31 % ont sélectionné « une charge de travail écrasante », 30 % ont sélectionné « manque de ressources » et 27 % ont sélectionné « priorités du travail peu claires ou changeantes ».
Environ 3 sur 5 ne pensent pas pouvoir faire confiance aux employeurs pour qu'ils tiennent leurs engagements envers les employés.	43 % disent que leur employeur « tient régulièrement ses engagements envers ses employés ».

Résultats clés	Mode de calcul
Les équipes travaillent chacune dans son silo ; il y a très peu de coopération d'une fonction à l'autre.	Au sujet des autres groupes de l'organisation, 28 % souscrivent à la déclaration : « Nous aidons activement les autres à atteindre nos objectifs respectifs. »
Seulement un tiers disent qu'ils ont des mesures claires du succès concernant leurs objectifs.	35 % sont d'accord avec la déclaration suivante : « Les mesures sont claires. »

Si vous êtes intéressé par l'enquête XQ et souhaitez évaluer à titre personnel votre aptitude, celle de votre équipe et celle de votre organisation à se focaliser sur ses plus hautes priorités et à exécuter les tâches qu'elles impliquent, allez sur www.The8thHabit.com/offers. Suivez simplement les instructions fournies en ligne. Vous aurez la possibilité de faire le test gratuitement. Après avoir répondu aux questions, vous recevrez un rapport XQ résumant votre évaluation et la comparant au score composite des milliers d'organisations qui ont été évaluées. D'autres informations vous seront données sur la façon dont vous pouvez mesurer la totalité de l'équipe ou de l'organisation.

Annexe 7

L'approche FranklinCovey

Performance supérieure, durable...

C'EST CE QUI EST LE PLUS DIFFICILE pour les entreprises et pour presque toutes les organisations. Bien sûr, n'importe qui peut fournir de bons résultats pendant un ou deux trimestres. Mais le véritable défi consiste à créer une culture organisationnelle qui peut fournir des résultats réguliers année après année.

Il est étonnant de constater que peu d'organisations y parviennent. Examinez les statistiques ci-après, provenant des principales publications sur les entreprises :

- *Profit from the Core* : seulement 111 sociétés sur 1 854 (13 %) ont réussi à générer une croissance profitable pendant une durée de dix ans.
- *Good to Great* : seulement 126 sociétés sur 1 435 (9 %) ont réussi à surperformer les moyennes du marché des actions pendant une décennie ou plus. En outre, seulement 11 sociétés sur 1 435 (moins de 1 %) ont satisfait aux critères de l'étude définissant une performance supérieure durable.
- *Creative Destruction* : seulement 160 sociétés sur 1 008 (16 %) étudiées sur une période de trente ans sont parvenues à continuer d'exister.
- *Stall Points* : seulement 5 % des sociétés de la liste Fortune 50 réussissent à maintenir leur croissance.

Parvenir à une performance supérieure tout en développant l'aptitude à rééditer régulièrement cet exploit est la définition d'une excellente organisation. Pourtant, la plupart des organisations et de leurs leaders n'y parviennent pas. Les racines de leur échec se situent au niveau de leur approche.

LA FABLE D'ÉSOPE

« Un pauvre fermier découvre un jour dans le nid de son oie préférée un œuf d'or étincelant. Il pense d'abord qu'il s'agit d'une sorte de blague. Puis il se ravise et fait expertiser l'œuf.

Il ne peut croire à sa bonne fortune. L'œuf est en or pur ! Il est encore plus exalté quand il découvre le jour suivant que l'oie a pondu un autre œuf en or. Jour après jour, il se précipite vers le nid et découvre un autre œuf en or. Sa fortune devient vite fabuleuse.

Mais avec la fortune viennent l'avidité et l'impatience. Incapable d'attendre les œufs d'or jour après jour, le fermier décide de tuer l'oie et de prendre tous les œufs d'un seul coup. Mais quand il ouvre l'oie, il s'aperçoit qu'elle est vide. Il n'y a pas d'œufs d'or – et maintenant il n'y a pas de possibilité d'en avoir d'autres. Le fermier a détruit ce qui les produisait. »

Cette fable renferme un principe clé de la performance organisationnelle. Une performance supérieure durable est fonction de deux choses : ce qui est produit (les œufs d'or) et la capacité de produire (l'oie).

Si les organisations se focalisent uniquement sur la production des œufs d'or (atteindre des résultats aujourd'hui) et négligent l'oie (développer la capacité pour demain), elles seront vite dépourvues des actifs qui produisent les œufs d'or. Si par ailleurs les organisations ne s'occupent que de l'oie, sans viser à produire des œufs d'or, elles n'auront bientôt plus ce qu'il leur faut pour nourrir l'oie. La clé est dans le juste équilibre.

Votre organisation est peut-être comme celle-ci :

« Quand nous sommes sous pression pour fournir les résultats, nous mettons aussitôt tout en œuvre. Nous créons un programme pour mettre toutes les troupes en ordre de bataille et nous poussons chacun à atteindre d'urgence l'objectif. Une fois, ce peut être un objectif de chiffre d'affaires. La crise suivante peut être un objectif de réduction des coûts. Nous sommes constamment réactifs, titubant d'un "objectif critique" à une "initiative urgente" puis à une autre. Le problème est que nous semblons toujours investir insuffisamment dans les personnes, les processus ou les équipements dont nous avons besoin pour améliorer nos opérations. Le résultat est que nous n'atteignons jamais un rythme de performance régulier. »

Ou peut-être est-elle comme celle-ci :

« Nous avons investi fortement dans notre personnel et notre culture pendant de nombreuses années. Notre théorie était que des gens excellents, talentueux, dotés des meilleurs systèmes et des meilleures technologies produiraient automatiquement et durablement des performances supérieures. C'était un endroit formidable pour ceux qui y travaillaient, mais alors les temps difficiles ont frappé. Nous avons constaté que nous n'avions pas les réflexes nécessaires à une exécution appropriée face à une concurrence sévère et dans un environnement économique défavorable. Nous avons été obligés de réduire tous les investissements auxquels les gens s'étaient habitués au cours des années dorées. Les gens ont été désillusionnés, le moral a plongé et un grand nombre de nos meilleurs employés s'en vont. »

FranklinCovey a appris cette dure leçon par la pratique, car nous aussi nous avons connu ce mouvement pendulaire entre la performance pour elle-même et la capacité à produire la performance. C'est un apprentissage que nous avons « gagné » et notre approche est basée sur bien plus qu'une croyance à des concepts théoriques.

FranklinCovey approche l'objectif de performance supérieure durable par les deux côtés de l'équation. Nous aidons les organisations à se focaliser sur des résultats spécifiques et à les atteindre. Nous les aidons aussi à développer leurs capacités – les leaders et les contributeurs individuels qui ont la possibilité de produire à des niveaux plus élevés.

Dans ces deux domaines (obtenir des résultats et développer les capacités), FranklinCovey travaille avec ses clients sur trois « jobs à réaliser ». Ils correspondent aux trois domaines de grandeur propres à la 8e habitude : *grandeur organisationnelle, grandeur du* leadership et *grandeur personnelle*.

Atteindre les résultats
Job n° 1. Exécution relative aux priorités les plus hautes. Nous aidons les clients à atteindre des résultats spécifiques – tels qu'augmenter les ventes, mettre en œuvre des initiatives spécifiques ou améliorer la qualité – en augmentant l'engagement, en clarifiant les plus hautes priorités et en construisant des processus d'exécution autour de ces priorités. C'est ce qui développe la grandeur organisationnelle.

Développer les capacités

Job n° 2. Développement du *leadership* et du management. Nous aidons les clients à développer des capacités durables de *leadership* basées sur le caractère, la construction d'équipes et l'aptitude à produire des résultats excellents. C'est ce qui développe la grandeur du *leadership*.

Job n° 3. Efficacité individuelle. Nous aidons les organisations à augmenter les connaissances, les facultés et la performance personnelle de leurs employés, pour qu'ils obtiennent de meilleurs résultats en tant qu'individus et en tant que membres d'une équipe. C'est ce qui développe la grandeur personnelle.

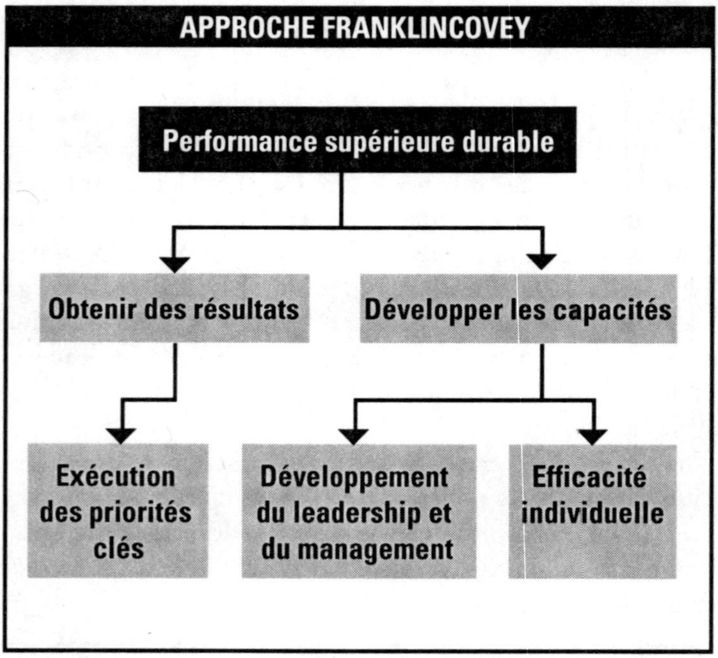

Figure A8.1

Imaginez la façon dont vous pourriez bâtir une équipe sportive championne. En investissant dans la qualité et la préparation des athlètes, vous obtiendriez une meilleure équipe. Cependant, quelle que soit la qualité des joueurs individuels, l'équipe ne gagne que si les joueurs opèrent ensemble pour atteindre des objectifs spécifiques et « exécutent le jeu » régulièrement de façon excellente.

Ce que vous voulez, ce sont d'excellents joueurs et une excellente exécution. Une équipe qui peut réussir une saison après l'autre – la recette du succès. Telle est l'essence de l'approche FranklinCovey : traduire les capacités organisationnelles en résultats spécifiques qui se reproduisent régulièrement et qui font une organisation gagnante.

Notes

Chapitre 1

1. C. R Rogers, *On Becoming a Person* (Boston : Houghton Mifflin, 1961), p. 26.
2. Rick Levine, Christopher Locke, Doc Searls et David Weinberger, *The Cluetrain Manifesto* (Cambridge, MA : Perseus Books Publishing, 2000), p. 36, 39.
3. Antony Jay, *The Oxford Dictionary of Political Quotations* (Oxford : Oxford University Press, 1996), p. 68.

* Pour un résumé plus complet des résultats de l'étude interactive Harris auprès de 23 000 employés, managers et hauts responsables qui ont répondu au questionnaire xQ, voir l'annexe 6 : Résultats de xQ.

† Les industries clés comprennent : services d'hébergement ou d'alimentation, automobile, banques/finance, communications, éducation, santé, défense, administration/gouvernement, distribution, services technologiques et télécommunications.

‡ Les domaines fonctionnels clés comprennent : comptabilité, assistant administratif/secrétaire, spécialiste en publicité/marketing, responsable d'entreprise, spécialiste informatique, administrateur de la formation, professionnel de la finance, professionnel d'une administration publique, professionnel d'un métier de la santé et commercial/représentant.

* Article écrit pour le *New York Times Syndicate*.

Chapitre 2

1. Citation extraite d'un discours donné par Stanley M. Davis lors d'une conférence en Asie à laquelle nous participions tous les deux.
2. Peter F. Drucker, « Managing Knowledge means Managing Oneself », *Leader to Leader*, 16 (Printemps 2000), p. 8-10.
3. Peter F. Drucker, *Management Challenges for the 21st Century* (New York : Harper Business, 1999), p. 135.

Chapitre 3

1. Henry David Thoreau, *Walden* (Boston : Beacon Press, 1997), p. 70.
2. Robert Frost, Elizabeth Knowles ed., *The Oxford Dictionary of Quotations*, 5th edition, "The Road not Taken" (1916) (Oxford : Oxford University Press, 1999).

Chapitre 4

1. Daniel Ladinsky, *The Gift : Poèmes par Hafiz, le grand maître sufi* (New York : Penguin Compass, 1999, p. 67-68.
2. Marianne Williamson, *A Return to Love : Reflections on the Principles of a Course in Miracles* (New York : Harper Collins, 1992), p. 190-191.
3. Michael C. Thomsett, discours, 9 octobre 1956, dans *War and Conflict Quotations* (North Carolina : McFarland & Company, 1997), p. 50.
4. *Munsey's Magazine* (février 1897), 554. Trouvé sur le site Web de la société Ella Wheeler Wilcox, visité le 15 mars 2004 : http://www.ellawheelerwilcox.org.
5. C. S. Lewis, *Mere Christianity* (New York : Simon & Schuster, 1980), p. 19-21.
6. Doc Childre et Bruce Cryer, *From Chaos to Coherence* (Boston : Butterworth-Heinemann, 1999), p. 23.
7. *Ibid.*, p. 29.
8. Daniel Goleman, *Working with Emotional Intelligence* (New York : Bantam Books, 1998), p. 31.
9. Richard Wolman, *Thinking with your Soul* (New York : Harmony Books, 2001), p. 26.
10. *La Sainte Bible*, version anglaise du roi James.
11. Danah Zohar et Ian Marshall, *SQ : Connecting with our Spiritual Intelligence* (New York and London : Bloomsbury, 2000).
12. Anouar el-Sadat, *In Search of Identity : An Autobiography* (New York : Harper and Row Publishers, 1978), p. 303.
13. "The Speaker's Electronic Reference Collection", Apex Software, 1994.
14. YMCA of the USA, Dartmouth Medical School, The Institute for American Values, *Hardwired to Connect : The New Scientific Case for Authoritative Communities*, a Report to the Nation from the Commission on Children at Risk (2003), p. 6.

15. Dee Hock, "The Art of Chaordic *Leadership" Leader to Leader* ; 15 (hiver 2000), p. 20-26.
16. Warren G. Bennis et Robert J. Thomas, Geeks and Geezers : *How Era, Values, and Defining Moments shape Leaders* (Boston : Harvard Business School Publishing, 2002).
17. Jim Loehr et Tony Schwartz, *The Power of Full Engagement* (New York : Simon & Schuster, 2003).

Chapitre 5

1. Philip Massinger, Timoleon, dans *The Bondman*, act 1, sc. 3 (1624), *Poèmes de Philip Massinger*, P. Edwards et C. Gibson eds. (1976).
2. Susana Wesley, lettre à son fils datée du 8 juin 1775. Trouvée sur le site Web de l'église wesleyenne www.wesleyan.org visité le 14 mai 2004.
3. Polly LaBarre, "Do you have the will to lead ?", *Fast Company Magazine* 32 (mars 2000), p. 222. Trouvé sur le site Web visité le 27 mai 2004 : http://www.fastcompany.com/online/32/koestenbaum.html.
4. Lucinda Vardey. *A Simple Path, introduction to Mother Teresa*, Lucinda Vardey, Ed. (New York : Ballantine, 1995), p. 38.
5. Josef Hell, *Aufzeichnung* (Institut für Zeitgeschichte, 1922) ZS 640, p. 5.
6. Dag Hammarskjöld, *Markings* (New York : Alfred A. Knopf, 2001), p. 5.
7. Albert E. N. Gray Essay *The Common Denominator of Success* (Philadelphie : NALU Annual Convention, 1940).
8. Harold B. Lee, *Teachings of Harold B. Lee*. Clyde J. William ed. (Oxford : Oxford University Press, 1999.), p. 606.
9. Charles Moore, introduction to *Washington's School Exercises : Rules of Civility and Decent Behavior in Company and Conversation*, Charles Moore ed. (Boston : Houghton Mifflin Company, 1926), pp. 11-15.
10. Elizabeth Knowles ed., *The Oxford Dictionary of Quotations*, 5th edition (Oxford : Oxford University Press, 1999), p. 396.
11. JoAnn C. Jones, "Brockville", *Ontario-Guide Posts*, janvier 1996.
12. David O. McKay, *Conference Report, The Church of Jesus Christ of Latter-day Saints*, avril 1964, p. 5.
13. John G. Whittier, *Maud Muller* (Boston : Riverside Press, 1866), p. 12.

Chapitre 6

1. Peter F. Drucker, *Management Challenges for the 21st Century* (New York : Harper Collins, 1999), p. 8.
2. Philip Evans et Thomas S. Wurster, *Blown to Bits* (Boston : Harvard Business School Press), p. 13.
3. Dave Ulrich, Jack Zenger et Norm Smallwood, *Results-Based Leadership* (Boston : Harvard Business School Press, 1999), p. 7.

Chapitre 7

1. Del Jones, "What would Attila the Hun do ?" *USA Today* (6 avril 2003). Trouvé sur le site de *USA Today* visité le 27 mai 2004 : http://www.usatoday.com/money/companies/management/2003-04-06-warleaders_x.htm.
2. Tom Peters, *The Project 50* (New York : Alfred A. Knopf, 1999), p. 48-49.

Chapitre 8

1. American Museum of Natural History, trouvé sur le site Web visité le 15 mai 2004 : http://www.amnh.org/common/faq/quotes.html.
2. Eknath Easwaran, *Gandhi, the Man*, 2e édition (Nilgin Press, 1978), p. 145.
3. Lieutenant General Dave R. Palmer '56 (à la retraite) "Competence and Character : Schwarzkopf's Message to the Corps", *Assembly Magazine*, mai 1992.

Chapitre 9

1 Gordon B. Hinckley, « The True Strength of the Church », *Ensign Magazine*, juillet 1973, p. 48.

2 Rick Pitino, *Lead to Succeed* (New York : Broadway books, 2000), p. 64.

3 Elizabeth Knowles, ed., *The Oxford Dictionary of Quotations*, 5e édition (Oxford: Oxford University Press, 999), p. 503.

4 Dag Hammarskjöld, *Markings* (New York : Alfred A Knopf, 2001), p. 197.

5 C. S. Lewis, *Mere Christianity* (New York : Simon & Schuster, 1980), pp. 165-166.

Chapitre 10

1 Warren Bennis, *Why Leaders Can't Lead* (San Francisco, Jossey-Bass Publishers 1989), p. 158.

2 Arun Gandhi, « Reflections of Peace », *BYU Magazine*, vol. 54, n° 1 (Printemps 2002), pp. 1-6. Trouvé sur le site Web visité le 14 mai 2004 : http://magazine.byu.edu/bym/2000sp/pages/peace1.shtml#.

3 Ralph Roughton, M. D., avec son aimable autorisation.

Chapitre 11

1 J. A. Belasco, *Teaching the Elephant to dance : The Manager's Guide to Empowering Change* (New York : Plume, 1991), p. 11.

2 Clayton M. Christensen, *The Innovators Dilemma* (Boston : Harvard Business School Press, 1997), pp. 18-19.

3 Jim Collins, *Good to Great* (New York : Harper Collins, 2001), p. 96.

Chapitre 12

1 Martin H. Manser, *The Westminister Collections of Christian Quotations* (Louisville : Westminster John Knox Press, 2001), p. 76.

2 Randall Rothenberg et Noel M. Tichy : « The Thought Leader Interview », *Strategy + Business Magazine* (Printemps 2002), pp. 91-92.

Chapitre 13

1 Marcus Buckingham et Donald O. Clifton, *Now Discover Your Strengths* (New York : Simon & Schuster, 2001), p. 5.

2 *Ibid.*

3 Thomas Stewart, *Intellectual Capital : The New Wealth of Organizations* (New York : Doubleday Books, 1997).

4 Stuart Crainer, *The Management Century* (San Francisco : Jossey-Bass Publishers, 2000), p. 207.

5 Peter F. Drucker, *Managing for the Future : The 1990's and Beyond* (New York : Truman Tally Books, Dutton, 1992), p. 334.

6 Max DePree, *Leadership Is an Art* (New York : Dell Publishing, 1989), pp. 28, 38.

Chapitre 14

1 Larry Bossidy et Ram Charan, *Exécution : The Discipline of Getting Things Done* (New York : Crown Business, 2002), pp. 19, 34.
2 Louis V. Gerstner, *Who Says Elephants Can't Dance ?* (New York : Harper Collins Publishers, 2002), p. 230.
3 Charles Hummel, *Tyranny of the Urgent* (Downer Grove, IL : Inter Varsity Christian Fellowship of the United States of America, 1967), pp. 9-10.

Chapitre 15

1 Gordon B. Hinckley, "Testimony", *Ensign Magazine* (May 1998), p. 69.
2 Gravé sur un monument du Rockefeller Center, New York City, New York.
3 Nelson Mandela, *Long Walk to Freedom* (Boston : Little, Brown and Company, 1994), p. 543-544.
4 Gravé sur un monument à l'entrée du Nathan Eldon Tanner Building, Marriott School of Management, Brigham Young University, Provo, Utah.
5 Alfred North Whitehead, "The Rhythmic Claims of Freedom and Discipline", *The Aims of Education and Other Essays* (New York : New American Library, 1929), p. 46.
6 Dag Hammarskjöld, *Markings* (New York : Alfred A Knopf, 2001), p. 158.
7 Malcolm Muggeridge, "A Twentieth Century Testimony", *Malcolm Muggeridge*, Thomas Howard ed. (London : Collins, 1979).
8 Robert K. Greenleaf, "The Servant as a Leader", *Servant Leadership : A Journey into the Nature of Legitimate Power and Greatness*, 25th anniversary ed. (Mahwah, New Jersey : Paulist Press, 2002), p. 23-24.
9 Jim Collins, "Level Five *Leadership :* The Triumph of Humility and Fierce Resolve", *Harvard Business Review*, vol. 79, n° 1 (juin 2001), p. 67.
10 Jim Collins, *Good to Great* (New York : Harper Collins Publishers, 2001), p. 20.

11 Jim Collins, “And the Walls Cames Tumbling Down”, *Leading beyond the Walls*, The Peter F. Drucker Foundation for Nonprofit Management ; Frances Hesselbein, Marshall Goldsmith et Iain Somerville ed. (Jossey-Bass Publishers, 1999).
12 *Peel's Principles of Modern Policing*, 1829.
13 Report of Col. Joshua L. Chamberlain, Twentieth Maine Infantry Field Near Emmitsburg – 6 juillet 1863.
14 Alice Rain Trulock, *In the Hands of Providence : Joshua L. Chamberlain and the American Civil War* (Chapel Hill : The University of North Carolina Press, 1992), p. 5.
15 Maxwell Anderson, *Joan of Lorraine*, (Washington, DC : Anderson House, 1947).
16 Haddon Klingberg Jr, *When Life Calls out to us* (New York : Doubleday, 2001), p. 8.
17 Trulock, p. 154. Extraits de l'inauguration des monuments du Maine à Gettysburg le soir du 3 octobre 1889.

Cet ouvrage a été imprimé par
CPI - Firmin Didot à Mesnil-sur-l'Estrée
pour le compte des Éditions First
en décembre 2009

Imprimé en France

Dépôt légal : mars 2006
N° d'impression : 96704